创新型职业教育精品教材
教育改革新形态新理念教材

前厅服务
与数字化运营

主　编　冯　蕾　王艳利
副主编　唐　昊　程　芳
　　　　于秋阳　张　骁
编　委　陈　程

辽宁教育出版社
·沈阳·

© 冯蕾 王艳利 2024

图书在版编目（CIP）数据

前厅服务与数字化运营/冯蕾，王艳利主编.—沈阳：辽宁教育出版社，2024.4（2024.10重印）
ISBN 978-7-5549-4138-6

Ⅰ.①前… Ⅱ.①冯… ②王… Ⅲ.①饭店—商业服务 ②饭店—运营管理 Ⅳ.①F719.2

中国国家版本馆CIP数据核字（2024）第070645号

前厅服务与数字化运营
QIANTING FUWU YU SHUZIHUA YUNYING

出 品 人：张 领
出版发行：辽宁教育出版社（地址：沈阳市和平区十一纬路25号 邮编：110003）
电话：024-23284410（总编室）024-23284652（购书）
http://www.lep.com.cn
印 刷：沈阳百江印刷有限公司

责任编辑：于 薇
封面设计：意·装帧设计
责任校对：王 静
幅面尺寸：185mm×260mm
印 张：23.75
字 数：500千字
出版时间：2024年4月第1版
印刷时间：2024年10月第2次印刷

书 号：ISBN 978-7-5549-4138-6
定 价：98.00元

版权所有 侵权必究

前　言

教材《前厅服务与数字化运营》是酒店管理专业核心课程的专用教材。为帮助学生理解前厅运营管理专业知识，掌握前厅运营管理工作流程，本教材根据学生职业技能发展路径设置了认知类、操作类和管理类三大任务，其中认知类任务包括认识前厅部和职业素养教育；操作类任务包括专项操作、对客服务；管理类任务包括客户关系管理、客房收益、服务质量管理和信息安全，为学生从前厅一线服务人员到管理人员发展打下了坚实基础。教材融入了课程思政元素，将课程思想政治教育与技术技能培养融合统一，帮助学生树立正确的价值观和职业观，提升对酒店行业的认同感，打造个人核心竞争力。

教材将典型工作任务分解成工作模块，工作模块再分解成子任务，逐层推进符合学生对于岗位核心能力的掌握需求，让学生在具备基本职业素养的同时，能够完成对客服务过程中的总机服务、礼宾服务、散客接待、团队接待等典型工作任务。每个任务设置了知识准备，增进学生对基础知识的认知；根据典型工作任务设置了任务引入，激发学生学习兴趣；设置了任务分析，为学生完成任务提供思路和方法；根据任务完成要求设置了任务实施，强化学生对酒店服务流程的理解；在任务结尾处设置了模拟实训，帮助学生复习、掌握重难点；最后，根据学习内容设置任务考核，加深学生对专业知识和技能的理解应用。

教材针对前厅职业岗位活动内容对从业人员工作能力水平的要求，引入了国内外酒店集团的工作规范和标准，整合了职业院校传统学科体系中的多门课程，融合了岗位、课程、比赛和证书等要求，并将当前酒店关于前厅运营管理的新知识、新技术、新工艺和新方法纳入其中，拓宽了学生的专业视野，提高了教材的普适性和拓展性。

教材开发历经数次会议研讨，听取多位行业企业权威专家、专业学者、骨干教师的意见，结合行业企业的真实工作场景和任务不断进行内容完善和案例更新。本系列教材开发过程中得到了来自行业企业和院校的大力支持和帮助，在此一并表示感谢。

虽然我们力求体现创新实用等特色，但由于酒店行业发展迅猛，前厅服务与数字化运营教材内容需要不断更新，教材出版后编者将密切关注酒店行业发展动态，及时修订和补充新内容。同时，由于编者水平有限，本教材难免存在不足之处，敬请广大读者和专家不吝指正，以便不断完善。

"前厅服务与数字化运营"课程简介

目　录

项目一　认识前厅部
　　任务一　前厅部的发展和功能 …………………………………………………… 2
　　任务二　前厅部的组织结构 ……………………………………………………… 8

项目二　职业素养教育
　　任务一　职业角色认知 …………………………………………………………… 15
　　任务二　服务礼仪表现 …………………………………………………………… 26
　　任务三　前厅服务语言 …………………………………………………………… 37

项目三　专项操作
　　任务一　酒店前厅管理系统操作 ………………………………………………… 45
　　任务二　酒店新媒体应用 ………………………………………………………… 51

项目四　前厅部对客服务
　　任务一　预订服务 ………………………………………………………………… 61
　　任务二　礼宾服务 ………………………………………………………………… 78
　　任务三　散客接待 ………………………………………………………………… 93
　　任务四　团队接待 ………………………………………………………………… 103
　　任务五　总机服务 ………………………………………………………………… 112
　　任务六　离店结账服务 …………………………………………………………… 127
　　任务七　商务中心服务 …………………………………………………………… 142
　　任务八　行政楼层服务 …………………………………………………………… 152

项目五　客户关系管理

  任务一　建立客史档案 ……………………………………………………… 167
  任务二　会员管理 …………………………………………………………… 178
  任务三　客户消费心理分析 ………………………………………………… 190
  任务四　客户投诉处理 ……………………………………………………… 201
  任务五　客户突发事件处理 ………………………………………………… 213

项目六　前厅部客房收益

  任务一　升级销售技巧运用 ………………………………………………… 226
  任务二　超额预订处理 ……………………………………………………… 240
  任务三　客房收益分析 ……………………………………………………… 250

项目七　前厅部服务质量管理

  任务一　服务质量管理 ……………………………………………………… 268
  任务二　经营核算与应用 …………………………………………………… 279
  任务三　运营易耗品盘点及申购 …………………………………………… 291

项目八　前厅信息安全

  任务一　前厅信息安全 ……………………………………………………… 302
  任务二　前厅区域安全 ……………………………………………………… 306

附录

  《旅游饭店星级的划分与评定》………………………………………………… 313

项目一　认识前厅部

学习引导

本项目主要阐述前厅部的发展和功能、前厅部的组织结构两个模块，旨在引领和启发学生了解和掌握前厅运行与服务流程等基本技能和管理知识。

学习目标

1. 了解前厅的地位、作用和前厅业务的发展趋势。
2. 对酒店大堂与总台的环境布局有基本认知，掌握前厅各岗位的基本职能。
3. 具备专业化的业务能力和良好的服务意识。

案例导入

尊重是最好的待客方式

一位常客提着行李走到前台时，还没有等他开口，接待员微笑着向他打招呼："张先生，您好！欢迎您再次光顾本酒店，一路辛苦了！"张先生心生满意，由于前台工作人员的热情服务，使他产生一种强烈的亲切感，旧地重游如回家一样。

还有一位客人即将离开酒店大门时，前台接待员小姐突然准确地叫出："李先生，前台有您的电话。"这位客人又惊又喜，感到自己受到了重视，得到了特殊的待遇，不禁顿生自豪感。

学者马斯洛的需要层次理论认为，人们最高的需求是得到社会的尊重。自己的名字为他人所知晓就是对这种需求的一种很好地满足。在酒店行业中，主动热情地称呼客人的名字是一种服务的艺术，也是一种艺术的服务。酒店前台人员记住客人的房号、姓名和特征，借助敏锐的观察力和良好的记忆力，提供细心周到的服务，使客人留下深刻的印象，继而口口相传，做好酒店的义务宣传员。

任务一　前厅部的发展和功能

前厅是酒店核心区域之一，是酒店的门面，也是酒店文化的展示窗口。它既负担着宾客进出酒店的集散地功能，又是酒店对客服务的枢纽。

一、前厅基础知识

前厅是客人抵达、离开酒店的必经之路，直接影响着客人对酒店的第一印象与最终印象。前厅是酒店业务活动的中心，是客人与酒店联络的纽带。客人通过前厅预订客房、登记入住，享受各种礼宾服务。而前厅则通过收集宾客的各种信息建立客史档案，为宾客的再次光临做好准备，同时将信息传递到酒店的其他部门，为客人提供更加完美的服务。

前厅又称大厅、大堂，是指进入酒店大门后到酒店客房走廊和餐厅等营业区域，供客人自由活动的公共区域。它是招徕并接待客人，推销酒店产品，同时为客人提供各种综合服务的部门。

1. 前厅的主要任务

前厅的工作任务贯穿宾客抵离店的全过程：房态掌握→客房预订→房价确定→销售预测→迎接宾客→行李服务→分房登记→建立客账→问讯服务/电话服务/邮件服务/委托代办/商务中心→结账收款→送客离店。

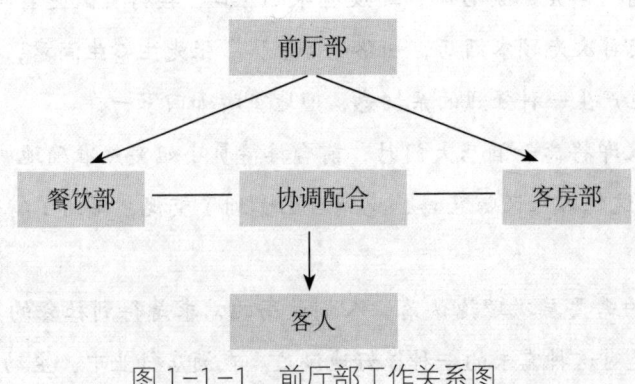

图 1-1-1　前厅部工作关系图

它的主要任务有以下几方面：

前厅部处于酒店接待服务的第一线，它接触面广、业务复杂，在整个酒店的运营过程中起着不可替代的作用，肩负着重要的接待任务。前厅部的主要工作任务包括客房销售、房态控制、前厅服务、协调沟通、信息管理、客账控制、客史建档等。

（1）客房销售（Rooms Sales）

销售客房商品是前厅部的首要任务。客房是酒店提供给客人的主要产品，客房收入也是酒店收入的主要来源，占酒店总收入的50%～70%。同时，客房商品具有不可储存性的特征，是一种"极易腐烂"的商品，因此，前厅部员工必须具有强烈的营销意识和推销能力，通过各种手段吸引客源，提高客房出租率，增加酒店经济收入。除了销售客房商品，前厅部还要积极销售酒店的其他商品，如餐饮产品、康体娱乐项目等。

（2）房态控制（Room Status Control）

前厅部一方面要配合销售部协调客房销售，另一方面要协助客房部进行客房管理，这两方面工作的展开有赖于正确、及时的客房状态。协调客房的销售工作是指前厅部应准确、及时地向营销部提供客房的状态信息，避免有房未卖或过多的超额预订给酒店带来的花费。协助客房的管理工作是指前厅部应及时向客房部提供准确的销售情况，便于客房部调整工作部署。准确、有效的房态控制有利于提高客房利用率以及对客人的服务质量。要正确反映并掌握客房状况，除了实现控制系统电脑化和配置先进的通信联络设备等设施外，还必须建立和健全完善的、行之有效的管理规章制度，以保障前厅部与相关部门之间的有效沟通及合作。

（3）前厅服务（Providing F.O Service）

前厅部是酒店中的一线部门，直接为客人提供各种相关服务，前厅服务的范围涉及客房预订、机场和车站接送、迎宾和行李、委托代办、入住登记、离店结账服务，还涉及换房、退房、问讯、订票、邮件报刊（两件）、电话通信、商务文秘等。在完成前厅各项服务过程中，前厅服务应与酒店其他服务，诸如客房服务、餐饮服务、安全服务等方面共同构成酒店的整体服务，强调服务到位，使客人对酒店留下满意、深刻的印象。

（4）协调沟通（Negotiation and Communication）

前厅部根据客人要求和酒店营销部门的销售计划衔接前、后台业务以及与客人之间的联络、沟通工作，达到使客人满意以及内部业务运作顺畅的目的。例如：客人向前厅服务人员反映房间温度问题，前厅服务人员就应立即通过管理渠道向设备维护部门反映客人意见，并给予客人圆满的答复。

（5）信息管理（Information Management）

前厅是客人汇集活动的场所，与客人保持着最多的接触，因此前厅部要随时准备向客人提供其所需要和感兴趣的信息资料。如酒店近期推出的美食周、艺术展览等活动的活动信息，以及有关商务、交通、购物、游览、医疗等详细和准确的信息，为客人提供方便。前厅部还要收集有关客源市场、产品销售、营业收入、客人意见等信息，并对这些信息进行加工、整理，并将其传递给酒店决策管理机构，并与有关部门协调沟通。

（6）客账控制（Bills）

客人入住后酒店应及时为客人建立消费账户，核算和管理客人在店期间的消费状况，根据规定及时回收账款，保证酒店营业收入，避免出现"逃账""漏账"现象。同时负责编制各种会计报表，及时反映酒店的经营状况。

（7）客史建档（Setting up Guest History Record）

前厅部为更好地发挥信息集散和协调服务的作用，一般都要为住店一次以上的客人建立客史档案。建立客史档案时，一般都要将客人的姓氏、身份、公司、抵离店日期、消费记录及特殊要求作为主要内容予以记载，作为酒店提供周到、细致、有针对性服务的依据。这也是寻求和分析客源市场，研究市场走势，调整营销策略、产品策略的重要信息来源。

2. 前厅的地位和作用

从前厅的任务可以看出，前厅在酒店中具有非常重要的地位和作用，主要表现为以下几方面。

（1）酒店的营业窗口，体现酒店总体服务水平

前厅处于酒店招待工作的最前沿，是酒店的门面和窗口。对于宾客及社会公众形成深刻的第一印象和酒店整体印象起着重要作用。有一位顾客曾经说过："每当我们走进一家旅游酒店，不用看它的星级铜牌，也不用问它的业主是谁，凭我们四海为家的经验，通常就可以轻而易举地知道这家酒店是不是合资酒店，是否外方管理及大致星级水平……"正是从这个意义上讲，有人把前厅誉为酒店的营业窗口。通过酒店大堂的建筑布局、色彩搭配等，体现酒店的星级、特色及追求的文化品位，而且前厅服务人员的精神面貌、仪容仪表、言谈举止、办事效率、服务态度等，都决定了客人进店是否愿意购买酒店产品。所以，前厅是酒店的营业窗口，体现了酒店总体服务水平。

（2）酒店的销售渠道，提高酒店的经济效益

前厅是酒店产品销售的重要渠道。一方面，前厅负责向

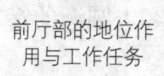

散客推介酒店的客房产品，显然前厅销售的客房数量要远低于市场营销部，但是散客购买的价格往往要比团队价高，因此为酒店增加了经济效益。另一方面，前厅还可以借对客人服务的机会向宾客推销酒店的餐饮、酒吧、商场、康乐等部门的产品，为酒店其他产品的销售提供推介功能。

（3）酒店的信息中心，沟通各部门对客服务

前厅是酒店的信息中心，它搜集、整理、汇总了关于宾客的大量信息。通过信息的处理和传递，既可以帮助酒店管理者进行科学经营决策，又可以为各部门提供宾客特点及需求，使酒店各部门服务工作更具针对性，提高宾客的满意度。

（4）酒店的安全屏障，保障酒店经营安全

前厅通常是酒店住客或访客进出酒店的主要通道，前厅工作人员要在做好本职工作的同时，细心观察每一位进出人员，对形迹可疑或利用客房的隐蔽性从事违法活动的人员要提高警惕，为酒店把好安全关。前厅员工要管理好客房钥匙、客人储存的物品及贵重物品，保证住店客人的人身和财产安全，做好酒店的安全屏障，为酒店经营提供一个安全环境。

3. 前厅服务的特点

前厅服务是酒店服务的重要组成部分，服务作为一种产品进行销售，具有与其他产品所不同的特殊性，主要特点表现如下。

（1）服务过程短暂，内容庞杂

前厅对客服务的各项内容过程通常较短。例如，国内很多酒店要求为客人办理入住登记手续时间不能超过2分钟。有时前厅对客服务就是一个微笑、一通电话、一声问候而已。虽然服务的时间短暂，但是服务内容庞杂。因为前厅作为酒店服务的窗口和信息中心，宾客的多种服务需求常常希望通过前厅得以解决。例如，前厅的问讯处、委托代办处及大堂副理等岗位，他们所解决的服务内容往往超出了前厅的岗位职责，但若能妥善解决宾客的各种需求，就能够为酒店赢得良好口碑和回头客。

（2）服务对象复杂，方式灵活

前厅面对的宾客不仅仅是住店客人，还包括所有出入酒店的宾客。这些服务对象来自不同国家、不同地区、不同民族、不同宗教信仰、不同政党团体、不同年龄和性别、不同教育背景和文化背景，因此决定了前厅的服务对象复杂。针对不同宾客服务方式也应该因人而异、灵活对待。准确预测宾客的服务需求，有针对性地提供个性化服务。

图 1-1-2　前台展示图

前厅部发展趋势

二、前厅部的发展趋势

1. 前厅将进入电子商务化阶段

国际上旅游业的数字化发展势头迅猛，酒店业的网络化运作和智能化管理越来越普及，大型连锁酒店集团基本上已经实行了无缝的数字化管理和运营，旅游电子商务已成了旅游业发展不可逆转的趋势。美国美林公司的调查指出，2005年全美在线旅游销售收入占旅游市场总收入的30%。洲际酒店集团在2005年来自互联网的客房销售就占14%，较上年提高一个百分点，其中的86%来自洲际自己的网站。国内市场上，根据艾瑞市场咨询的数据，2005年我国网上旅游服务收入仅占旅游总收入的0.1%。另据调查显示，目前在旅游信息化发展相对较好的广东省7000家宾馆酒店中建立网页的有1035家，有独立域名的28家，能够实现在线订房的只有18家。全国拥有GDS（Global Distribution System，全球分销系统）的基本上是三星级以上的酒店，仅占17%左右，总体信息化水平落后于国际水平10~15年。从总体态势来看，前厅部的电子商务化和智能化管理将是一个大趋势。这意味着前厅部将进入直销和精简人工的时代。与之相应变化的是酒店前厅人员的聘用条件将面临挑战。

2. 酒店预订网络化趋势

进入21世纪，酒店为了提高客房利用率和市场占有率，将利用包括价格在内的各种手段鼓励客人提前预订客房，客人将根据其提前预订期的长短，在房价上得到不同程度的优惠（提前期越长，优惠程度越大），而且信息技术的发展也极大地方便了客人的预订。进行网络预订时，客人可以网上支付房费、选择房型、打出订房确认表或记住订房确认号，到酒店总台领房卡即可。可以预见，将会有越来越多的客人在来酒店前，通过电话和互联网预订客房，没有预订而住店的"散客"将越来越少。其中网上客房预订将成为一种新的发展趋势。

3. 精简机构，一职多能

为了节约成本，酒店应节流挖潜，采取各种措施，提高管理和服务的效率。精简机构，也可以培养人才。就前厅部而言，根据客人的活动规律，上午是客人退房较为集中的时段，收银员的工作较为繁忙，接待员则较为清闲；而下午入住客人较多，办理住宿登记的服务人员较为繁忙，而办理结账退房手续的收银员则较为清闲。考虑到这一特点，大部分酒店的前台都会将接待与收银的工作合并，而前台的每一位职员都可为客人提供登记、问讯和结账服务。此外，总机接线员也将承担起多项职能。客人只要按下酒店房间电话机上客房服务中心的功能键，就会发现接听电话的是总机话务员，她会将接收到的信息及时传递给相关部门。对员工进行一职多能的培训，可让他们掌握更全面的业务技能，成为出色的服务从业员，为客人提供全方位的服务。能拥有这样的员工队伍，不仅能为酒店节约人力成本，更可提高酒店的整体服务水平。

4. 前厅服务更加优化和细化

对于提供了详细预订资料的客人，前厅部接待人员会提前做好准备，为客人填写（打印）好住宿登记表；客人入住时，只需签名刷卡，取钥匙就可上房。对于没有预订的散客，接待人员也会主动帮其填写住宿登记表，客人只需签名即可。前厅部任何一位员工都必须为有需要的客人提供服务及帮助，不应由于部门的不同而怠慢客人，客人只需要将其问题向前厅员工提出就可得到解决，不会遇到将同一个问题向不同的员工复述或被"推过来推过去"的现象，做到一步到位的服务。而且，越来越多的酒店前厅将为客人提供一条龙服务：酒店代表在机场接到客人后会致电有关部门，接待组就会准备客人的入住资料、钥匙等，司机在快到达酒店时会再致电酒店，"金钥匙"或行李员会在门口迎候客人，客人一下车，接待人员就会称呼其姓名并带客人到接待处登记，取钥匙上房，整个过程一气呵成。为客人提供"一条龙"服务，要求部门和岗位之间有良好的沟通和衔接。

5. 商务中心的职能退化

由于信息技术的飞速发展，越来越多的客人拥有自己的手机和笔记本电脑，可以通过互联网直接订票，发送、接收电子邮件和传真，对酒店商务中心的依赖程度将大大减少，酒店商务中心的职能将更新改变，直至消失或发生转换。

6. 酒店的定价策略将更加灵活

前台接待人员将得到更大的授权，根据客人及酒店的实际情况，灵活定价。为了提高前台销售人员工作的积极性，最大限度地提高酒店的经济效益，酒店会将接待人员的奖金与其每月的销售业绩挂钩。越来越多的酒店将没有固定的房价，而是根据当天的开房率来定价，以创造最大的利润。但也有些酒店为了维持其档次及其在消费者中的信誉，会保持其相对固定的价格水平，不会轻易降低价格或提高价格。

任务二　前厅部的组织结构

一、前厅部的组织结构

前厅部的组织结构要根据饭店企业的类型、体制、规模、星级、管理方式、客源特点等方面因素进行设置。前厅部组织结构一般由以下几个部分组成：

前厅部组织机构及各岗位任务

1. 预订处

接受、确认和调整来自各个渠道的房间预订，办理订房手续；制作预订报表，对预订进行计划、安排和管理；掌握并控制客房出租状况；负责联络客源单位；定期进行房间销售预测并向上级提供预订分析报告。

2. 接待处

负责接待抵店投宿的客人，包括团体、散客、长住客、非预期到店以及无预订客人，办理宾客住店手续，分配房间；与预订处、客房部保持联系，及时把握客房出租变化，准确显示房态；制作客房销售情况报表，掌握住房客人动态及信息资料等。

3. 问讯处

负责回答宾客的询问，提供各种有关饭店内部和饭店外部的信息；提供收发、传达、会客等应接服务；负责收发和保管所有客房钥匙，处理客人信函、电报和安排会客等。

4. 收银处

负责饭店客人所有消费的收款业务，包括客房餐厅、酒吧、长途电话等各项服务费用；同饭店一切有宾客消费的部门的收银员和服务员联系，催收核实账单；及时催收长住客或公司超过结账日期，长期拖欠的账款；夜间统计当日营业收益，制作报表。

5. 礼宾部

负责在店口或机场、车站、码头迎送宾客；调度门前车辆，维持门前秩序；代客卸运行李，陪客进房，介绍客房设备和服务，并为客人提供行李寄存和托运服务；分送客人邮件、报纸，转送留言、物品；代办客人委托的各项事宜；高星级饭店提供"金钥匙"

服务。

6. 电话总机

负责接转饭店内外电话，承办长途电话回答客人的电话询问；提供电话找人、留言服务、叫醒服务；播放背景音乐；充当饭店出现紧急情况时的指挥中心。

7. 商务中心

负责为客人提供发电报、电传、传真以及打字、翻译、长途电话、因特网、商务资料索引等商务服务；提供代办邮件服务；提供秘书服务；提供文件整理、装订服务；提供租用电脑、寻呼服务；提供票务服务和客人委托的其他代办服务等。

8. 大堂副理

大堂副理的工作岗位设在大堂，直接面向广大宾客，是饭店与客人之间密切联系的纽带。其职责是协调饭店各部门的工作，检查大堂卫生和员工的工作状况，代表饭店处理日常发生的事件，帮助客人排忧解难，并监督问题的处理等。

附图：前厅部组织机构图

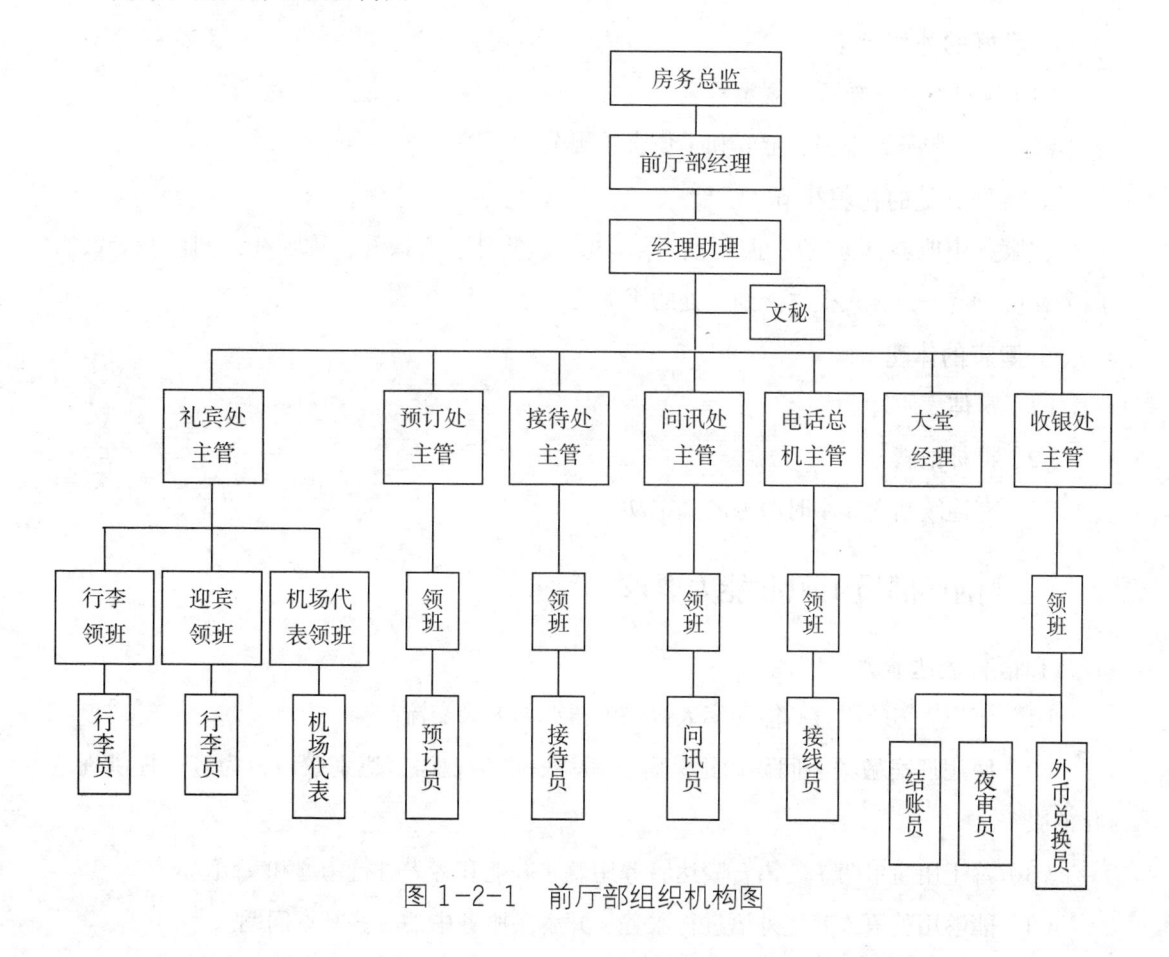

```
                    房务总监
                       │
                    前厅部经理
                       │
                    经理助理
                       │
                      文秘
    ┌──────┬──────┬──────┼──────┬──────┬──────┐
  礼宾处  预订处  接待处  问讯处  电话总机  大堂   收银处
  主管    主管    主管    主管    主管     经理   主管
    │       │      │       │       │              │
 ┌──┼──┐   领班   领班    领班    领班           领班
行李 迎宾 机场    │       │       │       │       │
领班 领班 代表领班 预订员  接待员  问讯员  接线员  ┌──┼──┐
  │   │    │                                    结账员 夜审员 外币兑换员
行李员 行李员 机场代表
```

图 1-2-1　前厅部组织机构图

二、前厅部工作人员的素质要求

1. 爱岗敬业

（1）能及时、认真地向上级领导报告工作或传递信息。

（2）在前厅服务中，工作认真、踏实、负责。

（3）对客人的服务到位，责任心强，有敬业精神。

（4）对客人的服务能做到尽善尽美。

2. 广博的知识

（1）对中外历史知识有一定的了解。

（2）对本地域内的地理环境和气候有比较全面的掌握。

（3）对本地风景名胜、交通状况、国外风俗、宗教文化和礼仪礼貌等方面的知识有一定的了解。

3. 良好的外部形象

（1）穿戴整齐，按饭店规定着装。

（2）站立服务，坐姿、走姿和手势合乎规范。

4. 恰到好处的礼貌礼节

在服务中能够自觉运用迎送礼、操作礼、微笑礼、言谈礼、称呼礼、问候礼等饭店服务礼仪规范，为客人提供恰到好处的服务。

5. 健康的体魄

（1）身体素质好。

（2）精神饱满。

（3）有连续站立8小时服务的基本功。

三、前厅部员工职业能力要求

1. 语言表达能力

（1）使用优美的语言和能使客人愉快的语调与客人交流。

（2）使用迎宾敬语、问候敬语、称呼敬语、电话敬语、道别敬语，为客人提供规范化的服务。

（3）善于用简单明了的语言表达服务用意，并能和客人进行沟通和交流。

（4）能够用英语或其他外语进行服务，并解决服务中的一些基本问题。

（5）掌握一定的语言技巧。

2. 自我控制能力

（1）有较强的自我控制能力，能在短时间内调整自己的不良情绪。

（2）面对压力有调整心态的能力，以最佳的状态为客人服务。

（3）对客人的过激言行，能以平和的心态和语言，平息或化解矛盾。

3. 人际交往能力

（1）能和领导、同事及客人处理好各种关系。

（2）尊重领导和同事，尊重客人。

（3）遵守各种管理制度和规定。

（4）有和其他同级业务部门相互协调的能力。

（5）有能及时和领导、同事沟通信息的能力。

图 1-2-2　前厅部工作人员

前厅部员工培训

4. 推销能力

（1）有推销客房的能力。

（2）有灵活多变的推销技巧。

（3）有敏锐多变的推销语言。

5. 记忆能力

（1）对住店客人的姓名和兴趣、爱好能很快记住。

（2）能记住回头客的个性化要求。

6. 预测与判断能力

（1）有对客人服务的预测能力，提前为客人的需求做好准备。

（2）能在观察客人需求的基础上，具有较强的判断能力，给客人以最佳的服务。

（3）有根据客人眼神、表情和言谈等肢体语言，能在短时间内正确判断出客人的身份、文化层次和地位，预测出可提供的服务项目，从而为客人提供最佳服务的能力。

7. 使用电脑和辅助工具的能力

（1）能在短时间内迅速地订房或结账，减少客人的等待时间。

（2）利用电脑记录信息的能力。

（3）通过电脑使用信息的能力。

（4）编制记录饭店信息表格的能力。

任务考核

一、不定项选择题

1. 为客人提供物品传达服务的前厅部分支为（　　）。

   A. 礼宾　　　　B. 总　　　　C. 前　　　　D. 商务中心

2. 推销客房的职能包括（　　）。

   A. 受理客人预订　　　　　　B. 接.Walk-i.客人

   C. 登记手续办理　　　　　　D. 确定房价，分配房间

3. 前厅部的首要工作任务是（　　）。

   A 推销客房　　B. 提供信息　　C. 建立、控制客账　　D. 建立客史档案

4. 按照服务过程，前厅服务可分为（　　）。

   A. 售前服务　　B. 售中服务　　C. 售后服务　　D. 跟踪服务

5. 我国星级饭店评定标准规定，饭店前厅的公共面积（不包含任何营业区域的面积）必须保证不少于（　　）m^2/间客房。

   A. 0.2~0.4　　B. 0.4~0.6　　C. 0.6~0.8　　D. 0.8~1.0

二、判断题

1. 提供外币兑换业务的是前厅部商务中心。（　　）

2. 大堂副理是饭店与客人之间密切联系的纽带。（　　）

3. 必要时，电话总机要充当饭店出现紧急情况时的指挥中心。（　　）

4. 饭店客房短期状况是指客房的预订状况。（　　）

5. 前厅部是整个饭店的信息中心，是饭店经营活动的主要信息源。（　　）

三、情境体验

以学习团队为单位分别走访调查本地区星级饭店及经济型饭店各一家，了解不同系列的饭店在前厅布局上有何差异，并形成饭店考察体验报告。

参考答案

一、不定项选择题：1.A　2.ABCD　3.A　4.ABC　5.C

二、判断题：1.×　2.√　3.√　4.×　5.√

三、情境体验

要点：调研的主要目的是了解当前市场上各类酒店的经营状况和服务质量，以便更好地满足客户需求，提升酒店自身竞争力。这包括对高档、中档和经济型酒店的设施、员工服务态度、客户满意度等方面的评估。通过本次调研，发现不同档次酒店在服务质量上存在一定差异。针对不同档次酒店的不同问题，提出调研建议，希望各类酒店在日后的经营中能够不断提升自身服务水平，为客户提供更优质的服务选取合适的调研方法，开展调研，采用实地走访和在线问卷调查两种方式。实地走访主要针对各类不同档次酒店，观察其设施、员工服务态度及客户满意度等情况；在线问卷调查则主要面向酒店客户，从客户的角度了解对酒店服务的评价和意见。根据调研结果结合实际情况编写调研建议。

项目二　职业素养教育

学习引导

本项目通过对前厅部各个岗位的职责以及工作技能的讲解，使学生掌握现在饭店前厅服务与数字化运营的基本理论和基本知识，熟悉前厅运行的工作基本程序和方法。

学习目标

1. 了解前厅部各个岗位的职责以及工作技能的要求，了解服务人员基本仪容礼仪。
2. 掌握散客预订、散客接待和结账服务等流程。
3. 能够明确前厅管理人员和前厅服务人员的素质及职责。
4. 能够正确为客人提供问讯、礼宾、商务中心和行政楼层等服务。
5. 能够熟练地掌握酒店前厅服务中应接员、总台、总机等方面的服务礼仪。
6. 掌握工作妆容的基本要领和基本的服务用语礼仪。
7. 培养良好的酒店服务意识，在接待酒店客人时做到文明待客，礼貌待人。
8. 培养特殊问题处理过程中，保持头脑清醒，服务有条不紊。
9. 为外宾服务时熟练使用外语，尊重他国风俗习惯。

案例导入

巧妙推销豪华套房

某天，南京金陵饭店前厅部的客房预订员小王接到一位美国客人从上海打来的长途电话，想预订两间每天收费在120美元左右的标准双人客房，三天以后开始住店。

小王马上翻阅了一下订房记录表，回答客人说由于三天以后饭店要接待一个大型国际会议的多名代表,标准间客房已经全部订满了。小王讲到这里并未就此把电话挂断,而是继续用关心的口吻说:"您是否可以推迟两天来,要不然请您直接打电话与南京××饭店去联系询问如何?"美国客人说:"我们对南京来说是人地生疏,你们饭店比较有名气,还是希望你给想想办法。"

小王暗自思量以后,感到应该尽量勿使客人失望,于是接着用商量的口气说:"感谢您对我们饭店的信任,我们非常希望能够接待像您这样尊敬的客人,请不要着急,我很乐意为您效劳。我建议您和朋友准时前来南京,先住两天我们饭店内的豪华套房,每套每天也不过收费280美元,在套房内可以眺望紫金山的优美景色,室内有红木家具和古玩摆饰,提供的服务也是上乘的,相信您住了以后会满意的。"小王讲到这里故意停顿一下,以便等等客人的回话,对方沉默了一些时间,似乎在犹豫不决,小王于是开口说:"我料想您并不会单纯计较房金的高低,而是在考虑这种套房是否物有所值,请问您什么时候乘哪班火车来南京?我们可以派车到车站来接,到店以后我一定陪您和您的朋友一行亲眼去参观一下套房,再决定不迟。"美国客人听小王这么讲,倒有些感到情面难却了,最后终于答应先预订两天豪华套房后挂上了电话。

【评析】前厅客房预订员在平时的岗位促销时,一方面要通过热情的服务来体现;另一方面则有赖于主动、积极地促销,这只有掌握销售心理和语言技巧才能奏效。上面案例中的小王在促销时确已掌握所谓的"利益诱导原则",即使客人的注意力集中于他付钱租了房后能享受哪些服务,也就是将客人的思路引导到这个房间是否值得甚至超过他所付出的。小王之所以能干,在于他不引导客人去盲猜,而是用比较婉转的方式报价,以减少对客人的直接冲击力,避免使客人难于接受而陷于尴尬。小王的一番话使客人感觉自己受到尊重并且小王的建议是中肯、合乎情理的,在这种情况下,反而很难加以否定回答说个"不"字,终于实现了饭店积极主动促销的正面效果。

任务一　职业角色认知

前厅部是饭店的门面,反映着饭店的整体服务质量和饭店档次的高低。有一位顾客曾说:"每当我们走进一家饭店,不用看星级,也不用问业主是谁,凭我们'四海为家'的经验,通常就可以轻而易举地'嗅出'这家饭店是否为合资饭店,是否由外方经理管理及大致的星级水平……"

由此可见前厅部对于酒店的重要性,那么前厅部各个职位都扮演什么角色呢?

一、前厅部各角色认知

1. 预订员（Reservation Clerk）

客人在未抵店前向饭店预先提出用房的具体要求，称为预订。预订员则是服务给客人办理入住手续的工作人员。全称预订服务员，是指酒店等餐饮娱乐场所中，为客人提供高效、准确的预订服务的工作人员。

2. 行李员（Bellperson）

行李员负责抵、离客人的行李运送及安全，提供客人行李寄存服务；陪同散客进房，介绍酒店的设施与服务项目；分送客用报纸，递送客人的信件和留言；传递有关通知单和回答客人的问询。行李员是酒店与客人之间联系的桥梁，通过他们的工作使客人感受到酒店的热情好客，因此，对于管理得好的酒店而言，行李员是酒店的宝贵资产。

图 2-1-1　行李员工作图

3. 迎宾员的岗位职责

（1）在门厅或机场车站迎送客人。

（2）代客召唤出租车，协助管理和指挥门厅入口处车辆通行停靠，确保通道畅通和行人、车辆安全。

4. 大堂副理（Assistant Manager）

一般是酒店宾馆等设置的岗位，是按照国外最先进的酒店管理集团的经营理念，专门为一些重要的客人（Vip）提供酒店所需之外服务的高级服务人员。

5. 前厅经理

（1）前厅经理的素质要求

① 掌握酒店经营、销售知识，熟悉旅游经济、旅游地理、公共关系、经济合同等知识及技巧。

② 掌握前厅各项业务标准化操作流程、了解旅客心理和推销技巧。

③ 掌握酒店财务管理知识，熟悉经营统计及分析。

④ 能够熟练运用一门外语对话、翻译且有一定的阅读能力。

⑤ 熟悉涉外法律，了解国家重要旅游法规。

⑥ 能够熟练地运用计算机。

⑦ 了解各民族风俗习惯，了解宗教常识和国外民族习惯及礼仪知识。

⑧ 能够根据客源市场信息和历史资料预测用房情况、决定客房价格，果断接受订房协议。

⑨ 能够合理安排前厅各岗位人员有条不紊地工作，能处理好与有关部门的横向联系。

⑩ 善于在各种场合与各阶层人士打交道，并且能够积极与外界建立业务联系。

⑪ 遇事冷静、做事成熟，有较强的分析能力和自控能力。

⑫ 善于听取他人意见，能妥善处理客人的问题及投诉。

（2）前厅经理的岗位职责

① 主管前厅业务运营，协调前厅各部门的工作，负责前厅的各项业务指标和规划。

② 每天检查有关的报表，掌握客房的预订及销售情况，并负责安排前厅员工班次及工作量。

③ 掌握每天旅客的抵离数量及类别；负责迎送及安排重要客人的住宿。

④ 严格按照前厅各项工作程序，检查接待员、收银员、行李员等的工作情况。

⑤ 配合培训部对前厅员工进行业务培训，提高员工素质，并能够指导员工的各项工作。

⑥ 与财务部密切配合，确保住店客人入账、结账无误。

⑦ 协调销售、公关、客房、餐饮及工程维修部门，共同提高服务质量。

⑧ 负责监督营业报表，并进行营业统计分析。

⑨ 负责处理和反映跑账、漏账等特殊问题。

⑩ 收集客人对客房、前厅及其他部门的意见和建议并处理相关的客人投诉问题。

⑪ 与安全保障部门联合，确保住店客人安全，维护大堂的正常秩序。

⑫ 组织和主持前厅部门会议和全体员工会议。

6. 前厅主管

（1）前厅主管的素质要求

① 熟知"服务"的多重结构、销售组合概念、商品艺术和效果、产品定价策略知识等。

② 了解中外旅游市场的需求层次和主要工作。

③ 能够在前厅经理授权下，协调与各旅行社、酒店及涉外单位的工作关系，努力为酒店开辟新的客源渠道。

④ 能够熟练撰写客源市场分析、酒店经营分析报告等相关业务文件，有较强的语言表达能力。

⑤ 监督、检查和指导前厅员工的各项业务能力。

⑥ 协调前厅各员工和部门间的工作关系。

⑦ 能够妥善处理客人的问题及突发情况，维持良好的人际关系及前厅秩序。

（2）前厅主管的岗位职责

① 掌握前厅营业的基本情况，如客人到店及离店人数、客房出租率、客房状况、订房情况等，发现问题能够及时向前厅经理汇报。

② 协调前厅与客房部、餐饮部及工程维修部门的关系，共同搞好服务工作。

③ 严格按照酒店规定对前厅询问、接待、行李、结账等环节的服务态度、服务方式、服务流程、服务质量等方面进行监督和指导。

④ 了解员工的思想、学习、工作及生活情况，协助前厅经理做好员工的思想工作、技术培训和业务考核工作。

图 2-1-2 前厅主管图

7. 礼宾处主管的素质要求及岗位职责

（1）具有较强的外语沟通能力、协调控制能力、解决疑难问题的能力。

（2）熟悉本部门各项工作程序及有关业务规定。

（3）熟悉本地其他有关服务业的地址、营业项目和时间，以便安排各类杂项服务。

（4）能够在业务繁忙的情况下，沉着冷静且合理地配合本部门人力，正确处理客人投诉及相关问题。

（5）具有一定的吃苦耐劳能力，敢于承担工作的重压。

（6）将每日礼宾部的运作，如车辆安排及行李服务状况记录好，保证全部的活动被清楚记录。

（7）保证每个月的行李存放能被清楚正确地记录下来。

（8）依据每日的出勤人数，合理地安排工作岗位。

（9）做好本部门员工工作，确保随时遵从上级安排或完成经理传达下来的任务。

8. 预订处主管的素质要求及岗位职责

（1）监管预订部日常工作，对预订员的日常工作进行合理安排。

（2）管理客房量以求达到最高入住率，平均房价和收入，检查不同市场和渠道预订价格的准确性，必要时调整中央预订系统可售房价。

（3）确保客人预订信息和历史记录准确输入系统。

（4）管理团队预订，确保预留正确团队信息。

（5）检查前一天的预订情况和所有重要客人的预订信息。

（6）与酒店集团紧密联系，并定期更新酒店的信息和房间设备以备销售。

（7）参与员工招聘并组织每个月所有预订员工的在职培训，监督和管理工作务必确保达到客人最大满意度。

9. 接待处主管的素质要求及岗位职责

（1）安排客人住店，办理登记入住手续，排房、订房价。

（2）正确显示客房状态。

（3）积极参与促销。

（4）协调对客服务。

（5）掌握客房出租变化情况，掌握住客动态及信息资料，制作客房销售统计分析报表。

10. 电话总机主管的素质要求及岗位职责

（1）负责开发电话接待工作的相关标准、流程和规范，并对其进行调整和修改。

（2）统筹通信设备及相关信息的设备使用和日常维护，确保设备及时维修并保持良好状态。

（3）协调各部门之间的信息交流，改善企业内部的沟通方式，提升工作效率。

（4）负责指导和培训电话接待人员，制定电话接待标准，规范岗位工作流程。

（5）依据不同时间段内的峰值和谷值，安排电话接待工作，保持对外服务的高质量，同时提高线路利用率。

（6）应具有较强的逻辑分析能力和处理问题的实际操作能力。

（7）熟悉客户需求和市场行情，能够对客户的服务提供有效的支持和反馈，促进企业规范化运作。

二、前厅部工作检查标准

1. 大堂气氛检查标准

（1）饭店的入口处是否有吸引力？是否有迎接客人的气氛？客人带着行李是否很容易进店？

（2）长途旅行后回到一个宁静的港湾会产生舒适感，大堂里是否有这种宁静港湾的气氛？具体来说，有以下几个方面：

① 室内外噪声达到什么程度？大堂的隔音效果好吗？

② 背景音乐的音量是否适中？

③ 灯光如何？是优雅柔和还是耀眼照人？是否有利于烘托女士的化妆色彩？各种灯具是否都完好无损？

④ 气味如何？从外面进来会不会感到有难闻的味道？

⑤ 湿度和温度是否适中？

⑥ 地面、墙面、顶面如何？是否有破损或污渍？是否处于良好状态？

（3）大堂内的各种设施设备是否完好？各种服务设施的挂牌是否白天、晚上都能清晰地看到？

（4）装饰品太多还是太少？摆设如何？花草布置是否恰当？

（5）大堂内的各种设备用具的摆放位置是否得当？

（6）大堂内有无供客人使用的告示牌？

（7）大堂内的各国时差钟是否准确？

（8）大堂内的清洁卫生是否给人以无可挑剔的感觉？

（9）大堂里所有员工的服装、表情、举止如何？是否得当？

（10）大堂里的客人是否存在不雅的行为举止？

2. 预订工作检查标准

（1）预订员是否经过培训？有无预订工作的书面规划？

（2）接受电话预订的必备材料是否放在电话机附近？

（3）遇到预订客房时，预订员是否查阅客人档案卡片？

（4）预订处发出的各种信函，其书写格式、内容等是否完善？

（5）对于要回复的信件，预订员是否准备了登记本？

（6）预订员是否根据饭店发出信息的不同性质，规定了轻重缓急？

（7）当预订发生了更改，是否在每份预订资料上用红笔注明了变更情况？

（8）当收到一份取消预订的信件时，预订员是否能够给等候名单上的客人邮寄一封确认信？

（9）为了减少差错，预订员是否合理地使用了颜色？例如：报价信件、预订和预订变更、预订取消、旅行社和会议，均有不同的颜色。

3. 前台接待工作检查标准

（1）客人抵达饭店门口时，是否有人迎接，是否有人帮助提行李？

（2）总台服务员的态度是否友善、方式是否恰当、用语是否礼貌、效率是否较高？各种手续是否符合规定？

（3）行李员是否随时为客人提供服务？引领到客房时是否符合要求？

（4）各种行李及邮件等输送是否及时、准确？

（5）问询服务是否热情、耐心、周到？

（6）各种委托代办服务是否手续清楚、提供及时？

（7）各种电讯服务是否准确、迅速、及时？

4. 前台结账服务检查标准

（1）客人到总台结账时，接待人员是否热情招呼客人？

（2）接待人员在与客人交谈中是否全程面带微笑？

（3）接待人员在结账过程中能否准确称呼客人姓名？

（4）接待人员在交给客人账单前是否问询客人下榻愉快？

（5）账单是否放在一个干净的信封内？

（6）结完账后，接待人员是否真诚欢迎客人再次下榻？

（7）办理结账总时长能否控制在3分钟以内？在特殊情况下，结账总时长能否控制在5分钟内？

（8）客人离开饭店时是否有祝客人旅途愉快？

5. 门卫行李员岗位工作检查标准

（1）门卫或行李员在饭店门口是否热情友好地迎接客人？

（2）门卫或行李员见到客人乘坐的车子停下，是否主动上前问候客人，有无主动为客人关拉车门？

（3）是否主动帮助客人搬运行李等物件？

（4）有无主动为客人开门或指引客人进入饭店大堂？

（5）行李员是否主动询问客人的需要，帮助客人将行李送入客人所住的房间？

（6）客人离店时打电话到行李部，行李员能否在电话铃响3声内接起？是否做到主动问候客人、报出自己的岗位和姓名？

（7）行李员能否应客人要求及时到房间收取行李？

（8）行李员到达客房，是否做到按门铃或轻轻敲客人的房门？

（9）客人打开房门后，行李员见到客人是否做到首先问候客人？

（10）帮助客人将行李放入行李车中，有无与客人确认行李件数？

（11）有无主动询问客人是否需要饭店为其安排交通工具？

（12）将客人送至酒店门口时，有无主动为客人开车门？

（13）有无感谢客人入住并祝客人旅途愉快？

6. 礼宾服务检查标准

（1）电话铃响，是否能在3声内接听，主动问候客人并报出所在岗位？

（2）如果客人走到服务台前，礼宾人员能否在30秒内与客人目光相视，热情招呼客人，主动询问客人的需求并提供相应的帮助？

（3）礼宾服务台上是否备有及时更新的饭店宣传手册？

（4）礼宾人员能否提供地图并能指出附近景点与主要建筑物的准确位置？

（5）所有宾客留言、传真或宾客要求转送的物品，能否应宾客的要求及时准确送达？

（6）所有宾客留言是否用酒店专用纸记录清楚？

（7）礼宾人员是否熟悉酒店内各项产品相关信息？

（8）礼宾人员是否熟悉饭店周边环境，包括当地的旅游景点、购物中心、特色商品、大型超市、特色餐饮等信息？

（9）礼宾人员是否能够出色地完成客人委托代办的业务，如购买特色旅游商品等，能否做到高效且准确无误？

案例分析

下午3：55，某公司预订客人钟先生到前台要求办理入住手续，因客房已满，未能安排客人入住。钟先生对此非常不满，称他作为酒店的常客，未有预订不到的不良记录，对于晚到而不为他保留房间的做法，钟先生表示非常失望。

经了解，钟先生的订单上显示确认到店最晚时间为18：00，而当晚亦有较多的未预订客人要求入住，直到23：55，在一位无预订的客人一再要求下，接待员小张才将钟先生预订的房间安排给了该客人。

大堂经理在了解到该情况后向钟先生表达了歉意，恰好有一间商务套房的客人在前台办理退房手续，大堂经理立刻请客房部员工马上跟进房间卫生，20分钟后，钟先生入住了该房间。

【案例点评】此案例发生在国内享有盛名的广州白天鹅宾馆，那么在此案例中，员工有过错吗？

分析如下：

1.操作

主要失误：预订部没有根据酒店开房率情况，要求客人提供房费担保。

建议如下：

（1）预订部：在旺季或开房率高峰期，预订部需要要求订房客人提供房费担保，并请客人提供联系方式（手机号、微信号、电子邮箱）。

（2）接待员：在此案例中，客人是大公司的员工，他事先有非保证性预订，但他到店时间比房间预留时间晚了几个小时。在此期间，多次有无预订客人要求入住，接待员一直为其保留房间，直到接近24：00，才将房间给了强烈要求入住的无预订客人。接待员为酒店争取收益最大化的出发点并没有错，但是前提是应及时与管理人员沟通，查看客人过往预订记录、分析客人抵店可能性概率，并协助管理人员做好满房状态下的应急处理。

（3）管理人员：在满房情况下，管理人员应主动、积极地与接待组做好沟通工作，了解实时开房率，查看未到客人资料（过往入住史、订房途径及担保情况等），关注天气预报情况，做好无房时预订客人抵店的应急预案。

2.沟通

（1）对客：预订组在接待客人订房时，需提醒客人在高开房率时期，需要提供房费担保，否则不接受订房（或房间只按要求保留到18：00）；另外，请客人留下有效、便捷的联系方式，以保证沟通渠道的畅通。

（2）部门：在旺季，前台、客房与销售部三方沟通要紧密，客房部需要及时将客房情况告知销售部。

对管理者的启迪：

①酒店应完善预订流程。

②员工应掌握超额预订的技巧。

③加强高开房率情况下各部门的沟通协调工作。

④做好客人档案记录。

案例分析

"都有什么样的房间，请你介绍一下。"一次笔者受某酒店集团之托，到其旗下一家酒店暗访，第一个被我暗访的对象是总台接待员。"请问，您是一个人住吗？"总台接待员问。"是的。"我回答。"那我建议您还是住大床房，大床房睡得舒服。不过，大床房有不同的朝向和特点，请问您有什么特殊要求吗？要不要我介绍一下供您选择？"

她的主动建议和询问，在其他酒店并不多见，不免使我开始注意她。这位接待员个子不高，也谈不上漂亮，却有一双炯炯有神的眼睛和亲切的笑容，给我的第一印象不错，也让我产生听她介绍房间特点的兴趣。我说："到度假酒店自然希望住在面朝景观的房间，你就介绍一下这种房间的特点吧。""我们酒店坐北朝南，南面房间对着的是风景区的大湖，北面房间则面向酒店的后花园。如果选择南面的房间，可以一览湖光山色；假如住的是北面的房间，这时正是鲜花盛开的季节，您可以欣赏满园春色。而且，我们酒店的房间特别宽敞，床垫是定制的袋装弹簧床垫，客人都反映睡得特别舒服。您选择我们酒店算是您选对了。"接待员滔滔不绝、声情并茂。"你说床垫是袋装的弹簧床垫？我以前只是听说过，但是还没体验过。"我感到有点意外。"是啊，那是我们酒店特别定制的。""你知道哪里可以买到这种床垫吗？""不好意思，这个我真不清楚，不过我可以帮您问一下。对了，您准备在我们酒店住几天呢？""就住两个晚上。""那这样吧，今晚住南面，明晚住北面，这样两面的景色您都可以兼顾，您看怎么样？"她还是那样充满热情地建议着。"这样不就增加了你们服务员打扫房间卫生的任务了吗？"我感动之余，不免有些过意不去。"没关系，只要您住得满意，住得舒服，我们都非常乐意多做一些的。咦？您是不是经常出差住酒店？"她脸上露出一丝诧异的神色，"我们酒店要是哪里做得不够，您可一定要给我们指出来啊！"

"说老实话，我本来不想住你们酒店的，倒是因为你的热情推销才下定决心住你们酒店的。"我也不失时机地恭维一句，"从你这么优秀的表现，我就已经对你们酒店充满信心了！"

只见她满脸笑容灿烂、谦虚应答并道谢之后，又投入到了接下来的工作当中。

【案例点评】 酒店推销工作不完全是营销部门的事情，酒店内有关岗位也都有向客人推销产品的责任。各个服务岗位努力做好本职工作，其实也是无形的推销。营销部门辛辛苦苦把客人引进来，服务部门就要想方设法提供好的服务把客人留下来。本案例中，总台的接待员在这方面做得非常好，好在善于抓住客人的特别要求，向客人针对性地介绍窗外景观特色，能够做到投其所好，博得客人的好感，使得客人最终能够快速下定入住决心。

对管理者的启迪：

（1）酒店促销工作不仅仅局限于营销部门，促销是全员性的。尤其是直接对客的岗位，都有推销酒店产品的任务。那么，在制定有关岗位职责时，必须注意提出岗位上的相关推销要求。

（2）管理人员对有关岗位进行培训、督导、检查和考核时，同样不可以遗漏了对有关岗位推销的要求。

（3）管理者要对员工进行销售艺术方面的培训，并启发员工学习、研究、讨论并掌握前台销售的艺术。

任务考核

一、单选题

1. 在饭店中，往往给客人留下第一印象和最后印象的部门是（　　）。

   A. 客房部　　　　　B. 餐饮部　　　　　C. 前厅部　　　　　D. 康乐部

2. 行李员的职责包括（　　）。

   A. 分配客房　　　　　　　　　　　B. 递送给住店客人信件

   C. 收取订金　　　　　　　　　　　D. 保存客史档案卡

3. 以下哪项不是接待处主管的主要职责（　　）。

   A. 积极参与促销　　　　　　　　　B. 为客人办理入住

   C. 在门厅迎送客人　　　　　　　　D. 协调对客服务

二、多选题

1. 前厅经理需要掌握哪些知识技能？（　　）

   A. 酒店经营　　　B. 销售知识　　　C. 旅游经济　　　D. 旅游地理

   E. 公共关系　　　F. 经济合同

2. 门卫行李员应做到以下哪几项？（　　）

   A. 主动上前问候客人　　　　　　　B. 主动为客人关拉车门

   C. 帮客人把行李送至客房　　　　　D. 指引客人进入饭店大堂

E. 及时为客人办理入住手续

3. 礼宾处主管应具备以下哪种能力？（　　　）

A. 外语沟通能力　　　　　　　　B. 解决疑难问题的能力

C. 维修设施设备的能力　　　　　D. 协调控制的能力

E. 及时发现账目问题的能力

参考答案

一、单选题：1.C　　2.B　　3.C

二、多选题：1.ABCDEF　　2.ABCD　　3.ABD

任务二　服务礼仪表现

前厅部是酒店对客服务的开始和最终完成的场所，也是客人对酒店的第一印象和最后印象之处。所以，前厅部的每一位员工或经理，既要严格按照服务标准、服务流程履行好自己应尽的职责，做好每一个环节和细节，又要灵活地、恰如其分地处理好一些突发事件及应急情况，尽量服务好每一位宾客，维护好酒店的形象。

一、仪容礼仪

无论服务人员长相如何，在工作中都应该保持仪容仪表干净整洁并能够进行得体的修饰。干净整洁主要指身上包括面部、头发、口腔、手脚无异物、无异味。

具体来讲，服务人员平时应该做到以下几点：

1. 勤洗澡、勤换衣

由于服务人员的形象代表着酒店的形象，所以良好的个人形象在服务工作中是必不可少的。一般来说，在有条件的情况下应该做到每天洗澡、清洗头发、更换衣物。

2. 勤洗手、勤刷牙、勤漱口

上班前、饭前便后、外出归来、整理物品或接触污物后都应该及时用洗手液或清洁用品洗手。擤鼻涕、咳嗽、打喷嚏等不可对着他人，应立即转身朝向无人处或隐蔽处，并用纸巾掩住口鼻，之后应立即洗手。

口腔干净、无异味是塑造良好职业形象的重要一步。服务人员至少应该做到早起后就寝前认真刷牙，平时就餐、喝饮料后或吃完有刺激性的食物后应立即漱口。

化妆是我们日常生活、工作、人际交往中不可或缺的环节，同时也是一种礼节形式。标准的工作妆容应该做到妆面自然、淡雅、精致、得体且能够体现出一种自然的美感。这既是自尊自信的表现，又能体现对他人的尊重。

3. 女士的日常皮肤保养步骤

（1）清洁。每天早上起来以及晚上就寝之前，都要认真清洁面部皮肤，根据自己肤质类型选择适合自己的清洁产品。由于我们的面部肌肤比较娇嫩，所以洗脸的动作要轻柔，不要用手掌使劲揉搓面部。

（2）爽肤。面部清洁过后，应用毛巾或洗脸巾轻轻擦干水。之后，用适合自己肤质类型的化妆水将皮肤擦拭一遍，这个过程就叫作"爽肤"。

（3）均衡滋养与保护。护肤的终极目标是锁住皮肤表面的水分和油分，做到水油平衡。不同的皮肤类型有着不同的需求：干性皮肤注重补充油分，水分次之；中性皮肤需要保湿锁水；油性皮肤需要在控油的基础上补水，尽量做到水油平衡；敏感皮肤主要注重修护皮肤屏障，避免起皮泛红。在爽肤步骤完成之后我们应用适合自己的精华、乳液或面霜轻柔且均匀地涂抹于面部皮肤。

（4）彩妆。睫毛膏或眼线应选择黑色或棕色，不应过于张扬；眼影最好选择大地色系，眼睑轮廓用大眼影刷轻扫，目的是加深眼窝使五官显得立体；唇妆可以选择颜色较淡的口红或唇膏，目的是使唇部显得立体饱满。

4. 男士的日常皮肤保养步骤

（1）清洁。男性皮肤相对于女性来讲油脂分泌较多，应当格外注意面部清洁，用适合自己的清洁产品清洁面部直至彻底清除油垢。

（2）润肤。面部清洁后，用毛巾或洗脸巾将面部轻轻擦干，使用适合自己肤质的护肤品滋润皮肤。干性皮肤要选用能够滋润皮肤的乳液或面霜，油性皮肤要使用清爽不油腻的乳液或面霜对皮肤进行保湿锁水。

（3）修面。男士应做到每天早上修面一次，因为现代社会人们更喜欢那些面部干净清爽的男士。常见的修面工具有两种：一种是刀片剃须刀，一种是电动剃须刀。无论使用哪种工具，都应注意不要弄伤皮肤。

二、表情礼仪

人们传达的信息一般是由视觉信号、声音信号、文字信号组成的，其中视觉信号占55%、声音信号占38%、文字信号占7%，由此可见表情的重要性。

现在很多酒店都提倡微笑服务，对于服务性行业而言，愉悦的表情无疑是最好的服务手段之一，因为视觉的影响力在人际交往中是十分重要的。同时微笑也可以体现真诚的态度，使顾客感到舒心并产生信任感；微笑也可以传递友善之情，能够使初次见面的顾客感受到温暖；微笑也可以为平凡的服务锦上添花，能够在客人对服务有意见时抚平客人激动的情绪。

微笑并不单单是一个简单的表情而已，它在服务中能够起到十分重要的作用。

（1）微笑可以带来美好的感受。

（2）微笑是产生信赖的重要途径。

（3）微笑是最重要的服务技能。

（4）微笑是不受语言限制的服务。

三、服务礼仪

（一）酒店总台服务礼仪

酒店总服务台是酒店的"窗口"，是接待客人的第一个环节和最后一个环节。因此，在接待过程中，要做到工作有序、效率高，要特别讲究礼仪礼貌，尽量给客人留下良好的印象。一般来说，总台服务礼仪包括以下几个方面。

图 2-2-1　前台工作人员礼仪展示图

1. 预订与入住

（1）预订服务礼仪

在预订服务中，首先，预订人员要有一个文明礼貌的态度。预订人员所表现出来的友谊、热情和对酒店的全面了解以及知识水平会使客人在预订客房时对酒店产生良好的印象。其次，要明确客人的性质，来酒店住宿的客人可分为预订团体、预订散客及零星散客。明确客人的性质，有利于酒店进行预先登记工作。

对于到店预订的处理，要注意以下几个方面的问题：客人到店时，总台服务员应主动、热情地打招呼；询问客人想要预订的项目（如客房、宴会、会议等）、价位及要求等，查看预订表确认能否预订，如客人要求，可以带其参观客房、宴会厅或会议室；若客人确认预订，请客人填写预订单，要求客人逐项填写清楚；客人填好后，要仔细查看，逐项核对客人所填的项目，检查是否有需要补充的地方或不清楚的地方；客人预订完离开后，填写接待通知单下发给相关接待部门，请其做好各项准备。

对于电话预订的处理，要注意以下几个方面的问题：接到预订电话，应热情、礼貌地报出酒店名称，并做自我介绍；询问客人想要预订的项目、价位及要求等，查看预订表确认能否预订；若能接受预订，应与预订人详细确认各项信息，填写预订单，并应问明来电预订人的姓名、单位名称及电话号码，以及有关预订客房、会议室或宴会的具体信息；信息确认后，填写接待通知单发给相关接待部门，请其做好各项准备。

对于网络预订，总台服务员在接收到预订之后，需要第一时间通过网络或电话等方式与预订客户取得联系，确认与预订相关的信息，并在信息确认后，通知相关接待部门，请其做好准备工作。

为了提高预订的准确性并做好接待准备，总台服务员在客人到店前要通过电话等方式与客人进行多次核对，问清客人是否能够如期抵店，人数、时间和要求等是否有变化。客人预订后如有修改，总台服务员要立即填写变更通知单下发给各接待部门。

（2）入住服务礼仪

①态度和蔼，有条不紊。热情问候每一位宾客，停下手中的事情，双目正视对方，上身略向前倾，主动问好，如"您好！欢迎光临！我能为您效劳吗？"；如是常客，可改用灵活的问候语，如"李科长，见到您真高兴，有什么可以为您效劳？"。

如正在接待客人，又有其他客人来到总台，服务员应及时对客人微笑，打招呼。做到办理第一位，询问第二位，再招呼第三位客人，并说"对不起，请稍候"。如果登记时人很多，一定要保持冷静，有条不紊，做好解释，提高效率，必要时要增加服务员的人数，以免让客人等得太久。

②精神集中，工作有序。工作时要全神贯注，不出差错。客人的姓名必须搞清楚，将客人的名字搞错或读错是一种失礼行为，不能一边为客人服务一边接电话。在岗位上，不要同时办理几件事，以免精神不集中出现差错。

听清客人的要求后，请客人出示身份证件，在不失礼的情况下，仔细验看宾客的身份证件，主动代客填写住宿登记单后请客人签名，并尽量按宾客的需要为其安排好房间。

确认无误后，应有礼貌地迅速将证件递还给宾客，并致谢，说"×先生/女士，谢谢您"。要注意用姓氏称呼客人。

③学会观察，一视同仁。酒店内人来人往，名人、娱乐活动家、政治家都是经常光顾酒店的客人，总服务台的员工要学会观察，记录客人个人资料，以备后用。对待客人要一视同仁，对重要的客人或熟客可以不露声色巧妙地给予照顾，让他感到与众不同就行，不能只与一位熟悉的客人谈话过久。其实，每一位客人都盼望和期待着自己能享受到一种个别的、独特的接待。

【特别提醒】如果当天住宿已满，应向客人致歉，再向他提出有益的替代建议，供客参考。或者主动用电话联系其他同等级酒店，设法帮客人解决问题，并欢迎他以后再来。

把房卡或房间钥匙交给客人时，不可一扔了之。也可将房卡或房间钥匙交给行李员，同时应彬彬有礼地说："先生，我们为您准备了一间有江景的房间，舒适安静，房号是1608。这是房卡或房间钥匙，行李员马上陪您上去，祝您入住愉快！"

④散客入住，团队入住。对于预订散客入住，首先请客人出示证件进行登记，询问客人需要入住的天数，收取押金，制作房卡，并请客人签名留下联系电话。将房卡、收据、证件交还给客人，并小声地向客人重复其房间号。对于无预订散客入住，要主动向客人介绍酒店现有的可出租房间种类及价格，并从价格高的房间开始推销，必要时可以请客人参观房间，其他入住手续同预订散客入住。将房间钥匙或房卡交给行李员，由行李生带客人进房，并向客人致祝愿语。

对于团队入住，在确认相关信息无误后，请陪同人员（地陪）配合收取所有团员有效证件进行登记，请地陪在团队入住登记表上签名确认实开房间数并留下联系电话。要尽量与地陪协商最晚在团队离店前一晚付清所有费用。确认次日叫醒时间、早餐时间，如为次日退房则需要确认出行李时间，将叫醒时间通知总机、用早餐时间通知餐厅、出行李时间通知礼宾部。

2. 叫醒与换房

（1）叫醒服务礼仪

①接收叫醒服务。客人在总台要求叫醒服务时，应记下客人的姓名、房号以及要求叫醒的时间，并在电脑中核对客人的房号与姓名，同时复述一遍客人要求叫醒的时间，以免发生差错。通知总机要求叫醒的房号与时间。

②输入叫醒电话。在话务台上按操作程序输入叫醒时间；检查所输入的叫醒时间是否正确。

③叫醒服务。叫醒时间到时，要按时打电话叫醒客人；若需叫醒客人无应答，要特别注意并注明；若再次叫醒仍然没有人应答，应打电话至楼层服务台，请客房服务员协助进行人工补叫。

（2）换房服务礼仪

①换房确认。当客人提出换房要求时，应问清原因并报告当班主管，当班主管到客人房间查看，确认换房并对客人表示歉意；条件允许的话尽量满足客人的要求。

【特别提醒】如属于房间设备、设施问题则应为其调换同一类型房间，如客人房间类型有变化则需要事先与客人确认新房价，待客人接受后才可为其换房。

如果没有空房可换，若客人已入住的房间并无设备故障，向客人表示歉意，并记下客人要求，告知一旦有空房会立即安排；若客人已住房间设施有故障，则应立即通知客房部紧急抢修。

②换房。根据换房情况填写房间、房价变更表，注明日期、客人姓名、新房间号、原因并交当班主管；将房卡或房间钥匙交给客人，帮客人办理换房手续，收回原房间钥匙或房卡；并应根据客人的要求，通知礼宾部为换房客人提供行李服务。

3. 问讯与投诉

（1）问讯服务礼仪

问讯员主要做的工作是回答宾客的问讯，如本市的天气情况，本市旅游景点的基本情况，本市主要的购物场所，本市交通运输情况及其他基本知识，本酒店的服务项目、收费标准、营业时间等基本情况。问讯员要注意以下几个方面的礼仪：

①要着装整齐，精神饱满，举止自然大方，站立服务，随时准备接待宾客。客人到来，应热情主动，微笑相迎。回答问讯时，应有问必答，百问不烦，用词得当。

②要熟悉业务，对酒店设施、各部门服务时间等情况应详细回答清楚，不能说"也许""大概"之类没有把握或含糊不清的话。但对不清楚的事，不要不懂装懂，也不能简单地说"我不知道"，而应该请宾客稍等一下，如说"对不起，这个问题我去问一下再答复您，请您稍等"，然后立即向有关人员请教，问清后再给宾客一个满意的答复。对一些客人提出的要求实在无法满足时，应向客人表示歉意，请求其谅解与合作。

③接受来电问讯时，应热情帮助解决，做到事事有回应、件件有结果。如不能马上回答，对来电人应讲明等候时间，以免对方因久等而引起误会。来电人要求留言时，应仔细记录留言内容和来电人姓名，并及时转告接收人，服务应热情周到。

④问讯处每天收到信件、邮件时应先分类，打上收到时间，做好登记，并请行李员

送至客人房间签收。

⑤任何情况下不得与客人争辩，更不能言语粗俗、讥笑讽刺客人。

（2）投诉服务礼仪

①要以积极的态度对待客人的投诉。一般来投诉的客人都有些火气，因为他们认为劣质的服务戏弄了他们，是不公道的，甚至是不能容忍的。当他们怒气冲冲地来投诉时，在态度上要给投诉客人一种亲切感，要用微笑使暴怒的投诉者趋于平静。

②尽可能满足投诉客人的要求。要相信大多数客人的要求都是合情合理的，即使遇到个别爱挑剔的客人，亦应本着"宾客至上"的宗旨尽可能满足其要求。

③必须做到诚恳耐心地倾听。在宾客因误解、不满而投诉时，要以诚恳的态度耐心听取客人的意见，争取在感情上和心理上与投诉者保持一致，千万不要话还没听完就开始为自己作解释或辩解，这很容易引起投诉者的反感。

④不激烈小问题的快速处理方法。首先，向客人道歉，这是对人不对事，目的是先使客人得到心理上的安慰。其次，向客人表示同情，倾听客人的意见，用适当的手势和表情来表达你对客人讲话内容的兴趣，努力听清事实，发现解决问题的线索和答案。再次，采取行动，即告诉客人你将如何处理问题，什么时候他可以得到答复，然后去了解问题的当事人和酒店的有关处理政策。这里需要说明的是，不能在没有了解清楚事实和对照酒店政策之前，就盲目承认酒店服务中的错误，给予客人优惠补偿。最后，感谢客人，将问题处理的结果告诉客人，感谢他对酒店提出的建议与提醒，同时看一下你是否能做其他事来帮助或弥补一下客人。

⑤在公共区域喧哗的激烈问题的绅士处理方法。先陪伴客人到安静、舒适和与外界隔离的地方去，如宾客关系部或办公室，以避免客人投诉的激烈情绪与批评在公共场合的传播。还可以提供一杯软饮料，如茶、咖啡或可乐，与客人一起坐在沙发上，彼此不要有写字台的间隔，使客人有一种受尊重的平等感受，以建立沟通的基础。然后，再根据情况见机行事，选择适当的方法予以处理。

⑥有些投诉根本无法解决，酒店应尽早向客人承认事实，并主动与客人协商解决问题的办法。通情达理的客人一般会接受这种处理方法。

4. 退房与结账

（1）退房服务礼仪

①温婉有礼。遇到客人退房，要温婉有礼，不能态度粗鲁或不高兴。要耐心，向客人讲清酒店的有关退房规定，按规定手续为客人办理退房。客人退房时，应给他呈上准确无误的结账单，请他付清全部费用。

②留下好印象。在许多酒店，多数客人办理迁出退房和结账手续一般在上午，如果员工准备工作到位，工作有条不紊，就能使迁出过程顺利、有效地进行并给客人留下良好的印象。

（2）结账服务礼仪

①态度温柔。要始终保持冷静、自信，同时态度要温柔、和蔼可亲，不论客人表现如何，作为酒店员工都要和蔼、亲切地服务于客人。

②严谨、准确、快捷。有关现金、支票、信用卡、直接转账以及团队付款凭证等复杂事宜都要认真检查核实。结账尽可能迅速快捷，尽可能方便客人，简化手续。

③保持账务完整。要检查客人是否还有未入账的临时费用，如餐厅、酒吧、长途电话等临时费用，以保持账务完整。如果客人又出现其他临时费用，但这些费用账单转到总服务台之前，客人已经离开了酒店，就需要追账。追账会损害酒店的声誉，使客人误认为酒店管理不善，应尽量避免。

④不要大声指责客人。如客人的信用卡过期了，酒店员工不要指着客人大声说："你的信用卡已经失效，没有使用价值。"更不要让其他客人都能听到指责，要小声地要求客人到办公室里或他人听不到的地方来处理客人的信用卡事宜。

【特别提醒】对于酒店总台来说，办理完客人的退房与结账，服务工作并没有完全结束，一定要注意服务工作的完整性。致祝愿语、礼貌地送别客人离店，是必不可少的最后环节。

（二）酒店总机服务礼仪

电话接待是酒店一项十分重要的日常工作和服务项目。酒店总机是酒店内外沟通联络的通信枢纽，维持着酒店与外界、酒店与住客、住客与住客及与酒店各部门之间的联系。在话务室工作的每一位员工，都必须具有高度的责任感，勤学习、业务精、讲文明、懂礼貌，做到声音清晰、态度和蔼、言语准确、反应迅速；坚持长期为客人提供优质的电话服务，通过声音为酒店塑造卓越的形象。

1. 接电话的礼仪

（1）及时接听。电话铃声一旦响起，接电话就成为最紧急的事情，其他事情都可以先放一边。所有来电，务必在响铃三声之内接听，以充分体现酒店的工作效率。铃声不过三声是一个原则，也是一种体谅拨打电话的人的态度，而且铃声响起很久不接电话，拨打电话的人也许会以为没有人接而挂断电话。如果接电话不及时，要道歉，向对方说"抱歉，让您久等了"。

【特别提醒】有时候确实有无法分身的情况，比如自己正在会晤重要的客人或者正在参加会议，不宜与来电话的人深谈，此时可以向来电话的人简单说明原因，表示歉意，并主动约一个具体的双方都方便的时间，由自己主动打电话过去。一般来说，在这种情况下，不应让对方再打过来一次，而应由自己主动打过去。

如果在接听电话的时候，适逢另一个电话打了进来，切记不要中断通话，而要向来电话的人说明原因，让他不要挂断电话，稍等片刻。去接另一个电话的时候，接通之后也要请对方稍候片刻或者请他过一会儿再打进来，或者自己过一会儿再打过去。等对方理解情况之后，再继续刚才正在接听的电话。

（2）谦和应对。在接电话时，要先问好，再报单位，然后用问候语，例如，"请问我能帮你什么忙吗？"切忌自己什么都不说，只是一味地询问对方"你叫什么名字""你是哪个单位的""你是公事还是私事"，这种做法极不礼貌。另外要注意的是，问好、报单位、问候语这三种开头语的顺序不能颠倒弄错。

（3）迅速准确。电话接线要迅速准确。下榻在酒店的客人所接到的大多数电话都是长途电话，都很重要，因而电话接线要迅速准确。另外，不许误传客人的信件或电话留言，一定要做到认真、耐心、细心。通话时，听筒一头应放在耳朵上，话筒一头置于唇下5厘米处，中途若需与他人交谈，应用另一只手捂住听筒。

（4）注意聆听。在客人讲完之前不要打断也不可妄下结论，对听不清楚的地方，要复述客人的话，以免弄错。听电话时要注意礼貌，仔细聆听对方的讲话，要把对方的重要话语进行重复和附和，应不时地用"嗯""对""是"来给对方积极的反馈。

如果对方发出邀请或会议通知，应致谢。如对方反映问题或是投诉，接待要耐心，回复对方的话要十分注意语气和措辞，要显得热情、诚恳、友善、亲切，并使对方能感受到你对他的关注。

（5）做好记录。若是重要的事，应做记录。记录时要重复对方的话，以检验是否无误。然后应等对方自己来结束谈话，如果电话里定不下来，可告知对方待请示领导后，再通电话决定。

【特别提醒】要礼貌结束电话。在结束电话时，应使用恰当的结束语，以对发话人表示感谢。或对自己未能提供帮助表示歉意，通电话以对方挂断电话方为通话完毕，以免对方产生误解，任何时候都不得用力掷听筒。

2. 打电话的礼仪

打电话是通联礼仪的一个主要内容。拨打电话的人是发话人，是主动的一方，而接听电话的一方是受话人,是被动的一方。因而在整个通话过程中,拨打电话的人起着支配作用,一定要积极塑造自己完美的电话形象。在打电话时,必须把握住通话的时间、内容和分寸,使得通话时间适宜、内容精练、表现有礼。

(1)时间适宜。把握好通话时机和通话时长,能使通话更富有成效,显示通话人的干练,同时也可以显示对通话对象的尊重。反之,如果莽撞地在受话人不便的时间通话,就会造成尴尬的局面,非常不利于双方关系的发展。如果把握不好通话时间,谈话过于冗长,也会引起对方的负面情绪。

(2)内容精练。打电话时忌讳通话内容不得要领、语言啰唆、思维混乱,这样很容易引起受话人的反感。通话内容精练简洁是对通话人的基本要求。

①预先准备。在拨打电话之前,电话簿、常用电话号码、日历、记录本以及笔等应全部放在便于拿到的位置,对自己想要说的事情做到心中有数,尽量梳理出清晰的顺序。做好这样的准备后,在通话时就不会出现颠三倒四、现说现想、丢三落四的现象了,同时也会给受话人留下高素质的好印象。

②简洁明了。电话接通后,发话人对受话人的讲话要务实,在简单的问候之后,应直奔主题,不要讲空话、废话,不要啰唆、重复,更不要偏离话题、节外生枝或者没话找话。在通话时,最忌讳发话人东拉西扯、思路不清,或者一厢情愿地认为受话人有时间陪自己聊天,强行煲"电话粥"。

(3)表现有礼。打电话的人只能根据自己听到的声音判断对方对自己的态度,热情友好和及时地招呼对方是最基本的要求。拨打电话的人在通话的过程中,始终要注意待人以礼,语言得体,尊重对方,并照顾到通话环境中其他在场人员的感受。

【特别提醒】

(1)礼貌中断电话。如果在通话过程中需要离开一下,应该请对方等待一下或告知对方自己等会儿再打过去。如果对方愿意等待,应告知对方他的电话没有挂断,并轻轻放下话筒。

(2)用声调传达感情。接打电话时应提倡运用富有人情味的声音,运用带着笑意的声音与对方通话。讲话时语调优美、吐字清晰、音量适中,能使人感到悦耳舒适。再加上语速适中、声调柔和、富于感情,使对方能够感觉到你在对他微笑,这样富于感染力的通话,一定能打动对方,并使对方乐于与你对话。

案例分析

某日，一位在北京××酒店长住的客人到该店前台收银处支付一段时间以来在店内用餐的费用。当他看到打印好的账单上面的总金额时，马上火冒三丈地说："你们真是乱收费，我不可能有这么高的消费！"收银员面带微笑地回答客人说："对不起，您能让我再核对一下原始单据吗？"客人当然不表示异议。于是和收银员一起对账单进行核对，其间那位收银员顺势对几笔大的账目金额（如招待宴请访客以及饮用名酒……）作了口头启示以唤起客人的回忆。等账目全部核对完毕，收银员有礼貌地说："谢谢，您帮助我核对了单据，耽误了您的时间，费神了！"客人听罢连声说："小姐，麻烦你了，真是不好意思！"

【案例点评】前台收银对客人来说是一个非常敏感的地方，也最容易引起客人发火。在通常情况下，长住客人在酒店内用餐后都喜欢用"签单"的方式结账，因为此方式简单易行而且十分方便。但是由于客人在用餐时往往会忽视所点菜品和酒水的价格，所以等客人事后到前台结账时，当看到账单上面汇总的消费总金额后，往往会大吃一惊，觉得自己并没有消费那么多，于是就责怪餐厅所报的账目（包括价格）有差错，顺势便把火气发泄到无辜的前台收银员身上。

上述案例中的收银员用美好的语言使客人平息了怒火。一开始她就揣摩透了客人的心理，避免用简单生硬的语言（像"签单上面肯定有你的签字""账单肯定不会错"之类的话）使客人下不了台而恼羞成怒。本来该店有规定：账单应该由有异议的客人自己进行检查，因此在处理矛盾时，先向客人道歉，然后仔细帮客人再核对一遍账目，其间对语言技巧的合理运用也是很重要的。尊重是语言礼貌的核心部分。说话时要尊重客人，即使客人发了火，也不要忘记尊重客人也就是尊重自己这个道理。

任务考核

一、单选题

1.前厅服务人员的仪态包括工作中的（　　　）。

A.站姿、坐姿、走姿　　　　　　B.面部表情、举止

C.语气、语调　　　　　　　　　D.以上都是

2.行李服务是（　　）向客人提供的一项重要服务。

A. 客房部　　　　B. 前厅部　　　　C. 总台　　　　D. 问讯处

3. "礼"的本质是（　　）。

A. 照顾别人　　　B. 互帮互助　　　C. 表达情意　　　D. 尊重他人

4. 对饭店员工坐姿的要求是：坐得端正、稳重、自然、亲切，给人一种（　　）感。

A. 优美　　　　　B. 满意　　　　　C. 舒适　　　　　D. 大方

二、多选题

1. 前厅部员工应当具备什么样的服务意识？（　　）

A. 优质服务意识　　　　　　　　B. 全员服务意识

C. 全心全意为客人服务意识　　　D. 个性化服务意识

2. 打电话的过程中，作为服务人员应做到以下哪些礼仪要求？（　　）

A. 时间适宜　　　B. 内容精练　　　C. 表现有礼　　　D. 思路清晰

参考答案

一、单选题：1.D　　2.B　　3.D　　4.C

二、多选题：1.ABCD　　2.ABCD

任务三　前厅服务语言

饭店前厅部主要设置在客人往来最多且颇为繁忙的酒店大堂。作为宾客第一个接触的部门，任何一个客人一进店门，就会对大堂的环境艺术、装饰布置、设施设备和前厅员工的仪容仪表、服务质量、工作效率等产生深刻的第一印象。其服务质量的好坏与素质的高低，不仅直接代表了酒店的形象甚至还会影响到酒店的形象和声誉，会直接影响到宾客对酒店的评价，也反映了该酒店的服务质量和管理水平。因此，前厅部门应极其注意员工的仪容仪表及标准服务语言的运用。

前厅部内外沟通协调

一、服务用语礼仪

1. 称呼问候。站立服务，面带微笑，主动问好，称呼得当，亲切热情。适度交谈，适宜得体。

2. 礼貌用语。与客人对话保持 1m 左右的距离，注意"请"字当头，"谢"字不离口，表现出对客人的尊重。

3. 用心倾听。停下手中的工作，全神贯注，注视客人眼睛到下颌之间，面带笑容，要等客人把话说完，适当回应。没听清楚的地方要礼貌地请客人重复一遍。

4. 圆满答复。遇到不知道、不清楚的事应查找有关资料或请示领导尽量答复客人，回答问题要负责任，不能不懂装懂，模棱两可，胡乱作答。

5. 从言语中要体现出乐意为客人服务的意识和态度。如"好的，我马上就来。""是，立刻办好。"

6. 同时接待多个客人。一边点头示意打招呼，一边说："请您稍等，我马上就来。"同时尽快结束与前一位客人的谈话，招呼后一位客人。如时间较长，应说："对不起，让您久等了。"

7. 态度和蔼，语言亲切，声调自然、清晰、柔和、亲切，音量适中，以对方听清楚为宜，答话迅速、明确。不高声呼喊别人。

8. 不能满足客人要求时，主动向客人讲清原因，表示歉意，同时给出建议或协助解决。让客人感到，虽然问题一时没解决，却受到了重视，并得到了应有的帮助。

9. 说话方式要婉转、灵活。在原则性、较敏感的问题上，态度要明确，既要不违反酒店规定，又要维护顾客的自尊心，切忌使用质问式、怀疑式、命令式、"顶牛"式的说话方式，杜绝蔑视语、嘲笑语、否定语、斗气语；要使用询问式（"请问……"）、请求式（"请您协助我们……"）、商量式（"……您看这样好不好？"）、解释式（"这种情况，酒店的规定是这样的……"）的说话方式。

图 2-3-1 前台工作人员与客人交流图

10. 致歉致谢。打扰客人或请求客人协助，首先要表示歉意："对不起，打扰您了。"对客人的帮助或协助要表示感谢，接过客人的任何东西都要表示感谢，关心理解。对于客人的困难，要表示关心、同情和理解，尽力想办法解决。

11. 解决争议。若与顾客有争议，可婉转解释或请上级处理，不得以任何借口顶撞、讽刺、挖苦客人，不准粗言恶语，不使用蔑视和侮辱性的语言，不高声辩论，不大声争吵。

二、基本的服务语言技巧

1."破译"法

利用其他言词作衬托，以了解对方说话的方法。如客人说："我叫李 bì。"服务员问："请问是碧绿的'碧'，还是璧玉的'璧'？"客人答："是璧玉的'璧'。"可见，"bì"这个音是靠碧绿、璧玉这样一些衬托才"破译"明确的。在运用"破译"法时，要注意衬托词的感情色彩、褒贬义，以免产生误解。

如客人说："我叫王 fú。"服务员问"是祸福的'福'吗"，就不如"是幸福的'福'吗"这句好。

2. 替补法

利用别的言词替补出客人没有说出的话。客人表达不清或者不便明说时，就要运用替补法。需要说出时，就帮客人说明。不需要说出时就心领神会，尽力帮忙。运用替补法，同样要注意结构衬托。如服务员说："欢迎您，请问您预订房间了吗？"客人稍显犹豫，没有答话。服务员心领神会，说："没关系，二楼还有一间南向双人房，面向花园，很幽静。我想您会满意的。"

是否替客人点明，要靠服务人员的细心观察。如一位戴墨镜的客人前来发电报，服务员说："这是电报纸，请用正楷字填写。"客人半天也未写一个字，服务员猜测客人可能不识字或者看不见，说："我可以帮忙吗？"

3. 意合法

是通过转换句式，贴切地领会客人所说的内容。比如这句话："到东方乐园，她去，我去。""她去""我去"，两个分句之间的关系可以有多种理解。

服务员可以用意合法，添加关联词语选用不同的句式来表现不同的语义关系，"她去，（还是）我去？""她去，我（也）去。""她去？我去！"这样会迅速领会对方的意思。

拓展训练

一、服务用语训练

礼仪角色

请学生扮演接待员和客人。

礼仪要求

1. 遵守语言规范，服务用语符合服务对象以及特定的语言环境。
2. 使用规范的服务用语以及易懂的语言，称谓恰当，用词准确，语意明确，口齿清楚，语气亲切，语调柔和。

模拟对话一

接待员：您好，先生，欢迎光临，请问您是办理入住吗？

客人：是的。

接待员：请问您有预订吗？

客人：是的，××公司昨天给我预订的。

接待员：请问预订客人的姓名，我帮您查询……抱歉让您久等了，您是张先生，对吗？

客人：是的。

接待员：××公司给您预订了今天至后天，也就是8月9日至11日的一间豪华套房。请出示您的证件，谢谢。

客人：好的，给你。

接待员：张先生，请问您对房间有什么特殊要求吗？需要吸烟房间还是无烟房间？

客人：都可以。

接待员：好的，我为您安排的豪华套房既漂亮又舒适，您一定会喜欢的。房号是1718，在17楼，请问还有什么可以帮您的吗？

客人：没有了。

接待员：您的所有费用都由××公司来结算，请确认入住登记表上的内容，在这里签字。

客人：好的。

接待员：谢谢，这是您的身份证、房卡和钥匙，请您保管好。现在是晚餐时间，客人们都非常喜欢我们餐厅中的美食，欢迎您前去品尝。

客人：好的。

接待员：请走好，电梯在您身后，祝您入住愉快。

客人：谢谢。

模拟对话二

小组讨论，哪个是最佳答案？

（1）一位客人向前台走来，服务员应该微笑着说：

A．"您好，需要房间吗？"

B．"您好，有什么可以帮您？"

（2）熟人陈经理来到前台，服务员应该问候：

A．"您好，陈经理，见到您很高兴，能为您做点什么吗？"

B．"欢迎光临，我可以帮忙吗？"

C．"陈经理，见到您很高兴！"

（3）办理客人入住登记核对证件时，服务员应该对客人说：

A．"王先生，请您出示身份证。"

B．"王先生，需要看一下您的身份证。"

C．"王先生，看一下您的身份证好吗？"

二、投诉处理语言礼仪训练

三、礼仪角色

四、请学生扮演前台服务员和客人

五、礼仪要求

六、先角色扮演，再进行讨论，如何改进才会做得更好

某日，两位外宾来到总台前。服务员小王边查阅订房系统边简单地说："已有客人预订了708号房间，你们只能住一天。"客人听了很不高兴地说："接待我们的公司通知要住两天，怎么会变成一天呢？"小王用没有丝毫变通的语气说："只预订了一天的房间，这不是饭店的原因，你们还是请公司方面人员解释吧。"客人更加生气："我们要解决住宿问题，根本没兴趣也没必要去追究订房差错问题。"僵持之际，前厅值班经理听到了客人意见，他先请客人到大堂经理处的椅子上坐下，请客人慢慢地把意见说完，然后以抱歉的口吻说："你们所提的意见是对的，眼下追究接待单位的责任看来根本不是主要问题。这几天正是旅游旺季，标准间客房连日客满，先为你们安排一间套房，请二位明后天继续在我们饭店做客。房间价格虽然高了一些，但设备条件还是不错的，饭店可以给您九折优惠。"

任务考核

一、单选题

1. 基本的服务语言技巧不包括以下哪个选项（　　）。

A. "破译"法　　　B. 替补法　　　C. 意合法　　　D. 联系法

2. 若与客人发生争议，在解决争议的过程中，应做到以下哪点（　　）。

A. 高声争辩　　　B. 粗言恶语　　　C. 挖苦客人　　　D. 婉转解释

3. 当客人遇到困难需要帮助时我们不应该怎样（　　）。

A. 示意客人等待后没有音讯　　　B. 及时帮助客人解决问题

C. 态度和蔼、亲切询问　　　D. 表示同情和理解

4. 在饭店服务中，使用（　　）是对服务人员的基本要求。

A. 语言交际　　　B. 礼貌用语　　　C. 感情　　　D. 情绪

5. （　　）的优劣是通过客人的感受来衡量的。

A. 服务态度　　　B. 服务内容　　　C. 服务方式　　　D. 服务质量

二、多选题

1. 下列对仪态的要求说法不正确的是（　　）。

A. 仪态的要求包括：站立服务、微笑服务、敬语服务、真诚服务

B. 仪态的要求包括：礼仪服务、敬语服务、真诚服务、微笑服务

C. 仪态的要求包括：礼貌服务、敬语服务、真诚服务、微笑服务

D. 仪态的要求包括：微笑服务、耐心服务、站立服务、真诚服务

2. 下列属于文明接待，礼貌服务原则的内容是（　　）。

A. 以我为主，尊重他人　　　B. 一视同仁、真诚关心

C. 严守纪律、照章办事　　　D. 得理也让人

3. 在聆听客人投诉时一定不要（　　）。

A. 保持冷静　　　B. 冷嘲热讽　　　C. 漠不关心

D. 充分关心　　　E. 表示同情

参考答案

一、单选题：1.D　2.D　3.A　4.B　5.D

二、多选题：1.BCD　2.BD　3.BC

项目三　专项操作

学习引导

本项目主要讲授酒店前厅管理操作系统和新媒体应用，前厅服务人员工作过程中使用的重要软件、硬件系统互联网技术，首先保证信息安全、符合治安管理规范，其次应业务状态明确、账目清晰，最后对企业市场营销、优质服务形成支撑。

学习目标

1. 能够了解酒店前厅管理系统功能和 Opera 酒店管理系统功能。
2. 能够理解酒店新媒体应用的目的和效果，利用新媒体渠道营销酒店。
3. 掌握酒店前厅管理系统功能和 Opera 酒店管理系统六大主要功能。
4. 培养特殊问题处理过程中，保持头脑清醒，服务有条不紊。
5. 为外宾服务时熟练使用外语，尊重他国风俗习惯。

案例导入

AI 未来 50 年系列之无人未来酒店

中国无人未来酒店是一种基于先进的无人技术和智能化系统的酒店，旨在提供更加高效、便捷和个性化的服务体验。这种酒店采用了自主研发的无人智能技术，实现了自助入住、智能客房管理、语音交互、人脸识别等功能，让客人可以在无人值守的情况下完成入住、退房、结账等操作，大大提高了酒店的效率和服务质量。以下是一些实际案例：

菲住布渴酒店（FlyZoo Hotel）：这是阿里巴巴旗下的智能酒店品牌，于 2018 年 12 月 18 日正式开业。这是一家采用全自助服务的智能酒店，酒店内部采用了包括人脸识别、语音控制、机器人服务、智能客房等在内的一系列高科技手段，让客人的入住和服务全面自动化。在这家酒店，客人通过手机扫码完成预订和入住，进入房间后可以通过语音控制系统调整房间环境和设备，还可以通过机器人服务员订餐、送餐、派送物品等。

北京智慧酒店无人店：这是由中国平安集团旗下的智慧酒店管理有限公司开发和运营的一家全球首家"无人智慧酒店"。该酒店位于北京市西城区金融街，于2018年12月正式开业。酒店采用了人脸识别、语音识别、物联网等先进技术，客人可以通过人脸识别完成入住、退房、结账等操作，房间内配备了智能化的客房管理系统和语音控制系统，可以通过语音指令控制房内的灯光、窗帘、电视等设备。此外，酒店还配备了智能机器人、自助售货机等设备，可以为客人提供信息咨询、送餐、购物等服务。

图 3-1　酒店外观图

上海智选假日酒店无人店：这是由中国最大的酒店集团之一——华住集团旗下的智选假日酒店推出的一家无人酒店，位于上海市浦东新区世纪园。该酒店采用了人脸识别和身份验证技术，客人可以通过刷脸完成入住和退房。酒店内还配备了智能客房系统和语音助手，客人可以通过语音指令控制房内的设备和娱乐系统。

图 3-2　无人酒店前台图

未来酒店行业将越来越依靠人工智能技术，而无人未来酒店正是最佳的示范。这些酒店采用了多种高科技手段，包括人脸识别、自主操作和智能客房等，使住宿体验变得更加智能、舒适和安全。未来，随着人工智能技术不断成熟和普及，无人未来酒店将继续提升住宿体验，为旅行者带来更加成熟、便捷和高效的服务，从而进一步提高旅行者的住宿品质和满意度。

任务一　酒店前厅管理系统操作

前台管理系统是酒店管理系统的重要组成部分，它是酒店接待工作的核心区域。前台管理系统包括客户登记、房间安排、收费、结账、报表统计等功能。前台工作人员通过前台管理系统实现对客人订单、房间收入、营业额以及完成各种辅助工作，如审核记录、消费记录等。通过前台管理系统对客房巡查、报修工作进行管理，在日常运营过程中能够提高做事效率，避免疏漏。

知识储备

Opera 系统的构成

Opera 系统主控界面由："Reservations""Front Desk""Cashiering""Rooms Management""AR""Commissions""Miscellaneous""Setup""End of Day"和"Help"十个下拉菜单组成。

一、"Reservations"菜单

"Reservations"菜单由以下选项构成：

1. "New Reservation"：做新预订。
2. "Update Reservation"：更新和修改预订。
3. "wait List"：等待分房客人报表。（有约定未分房的客人信息）
4. "Blocks"：团队预订。
5. "Profiles"：客人档案。（可以建立和修改客人档案）
6. "Room Plan"：客房状态。（查看某一时间段房间的状态）
7. "Floor Plan"：楼层状态。（查看某一层房间的状态）
8. "Confirmation"：确认信息。（可以查询已经确认的预订）
9. "Calendar"：日历。（日历上会显示每天的可用房数）

二、"Front Desk"前台菜单

"Front Desk"菜单由以下选项构成：

1."Arrivals"到达：为客人办理入住。

2."In-House Guests"住店客人：用于住店客人的相关信息查寻。

3."Accounts"客人档案信息查询。

4."Room Blocking"锁房：可将预订时已经和客人确认过的房间和有特殊用途的房间锁定，锁定后的房间将成为不可卖房。

5."Messages"查看 Messages：查看系统中所留的 Messages。

6."Traces"查看 Traces：查看系统登录当天到第二天所留的 Traces。

三、"Cashiering"收银菜单

"Cashiering"菜单由以下选项构成：

1."Billing"入账结账：前台员工给住店客人入账，办理退房时使用。

2."Fast Posting"快速入账：可以快速在任意一间在住客人的房账中入账。

3."Cashier Functions"收银功能：可以进行收银关账、外币兑换、打印未打印账单等。

4."Close Cashier"收银关账。

5."Quick Check Out"快速结账：可以快速为客人办理退房。

四、"Room Managament"房间处理

"Room Management"菜单由以下选项构成：

1."Housekeeping"房态设置。

2."Out of Order/Service"长期维修房和临时维修设置。

3."Room History"房间客史查询：只能按房号来查询在过去某一天的出租信息。

4."Occupancy Graph"出租房图表：可查询未来房间的出租信息。

五、"Miscellaneous"杂项

"Miscellaneous"杂项菜单由以下选项构成：

1."Reports"报表：Opera 系统中所有的统计报表全在此选项中，报表按部门来分类，如"Arrival"（预订报表）、"Financial"（财务报表）等。

2."Interfaces"接口：可以重启接口程序。

3."Show Quick Keys"显示快捷键：能查看所有快捷键的用途。

4."Print Tasks"打印机设置：用于设置 Opera 系统的打印机。（只有电脑房员工可进行操作）

5."User Activity Log"使用者操作记录：可以查询任何一个系统使用者某天在系统中做过的操作记录。如做过的入住、退房、对住店客人的信息更改（如姓名、离店日期）。

六、"End of Day"夜审

"End of Day"夜审菜单由以下选项构成：

1. "Night Auditor"夜审：做夜审即每天清机结账。
2. "Reprint NA Reports"重打印夜审报表：可以按日期打印加入夜审程序中的报表。

Opera 系统的"Options"（功能）选项的作用

一、在"Front Desk"中"In House Guests"的"Option"

1. 在"Front Desk"菜单中点击"In House Guests"会出现如下菜单，在"Room No"处键入想要查询的房间号如"2307"然后用鼠标点击"Search"按键，就会显示出此房间客人的姓名等相关信息。

2. 然后就可以用鼠标点击"Options"按键，就会弹出菜单。

3. "Changes"所有在此房间做过的操作都有详细记录。

4. "History"与"Room Management"中的"Room History"功能相似，不同之处是只显示该入住客人在酒店过去的入住信息。

5. "Package Option"包早功能：可以设置该房间的包早餐的数量及在入住期间哪天包早餐。

6. "Routing"：Opera 系统的结账界面最多可以开 8 个窗口，该按键可以设置该房间那些账项进哪个窗口或哪间房。如可以把所有的房费收入放在第一个窗口，其他杂费放在第二个窗口。这样很方便前台员工给一些公司客人办理结账（如该客人的房费公司结，其他费用客人自付）。

二、在"Cashiering"中"Billing"

在"Cashiering"菜单中点击"Billing"会出现如下菜单，在"Room No"处键入想要查询的房间号如"2307"然后用鼠标点击"Search"按键，就会显示出此房间客人的姓名信息。用鼠标点击"Select"。

用鼠标点击"Select"后会弹出菜单，可用鼠标点击任一账项记录，如在"现金 -300"记录上用鼠标点击。

鼠标点击"Option"后会弹出菜单，该菜单会提供该条记录的详细信息。如入账的代码信息、入账收银员信息、入账的时间等。

任务引入

每组同学采用抽签的方式来决定通过操作 Opera 来完成不同菜单的工作任务。

"Reservations"菜单

"Front Desk"菜单

"Cashiering"菜单

"Rooms Management"菜单

"Miscellaneous"菜单

"End of Day"菜单

任务实施

要求：学生分成若干小组，完成"Reservations"菜单，"Front Desk"菜单，"Cashiering"菜单，"Rooms Management"菜单，"Miscellaneous"菜单，"End of Day"菜单，总计六个菜单的操作任务。每个小组展示任务的完成过程中，各组通过任务回放进行自评、互评，教师在学生完成任务过程中进行评价。最后以上三种打分相加总分为每名学生的最后得分。

考核评价

从中找出优、不足和错误，指出努力方向，进行评分，奖励优秀的小组。进一步掌握正确的工作过程与工作方法，训练学生工作方法能力、自我监控能力和评价能力。

任务评分表（满分 50 分）

标准	序号	评分项目	每项5分	得分
完成正确性	1	是否了解酒店前厅管理系统功能		
	2	是否了解 Opera 酒店管理系统功能		
	3	是否掌握"Reservations"菜单操作方法		
	4	是否掌握"Front Desk"菜单操作方法		
	5	是否掌握"Cashiering"菜单操作方法		
	6	是否掌握"Rooms Management"菜单操作方法		
	7	是否掌握"Miscellaneous"菜单操作方法		
	8	是否掌握"End of Day"菜单操作方法		

续表

标准	序号	评分项目	每项5分	得分
完成流畅性	9	完成任务是否流畅，有1处停顿扣1分，有2处停顿扣2分，3处停顿扣3分，4处以上不得分。		
仪容仪表	10	仪容仪表符合预订员要求，仪态大方，服饰干净，不化浓妆，头发干净整齐，修剪指甲。有1处扣1分，3处以上不得分。		
总分				

拓展知识

酒店管理系统是一个集团、连锁酒店管理的必备工具，它能帮助酒店实现信息化、数字化管理，大大提高酒店运营效率、降低运营成本。酒店管理系统包含前台管理、后台管理和房间预订等业务。

酒店管理系统的使用效果主要体现在以下几个方面：

1. 提高工作效率，减轻员工工作量。

2. 内部各项信息共享，避免数据冗余。

3. 统计数据准确，方便经营决策。

4. 线上预订方便，提升客户满意度。

但是，酒店管理系统也有其缺点，如系统安装与维护复杂、价格较高等。因此，在选择酒店管理系统时，需进行有效的比较与评估，明确合理的需求和目标，并保证软硬件能够兼容、操作界面易用性良好以及数据安全可靠。

总之，酒店管理系统是酒店规模扩大、运营效率提升的必需品之一。选择一款好的酒店管理系统，做好规划与设计，并掌握有效的使用方法，将会在日常的经营过程中发挥出更大的价值。

任务考核

一、单选题

1. Opera 系统主控界面由（　　）菜单组成。

A. 一个　　　　B. 两个　　　　C. 三个　　　　D. 十个

2. "New Reservation" 是（　　）菜单。

A. 做新预订　　B. 更新预订　　C. 修改预订　　D. 删除预订

3. "Blocks"是（　　）预订。

A. 团队　　　　B. 散客　　　　C. VIP　　　　D. 常客

4. "Profiles"是（　　）。

A. 客人档案　　B. 档案　　　　C. 文件　　　　D. 个人信息

5. "Room Plan"是（　　）。

A. 客房计划　　B. 客房安排　　C. 客房状态　　D. 客房信息

二、多选题

1. "Update Reservation"是（　　）菜单。

A. 做新预订　　B. 更新预订　　C. 修改预订　　D. 删除预订

2. "Billing"入账结账：前台员工给住店客人（　　）时使用。

A. 入账　　　　B. 办理退房　　C. 办理登记　　D. 分配房间

3. "Cashier Functions"收银功能：可以进行（　　）等。

A. 收银关账　　B. 外币兑换　　C. 打印未打印账单　　D. 挂账

4. "Out of Order/Service"（　　）。

A. 长期维修房　　　　　　　　B. 临时维修设置
C. 短期维修房　　　　　　　　D. 长期维修设置

5. "Fast Posting"快速入账，可以（　　）在（　　）一间在住客人的房账中入账。

A. 快速　　　　B. 任意　　　　C. 优先　　　　D. 指定

三、判断题

1. "Room History"房间客史查询：只能按房号来查询在过去某一天的出租信息。（　　）

2. "Occupancy Graph"出租房图表：可查询未来房间的出租信息。（　　）

3. "Night Auditor"夜审：做夜审即每天清机结账。（　　）

4. "Quick Check Out"快速结账：可以快速为客人办理退房。（　　）

5. "Messages"查看系统中所留的 Messages。（　　）

参考答案

一、单选题：1.D　2.A　3.A　4.A　5.C

二、多选题：1.AC　2.AB　3.ABC　4.AB　5.AB

三、判断题：1.√　2.√　3.√　4.√　5.√

任务二　酒店新媒体应用

随着数字化时代的到来，新媒体已经成为酒店行业不可或缺的一部分。酒店可以通过新媒体应用来提高品牌曝光、增加客户黏性、提高服务质量和促进销售。

酒店新媒体营销

酒店新媒体应用的目的是通过数字化手段提高酒店的品牌曝光、增加客户黏性、提高服务质量和促进销售。

一、应用目的

1. 提高品牌知名度：通过社交媒体、微信公众号、抖音等新媒体平台，酒店可以发布品牌宣传内容、推广优惠活动、提供在线预订服务等，提高品牌知名度和曝光度。

2. 增加客户黏性：通过新媒体平台，酒店可以为客户提供个性化的服务、提供在线客服、提供专属的优惠折扣等，增加客户对酒店的黏性和忠诚度。

3. 提高服务质量：通过新媒体平台，酒店可以实时了解客户的需求和反馈，及时作出回应，提高服务质量和满意度。

4. 促进销售：通过新媒体平台，酒店可以发布促销信息、提供优惠活动、提供在线预订服务等，促进销售和收入。

二、应用方案

1. 个性化服务

酒店可以通过新媒体平台提供个性化的服务，如提供在线客服、提供专属的优惠折扣等。通过个性化服务，酒店可以更好地满足客户需求，提高客户满意度和忠诚度。

2. 在线预订服务

酒店可以通过新媒体平台提供在线预订服务，包括自助预订、预订咨询、订单管理等。通过在线预订服务，酒店可以更加便捷地为客户提供服务，提高客户黏性和忠诚度。

3. 优惠活动

酒店可以通过新媒体平台发布优惠活动，如预订折扣、会员优惠等。通过优惠活动，酒店可以吸引更多的客户，促进销售和收入。

三、拓展

1. 数据分析

酒店可以通过新媒体平台收集的客户数据进行分析，了解客户需求和反馈，优化服务质量和提供个性化的服务。

2. 会员管理

酒店可以通过新媒体平台建立会员系统，收集客户的个人信息，提高客户忠诚度和满意度。

3. 营销整合

酒店可以通过新媒体平台整合各种营销渠道，如线上营销、线下活动等，提高品牌知名度和曝光度，促进销售和收入。

四、酒店如何利用新媒体渠道营销

一直以来，大部分酒店房间售卖严重依赖第三方 OTA 渠道，酒店自有渠道少且薄弱。但随着互联网人口增长红利消失，整个行业线上流量减少，酒店获客成本逐年增加。酒店的营销方式必须改变了。

1. 接入自媒体渠道，积极触达年轻消费者

比如抖音、小红书这样的渠道。抖音是国内最大的短视频平台，日活跃用户超 6 亿，小红书是黏性很高的社交平台，种草转化效果非常明显。

而酒店自身拥有优质宣传物料，尤其是特色酒店、民宿客栈等，非常适合用短视频的方式宣传。并且短视频的方式更利于占领用户心智、宣传品牌。

2. 提高服务质量，让用户可感知

服务质量不仅包括用户入住中的体验，入住前后的服务质量一样很重要。比如订房前，在线客服与用户的网上沟通，客户离店后，酒店方面的回访等等。

入住中的服务质量则是最重要的。酒店可以先做调查，找出客户住店时最容易在哪些环节投诉，或引发不满，就针对性去做改进。

另一方面，酒店的优质服务要让用户感受到，不仅包括入住客户，也包括潜在客户。可以通过上述的自媒体渠道，积极宣传出去。

3. 建立矩阵式营销渠道，全面塑造品牌

除了抖音、小红书以外，微信公众号、视频号、头条等渠道，也是酒店可以铺开的宣传渠道。酒店有多种客源，而他们的活跃渠道各不相同，酒店应当在客源活跃渠道做推

广、多渠道铺开，形成营销矩阵，全面塑造品牌。

品牌是独一无二的，而品牌得到用户认可，就会形成良性循环，老客户会主动带来新客户，使酒店获得源源不断的客户与收益。

以上三种策略，其实包含了三个方面：品质、跨界营销、融入品牌。无论什么时候，品质是最重要的，酒店的品质在于服务质量、入住体验。

跨界营销则是为了吸引年轻消费者。现在市场上的消费者越来越年轻，他们新潮、爱玩、注重精神消费、在意性价比，这些都是他们的标签。而品牌可谓一家企业的发展之本，品质或营销玩法都可以有相同，但品牌是独一无二的。

任务引入

每组同学采用抽签的方式来决定完成哪项工作。

1. 分析讨论：酒店新媒体应用的目的和效果。
2. 分析讨论：酒店如何利用新媒体渠道营销。

任务实施

要求：学生分成若干小组，分析讨论：酒店新媒体应用的目的和效果；酒店如何利用新媒体渠道营销。每个小组展示任务的完成过程中，各组通过任务回放进行自评、互评，教师在学生完成任务过程中进行评价。最后以上三种打分相加总分为每名学生的最后得分。

考核评价

从中找出优点、不足和错误，指出努力方向，进行评分，奖励优秀的小组。进一步掌握正确的工作过程与工作方法，训练学生工作方法能力、自我监控能力和评价能力。

任务评分表（满分50分）

标准	序号	评分项目	每项5分	得分
完成正确性	1	是否了解酒店新媒体应用的目的和效果		
	2	是否了解酒店新媒体有哪些		
	3	是否了解酒店新媒体个性化服务		
	4	是否了解酒店新媒体在线预订服务		

续表

标准	序号	评分项目	每项5分	得分
完成正确性	5	是否了解酒店新媒体优惠活动		
	6	是否了解酒店新媒体数据分析		
	7	是否了解酒店新媒体会员管理		
	8	是否了解酒店新媒体营销整合		
完成流畅性	9	完成任务是否流畅,有1处停顿扣1分,有2处停顿扣2分,3处停顿扣3分,4处以上不得分。		
仪容仪表	10	仪容仪表符合预订员要求,仪态大方,服饰干净,不化浓妆,头发干净整齐,修剪指甲。有1处扣1分,3处以上不得分。		
总分				

拓展知识

中国酒店在线预订用户中有80%以上属于年轻人群,即18~39岁,年轻人对酒店在线预订消费能力相对较强,追求享乐和消费,偏好于个性、多样化的酒店。消费者行为方式和偏好习惯也促使酒店近年来出现了很多新型的营销模式。新型的营销方式给人们带来了趣味、吸引力,增进了互动和用户体验感,符合现在营销以人为中心的特点。

作为旅游酒店企业,新媒体营销在数字化时代能获取良好的顾客关系、减轻渠道间矛盾、降低投资风险。因此,旅游酒店企业在新媒体营销渠道管理过程中,资源的分配和利用直接影响到企业现在和未来的收益水平。

万豪酒店集团作为全球第一大酒店集团,现有新媒体营销渠道多而广,本文结合万豪酒店集团现有平台数据,归纳并验证连锁酒店集团不同新媒体4R营销渠道发展现状以及它们对酒店集团整体营销的影响,并梳理其营销效果,权衡得失,以便为酒店新媒体营销渠道的运营维护提供案例。本文希望能够解决现有新媒体平台渠道所存在的问题,通过平台和用户的结合,满足酒店用户的消费多元化、个性化,从而提升酒店网络营销的效果,增进品牌的影响力,达到酒店与代理平台、消费者和谐共存,酒店利益最大化。

一、万豪酒店集团新媒体平台发展现状与营销影响

万豪酒店集团新媒体营销在国外的渠道有脸书、抖音、推特、油管等,而国内则有微信、小红书、微博、抖音、小红书、大众点评等。万豪酒店集团不同营销渠道为该集团提供的点击量有所不同甚至差异巨大。从该集团2021年国内全年点击量情况来看,微信

平台占据点击量总额的70%左右，微博平台占20%～30%之间，小红书则只在2%上下浮动。从微信、微博、小红书三个渠道的全年推文数量以及点击量情况来看，在三个渠道全年推文数量比例相差不大的情况下，点击量收益悬殊。

（一）微信平台发展现状与营销影响

单万豪旅享家在微信的板块内容有微信朋友圈广告、搜一搜官方区、官方公众号、自媒体视频号等。主要板块内容如下：第一，官方公众号。万豪旅享家公众号的关注人数130万左右，平均推送活动的阅览量在1万左右。从每月点击量来看，微信渠道在2月份点击量达到了41007，而在12月却仅有12702，有的月份点击量很高，有的月份很低。微信公众号底部菜单栏的功能包括预订及服务、双倍积分、更多惊喜三个板块。第二，搜一搜官方区。主要包括品牌官方区和活动大卡两种能力，帮助品牌更好地展示账号和服务。用户通过搜索万豪、万豪旅享家等关键词，会跳转到官方预设的页面。该页面设置客房预订、餐饮预订、会员注册等模块，也有公众号、视频号、小程序的跳转链接。第三，朋友圈广告。它根据人群用户画像，最终可完成公众号关注、卡圈发放、客资收集等推广目的。

（二）微博与小红书平台发展现状与营销影响

万豪旅享家微博账号拥有粉丝43.4万，2021年共发布文章271篇，总共获得超过1千万次的点击量，但点击量全年呈走低趋势。小红书有万豪的官方账号、关键词搜索、电商等业务。万豪旅享家在小红书平台的账号涵盖旗下相关商品信息，拥有2.4万粉丝，拥有19万笔记，官方账号发送推文数量约169篇。综合2021全年来看，推文发布量在3月、7月、9月为峰值，点击量的最高值在7月。

二、万豪酒店新媒体平台的4R营销及效果分析

万豪酒店集团通过利用新媒体跨空间、强互动性、低成本的特点，最大程度提供个性化定制产品，与客户构建长久关系。与此同时，万豪酒店平台新媒体营销渠道在市场负面信息反应、提供个性需求、部分渠道功能整合度关联度等方面也有不到位之处，影响到营销渠道与用户的联系。

（一）万豪酒店新媒体营销渠道关联分析

关联（Relevance）是指酒店集团以多样化的方式为酒店和用户之间建立长期的、较为固定的互需、互助和互求的关联关系。从目前微信营销的主要应用来看，微信平台营销状况优于小红书、微博。与其他营销平台不同，微信营销功能的实现及传播依托于微信生态而构建，由于微信用户基数大，用户依赖微信平日的使用，因此在微信公众号、官方区、朋友圈的推送可以获得大量的点击量、阅读量。用户可以在微信公众号完成大多数的操作，可以享受一揽子的集成服务，而不用跳转其他平台。而反观小红书和微博平台则并没有注

重用户功能的集结，因此在推文数量相同的情况下，其点击量和浏览量远低于微信平台。

（二）万豪酒店新媒体营销渠道反应分析

反应（reaction）是指企业快速满足顾客需求的营销策略与能力。从三个平台营销内容来看，符合实时的营销内容有利于促进关注度。第一，节假日营销有利于获得更高的点击量及收益。在中国农历新年期间，万豪旅享家发布3个充满节日气氛的视频，在网上引起热烈讨论。3个社交媒体平台共获得39.2万次以上的浏览量和10.7万次以上的参与次数等。第二，缺乏对热点话题的及时跟进不利于营销推广。

（三）万豪酒店新媒体营销渠道关系分析

关系（relation）策略是以诚实的交换及履行承诺的方式，识别、建立、维护和巩固企业与顾客及其他利益群体的关系的活动。在三个营销平台中，万豪旅享家在9月会员日活动中提供大量的优惠，鼓励会员在即将到来的假期旅行。而这一活动在三个社交媒体渠道商总共获得了194k的浏览量，其中，微信获得113.4k的浏览量。然而，万豪客户在使用、评论小红书笔记、参与微博互动时，大多只是觉得万豪提供了理所应当的配套服务，而并没有做主动沟通，因而影响了推广的曝光率。

（四）万豪酒店新媒体营销渠道回馈分析

回馈策略（reward）在营销渠道中多表现为赠送顾客额外礼品，给予优惠券等，从而让目标人群获得更多的优惠或者额外服务。从2021全年微信推文来看，筛选出互动排名前五的文章，其内容均含有参与互动即可抽奖或获得赠礼的标识。这些文章的平均阅读量均达到15000次，平均互动量则达到238次，远高于普通推送的平均水平。

三、酒店新媒体4R营销的一般结论与建议

第一，关联方面，酒店新媒体平台以各种各样的方式在供需之间形成一种价值链条，集成程度、便捷程度、生活关联度越高，则营销效果越好。由此，营销平台功能的多样化建设非常重要，应尽可能让顾客在同一平台获得多种、多样的服务，从而提高平台整体性能，减少顾客转换成本。此外，每个预订酒店的客户都有其独一无二的个人属性，应强化对目标市场的认知程度，借此来提高新媒体平台营销层面的精确程度。

第二，反应方面，酒店需要针对顾客需求变化，有及时启动和完善的新媒体营销策略和能力，而关注度和转化率是判断反应的关键。由此，在营销内容中，涉及社会热点话题，应当谨慎及时推送；其次，新媒体营销时效性强，要有注重从粉丝反馈信息，并及时改进的能力。

第三，关系方面，酒店必须准确理解并满足客户需求，新媒体营销重点是与消费者建立稳定、良好的关系。由此，酒店应该及时与顾客进行互动、主动沟通，及时回复用户

评论，并询问意见和展示改进成果和案例，营造长期友好的服务账号形象。

第四，回馈方面，酒店新媒体营销须真正以客户利益为基础，额外服务与更多优惠是提升营销效果的有效手段。由此，酒店应在原有会员体系上与新媒体平台深度合作，拓展更多服务，并深挖优惠用户类型，丰富优惠券发放体系。

任务考核

一、单选题

1. 通过新媒体平台，酒店可以（　　）了解客户的需求和反馈，及时作出回应，提高服务质量和满意度。

A. 实时　　　　　B. 及时　　　　　C. 准时　　　　　D. 按时

2. 大部分酒店房间售卖严重依赖第三方OTA渠道，酒店自有渠道（　　）。

A. 少且薄弱　　　B. 多且丰富　　　C. 少且差　　　　D. 多且优

3. 入住中的服务质量则是最重要的。酒店可以先做调查，找出客户住店时最容易在哪些环节（　　），或引发不满，就针对性去做改进。

A. 表扬　　　　　B. 质疑　　　　　C. 投诉　　　　　D. 抱怨

4. 通过在线预订服务，酒店可以更加便捷地为客户提供服务，提高客户黏性和（　　）。

A. 依赖性　　　　B. 满意率　　　　C. 满意度　　　　D. 忠诚度

5. 酒店可以通过新媒体平台收集的客户数据进行分析，了解客户（　　）和反馈，优化服务质量和提供个性化的服务。

A. 需求　　　　　B. 要求　　　　　C. 意见　　　　　D. 不满

二、多选题

1. 酒店新媒体应用的目的是通过数字化手段（　　）。

A. 提高品牌曝光　B. 增加客户黏性　C. 提高服务质量　D. 促进销售

2. 提高品牌知名度：通过（　　）等新媒体平台，酒店可以发布品牌宣传内容。

A. 社交媒体　　　B. 微信公众号　　C. 抖音　　　　　D. 报纸

3. 增加客户黏性：通过新媒体平台，酒店可以为客户提供（　　）等，增加客户对酒店的黏性和忠诚度。

A. 个性化的服务　B. 在线客服　　　C. 专属的优惠折扣　D. 广告投放

4. 促进销售：通过新媒体平台，酒店可以（　　）等，促进销售和收入。

A. 发布促销信息　　　　　　　　　B. 提供优惠活动
C. 提供在线预订服务　　　　　　　D. 提供在线取消预订服务

5. 酒店可以通过新媒体平台提供在线预订服务，包括（　　　）等。
A. 自助预订　　　　B. 预订咨询　　　　C. 订单管理　　　　D. 在线更改

三、判断题

1. 酒店可以通过新媒体平台收集的客户数据进行分析，了解客户需求和反馈，优化服务质量和提供个性化的服务。（　　）

2. 酒店可以通过新媒体平台建立会员系统，收集客户的个人信息，提高客户忠诚度和满意度。（　　）

3. 酒店可以通过新媒体平台整合各种营销渠道，如线上营销、线下活动等，提高品牌知名度和曝光度，促进销售和收入。（　　）

4. 服务质量不仅包括用户入住中的体验，入住前后的服务质量一样很重要。（　　）

参考答案

一、单选题：1.A　　2.A　　3.C　　4.D　　5.A
二、多选题：1.ABCD　　2.ABC　　3.ABC　　4.ABC　　5.ABC
三、判断题：1.√　　2.√　　3.√　　4.√

项目四　前厅部对客服务

学习引导

酒店被喻为客人的"家外之家",服务过程中要求以"宾至如归"为宗旨。酒店前厅是家的门面、是客人温暖的港湾。前厅对客服务囊括了客人抵店前、住店中和离店后各个环节,是酒店为客人提供"满意+惊喜"的服务体验的第一步,这就要求前厅在接待服务方面需要更加用心、贴心。此模块中除了对前厅服务的各项对客服务内容的学习的内容以外,更加强调的是客人抵店前如何针对客人的需求销售客房,做好客房预订工作,设计好客人抵店时的服务方案;为了让客人在住店时有家的体验感,酒店提供了周到的访客商务中心服务和行政楼层的 VIP 接待服务、会员服务等。

预订处对客服务常见问题的处理

学习目标

1. 了解前厅部各部门对客服务内容。

2. 熟悉酒店各类房型、设施以及配套服务,能够为客人提供详细的信息和推荐。

3. 理解酒店预订系统的操作流程,了解预订条款、取消政策等相关知识。

4. 知晓礼宾服务的基本流程,包括迎宾、行李搬运、导引等,以及在特殊情况下的应对策略。

5. 了解离店结账的程序,掌握常见付款方式,包括现金、信用卡、挂账等。

6. 熟悉商务中心的服务项目,如打印、传真、租赁设备等,以及其费用标准和操作流程。

7. 能够结合酒店信息系统正确为客人办理预订及预订变更。

前台住店对客服务

前台住店对客服务(微课)

8. 能够接待散客及团队客人入住，并安排合适客房，能进行客房的向上销售。

9. 具备礼宾服务所需的技能，如搬运行李、引导客人到指定位置等。

10. 能够高效地进行离店结账操作，包括核对账单、收款和找零等。

11. 具备商务中心服务所需的技能，如打印、传真、租赁设备操作等。

12. 培养积极向上的服务态度，以客人满意度为导向，愿意主动为客人提供帮助和服务。

13. 培养灵活性和适应性，能够根据不同情况调整服务方式，满足不同客人的需求。

14. 培养团队合作精神，与其他部门积极协调合作，以提供整体的优质服务。

15. 培养细致入微的工作习惯，确保每个细节都得到充分关注，以提供无懈可击的服务。

16. 培养应变和解决问题的能力，能够在突发情况下快速决策并提供合适的解决方案。

17. 培养安全意识，确保在服务过程中客人的安全和隐私得到充分保护。

案例导入

离店之际

某酒店总台。一位小姐正在给915房间的客人办理离店手续。闲聊中，那位客人旁顾左右，撸下手指上的一枚戒指，偷偷塞到小姐手里低声道："我下星期还要来长住一个时期，请多多关照。"小姐略一愣，旋即，镇定自若地捏着戒指翻来覆去地玩赏一会儿，然后笑着对客人说道："先生，这枚戒指式样很新颖，好漂亮啊，谢谢你让我见识了这么个好东西，不过您可要藏好，丢了很难找到。"随着轻轻的说话声，戒指自然而然地回到了客人手中。客人显得略有尴尬。小姐顺势转了话题："欢迎您光顾我店，先生如有什么需要我帮忙，请尽管吩咐，您下次来我店，就是我店的长客，理应享受优惠，不必客气。"客人正好下了台阶，忙不迭说："谢谢啦，谢谢啦。"客人转身上电梯回房。这时，电话铃响。

旁白：915房的预订客人即将到达，而915房的客人还未走，其他同类房也已客满，如何通知在房的客人迅速离店，而又不使客人觉得我们在催促他，从而感到不快呢。小姐一皱眉，继而一努嘴，拨打电话。"陈先生吗？我是总台的服务员，您能否告诉我打算什么时候离店，以便及时给您安排好行李员和出租车。"镜头一转，915房间，陈先生："哈哈，我懂你的意思啦，安排一辆的士吧。"

旁白：服务需要委婉的语言，而委婉的语言是一门艺术，需要刻意追求与琢磨才能到位。宾馆酒店的软件提高，需要做方方面面的工作，而最基本的、最直接的就是服务工作中的语言，有道是：一句话惹人哭，一句话逗人笑。处理得当，锦上添花，处理不当，则前功尽弃。

任务一　预订服务

酒店预订服务是前台服务的重要任务之一。在这项任务中，前台服务员需要以热情和专业的态度，为宾客提供高效准确的预订体验。当宾客通过电话、邮件或在线渠道发起预订时，前台服务员应迅速响应并仔细倾听宾客的需求，包括入住日期、房间类型、特殊要求等。根据宾客的要求，前台服务员应向其提供符合需求的房间选择，并说明各类房间的设施和优势。确认预订细节后，前台服务员收集宾客的个人信息，并准确记录在预订系统中。在预订过程中，前台服务员应向宾客解释酒店的预订政策，确保宾客充分了解相关条款。最后，完成预订确认后，前台服务员应向宾客表示感谢，并提供预订确认函或电子邮件，以便宾客入住时参考。通过优质的酒店预订服务，提升宾客满意度，增强酒店的竞争力和口碑形象。

预订基础知识　预订基础知识（微课）

一、客房预订的种类

客房预订按不同的划分标准可以划分出不同的种类。

（一）按照人数构成划分

1. 散客（自由零散旅游者）

这是相对于团队而言的客源类型。饭店中每日平均价的高低很大程度上依赖散客的多少。饭店服务质量的体现主要也在于接待散客。值得注意的是，散客并不是单纯数字意义上的一个人。

2. 团体客人

这是和散客相对应的称呼，人数一般相对较多。很多饭店都努力经营团体客人的生意，对饭店增收有很大帮助。

（二）按照接待等级划分

1. 普通客人

这不是指饭店对宾客有所歧视，主要是相对 IP 客人和 VIP 客人而言，他们一般是同饭店没有什么密切或特殊关系的客人，以常规方式接待即可；但并不意味着在接待上会有所马虎不周。只要是客人，员工都应遵守礼貌礼节和按照服务规程进行接待。

2. VIP 客人

这主要是指有身份、知名度高、对饭店的经营和管理有极大帮助和影响的人，此类客人还可以划分出等级，不同等级的接待规格及服务标准是不一样的。

（三）按预订手段划分

1. 面谈预订

面谈预订指面对面地洽谈订房事宜。这样能详细了解客人的要求，可以根据客人喜好、行为特点进行有针对性的促销和推销。

2. 电话预订

电话订房比较普遍，其方便、沟通快捷。但由于受到区域、语言障碍、电话的清晰度以及预订人的听力等影响，容易出现听不清或理解错误等情况。

3. 电传预订

是当前较先进的图文传真订房方式，具有方便、迅速、完整的特点，可以使不远千里的客人与饭店之间完整地、毫无遗漏地交换资料及要求，同时还可以成为客史档案资料及合同的证明文件。

4. 信函预订

信函预订的方式比较古老，但显得很正规，以邮寄或托人转交的形式传递订房交易信息。由于是"白纸黑字"，并附有客人本人的签名或已备案的代理机构印章及负责人签字，同样可以作为预订客房、客史资料的相关文件。

5. 互联网预订

这是目前较先进的订房方式。其成本低廉、操作快捷，又具有个性化。利用网络预订客房逐渐成为争取客源的重要渠道。

（四）按照预订的效力程度划分

1. 临时性预订

临时性预订（Advanced Reservation）是预订种类中最简单的一种类型，是指客人在即将抵达饭店前很短的时间内，或在当天才联系预订。由于时间紧迫，饭店也无法要求客人预付订金，也没有时间进行书面确认，但可以口头确认。

2. 确认性预订

确认性预订（Confirmed Reservation）是指同意预订并保留所订的客房到双方事先约定的某一个时间。这是一种比较重信誉的预订方式。如果客人错过了商定的截止日期（Cut-off Time）而未到店，也未提前通知饭店，在用房高峰阶段，饭店可另租给其他客人。确认预订的方式有口头确认和书面确认。很多饭店对持有确认书的客人给予优惠服务，例如信用限额（House Credit Limit）升级，或一次性结账服务。

3. 保证性预订

保证性预订（Guaranteed Reservation）是在任何情况下必须保证客人预订实现的承诺，同时客人也要保证按时入住，否则要承担经济责任的一种信誉最高的预订方式。通常以三种方式具体实施：

（1）预付定金担保，即客人或代理人（机构）在住客抵店入住前须先行支付预订金或预订间／天数的全额预付款。饭店的责任是预先向客人说明取消预订、退还预付款的政策及规定，并保证按客人要求预留相应的客房。对于饭店而言，预付定金是最理想的保证性预订方式。

（2）信用卡担保，指客人将所持信用卡种类、号码、失效期及持卡人姓名等以书面形式通知饭店，达到保证性预订的目的。

（3）合同担保，指饭店与有关公司、旅行社等就客房预订事宜签署合同，以此确定双方的利益和责任。

（五）按饭店接纳的饱和度划分

超额预订（Overbooking），是指酒店在一定时期内，有意识地使用其所接受的客房预订数超过其客房接待能力的一种预订现象，其目的是充分利用酒店客房，提高开房率。超额预订应该有个"度"的限制，以免出现因"过度超额"而不能使客人入住，或"超额不足"而使部分客房闲置的情况。通常，酒店接受超额预订的比例应控制在10%～20%之间，具体而言，各酒店应根据各自的实际情况，合理掌握超额预订的"度"。超额预订数要受预订取消率、预订而未到客人之比率、提前退房率以及延期住店率等因素的影响。

（六）按预订的渠道及方式划分

将要入住酒店的客人通常都通过一定的预订渠道与酒店达成了预订协议。不同的渠道将给客人带来不同的房间价格和接待政策。酒店前厅预订部常面临以下几种预订渠道，在接洽过程中要注意每种预订渠道的特点和应对技巧。

1. 散客自订房

可推广性很大，灵活度最高。可根据各种客人的不同情况和要求来灵活售房。千万不要在语言上使客人感到有强迫其接受你的意见的感觉，要在措辞方面将有导向的选择权交给客人。这才能成功地做好每单散客预订服务。

2. 旅行社订房

一定要熟悉与旅行社的订房协议。这种渠道的订房价格和房型方面基本是固定不变的。必须严格按照销售部下达的合同来操作。如果有异议，尽量通过酒店销售代表来解决，不要主观臆断。

3. 公司订房

通过公司或其他组织进行订房的预订特点和应对技巧基本与旅行社订房雷同，都是根据预订的订房合同来执行的。

4. 各种国内外会议组织订房

随着会展旅游的兴起，国际、国内会议和展览成为饭店客源的主要来源之一。专门承办会和会展的专业机构和公司也逐渐成为饭店开展订房业务的一个重要渠道。其特点是订房批量大，带来的相关业务量也大，饭店的获利相对较高。但同时其对饭店设施设备和服务水平的要求也更为严格。

5. 分时度假组织订房

分时度假（Timeshare）组织订房有如下几方面要求：一是对于合同有效期的规定，通过这种合同安排，消费者所购买到的是3年以上的使用某处房产或某项设施的权利。二是预付款项。消费者为了获得未来的住宿权利，需要按照协约的安排提前支付所需的款项。三是有每年住宿天数的要求。欧盟规定每年在某处设施住宿的权利不能低于7天。

6. 国际订房组织订房

UTELL、STERLING和SUMMIT曾经是国际上三大著名订房中心。目前，这三大组织已合并，冠名为SUMMIT，一举成为全球最大的销售订房中心之一。SUMMIT订房组织具有几大特点：第一，它的客人层次很高，主要为高级商务客，全部选择入住五星级酒店。第二，它的客源多。SUMMIT代理了全球所有主要航空公司、旅行社和跨国商务公司的预订系统，拥有92家成员酒店和遍布全世界的52个订房中心。第三，加入网络的成员饭店档次高。这些成员均为五星级酒店。目前，我国广州的花园酒店、上海的华亭宾馆等五星级酒店已加入该组织。第四，订房渠道畅通。SUMMIT可以通过GDS（全球销售系统）、Internet和Travel Web网络订房。第五，有较强的销售组织保证。SUMMIT有专职销售人员，分布在世界各主要城市，通过销售访问为成员饭店推广。

7. 网上订房中心

随着互联网技术的发展和普及，国内外出现了网上订房中心，如国内著名的已在美国上市的携程、e龙旅行网等网站。这类订房在酒店销售中所占比重越来越大，呈逐年攀升的趋势。几乎每家大型酒店都与数十家订房中心签署了订房协议，个别酒店甚至与60多家订房中心签署了协议。

实际上，因为存在管理成本问题，酒店并非签署的订房中心越多越好。所以，酒店应对订房中心每年梳理一次，淘汰一批，再签约一些新的。

二、客房预订的程序

预订工作可能因为客人的类型、性质和预订方法等不同而在操作上有所不一致，但一般而言，预订工作都要经过以下几个环节：预订受理与确认→预订记录与修改→预订录入与检查→抵店前准备→上级检查核对→资料存档。

预订服务流程　　预订服务流程（微课）

（一）预订受理与确认环节

客人前来预订，预订处员工应该在明确客源类型、抵离日期、听取客人预订要求时，迅速查看预订控制工作簿或电脑，根据实际情况来确定是否能够接受预订。若当时不能接受预订，应婉拒客人。婉拒客人后应及时主动地提出若干可供参考或选择的建议，或征得客人同意，将其列入"等候名单（Waiting List）"中，并表示相应的歉意和感谢。

若能够满足预订，应做简要的介绍，描述各类型房间的区别和房价，讲清房价所含项目，复述客人要求，并进行预订意向确认，内容主要包括满足对预订房间的要求、满足对入住期限的要求、就房价和付款方式达成一致意见、陈述有关政策、欢迎下榻并表示感谢等。

（二）预订资料记录与修改环节

在确定能够受理预订，并有接受预订意向后，就应该正式做预订资料的记录工作。预订资料记录步骤一般是：填写预订单，在"预订汇总表"上标明房型、间/天数；填写预订卡条并按日期顺序放入预订架；存放其他预订资料，包括确认书、变更单、交付订金收据、客史档案卡等。

在接受预订修改时，要问清客人身份或联系人姓名、单位、电话号码，确认修改权限；填写"变更通知单"或"取消通知单"，与原单据附在一起；在预订卡条和订房资料上做相应的更改或注明"取消"。如果原预订要求涉及其他部门，则立即给相关部门发送"变更"或"取消通知单"。

若是使用电脑进行预订控制与管理的，除了标示修改手工单据外，还要在权限范围之内对已录入的资料做相应修改。

（三）预订录入与检查环节

预订资料录入指的是使用电脑处理预订时，根据人工填写的预订单进行电脑资料的增加（更新）的过程。这是电脑原始资料采集的过程，录入电脑中的资料若是有误或是不完全，最终将影响统计、分析工作，也会影响其他岗位和部门的服务工作。

预订资料输入的要求主要有：必须按照订单上的内容准确无误地输入电脑；每天接受的订房，必须当天全部输入电脑，若是当前房间供应较为紧张，则要先输入订房紧的日子的订房，若房间有特殊要求以及要预分的订房，则立即输入电脑预分房间；接受当天的订房，必须立即输入电脑，并交接待处。

录入资料的重要性要求预订员核查资料的准确性和完备性，发现错误，及时纠正，对每一个已确认的预订都要进行多次核对。每天核对下月当天抵店预订；核对抵店前一周、前一天的预订状况；对于大型团体客人或专业会议，核对次数和内容要更多、更细致，尽量减少由此而带来的经济损失。

（四）抵店前的准备环节

按计划实施预订客人抵店前的准备工作，是前厅服务过程中重要的前期工作。准备工作是否充分，直接关系到前厅服务的质量水准。抵店前准备工作的内容如下：

1. 预报客情

按规定的预报周期及时段，依据预订资料统计和对开房率的预测，将表、接待计划等按规定的时间及时予以送达或通知。

2. 预分排房

即按预订要求、接待标准，提前为已办理预订的客人分配房间、确定房间并将有关变更或补充的通知传达至相关部门。

3. 实施计划

在抵店前一天，将已经批准的各项接待及安排计划送达相关部门。

（五）上级检查核对环节

由于客房预订在客人入住前往往发生变更、取消等情况变化，客人的需求也常常发生变化，为提高预订的准确性和理想的开房率，同时避免出现工作疏漏，这就要求上级领导进行核对，这是对录入资料的再核实过程，以确保资料有效、正确、完整，避免因预订资料的失误影响整个服务工作。

（六）预订资料的存档环节

这主要是将预订资料进行保存的过程。每一笔预订单完成后，要妥善放置，以备下一班次核查和调用。预订资料存放顺序主要是按抵达日期的顺序放置。对于同一天抵店的客人还需按照英文字母 A~Z 的顺序存放，以便于查找。将全部订房资料装订、收存。需要注意的是对于有两个以上的订房要求，或同一批客人分批陆续到店等特殊情况，应将预订资料复印多份，最后按不同抵店日期分别存放。

三、客房预订各项业务服务的操作规程与标准

(一) 散客订房服务

1. 散客订房的基本程序

散客订房的基本程序包括：预订受理→填写订单→打上时间→输入电脑→主管检查→订单归档。要求严格按照订单上的项目，完整、准确地填写订房单，字迹要端正、清晰，订单要保持整洁；必须与客人讲清楚房价、房态、房间保留的时间；必须打上预订时间；必须正确输入电话（这是指由电脑管理和控制预订资料的饭店）；必须及时将订单整理归档。

(1) 电话订房。电话预订的具体操作方法如下：问清并记下客人的姓名（Full Name）、性别、国籍及相关拼写，有单位的要写下单位名称；问清客人入住和退房的具体日期，查看房态，如果遇到满房的情况则建议客人改日期或推荐其他饭店；向客人详细地介绍房间种类、各类型房间的区别和房价；问清客人对房间的要求（如吸烟或非吸烟、床型），预计到达的资料（如列车次、航班号、到达时间、到达站位），是否需要订车、订餐等；复述订房细节、要求，并讲清房价所含的项目（税、服务费、餐膳等）；请客人提供信用卡号码担保订房，并告知客人无担保订房时的房间最晚保留时间；告知客人退房及取消预订的规定；问清客人的联系电话和传真号码等；告知客人订房确认号及自己的名字，询问是否需要发订房确认书，如果客人需要，则在24小时以内完成；对客人订房表示感谢。

(2) 电传、传真、信件等订房。按下列程序完成：了解清楚内容和要求；把要求一一写在订单上；如果要求订早餐，需填写订餐单；弄清所有费用支付方式；每一个订房都必须用书面形式回复对方；若是有不清楚的地方，一定要询问清楚，不能凭主观臆断。

(3) 其他类型订房。如果是旅行社散房，特别要在付款方式处注明报账，并写下报账旅行社的名称，填上旅行社发给客人的收据号码。

政府机构的订房由公关部接待并下订单，根据要求写明自理或报账。

旅行社、饭店同行及特殊性质的订房，按饭店的房间优惠及客账信用管理的有关规定，经有关人员批准，并在订单上注明现付或报账。

个别旅行社或公司不能充分肯定客源，没有与饭店签署有关合同，偶然介绍零星散客订房，由客人按现行房价现付。按照国际惯例饭店应提取一定比例的房租金额作为回佣。

2. 交预付金，确保房间

为确保客人的房间，又不因客人没到（No-Show）而造成经济损失，订房的时候，建

议客人交至少一晚的订金或用书面报信用卡号码确保订房。其操作步骤为：写清楚订单的各项目；输入电脑或保管好单据；带客人到财务部门预付订金，由财务电脑输入；如使用信用卡号码作为确认性订房，则要求用书面报信用卡号码及有效日期并签名；还有部分客人可能会以挂号信寄送银行支票，在收到支票后，应核对支票上所提及的订金用途及客人姓名是否与订房符合，将支票抄在支票登记簿上并移交财务信用组，在订单上则需注明已付款项、支票号码、经手人以及日期等。

3. 散客订房的特殊要求

（1）接车、机。有些星级饭店会派饭店代表在机场、车站迎候客人，并派交通车辆接送客人抵店。如果客人指定派专车接送，则要求客人以书面形式通知订房部订车，订房部员工按照客人要求用书面形式回复客人，并报清楚车价。订车程序如下：填写订车单，打上时间；订车单第一联交汽车调度部门；第二、三联夹在订单后，待与汽车调度部门核对后，将拟交饭店代表的第二联夹在接送记录簿上；在订单上注明，并输入电脑；检查；订单归档。

（2）订票。客人通过电话订房后再订票，电话一律转到票务处，由票务处当班人员决定是否接受订票要求；客人用传真、电传、信件等书面订房且需要订票，必须将书面资料复印一份交票务处当班人员，并要求在正本签收且由票务人员回复给客人。

（3）订餐。旅行社代理的客源通常在订房时附带订餐。订餐程序如下：①把复印的团体订餐单及散客订餐单按中、西式分开。②订西式早餐的要开两张订餐单，各式正餐及中式早餐开三张订餐单，内容为：用餐日期、用餐种类、团名、用餐地点、人数、用餐标准。西餐还需写上编号。③把写好的订餐单的其中一联作为留底用，其余的交团体财务开账单及发餐券，中餐只发一张，而西餐则每人一张。④待开好账单、餐券后把订餐单交还本部门。⑤接到餐券后要盖上日期、编号印及用餐种类。⑥若客人订套餐（只限西式），根据订餐的标准挑出合适的菜谱供客人选择，如客人对菜谱提出特殊要求，需马上向西厨师傅查询，并在订餐单上注明；若无问题则请客人在订餐单上签名，在要求栏内写上套餐的编号。⑦发送订餐单到宴会部或相关的餐厅。⑧下订单时，把一联交对方，另一联交对方签收后取回存档。将订餐单钉在订单的右上角，并在订单上注明订餐种类，将要订餐的资料复印一份夹在订单后，以方便主管检查。

（4）留言。如有询问处交来已订房客人的留言单，则找出相应的订单，在订单上标注，然后将留言单附在订单后。

（5）更改、取消订房。找出订房单，做相应的更改或取消，在电脑上进行取消或更改。更改、取消订单要注意：如有订餐、订车、VIP、订票、订金要按程序通知相应的部门更改或取消；凡旅行社取消当天或取消可收取损失费期间内的订房，则需复印其资料交财务处，向旅行社收取损失费。

（6）预订会议室。把电话或订房文件转交到商务中心办理，相关情况由商务中心员工负责答复客人。

（二）团体预订服务

1. 团体客人订房的基本程序

基本程序包括：团体登记本→团体订房控制表→填写订单→打上时间→输入电脑→主管检查→订单归档。团体预订和散客预订有一定的相似之处，基本程序也差不多。

2. 团体的新增、变更、取消

旅行社可能会临时新增团队或有可能根据整团的人数、到达时间、客人的特殊要求等更改或取消团队的订房。遇到这类情况，订房部一律根据销售部的书面通知做相应的工作。

3. 核对团队

根据团体到达的日期及合同的要求，定期提醒销售部提前三天至一个星期主动与旅行社联系，最后落实情况，督促和要求旅行社定期落实团队；另外，每天将翌日的团体逐一与销售部核对。

4. 客人名单

收到旅行社发出的客人名单（Rooming List）后，打印出团体订单并核对房数、人数、团名、抵离航班等，检查相符后钉在订单后。

（三）VIP 订房服务

1. VIP 的分类及待遇

饭店一般将 VIP 客人分为政府类、商务类、社会知名人士类、旅游行业类和合作单位类。根据客人身份分级别，不同级别享受不同待遇，主要从迎送的管理人员、房间类别及房内放置的鲜花、水果、纪念品等方面体现出来。

2. VIP 费用的付款方式

国家、地方政府所邀请的代表团费用一般报接待单位，特殊情况报总经理室；旅行社代理人的 VIP 费用报总经理室处理；客人提出享受 VIP 待遇的，审核通过后由客人自行付款。

3. VIP 接待通知单需填写的内容

该内容包括：姓名、团名、身份、抵离日期（航班）、估算入住的天数、接待标准、接待单位、特殊要求、费用的付款方式、经办人、日期。客房预订 VIP 房间预分和应注意的问题：当收到 VIP 预订计划后，应立即填写订单并输入电脑，预分房间，将房号输入电脑；当天新增、更改或取消 VIP，要立即通知有关部门，不得延误。如果是新增的 VIP，则要重新派送 VIP 报表。

4. VIP 接待通知单的分送部门

分送部门包括：花房、稽核、送餐、楼层服务台。

5. VIP 报表（VIP Report）

VIP 报表分为：日报表（Daily Report）、一周预报情况报表（Weekly Forecast Report）。

6. VIP Report 的发送

发送部门包括总经理室、销售部、公关部、饮食部、前台部、客房部、大堂副理、洗涤部、动力部、消防中心、保安部、行李组、总机、商务中心、稽核、接待、询问、营业总监、票务处（VIP Forecast Report 同样发送到上述部门）。

7. VIP 房号的变更、取消、新增

（1）变更。如果 VIP 是到店日期前变更，那么首先检查是否已报房号给接待单位，如果未报，房号在变更后及时通知有关接待单位，并做相应的更改；如果是到达当天变更，Daily VIP Report 发出后，则需及时通知接待单位和有关部门。

（2）取消。如果是到店日期前取消，那么记录通知取消人的姓名、工作单位（部门）、日期、时间、经手人，并做电脑处理；如果是当天取消，则需及时通知接待单位和有关部门。

（3）新增。在接到新增 VIP 计划后，预分房号，要填写好 VIP 接待通知单并已由总经理审核签名后，连同 Daily VIP Report（新增 VIP 已抄在上面），复印并派送至各有关部门。

8. VIP 订房的基本程序

包括：受理并填写订单及 VIP 接待通知单→打上时间→输入电脑→预分房→交有关人员审核并签名→部门检查并签名→订单归档。

表 1：酒店预订单

致：预订部

预订信息：

客人姓名：（先生/小姐）_____ 职位：_____

公司名称：_____

地　　址：_____

电话号码：_____ 传真号码：_____ 邮箱地址：_____

我要预订：（请选择）

豪华客房　　　　　　　　人民币1,600（单人入住）　　　　人民币1,800（双人入住）

豪华江景房　　　　　　　人民币2,000（单人入住）　　　　人民币2,200（单人入住）

行政客房　　　　　　　　人民币2,000（单人入住）　　　　人民币2,200（双人入住）

外滩全景豪华房　　　　　人民币2,600（单人入住）　　　　人民币2,800（单人入住）

高级豪华套房　　　　　　人民币4,000（单人入住）　　　　人民币4,000（单人入住）

以上房价须另加收百分之十五（15%）服务费及政府税

具体房型安排须视接到预订要求时酒店入住状况而定

以上房价包含美式自助早餐，并在咖啡厅享用。高级豪华套房早餐在豪华阁享用。

入住日期：____（日）/____（月）/2023　　离店日期：____（日）/____（月）/2023

抵达航班#：_____　抵达时间：_____

离开航班#：_____　离开时间：_____

接机：

机场到酒店人民币400净价（虹桥机场）/人民币620净价（浦东国际机场）

酒店到机场人民币400净价（虹桥机场）/人民币620净价（浦东国际机场）

预订登记信息

护照及签证信息：

签证申请所在领事馆或大使馆：_____

护照号码及有效期：_____　签证种类及有效期：_____

出生日期：_____　国籍：_____

预订担保：

我要担保预订：（请填写信用卡详细信息）

美国运通　　　Diners Club　　　万事达　　　维萨　　　JCB卡

信用卡号码：_____　有效日期：_____

持卡人姓名（请用正卡填写）：_____　客人签名：_____

同意/确认（预订号　　　　　　　　　）　日期

任务引入

每组同学采用抽签的方式来决定完成哪项工作。

模拟预订服务案例一：家庭度假酒店预订

场景描述：一家四口计划度假，需要预订一家适合家庭入住的度假酒店，日期为7月30日入住，连住三晚。

任务要求：作为预订服务员，接待客户电话或在线预订请求，了解客户家庭成员构成、入住日期和房间需求。根据客户需求，推荐适合的家庭房型，了解客户特殊需求，并确认预订细节，包括入住日期、房价、预订时限等。

模拟预订服务案例二：商务差旅酒店预订

场景描述：一位商务客户计划前往城市出差，需要预订一家靠近会议地点的商务酒店，入住日期为8月10日，共需住宿两晚。

任务要求：作为预订服务员，接听客户预订电话或在线预订请求，了解客户出差目的地、入住日期、会议地点等信息。根据客户需求，推荐靠近会议地点且符合商务需求的酒店房型，并了解是否需要提供会议室等其他商务服务。

模拟预订服务案例三：蜜月旅行度假酒店预订

场景描述：一对新婚夫妇计划蜜月旅行，需要预订一家浪漫且豪华的度假酒店，入住日期为9月5日，共需住宿五晚。

任务要求：作为预订服务员，接待新人的预订电话或在线请求，了解客户的蜜月旅行目的地、入住日期、喜好和特殊需求。根据客户需求，推荐浪漫且豪华的蜜月套房，并提供增值服务如鲜花、蛋糕等定制安排，确保新人度过难忘的蜜月假期。

任务实施

要求：学生分成若干小组，根据预订服务的标准与接待规范，演练散客预订服务模拟场景，每个小组展示任务的完成过程中，各组通过任务回放进行自评、互评，教师在学生完成任务过程中进行评价。最后以上三种打分相加总分为每名学生的最后得分。

考核评价

从中找出优点、不足和错误，指出努力方向，进行评分，奖励优秀的小组。进一步掌握正确的工作过程与工作方法，训练学生工作方法能力、自我监控能力和评价能力。

任务评分表（满分75分）

小组编号：　　　　　　　学生姓名/学号：

学习目标	评分项目	评分等级
知识目标	1. 知晓酒店的房型、设施、服务等信息，能向客人提供清晰准确的预订详情。	
	2. 熟悉所在地区的旅游景点、交通情况，能够向客人提供相关建议和帮助。	
	3. 了解酒店的预订政策，包括取消规定、预付要求等，向客人解释并确保客人理解。	
	4. 掌握常见客户问题的解决方案，能够对客人的问题做出及时回应和妥善处理。	
	5. 具备应对客户特殊需求的知识，能够根据客人的要求提供个性化的预订服务。	
能力目标	1. 能够快速准确地记录客人的预订信息，包括个人资料、入住日期、房型要求等。	
	2. 具有良好的沟通能力，能够与客人互动并耐心倾听，确保完全理解客人的需求。	
	3. 能够灵活应对客人的变化需求，包括修改预订信息、延期入住等，确保客人满意。	
	4. 具备解决问题的能力，能够应对突发情况和客户投诉，并积极寻求解决方案。	
	5. 能够熟练运用预订系统和相关工具，高效完成预订服务，提高预订成功率。	
素质目标	1. 具有高度的服务意识，能够始终以客人需求为先，努力为客人提供最佳预订体验。	
	2. 具备团队合作精神，能够与同事协作配合，共同完成预订服务任务。	
	3. 表现出积极向上的工作态度，对预订服务充满热情，并能够积极影响周围同事。	
	4. 具有自我管理能力，保持工作效率，确保预订服务任务按时完成。	
	5. 在高压环境下仍能保持冷静，处理复杂情况时能保持专业的工作态度。	
	总体评价：	

评分等级：

1分：未达到预期水平

2分：达到基本水平，但需进一步提升

3分：达到预期水平

4分：表现优秀，超出预期水平

5分：表现卓越，为他人树立榜样

拓展知识

客房预订特殊情况的处理

（一）满房（无房）情况的预订

房间订满，甚至超额预订对饭店的营业和竞争市场来说大有益处，但同时对工作也造成了不利因素。这里所说的无房情况有两种：一是饭店无法提供客人所需要的房型；二是饭店爆房，无法接受预订。无论是怎样的情况出现，若是要拒绝客人的预订，应该用友好、遗憾和理解的态度对待客人。一般采用以下步骤：

1. 安慰客人，歉意地请客人稍候，尽力为客人想办法。迅速查找能否在本饭店订房中调整房间，或有无临时取消的订房；若实在无法满足客人的要求，则建议或帮助联系其他饭店。

2. 若是无法满足订房需求，应向客人讲述理由，争取理解，并询问能否更改其预订房型或时间，或暂时列作候补，待有房间时，再确认给对方；若客人不同意，就根据预订情况，礼貌地拒绝客人。

3. 征得客人理解和同意后，应尽可能地帮助联系附近适合需要的饭店和房型，引导客人前去，并礼貌话别，切不可因为没有交易成功而怠慢客人，要尽量为客人下次光临饭店打下基础，留下良好印象。

4. 在万不得已的情况下，拒绝客人的预订，应该用友好、遗憾和理解的态度对待客人。

（二）接待处员工拿订了前一天房间的旅行社Voucher来查询，说客人持Voucher要求入住，应怎样处理

先要查清前一天是否有此客人的订房，若确有订房，且No-Show，则礼貌地与客人解释，根据旅行社与饭店的合同，当天的No-Show需要收当天一晚的损失费；如果客人订的房间是两晚的，则可以安排入住一晚，取消原订房部门到财务部门的No-Show资料，通知接待，财务按Voucher所示的天数报旅行社；如客人订的房间是一晚的，则当天入住

的房费需按饭店的门市价现付，或是经经理或主管人员同意后给予相应的折扣优惠。

（三）接到团体接待处的通知，有一个没有预订的团队已到酒店，要求入住，应如何处理

检查清楚此团是否没有预订或做散客或已取消；问清楚陪同是否有旅行社订房单或接待计划入住饭店；与销售部落实是否有此团队订房，并将情况通知销售部。如果确无此团队预订，在有房情况下，且旅行社与饭店有合约，则可以允许团队先入住，但要先交订金，并与陪同落实，旅行社必须在团队离开饭店前补回订房资料方能报账，否则由饭店现收房费；输入电脑，打印团队名单，登录团体总表。

（四）客人嫌客房价格太高，坚持要求较大的折扣的处理

首先要做好解释，如介绍客房设施，使客人感到价格是物有所值的；其次礼貌地告诉客人"您今天享受的这一房价折扣，是我们首次破例的，房间设备好，而且是最优惠的"。若客人确实接受不了，可介绍房价稍低的客房给客人。

（五）发现可疑客人的处理

在登记中，发现可疑的客人，要镇静自如，不能惊惶失措，按"内紧外松"的原则，安排在便于观察控制的区域住宿，尽快与有关部门联系，并在住宿单上做上特殊记号，报告上级与保安部马上进行调查及布控，切不可让对方觉察出你在注意他，否则会打草惊蛇。

（六）客人纠缠的处理

值班时，客人有意纠缠你聊天，应迅速摆脱客人的有意纠缠，并暗示其他值班人员前来与客人搭腔，自己借故离开；或礼貌地告诉客人"对不起，我现在很忙"，然后主动找些工作做。

（七）曾走单现在又要求入住的处理

首先，用提醒的口吻，礼貌地请客人付清欠款后再入住，如说："对不起，上次您住某房，可能走得太忙，忘了结算费用，现在补交好吗？"并收取客人的消费保证金，通知有关部门，密切注意此客动向，防止再次走单。

（八）已做预订或没有按期到达的情况处理

已做预订却既没有预先通知取消又没有按预订日期入住的订房，将被饭店视为No-Show房。

每天早班员工装订昨天的订单时把No-Show房的订单交接待主管检查并签名，然后复印订单并把订单后的订房资料一起交预订组当班主管签名，登记在No-Show簿后，交财务部门签收。若是团队No-Show，则当天取消团体记录，通知取消人的姓名、部门、日期、时间、取消团队的原因，通知团体接待取消团队，在当天团体总表上取消团队，并根据合同通知财务部门收取损失费。值得注意的是 No-Show 的订房必须翻查旅行社所发来的订房资料是否与订单内容相符，且要通知饭店销售部等相关部门。

（九）客人心情不好、发脾气，甚至是骂人的情况处理

客人心情不好、发脾气，甚至骂人时，前厅服务人员应保持冷静的情绪，绝对不能与客人谩骂争吵，应使用礼貌语言劝说客人到不惊动其他客人的地方，并主动征求意见，而不能用粗言回敬客人或表示厌恶，以免发生冲突。检查自己的工作是否有不足之处，待客人平静后再婉言解释与道歉，若客人的怒气尚未平息，应及时向上级汇报，请领导解决。

（十）因超额预订而不能使客人入住的处理

按照国际惯例，酒店方面应该做到：

1. 诚恳地向客人道歉，请求客人谅解。

2. 立即与另一家相同等级的酒店联系，请求援助。同时，派车将客人免费送往这家酒店。

3. 如属连住，则店内一有空房，在客人愿意的情况下，再把客人接回来，并对其表示欢迎（可由大堂副理出面迎接，或在客房内摆放花束等）。

4. 对提供了援助的酒店表示感谢。如客人属于保证类预订，则除了采取以上措施以外，还应视具体情况，为客人提供以下帮助：支付其在其他酒店住宿期间的第一夜房费，或客人搬回酒店后可享受一天免费房的待遇；免费为客人提供一次长途电话费或传真费，以便客人能够将临时改变地址的情况通知有关方面；次日排房时，首先考虑此类客人的用房安排；大堂副理应在大堂迎候客人，并陪同客人办理入住手续。

任务考核

一、单选题

1. 在线预订平台可以提供以下哪些信息？（　　　）

A. 当地天气预报　　　　B. 酒店房型和设施详情

C. 旅游景点门票预订　　D. 航班时刻表

2. 酒店预订确认邮件通常包含以下哪些信息？（　　　）

A. 入住日期和房型　　　B. 预订号码和联系电话

C. 客人的信用卡信息　　D. 酒店的员工名单

3. 以下哪种付款方式在酒店预订中较为常见？（   ）
   A. 支付宝   B. 现金支付   C. 微信支付   D. 信用卡支付
4. 在电话预订酒店时，前台工作人员通常会确认以下哪些信息？（   ）
   A. 客人的职业   B. 入住日期和房型
   C. 客人的身高体重   D. 客人是否有宠物
5. 客人在在线预订平台上选择了一间豪华套房，但该房型在实际预订时已经售罄，酒店工作人员应该如何处理？（   ）
   A. 直接将客人转订其他酒店   B. 给客人升级到更高级的房型
   C. 与客人沟通并推荐其他可用房型   D. 不予理会客人的预订请求
6. 客人在预订时选择了不可退订的房间，但因故无法入住，客人是否可以要求退款？（   ）
   A. 可以，客人有权要求全额退款   B. 不可以，客人选择了不可退订的房价
   C. 可以，但只能退还部分房费   D. 不可以，客人需要找其他客人接替预订
7. 在预订确认邮件中，预订号码的作用是什么？（   ）
   A. 用于查询客人的信用卡信息   B. 作为客人入住酒店的凭证
   C. 用于查询客人的个人资料   D. 作为客人预订成功的确认函
8. 酒店预订服务的目的是为客人提供什么样的服务？（   ）
   A. 提供旅游指南和地图   B. 安排客人的行程活动
   C. 提供优质的预订体验   D. 提供免费的接送机服务
9. 客人在在线预订平台上看到某酒店的评价很差，但是价格便宜，他仍然决定预订。这种情况下，客人可能会关注什么？（   ）
   A. 酒店的星级评定   B. 是否提供免费早餐
   C. 酒店的具体位置   D. 是否提供免费接机服务
10. 客人在预订时可以选择怎样的入住日期？（   ）
    A. 只能选择当天入住   B. 只能选择未来一个月内的日期
    C. 只能选择未来三个月内的日期   D. 可以选择任意日期

二、简答题

1. 请简述在线预订平台在酒店预订服务中的优势和不足。
2. 在电话预订酒店时，酒店前台工作人员应该注意哪些服务技巧？

参考答案

一、单选题：1. B　2. A　3. D　4. B　5. C　6. B　7. B　8. C
　　　　　9. C　10. D

二、简答题：

1. 在线预订平台的优势包括方便快捷，客人可以随时随地进行预订；多样化的酒店选择，可以比较多家酒店的价格和设施；客人可以查看其他客人的评价，了解酒店的实际情况。不足之处包括可能出现房间信息不准确或已售罄的情况，需注意预订政策和退订规定。

2. 在电话预订酒店时，酒店前台工作人员应注意以下服务技巧：友好亲切地接听电话，提供热情的服务态度；仔细倾听客人的需求，确保准确理解客人的预订要求；主动提供相关信息，如房型、价格、预订政策等，以帮助客人做出决策；核实客人的预订信息，避免错误和误解；如果客人所需房型已满，应主动推荐其他可用房型。

任务二　礼宾服务

前厅部在承担推销饭店客房工作的同时，还负责为宾客提供各种综合性服务，其中礼宾服务扮演着重要角色。礼宾服务由法语"Concierge"一词翻译而来，又可译为"委托代办服务"。目前，在我国礼宾服务的主要内容包括：提供店内外的接应服务、行李服务、邮政服务、订票服务、订车服务、旅游服务、委托代办服务等。在大、中型饭店，礼宾服务由前厅部下属的礼宾部提供，在一些小型饭店中它也被称为行李处。礼宾部是前厅服务的"窗口"，从事这种接待服务的人员与宾客面对面进行业务，比起其他部门的员工与宾客接触更多，他们的业务虽然并不复杂，但极其重要，因为他们对客人形成良好的第一印象和最后印象起着重要作用。

一、礼宾部主要岗位职责

（一）礼宾主管

1. 向前厅部经理负责，以身作则，保证班组员工能认真执行饭店各项规章制度。

2. 负责大厅服务台及行李房的一切对客服务活动，最大限度地为客人提供满意的服务，确保大厅服务工作的正常运转。

3. 调查并处理涉及本组工作的客人投诉。
4. 与出租汽车公司保持密切的联系，确保服务优质。
5. 确保各类报表、客人邮件传递准确、及时。
6. 定期安排检修所属设备，保持完好的工作状态。
7. 加强与其他班组的沟通，配合有关班组的工作。
8. 定期整理饭店问讯手册内容。
9. 督促门童、行李员、机场代表在仪表仪容、行为举止、服务用语等方面达到饭店的要求。
10. 负责对本班组员工进行排班、考核和评估。
11. 按计划对班组员工开展业务技能和外语培训。
12. 完成部门经理交办的其他任务。

（二）门童

1. 为进出店客人提供服务，拉车门及大门。
2. 密切配合车管人员的工作，保证车道畅通无阻。
3. 协助行李员，为进出客人提供行李搬运服务。
4. 注意大门口的灯光照明及环境卫生，发现问题及时汇报。
5. 遇到雨雪天气为宾客存放雨具。
6. 发现形迹可疑的人员进出大厅，及时汇报。
7. 回答客人的问讯。
8. 完成上级安排的其他工作。

（三）行李员

1. 负责进出店散客、团体客人行李的搬运工作。
2. 提供普通行李寄存服务，确保寄存行李的安全。
3. 引领客人进客房，并根据情况向客人介绍饭店的服务设施和客房设备。
4. 办理委托代办服务。
5. 投递留言、信件以及各类报表。
6. 外出寄信、取报等。
7. 提供呼唤找人服务。
8. 负责行李房的卫生工作，确保本组使用的设备和用具处于良好的状态。
9. 完成上级安排的其他工作。

（四）机场代表

1. 预订车辆，并跟随车辆提供接送服务。
2. 随时注意机场、车站交通变化情况，与饭店前台保持联系。
3. 完成上级安排的其他工作。

二、迎送宾客服务

迎送宾客服务主要由门童（Doorman）、行李员（Bellboy）、饭店机场代表（Airport Representative）等提供，通常分为店内和店外迎送两种。

（一）店内迎送服务标准与工作程序

店内迎送宾客服务主要由门童负责。门童通常站在饭店大门内、外侧或台阶上，协助客人上、下车，为客人提供拉门服务。此外，门童一般还要负责如下日常服务：

1. 维护大厅外环境卫生

看见地上有脏的小物品或污迹，应立即捡起投入垃圾箱或通知PA（公共区域保洁员）予以清除。

2. 接受雨具寄存

雨天，为避免客人将湿的雨具带入大厅，应确保为所有进出客人存放雨具。将雨伞存放在伞架上，钥匙交客人妥善保管。如伞架数量不够，应准备各式伞套，将雨伞套好后，交客人带入大厅；客人的雨衣可装入塑料袋，由客人自己保管。

3. 安全工作

协助保安部做好安全工作。注意门前进出往来客人，发现可疑人员应立即汇报。

图 4-2-1　酒店大堂图

迎送客人服务

4. 问讯工作

门童应熟悉店内外基本情况，礼貌回答客人问讯。

5. 指挥疏导门前交通

协助车管人员及时疏导车辆，保证车道畅通无阻。

6. 安排出租车

门童应为需要的客人安排出租车。对不熟悉当地环境的客人，问清客人所去目的地，并将客人的要求告诉司机，然后将写有车号的出租车意见卡交给客人，并说明用途。

同时，注意大门口的灯光照明、玻璃门等设备的完好程度，发现问题应及时报修。

（二）店外接送服务标准与工作程序

店外接送服务主要由饭店机场代表负责。饭店在机场、车站、码头等地设点，派出代表为抵离店客人提供迎接和送行服务，并争取未预订客人入住本饭店。饭店代表是客人所见到的第一位饭店服务人员，他的仪容仪表、行为举止、服务效率会给客人留下深刻的印象，因此店外接送服务不仅是饭店的一种配套服务，更是饭店开展市场营销活动的重要一环。

1. 准备工作

（1）打印出当日所有订班车或专车抵离店的宾客报告单，详细了解客人信息，并随时注意新增客情。

（2）列出当天有订车的航班和车次表，确定所订专车的到达时间、车辆要求及位置。车辆到达时间应根据饭店与机场、车站的距离，途经道路交通状况而定，司机需适当提早到达，以便与饭店代表做好交接工作。

（3）填写好接机牌，检查通信工具是否正常，确保随时与相关部门保持联系。

（4）向总台查询当日预计出租率、会议、团队情况，VIP和可售房类型，以便向未预订客人销售房间时能够做到心中有数。

（5）在每班航班、车次预订抵达时间前半小时，向机场、车站问讯处了解实际抵达时间，以便较为准确地把握等候的时间。

（6）重要内容应及时详细地记录在交班本中，使信息在员工之间准确传递。管理人员要认真检查准备工作是否充分，只有这样迎送客人时才能尽量避免出现差错。

2. 客人抵达时的接待工作

在航班、车次抵达前十分钟，在出口处显眼位置举牌等候客人，注意姿态端正、精神饱满面带微笑。客人到达时，代表饭店向其表示欢迎和问候。根据预抵店客人名单，确认宾客身份。确认客人行李件数，注意检查行李的破损情况，挂好行李牌，如发生宾客行李延误，应协助客人及时与机场联系。待订车的客人都到齐后，引领客人上车，协助其搬运行李。如有客人接待任务，应及时与饭店接待处联系，查核客人是否已到店，并向有关部门反映情况，以便采取补救措施。碰到住在本饭店但未订班车的客人询问，应及时与饭店接待处确认，明确收费标准，引领客人上车。在途中，饭店代表可向客人介绍当地和本饭店的概况，协助做好入住登记手续，与饭店接待处保持联系，通知班车号、发车时间、发车地点、客人情况、行李件数等。到达饭店后，领客人到总台办理入住手续，与行李员交接行李，并做好记录工作。

3. 住店客人的送行工作

提前十分钟到达班车位置，协助发班车。到达机场，帮助搬运行李至候机厅，根据需要代办登机手续（买保险、托运行李、办理登记牌等）。向客人道别，并做好情况记录。

4. 未订房客人的推销工作

在机场（车站）设点的饭店，一般都有固定的柜台，有饭店的明显标志，如店名、店徽星级、宣传资料等。饭店代表日常时间在柜台上工作时，应时刻注意观察客情，发现有径直向柜台走来或眼神中有顾盼的客人时，应主动上前问好，热情询问是否需要帮助。当了解到客人没订房时，应注意了解客人需求，主动介绍饭店的基本情况，注意语言技巧，突出饭店的优势和特色。当客人确定需要房间时，打电话帮助客人预订客房，并安排客人乘坐班车去饭店。饭店管理人员可赋予员工一定的自主权，如允许员工在特定条件下给予客人适当的价格优惠，绩效考评结合客房销售情况给予一定奖励，以此来调动员工的工作积极性。

三、行李服务

饭店的行李服务由前厅部的行李员负责提供，其工作岗位是位于饭店大堂一侧的行李服务处（礼宾部）或电梯旁、总台前，所处位置应使客人很容易发现，同时让行李员便于观察客人抵、离店时的进出情况，易于与总台协调联系。行李服务的内容包括行李搬运和行李寄存等服务。每天早上一上班，礼宾部主管就要认真阅读、分析预订处和接待处送来的"当日预计抵店客人名单"和"当日预计离店客人名单"，以便掌握当日客人的进出店情况，做好工作安排。在以上两个名单中，尤其要注意"VIP"和团体客人的抵离店情况，以便做好充分准备。礼宾部主管应安排好当班人员，召开班前准备会并向当班人员通报客情。

行李服务

（一）散客行李服务

1. 换房时的行李服务

（1）接到总台换房通知，到接待处问清客人房间号码、姓名及换房后的房号，确认客人是否在房间，领取新的房间钥匙和房卡。

（2）进客人房间时，遵循进房程序并经住客允许后方可进入。

（3）请客人清点要搬运的行李物品，将它们小心地装上行李车。

（4）带客人到新的房间，将行李重新放好。如所换房间类型不同，必要时向客人介绍房内设施设备。

（5）收回客人的原房间钥匙和房卡，将新的房间钥匙和房卡交给客人，向客人道别，退出房间。

（6）将原房间钥匙和房卡交回接待处，告知换房完毕。

（7）做好换房记录。

2. 住宿过程中的行李服务

工作中，行李员应随时注意观察大堂内的客情，发现客人携大件行李进出饭店，应主动上前询问是否需要帮助，以便及时提供行李搬运服务。

（二）团体行李服务

团体行李服务主要指旅行团客人的行李服务，由于团队客人与散客相比有许多不同的特点和要求，因此行李服务规程也有不同的要求。

（三）行李寄存服务

部分客人由于种种原因，希望将一些行李物品暂时由饭店帮助免费存放保管，这种物品寄存工作在饭店可能由多个部门来分别提供。如总台收银处提供贵重物品寄存服务；餐厅、舞厅、会议室等为进入的客人提供帽子、大衣、雨伞、皮包等的寄存服务；而前厅行李房则为住店客人提供普通行李物品的寄存服务。前厅行李寄存处一般设在大堂内与总台不远的客人出入通道旁，饭店需要建立相应的安全制度，并规定必要的行李寄存服务手续。

酒店可对前厅行李寄存处寄存的行李做如下要求：

（1）行李房不寄存现金、金银珠宝等贵重物品和身份证、护照等身份证件，上述物品应请客人自行保管或放到总台收银处的贵重物品保险箱内免费寄存。

（2）饭店及行李房不寄存易燃、易爆、易腐烂、有腐蚀性的各类物品（具体限制物品饭店可参考邮局对邮寄物品的有关限制目录）。

（3）一般饭店行李房不接受活的动物、植物的寄存，如确有必要开展此服务，应征询专业人士意见，在场地、设备、人员等方面须符合有关条件。

（4）行李房一般不存放易变质的食品、易碎品、精密仪器等物品，若客人坚持要寄存，则应向客人说明饭店的免责条款，请其签字，易碎品注意挂上"小心轻放"牌子，特别保管。

（5）若发现有毒品、枪支等危险物品，应及时报告上级和保安部，妥善处理。

（6）所有寄存物品原则上都应上锁或使用行李封条封好开口。

任务引入

每组同学采用抽签的方式来决定完成哪项工作。

情境一：客人迎接服务

情境描述：你是一名五星级酒店礼宾服务员，下午2点，你接到前台通知，一位重要贵宾将于下午3点抵达酒店。根据预订信息，这位贵宾名叫 Mr. Smith，是一家大型跨国公司的 CEO，入住期间将停留五天。你迅速整理礼宾制服，精心准备迎接礼品，包括鲜花和欢迎卡。在酒店入口处，你挂上"Welcome Mr. Smith"的迎接牌，以礼貌的微笑站好准备迎接。

任务要求：

1. 确保穿戴整洁，佩戴胸牌，站在酒店入口处，保持礼貌仪态。

2. 当 Mr. Smith 到达时，用他的姓名称呼他，并主动握手表示欢迎，致以真诚的微笑。

3. 询问 Mr. Smith 是否需要帮助拿行李，并根据他的需求，协助搬运行李，引导他到前台办理入住手续。

4. 向 Mr. Smith 介绍酒店的基本设施和服务，特别提及贵宾待遇，如专属管家、免费洗衣服务等。

5. 在办理入住手续期间，关注 Mr. Smith 的需求，主动询问是否需要安排接下来的活动或预订用餐等服务。

情境二：行李服务

情境描述：刚刚你接待了一对新婚夫妇，他们预订了豪华套房，入住时带着大量行李，因为他们计划在酒店度过一个浪漫的蜜月之旅。你接到通知，需要协助将新婚夫妇的行李送到他们的套房。

任务要求：

1. 穿着整洁的礼宾制服和手套，前往前台接待处等候。

2. 当新婚夫妇办理入住手续后，主动询问是否需要协助搬运行李。

3. 细心询问他们的套房号和行李数量，确保不遗漏任何一个行李。

4. 将行李放置在行李车上，并仔细检查行李是否牢固安全。

5. 陪同新婚夫妇前往套房，并在开门前敲门，确保房间内无人后再进入，并将行李放置在指定位置。

6. 热情地向新婚夫妇介绍套房的设施和布置，祝愿他们度过一个愉快的蜜月假期。

情境三：行李寄存

情境描述：一位客人计划在离开酒店前，先到附近参加商务会议。他带着一些行李，因为下午才能办理退房手续，所以请求将行李寄存到酒店。你接待了这位客人，并收到他的行李。

任务要求：

1. 热情接待客人，询问是否需要行李寄存服务，并提供寄存单。

2. 将客人的行李放置在专门的寄存室内，并确保行李标签清晰可见。

3. 告知客人寄存行李的时间和地点，确认他可以在指定时间前取回行李。

4. 将行李寄存单交给客人，确保客人妥善保管好寄存单，以便取回行李时使用。

5. 当客人准备离开酒店时，确认行李寄存单并核对客人身份后，将行李交还给客人，表达感谢并祝他商务会议顺利。

情境四：送客服务

情境描述：一位客人已经在酒店度过了愉快的假期，计划离开回家。你接到通知，需要提供送客服务，将客人送往机场。

任务要求：

1. 在客人预订的离店时间前，准备好客人的行李，并提前等候在酒店入口处。

2. 穿着整洁的礼宾制服，手持迎接牌，以礼貌的微笑等待客人的出现。

3. 当客人出现时，称呼他的姓名并告知他自己的名字，表达感谢并表示对他愉快的假期表示祝福。

4. 询问客人是否需要帮助搬运行李，并确保行李放置在专车内并固定牢固。

5. 为客人提供专车送往机场的服务，确保行车安全舒适，并在送达机场后将行李交还给客人。

6. 向客人道别，并表示期待他再次光临酒店。

任务实施

要求：学生分成若干小组，根据礼宾服务的标准与接待规范，演练礼宾服务模拟场景，每个小组展示任务的完成过程中，各组通过任务回放进行自评、互评，教师在学生完成任务过程中进行评价。最后以上三种打分相加总分为每名学生的最后得分。

考核评价

从中找出优点、不足和错误，指出努力方向，进行评分，奖励优秀的小组。进一步掌握正确的工作过程与工作方法，训练学生工作方法能力、自我监控能力和评价能力。

任务评分表（满分125分）

小组编号：　　　　　　　学生姓名/学号：

评价项目	评价标准	评价等级
服务态度与技巧	1. 用礼貌用语和微笑迎接客人，主动握手表示欢迎。 2. 热情接待客人，询问客人需求并提供帮助。 3. 熟练介绍酒店设施和服务，解答客人问题。 4. 尊重客人隐私，与客人保持适当距离。 5. 笑容待客，保持礼貌仪态。	
行为规范	1. 穿戴整洁的礼宾制服和佩戴胸牌。 2. 注意细节，如迎接牌的准备、握手的力度等。 3. 尊重客人的行李布置，按照客人要求摆放行李。 4. 与同事和谐合作，协调配合各项服务。 5. 遵守礼仪规范，与客人沟通得体。	
服务质量与效率	1. 快速响应客人需求，高效完成各项服务。 2. 行李搬运过程中注意行李安全，不损坏或遗漏行李。 3. 确保行李寄存过程顺利，准确核对客人身份和行李标签。 4. 提供专车送客服务，熟悉送客路线，确保送客过程平稳。 5. 在服务过程中细致周到，关注客人需求。	
服务沟通与协调	1. 主动询问客人的需求，倾听并理解客人的特殊要求。 2. 与前台、客房部等部门协调配合，确保服务顺利进行。 3. 在搬运行李前提供行李寄存选项，并协助办理寄存手续。 4. 确认送客目的地和出发时间，安排专车送客服务。 5. 沟通清晰，避免产生误解，及时反馈客人需求。	
服务专业与安全	1. 提供专业的行李搬运和寄存服务，确保行李安全。 2. 提供专车送客服务，确保车辆安全和整洁。 3. 遵守交通规则，确保将客人安全送达目的地。 4. 在行李寄存和送客服务中熟悉流程，确保服务顺利。 5. 确保行李寄存和送客过程中无任何安全事故发生。	
总体评价		

评价等级:

1分:未达到预期水平

2分:达到基本水平,但需进一步提升

3分:达到预期水平

4分:表现优秀,超出预期水平

5分:表现卓越,为他人树立榜样

拓展知识

一、金钥匙概述

"金钥匙"的英文为"Concierge",它既指一种专业化的饭店服务,又指一个国际性的饭店服务专业组织,同时还是对具有国际金钥匙组织会员资格的前厅职员的称谓。国际金钥匙组织的格言是:友谊与服务。

金钥匙服务最早由以费迪南德·吉列特(Ferdinand Gillet)为代表的一群法国人于1929年提出,他们将饭店委托代办服务上升为一种理念。发展至今,"金钥匙服务"指由饭店内礼宾部职员以为其所在饭店创造更大的经营效益为目的,按照国际金钥匙组织特有的金钥匙服务理念和由此派生出的服务方式为客人提供一条龙的个性化服务。它通常以"委托代办"的形式出现,即客人委托、饭店代办。金钥匙服务涉及的内容非常广泛,能充分满足客人的个性化需求。这些服务从代办修鞋、补裤到承办宴会酒席,从订票租车到旅游线路安排,甚至可以帮客人把宠物送到地球的另一边家中。在饭店内,只要找到"金钥匙",他就会竭尽全力为客人安排好一切,使客人获得"满意加惊喜"的服务。

"金钥匙组织"是指全球饭店中专门为客人提供金钥匙服务的职员,以个人身份加入的国际饭店专业服务民间组织。它于1952年成立,总部设在法国巴黎,经过50余年的发展,国际饭店金钥匙组织已经发展成拥有34个国家和地区参加,成员4500多名的专业组织。在1997年罗马举行的第44届国际金钥匙组织的年会上,中国饭店金钥匙组织被接纳为国际金钥匙组织第31个成员国团体会员。国际金钥匙组织每年在某个热点旅游城市召开一次全球性会员大会,共同探讨金钥匙服务的发展趋势,交流服务经验,并逐步成为一个为国际商务旅游客人服务的协作网络。

"金钥匙"还是对饭店中专门为客人提供金钥匙服务的个人的称谓,只有符合一定的条件,并经金钥匙组织考核合格的人才有资格在由金钥匙组织指定式样的燕尾服上戴上国际饭店金钥匙组织的徽章——两把垂直交叉的金钥匙,出现在饭店前厅为客人服务。目前，金钥匙已成为世界各国高星级饭店服务水准的形象代表。一个饭店拥有"金钥匙"就可以显示不同凡响的身份，等于在国际饭店业中获得了一席之地。

图4-2-2　金钥匙标志图

委托代办服务

二、中国饭店金钥匙会员资格及入会考核标准

（一）中国饭店金钥匙组织会员的资格要求

1. 在饭店大堂柜台前工作的前台部或礼宾部高级职员才能被考虑接纳为金钥匙组织的会员。
2. 21岁以上，人品优良，相貌端庄。
3. 从事饭店业5年以上，其中3年必须在饭店大堂工作，为饭店客人提供服务。
4. 有两位中国饭店金钥匙组织正式会员的推荐信。
5. 一封申请人所在饭店总经理的推荐信。
6. 过去和现在从事饭店前台服务工作的证明文件。
7. 掌握一门以上的外语。
8. 参加过由中国饭店金钥匙组织的服务培训。

（二）中国饭店金钥匙组织会员的入会考核标准

1. 思想素质

（1）拥护中国共产党和社会主义制度，热爱祖国。

（2）遵守国家的法律、法规。遵守饭店的规章制度，有高度的组织纪律性。

（3）敬业乐业，热爱本职工作，有高度的工作责任心。

（4）有很强的顾客意识、服务意识，乐于助人。

（5）忠诚于企业，忠诚于顾客，真诚待人，不弄虚作假，有良好的职业操守。

（6）有协作精神和奉献精神，个人利益服从国家、集体利益。

（7）谦虚、宽容、积极、进取。

图4-2-3　金钥匙领口图

2. 能力要求

（1）交际能力：乐于和善于与人沟通。

（2）语言表达能力：表达清晰、准确。

（3）协调能力：能正确处理好与相关部门的合作关系。

（4）应变能力：能把握原则，以灵活的方式解决问题。

（5）身体健康、精力充沛，能适应长时间站立工作和户外工作。

3. 业务知识和技能

（1）熟练掌握本职工作的操作流程。

（2）会说普通话和至少掌握一门外语。

（3）掌握中英文打字、电脑文字处理等技能。

（4）熟练掌握所在宾馆的详细信息资料，包括饭店历史、服务设施、服务时间、价格等。

（5）熟悉本地区三星级以上饭店的基本情况，包括地点、主要服务设施、特色和价格水平。

（6）熟悉本市主要旅游景点，包括地点、特色、开放时间和价格。

（7）掌握本市高、中、低档的餐厅各5个（小城市3个），娱乐场所、酒吧5个（小城市3个），包括地点、特色、服务时间、业务范围和联系人。

（8）能帮助客人购买各种交通票据，了解售票处的服务时间、业务范围和联系人。

（9）能帮助客人安排市内旅游，掌握其线路、花费时间、价格、联系人。

（10）能帮助客人修补物品，包括手表、眼镜、小电器、行李箱、鞋等，掌握这些维修处的地点、服务时间。

（11）能帮助客人邮寄信件、包裹、快件，懂得邮寄事项的要求和手续。

（12）熟悉本市的交通状况，掌握从本饭店到车站、机场、码头、旅游点、主要商业街的路线、路程和出租车价格（大约数）。

（13）能帮助外籍客人解决办理签证延期等问题，掌握有关单位的地点、工作时间、联系电话和手续。

（14）能帮助客人查找航班托运行李的去向，掌握相关部门的联系电话和领取行李的手续。

三、中国饭店金钥匙服务项目

饭店金钥匙提供的是一条龙服务，从客人入住饭店的时刻起，围绕住店期间的一切需要而开展。金钥匙提倡个性化服务，他们几乎可以解决旅游者的一切问题。金钥匙服务范围大，且客人要求随机性强，这就要求饭店对此类服务制定明确的规程，设置专用委托代办登记单，并确定收费标准（一般可参考员工的工资及待遇的金额，但是对于饭店内正常的服务项目及在饭店内能完成的都不应收费）。做好金钥匙服务的关键是与店内外有关单位、个人保持良好的合作关系。

目前，在我国饭店中，金钥匙一般需负责礼宾部的日常管理，除协调行李员、门童、机场代表等的工作外，还开展运送行李、问讯、寻人、邮政、通信、旅游、订房、订餐、订车、订票、订花及其他特殊服务（如美容、按摩、跑腿等具体服务）。

（一）寻人服务

来访客人到饭店找寻某位住客时，该住客正好不在房间，而可能在餐厅、大堂等公共场所，这时访客可要求饭店帮助寻找该住客。服务员应先问清住客的姓名、特征，填写代办登记单，与电脑或总台核对无误后，使用电话与各营业点服务员联系查找，或由行李员戴着白手套，举着写有该住客姓名的专用寻人牌到各公共区域寻找客人，行李员边走边敲铜铃或其他发声装置，以便引起客人的注意，从而找到该住客。

（二）订车服务

住店客人可能要求饭店帮助预订各类车型：轿车、货车、面包车、吉普车等，其中最有代表性的是出租车预订服务。有的饭店自身拥有出租车，有的则与出租车公司合作设点服务，或用电话向外面的出租车公司订约。接到客人订车要求时，应问清房号、姓名、目的地、要求时间、单程还是双程等，讲明付款手续，复述要求并做好记录。将客人用车情况与出租车公司调度联系，讲清要求，问明车号，记下调度姓名，将车号写在出租车征求意见卡上，一并交给客人。若客人订车到机场、车站，应提醒其是否要乘饭店的免费班车，并问清航班、车次，将用车情况在交班本上做记录，并通知机场代表。当出租车到达饭店门口时，行李员应核对车号，向司机讲清客人姓名、目的地等，必要时充当客人的翻译，向司机解释其要求。

（三）转交物品

转交物品服务是一项饭店帮助客人传递物品的服务。一般分住客转交物品给来访者及来访者转交物品给住客两种。具体服务程序如下：

（1）接收物品。询问留件人及取件人的情况，包括姓名、房号、单位、通信地址、电话号码等，通过电脑核实饭店有无此人，了解物品名称及件数，向客人说明易燃、易爆、易腐烂等物品不予受理。

（2）填写登记单。帮助客人逐项填写"转交物品登记表"，留件人、经办人需签名。

（3）收到鲜花、水果、食品三类给住客的物品，须即刻让行李员送入客房，如有留件人名片，也一并送去。

（4）通知客人。若是给住客的转交物品，应及时电话联系，如客人在房间，即请行李员送入客房；如客人不在房间，则按留言程序通知客人前来领取。

（5）取件。取件人来领取物品时应出示相应的证件并签名，若取件人系受他人委托来取，则应另外复印其证件备查。

（6）整理核对。每班应核对转交物品，查看电脑，将转交给即将抵店客人的物品信息输入电脑，保证及时交给客人。对于超过取件日期或长期无人认领的物品，应与留件人或取件人取得联系。

任务考核

一、单选题

1. 在星级酒店礼宾服务中，以下哪项不是礼宾员的主要职责？（   ）

    A. 帮助客人搬运行李　　　　　　　　B. 提供旅游咨询和导览服务

    C. 负责酒店前台的日常工作　　　　　D. 协助客人办理入住手续

2. 当客人抵达酒店时，礼宾员首先应该：（   ）。

    A. 给客人送上一杯欢迎饮料　　　　　B. 询问客人的姓名和预订信息

    C. 介绍酒店的设施和服务　　　　　　D. 帮助客人搬运行李

3. 在进行行李寄存时，以下哪项是正确的做法？（   ）

    A. 将客人的行李放在大堂供客人随时取用

    B. 不需要记录客人寄存的行李数量和信息

C. 给客人一张行李寄存凭证，以备取回行李时使用

D. 不需要向客人说明行李寄存的规定和费用

4. 在送客服务中，礼宾员通常会：（　　）。

A. 帮助客人搬运行李到出租车或机场　　B. 要求客人支付送客小费

C. 陪同客人一同离开酒店　　D. 提供旅游推荐和行程安排

5. 在星级酒店的礼宾服务中，以下哪项属于额外的增值服务？（　　）

A. 提供免费行李寄存　　B. 协助客人办理退房手续

C. 为客人订购出租车或叫车服务　　D. 提供免费旅游导览

6. 礼宾员在迎接客人时，应该展现出的态度和特质包括：（　　）。

A. 烦躁和不耐烦　　B. 严肃和冷漠　　C. 热情和友好　　D. 害羞和紧张

7. 在行李服务中，以下哪项是礼宾员应该具备的技能？（　　）

A. 精通多种外语　　B. 能够弹奏乐器为客人表演

C. 擅长萨克斯风演奏　　D. 能够解决复杂的数学问题

8. 在星级酒店礼宾服务中，以下哪项是重要的安全注意事项？（　　）

A. 不要向客人透露个人隐私信息　　B. 不需要检查客人的行李和物品

C. 不必关注紧急情况和火警逃生路线　　D. 可以随意离开岗位，不必时刻待命

9. 在为客人办理入住手续时，以下哪项是礼宾员应该遵循的原则？（　　）

A. 忽略客人的需求和要求　　B. 将客人的行李随意放置

C. 对客人的个人信息保密　　D. 不向客人提供帮助

10. 礼宾员在处理客人投诉时，应该：（　　）。

A. 不理会客人的不满和抱怨

B. 向客人解释酒店政策并坚持自己的观点

C. 耐心倾听客人的问题和意见，并积极寻求解决方案

D. 将客人的投诉告知其他客人以示警示

二、多选题

1. 礼宾服务的主要职责包括：（　　）。

A. 帮助客人搬运行李　　B. 提供旅游咨询和导览服务

C. 提供免费代驾服务　　D. 协助客人办理入住手续

2. 行李寄存时，以下哪些情况是需要向客人收取费用的？（　　）

A. 寄存行李超过规定时间　　B. 寄存贵重物品和珠宝

C. 寄存客人的外套和帽子　　D. 寄存客人的购物袋和纪念品

三、简答题

1. 请简要描述礼宾员在客人迎接服务中应该注意的事项和步骤。
2. 在行李服务中，礼宾员应该如何处理客人的行李，保证客人的物品安全和完好？
3. 请谈谈礼宾员在送客服务中应该展现出的专业素养和态度。

参考答案

一、单选题：1. C   2. B   3. C   4. A   5. C   6. C   7. A   8. A   9. C   10. C

二、多选题：1. A B C D   2. A B

三、简答题：

1. 礼宾员在客人迎接服务中应该注意客人的到达时间和预订信息，提前做好准备。在客人抵达后，礼宾员应该主动致以微笑，并询问客人的姓名，用客人的姓名称呼他们，表示热烈的欢迎。礼宾员还应该协助客人搬运行李，引导客人前往前台办理入住手续。

2. 在行李服务中，礼宾员应该使用专业的行李车和行李牌，将客人的行李小心翼翼地放置在行李车上，并确保行李车稳固。对于贵重物品和珠宝等特殊物品，礼宾员应该向客人提供行李寄存凭证，并将这些物品放置在特定的保险柜或安全地点。

3. 在送客服务中，礼宾员应该展现出专业的素养和礼仪，向客人道别并表示感谢。礼宾员可以询问客人的入住体验，并表示希望能再次迎接他们的光临。送客过程中，礼宾员还应该协助客人搬运行李，提供出租车或机场大巴预订服务，确保客人顺利离开酒店。

任务三　散客接待

散客接待是在前厅服务过程中，按照散客服务接待流程和标准，礼貌周到地完成对散客的服务接待工作，为客人办理散客入住登记。体现出前台服务员良好的服务水平。

前台入住接待基础知识

一、散客接待基本信息

1. 散客（Individual Guests）

指没有预约、没有规律的零散顾客。这类顾客由于没有合同的约定，在选择消费或服务方面自主性较高。

2. 接待处（Reception Department）

接待处，有的酒店也称前台、登记处（Registration）。主要负责为住客办理入住登记手续，掌握住客动态及信息资料，控制客房房态，制作相关营业报表等。

3. 客房状态（房态，Room Status）

（1）前厅部对客房的控制，主要就是对房态的控制。前厅部要有准确的房态资料。房态资料来源大致有两处：一是管家部（客房部）送来的楼层房态表；二是前厅部持有的房态资料。管家部的房态为真实房态，前厅部的房态为理论房态。

（2）可供出租状态（available for sale）指客房已经打扫整理，一切准备就绪，随时可供出租使用。

（3）住客状态（occupied）指客房已出租，正由客人占用，客人尚未离店。正在转换状态（on change）指原占用的客房的客人已退房，正在打扫，就绪后可出租。

（4）待维修状态（out-of-order）指该客房将要或目前正在进行内部整修，近期不能出租。

（5）保留状态（blocked）指某个房间在为客人保留，不能将其出租给其他客人。

（6）外宿未归房（sleep outroom）

（7）请勿打扰房（do not disturb room）

（8）双锁房（doubled locked room）

4. 付款方式（Payment）

现金支付、信用卡支付、转账支付、支票支付、有价订房凭证和他人代付。

5. 房卡（Hotel Passport）

也称欢迎卡，它起着证实客人身份的作用，同时也有促销、向导和说明的作用。

6. 有效证件（Valid Certificate）

中华人民共和国居民身份证（仅限二代身份证）、临时身份证（在有效期内）、护照、军官证、警官证、士兵证、台胞证、通行证及当地公安机关与出入境管理部门允许登记的其他证件。

二、入住接待准备

接待处应按照预订客人的情况进行分房，预分方案应按如下顺序：

1. 制定用房预分方案

对于已经办理预订手续的宾客：酒店已经掌握了宾客的部分资料，开房员（接待员）

应在宾客抵达之前，准备好入住登记表，填好已知的项目，等宾客到达后再补填其他的项目并请宾客签名。对于VIP客人和常客：酒店则应根据客史档案所掌握的宾客资料更加灵活地简化登记程序。对于团队或会议的入住：酒店可以按照具体的接待要求和排房名单，提前安排好房间，并准备好团队/会议入住登记表、房卡、钥匙、宣传册、餐券等，提前交给陪同或会议组织者（会务组），在抵店途中或在酒店内指定位置办理相关手续。

对于未经预订而直接抵店的散客：因酒店方面无法预知，所以在办理入住登记时，开房员（接待员）应尽量提供帮助，缩短办理时间。宾客填写入住登记表时，开房员（接待员）应礼貌地请宾客出示其有效证件（护照、居住证、身份证、军官证等），迅速准确地查验证件，核对宾客的年龄、证件号码、签证种类及有效期等相关内容，来保证准确和安全。

2. 检查待出售房间

按照接待程序，开房员（接待员）在已预订的宾客抵店前，就应根据宾客预订的需求，检查待出售房间，并做好预排方案。但其中有多方面的因素，开房员（接待员）在排房间时，要予以考虑。安排客房时也应遵循某些顺序和原则。

一般排房顺序为：

（1）团队/会议；

（2）VIP客人和常客；

（3）已付定金的宾客；

（4）要求延期离店的宾客；

（5）有准确抵店日期、时间的普通宾客；

（6）散客。

一般排房的原则：

（1）团队/会议团应安排在同一楼层或相邻的楼层；

（2）国内外宾客应安排在不同楼层；

（3）残疾人、老年人和带小孩的宾客应尽量安排在靠近电梯或低层客房，这样可以方便他们活动；

（4）不要将有敌对关系的宾客安排在同一楼层或邻近的房间；

（5）对于有特殊要求的宾客，要尽量满足他们的要求；

（6）确定房价时，开房员（接待员）必须遵守预订确认书中已确定的报价，不能随意更改；

（7）酒店在接待已预订的VIP、商务行政楼层宾客、高规格团队/会议抵店前，应做好所有文件、资料的准备，并根据酒店接待VIP的规定，对房间做相应的布置和检查，以确保 VIP 接待程序所要求的高标准、高规格；

（8）对未经预订、直接抵店的散客，开房员（接待员）要在充分了解客人意愿的基础上，根据酒店的房况，进行排房、定价工作；

（9）为宾客安排房间，确定房价后，必须向宾客报价，并获得宾客的确认。

3. 准备入住资料

表1　入住登记表　REGISTRATION FORM

中文姓名 NAME IN CHINESE	外文姓名 MR ／ MRS SURNAME GIVEN NAME		房号 ROOM NO.	房价 ROOM RATE
国家或地区 COUNTRY OR AREA	证件名称 NAME OF CERTIFICATE		证件号码 NUMBER OF CERTIFICATE	
性别 SEX	出生日期 DATE OF BIRTH		入境日期 DATE OF ENTRY	
抵店日期 DATE OF ARRIVAL	住址 HOME		入境口岸 PORT OF ENTRY	
离店日期 DATE OF DEPARTURE	停留有效期至 VISA VALIDITY		签证种类及号码 TAPE OF VISA AND NO.	
预付方式 METHOD OF PAYMENT	接待单位 RECEIVER		贵重物品请存前台 SAFE BOX SERVICE	
备注： NOTES			贵宾签名 GUEST'S SIGNATURE	
接待员签名 RECEPTIONIST'S SIGNATURE		收银员签名 CASHIER'S SIGNATURE		

三、散客入住接待程序

表2　散客入住接待的基本工作流程

步骤（Steps）	标准（Standards）	提示（Tips）
1.问候与招呼	●面带微笑，目光注视宾客 ●问候宾客："先生／女士，您好" ●同时接待多位宾客时，可用微笑、点头向宾客示意，或使用敬语"您好！请稍等"	●从知道宾客的姓名开始，至少两次用姓氏称呼宾客

续表

步骤（Steps）	标准（Standards）	提示（Tips）
2.查询确认宾客订单	●询问宾客是否有预订："先生/女士，请问您有预订吗？" ●酒店管理信息系统中查询宾客预订信息 ●复述/核对预订信息，团队与领队确认 ●团队由前厅经理/宾客关系经理协助前台接待	●若宾客无预订，与宾客确认入住需求 ●若宾客有预订，确认房型、房量、天数、是否含早等信息 ●注意预订代理宾客姓名和实际入住宾客姓名 ●如宾客有需求，须带宾客参观房间 ●若宾客预订时已支付预付款且有登记/预付单，则向宾客收回
3.读取或输入宾客信息	●在酒店管理信息系统中分配干净的空房（VC） ●询问宾客入住人数 ●请宾客出示证件 ●核对证件 ●查看证件有效期 ●核实宾客证件信息：年龄、性别、照片是否与本人外貌相符 ●核对是否为通缉协查人员 ●读取或输入宾客证件信息至酒店管理信息系统 ●宾客证件上传扫描至公安部旅客信息登记系统	●若宾客入住时，无干净的空房（VC），则告知宾客等待的时间，及时通知客房清扫 ●通过官网自助选房的预订，未经宾客同意不得擅自更改房号 ●按实际入住人数登记 ●若宾客有亲友陪同办理入住，除非确定该宾客的亲友不进房间，否则必须要求宾客的亲友办理访客登记 ●若证件与本人不符，则向宾客询问清楚，确认无误后方可入住 ●若遇通缉协查人员，正常为宾客办理入住手续，及时向上级汇报 ●身份证阅读器可读取二代身份证的信息，若遇其他证件需手工输入宾客信息 ●接待外宾须填写境外人员临时住宿登记单，并及时上传报备
4.确认房价	●与宾客确认房价信息 ●向宾客推荐优选商品	

续表

步骤（Steps）	标准（Standards）	提示（Tips）
5. 收取房费	●根据酒店管理信息系统显示的金额，向宾客收取款项： A. 预收款 　a. 现金预付：唱收唱付，验明钱币真伪→酒店管理信息系统中确认支付，打印登记/预付单 　b. 信用卡预授：查看信用卡的有效性→在POS机上申请信用卡预授→请宾客在预授权凭证上签字→酒店管理信息系统中确认支付，打印登记/预付单 B. 现付： 　a. 现金支付：唱收唱付，验明钱币真伪→酒店管理信息系统中确认支付，打印登记/预付单 　b. 银行卡支付：查看银行卡的有效性→在POS机上输入需支付的金额→请宾客在消费凭证上签字→酒店管理信息系统中确认支付，打印登记/预付单 C. 线上支付： 　a. 支付宝：酒店扫码机扫描宾客支付宝付款码收取款项 　b. 聚合支付（微信/云闪付）：酒店扫码机扫描宾客微信或云闪付付款码收取款项 　c. 宾客也可在首旅如家官网或App上预订并支付款项	●预收款计算公式：房价×入住天（向上百元取整）+100元 ●现金预付的宾客，若需要预收款收据，则前台补打印一份给宾客，并在酒店管理信息系统中做好记录 ●若需作废登记/预付单，则在单据上注明"作废"字样后，进封包 ●递笔给宾客签字时，注意笔尖不能指向宾客 ●线上支付凭证无须打印，如宾客或特许酒店有特殊需求，也可打印 ●针对无权益早餐的宾客适时推荐购买早餐
6. 制作房卡	●在酒店管理信息系统中制作房卡 ●填写房卡套或房卡贴纸信息 ●补办房卡	●若酒店门卡系统与酒店管理信息系统未对接，则在门卡系统中制作 ●填写信息：房号、宾客（姓氏）+尊称、抵离日期 ●补发房卡时，须核实宾客身份，收取补办费用，并在酒店管理信息系统中入账，打印杂项转账单，请宾客签字

续表

步骤（Steps）	标准（Standards）	提示（Tips）
7.递交住店资料，礼貌道别	●整理住店资料，双手递交资料给宾客 ●告知宾客如需发票，可提前开具："M先生/女士，这是您的证件和房卡，请收好" ●向宾客礼貌道别，同时指引电梯或房间方向"电梯在您的……您的房间在M楼，祝您入住愉快，再见"	●递交资料包括：房卡和房卡套、预授权凭证、宾客证件、早餐券和其他单据 ●可通过前台扫码或随行管家预约或实时开票 ●团队住店资料交给领队，由其分发给团队成员 ●语言亲切，面带微笑，目光正视 ●避免主动播报客人具体房间号码，保护客人隐私
8.整理入住信息	●公安部旅客信息登记系统上发送宾客信息 ●整理入住登记表和相关单据，放入客账袋	●宾客在入住时提出的相关要求及时记录和落实 ●单据包括：信用卡预授权凭证、登记/预付单、杂项转账单

任务引入

每组同学采用抽签的方式来决定完成哪项工作。

1.早班：为有预订的李晨先生办理入住登记服务，客人交了3000元押金，并且告知前台每天要租用酒店的自行车，费用50元每天。

2.午班：来自美国的客人珍妮女士采用信用卡付账，酒店为其刷掉2000元预授权，该客人要求账单上不打印客房价格。

3.晚班：客人王爽女士到酒店入住，酒店前台服务员告知已没有大床房，客人很不满意，认为自己已经预订酒店的客房，找大堂副理投诉，酒店大堂副理决定为其免费升级到商务大床房，房价为原来的大床房房费。

前台入住接待服务

任务实施

要求：学生分成若干小组，根据前厅散客入住办理的标准与接待规范，演练散客入住接待模拟场景，每个小组展示任务的完成过程中，各组通过任务回放进行自评、互评，教师在学生完成任务过程中进行评价。最后以上三种打分相加总分为每名学生的最后得分。

考核评价

从中找出优点、不足和错误，指出努力方向，进行评分，奖励优秀的小组。进一步掌握正确的工作过程与工作方法，训练学生工作方法能力、自我监控能力和评价能力。

任务评分表（满分 50 分）

小组编号： 　　　　　　　学生姓名/学号：

标准	序号	评分项目	每项5分	得分
完成正确性	1	是否对客人表示欢迎		
	2	是否正确拼写宾客姓名及地址		
	3	是否掌握客人对房间的喜好，确认客人特殊要求		
	4	是否正确填写客人预订来源		
	5	是否正确与客人确认价格、房号		
	6	是否确认客人付款方式		
	7	房价折扣、自用房、不能挂账填写是否正确		
	8	入住登记单填写是否正确		
完成流畅性	9	完成任务是否流畅，有1处停顿扣1分，有2处停顿扣2分，3处停顿扣3分，4处以上不得分		
仪容仪表	10	仪容仪表符合预订员要求，仪态大方，服饰干净，不化浓妆，头发干净整齐，修剪指甲。有1处扣1分，3处以上不得分		
总分				

拓展知识

如何鉴别信用卡真伪

一看卡面，真卡卡面颜色鲜明、字迹清晰，塑料表面光滑，颜色不易脱落，且卡面条纹清楚整齐。伪造的信用卡卡面、卡背制作粗糙、字迹模糊，颜色过深或过浅，塑料表面凹凸不平，颜色容易脱落，卡面条纹不整齐，如同贴在白卡上。二看凸印，真卡卡号、英文字母排列清晰整齐，伪造的信用卡卡号、英文字母排列不整齐或尺码有别，涂改过的信用卡卡号、英文字母排列不整齐、字母大小有别、旧卡号在卡背面隐约可见，真卡印有发卡银行名称，伪造的信用卡可能没有发卡银行名称，涂改过的信用卡有涂改痕迹、发卡银行名称残缺不全、签名不流畅。三看签名栏，真卡有发卡公司的商标；伪造的信用卡无公司商标，即全白色或有涂改痕迹，且签名不流畅。四看防伪设计，真卡有全息激光防伪商标和荧光防伪设计，而伪造的信用卡一般无防伪标志或防伪设计标志不清晰、缺乏立体感。另外，伪造的信用卡磁道信息无法在销售终端机上读出。

一、酒店常用付款方式。

二、付款方式（payment）。

付款方式有现金、信用卡、转账等，具体操作步骤和方法如下：

1. 现金付款方式：

（1）根据酒店制定的预付款政策，判断宾客是否需要预先付款。

（2）根据宾客的住宿要求，确定预付款的数额。

（3）确定宾客的信用额度。

2. 信用卡付款方式：

（1）确认信用卡能否接受（是否属于中国银行规定的可在本酒店使用的信用卡）。

（2）确认信用卡有效期。

（3）根据宾客的住宿需求，向银行索取预授权额度。

3. 转账付款方式：

（1）确认转账要求已获批准。

（2）声明属于转账款项的具体范围（如：房费、餐费、电话费、传真费或全部）。

4. 二维码扫码支付。到酒店后，向酒店前台服务员订房，打开微信或支付宝扫码支付。

5. Apple Pay 支付。到酒店后，向酒店前台服务员订房，在银行POS机上使用Apple Pay 支付（部分拥有NFC功能的苹果产品，才能使用这个功能）。

6. 通过酒店自助入住机自助开房，选择支付宝或微信扫码支付。

任务考核

一、单选题

1. 登记入住客人的基本信息时应把（　　）内容写出来。
   A. 全部　　　　　B. 部分　　　　　C. 大部分　　　　　D. 重要

2. 登记入住的客人信息时，"拟退房时间"（　　）比"入住时间"早。
   A. 可以　　　　　B. 不可以　　　　C. 应该　　　　　D. 必须

3. 散客入住接待通常第一步应该是（　　）。
   A. 收取房费　　　　　　　　　　　B. 问候与打招呼
   C. 读取或输入宾客信息　　　　　　D. 整理入住信息

4.收银服务由（　　）负责。

A.客房服务中心　　　B.总机　　　　　　C.礼宾部　　　　　　D.总台收银处

5.一般总台收银业务划归（　　）管辖。

A.前厅部　　　　　　B.客房部　　　　　　C.财务部　　　　　　D.总机

二、多选题

1.散客可通过（　　）方式预订客房。

A.网络预订　　　　　B.电话预订　　　　　C.面对面预订　　　　D.传真预订

2.若客人有预订，应与客人核对（　　）信息。

A.确认房型　　　　　B.住房天数　　　　　C.付款金额　　　　　D.是否含早餐

3.总台收银台的主要任务包括（　　）。

A.打字复印　　　　　B.客账管理　　　　　C.外币兑换　　　　　D.贵重物品保管

4.旅行支票是（　　）和（　　）为旅游者发行的一种固定金额的支付工具

A.酒店　　　　　　　B.银行　　　　　　　C.旅行社　　　　　　D.单位

5.（　　）可以用来鉴别信用卡真伪。

A.卡面　　　　　　　B.凸印　　　　　　　C.签名栏　　　　　　D.防伪设计

三、判断题

1.客人入住时，入住登记表必须填写完整，并按照酒店收费标准收取押金，开具押金单，并请客人签字确认。（　　）

2.多人入住时可以只登记其中一位客人的信息。（　　）

3.现金支付是指到酒店后，向酒店前台服务员订房，并用现金支付房款与押金。
　　　　　　　　　　　　　　　　　　　　　　　　　　　　　　　　　　（　　）

4.为客人办理结账退房手续要在3分钟内完成。（　　）

5.当结账客人较多时，我们应遵循办理第一位、招呼第二位、问候第三位的原则为客人进行结账退房。（　　）

参考答案

一、单选题：1.A　2.B　3.B　4.D　5.C

二、多选题：1.ABCD　2.ABD　3.BCD　4.BC　5.ABCD

三、判断题：1.√　2.×　3.√　4.×　5.√

任务四　团队接待

团队接待是酒店前台重要的工作之一，团队入住的房费在酒店收入中也占据重要地位。在团队接待过程中，前台团队接待需要高效地处理大量客人的入住手续，确保团队顺利入住，并提供周到的服务，以满足客人的需求。

团队入住通常是由旅行社、大型企业或团体组织预订，入住人数较多，房费收入相对可观。因此，酒店前台在迎接团队客人时必须高效率地完成登记手续，确保客人快速入住，避免不必要的等待时间。同时，也要对团队的入住信息进行准确记录，确保团队成员的房间安排准确无误。在团队入住过程中，前台接待需要与其他部门密切配合，如客房部、餐饮部等，确保团队客人得到优质的服务体验。对于团队客人的特殊需求，前台团队接待需要及时沟通，并协调其他部门为其提供个性化服务，提升客人的满意度和忠诚度。

此外，前台团队接待还应积极推销酒店的其他服务项目，如餐饮、会议室等，以增加团队客人的消费金额，为酒店创造更多的收入来源。

综上所述，团队入住的房费是星级酒店经济来源的主要组成部分，前台团队接待在团队入住过程中起着举足轻重的作用。通过高效的服务、良好的沟通和细致的关怀，前台团队接待能够为团队客人营造愉快的入住体验，提升客人满意度，增加房费收入，为酒店的经济运营贡献重要的力量。

一、接待标准

遇有特殊团队，前台主管要将具体接待要求写在白板上，使全体前台人员知晓。团队用房除非有特殊要求或特别指定，原则上应相对集中地分配于低楼层房间。团队抵店前，做好确认和信息更改工作。团队抵达当日做好一切准备工作。团队抵店时，要有专人负责接待。

二、工作程序

（一）团队进店前的准备工作

前台主管负责接收团队接待通知单，确认资料是否齐全。资料信息包括：团队名称、旅行社名称、国籍、团队人数、抵离日期、用房种类及数量、房价、陪同间、订餐种类、付款方式、特殊要求等。遇资料不齐或不详时，应及时与销售部团队联络员联系，补全资料。夜班根据通知单上的用房要求，及时给是日抵店团队预排房间。预分房间完成后，复核已排出团队用房的房号，并据此制作团队用房分类表，发往客房中心、大厅、总机，根据团队用房分类表，打印团队欢迎信封，制作钥匙卡，填写房卡，然后将房卡、钥匙卡放入信封；最后把准备好的团队资料放在前台指定位置。

（二）团队进店时的接待工作

团队客人到达后，接待员同销售部团队联络员将客人引至指定接待地点，向团队客人问候欢迎，请他们稍作休息，请领队或陪同确认团队的信息有无差异，并磋商房间分配事宜，将用房分配表交领队，指示其所分房间位置，检查早餐或其他餐饮安排、地点、叫醒时间、出行李时间是否均已填妥。最后，让其在确认书上签字。

（三）团队进店时的验证工作

请团队成员填写登记单，对于有些团队持有我国驻外外交机构签发的集体签证，向领队要求签证的复印件可免填登记单。检查登记单的填写情况或团队的集体签证，要求团员在签证中本人姓名栏目签字，与领队复核团队人数及分房情况，保证无误后，将钥匙交领队分发。

（四）团队进店时的更改工作

在团队接待中遇增房或减房，以及其他临时特殊要求时，应由销售部团队联络员与领队或陪同直接协商解决；然后将团队联络员签署的更改单交前台立即落实，并在电脑中予以变更。

图 4-4-1　团队入住图

（五）团队进店的收尾工作

前台接待将已确认的分房表速转行李部，由行李员按分配表分送团队行李并引导客人进房；将团队资料录入电脑，复查无误后，打印相关部分，送有关部门。

（六）特殊情况

无预订、临时增加团到店，应及时与销售部团队联络员联系，由团队联络员出面与领队或陪同洽谈房价或付款方式。接待部应积极协助团队联络房间；旺季无房时，配合团队联络员做好解释工作。夜间无预订团队到店且销售部无人时，应由接待部接待并通知值班经理，征询领队或陪同团队的付款方式。如客人自费一般按门市报价，可视情况给予适当的优惠，并统一收取预付金；如系旅行社付款，则必须问清旅行社名称、电话及联系人姓名，同时注明并记录领队及陪同的有效证件号码。必须请领队或陪同协调时，接待部原则上不与有合同旅行社的领队或陪同洽谈房价问题。

三、会议入住登记标准与工作程序

（一）入住登记标准

会议抵店前，做好一切信息更改和确认工作。会议抵达当日，做好一切准备工作。提前一周左右，为重要会议或人数较多的大型国际会议控制房间。

（二）工作程序

（1）会议用房准备接待。总台主管将销售部发来的会议安排接待通知单按日期分别放入会议资料夹内。夜班在给次日即将到店的会议安排房间前，应仔细阅读会议通知单上的有关内容，了解是否对用房有特殊要求，会议接待的标准、时间、地点，以及会议用房中有无重点客人，以便给予相应的安排。根据通知上注明的用房要求，在电脑中进行排房。制作会议用房分配表，分送客房中心、收款、礼宾部、总机。打制钥匙信封，制作钥匙卡，填好房卡，并将会务组用房在信封上注明。将钥匙卡、房卡、登记单放入钥匙信封，并按抵店先后的时间放在前台指定的位置。要点：了解会议日程，提供准确的问讯服务；会议在店期间，做好与会务组的信息沟通，及时了解客人需求。

（2）会议用房进店阶段。会议客人进店时，应首先同会务组取得联系，把会议分房表交给会务组，确认用房数、人数有无变更。并通知会务组，将每天会议用房的变更情况及时反馈给总台，提供一份有房号的会议客人用房名单。根据实际情况，决定是否由会务组办理客人的入住手续，同时通知客房中心该会议客人进店。如是人数较多的大型会议，应事先在大厅某个适当的位置排好桌子，并在桌子旁竖立醒目的告示牌。如房租由接待单位总付，则所有会议用房的房租均转到总账上，如房租由会议客人自己承担，则将此信息及时通知收款，以便为会议客人结账。

任务引入

每组同学采用抽签的方式来决定完成哪项工作。

情景一：商务会议团队

情景描述：一家大型企业的商务会议团队预订了多间客房，他们将在明天抵达酒店，需要提供顺畅的入住服务和会议支持。你是酒店前台接待员，根据团队的预订信息，为他们安排房间，提供会议室预订、签到等支持服务。在他们入住期间，需要不断与会务组保持沟通，确保会议安排的顺利进行。

任务要求

1.预备工作：在团队抵达前，仔细阅读会议通知单和团队预订信息，了解会议日程和特殊要求。

2.分房安排：根据通知单上的房间需求，提前预分房间。考虑到会议的时间表，将会议成员的房间安排在相近的楼层或同一楼层。

3.会议支持：协助会议室的预订，确保会议室设施和布置满足团队的要求。提前准备好会议室用品，如投影仪、白板等。

4.欢迎安排：在团队抵达时，亲自迎接领队并提供欢迎饮品。为每位团队成员准备欢迎礼包，包含有关会议日程和酒店信息的资料。

5.信息更新：随时与会务组保持沟通，及时了解会议的变化和需求，确保团队的入住和会议安排顺利进行。

情景二：国际游学团

情景描述：一支国际游学团预订了酒店的客房，这是一群来自不同国家的学生和教师，需要特殊的接待和支持服务。作为前台接待员，你需要协助游学团的成员办理入住手续，提供多国语言的问询服务，帮助他们安排当地的旅游活动和交通。要展现出对不同文化的尊重和熟练的沟通能力。

任务要求

1.语言支持：掌握团队成员的主要语言，提供多语言的问询服务。准备好常用的翻译工具，以便与不同国家的游学成员进行交流。

2.入住手续：协助游学团成员办理入住手续，确保他们填写登记表并提供有效的证件。帮助他们了解酒店的设施和服务。

3.旅游安排：提供当地旅游信息，帮助游学团成员安排观光活动和参观景点。建议适合不同年龄和兴趣的活动。

4. 文化尊重：尊重不同国家和文化的差异，避免引起误解或冲突。提供有关当地文化习惯的提示，以帮助游学成员融入环境。

5. 安全关怀：关注游学团成员的安全，提供紧急联系信息和医疗设施位置。确保他们知道紧急情况下应该怎么做。

情景三：音乐演出团队

情景描述：一支知名音乐演出团队将在城市举办演出，预订了酒店的客房。他们需要特殊的待遇，以确保他们在演出前有一个愉快的休息环境。

作为前台接待员，你需要为音乐演出团队安排舒适的房间，提供额外的音乐设备，确保他们的特殊饮食需求得到满足。同时，你还要与演出组织者协调，确保他们的行程和入住顺利进行。

任务要求

1. 特殊需求：了解音乐演出团队的特殊需求，如音乐设备、房间安静度等。与演出组织者协调，确保这些需求得到满足。

2. 音乐设备：根据团队的要求，提供额外的音响设备、音乐器材等。确保他们在房间内可以进行音乐排练。

3. 食品安排：了解团队成员的饮食偏好和特殊要求，确保餐厅为他们准备适当的食物。协助安排专门的用餐区域。

4. 后勤支持：提供后勤支持，如随时为团队提供房间钥匙、备用房卡等。确保他们在演出前有充足的休息时间。

5. 时间安排：与演出组织者协调，确保团队的入住时间和演出时间没有冲突。在演出前提供额外的时间安排和支持。

任务实施

要求：学生分成若干小组，根据礼宾服务的标准与接待规范，演练团队接待服务模拟场景，每个小组展示任务的完成过程中，各组通过任务回放进行自评、互评，教师在学生完成任务过程中进行评价。最后以上三种打分相加总分为每名学生的最后得分。

考核评价

从中找出优点、不足和错误，指出努力方向，进行评分，奖励优秀的小组。进一步掌握正确的工作过程与工作方法，训练学生工作方法能力、自我监控能力和评价能力。

任务评分表（满分125分）

小组编号：　　　　　学生姓名/学号：

评价项目	评价标准	评价等级
服务态度与技巧	1. 积极主动：是否主动向客人问候，微笑并表示欢迎。 2. 倾听与理解：能否仔细倾听客人需求，理解并记住其特殊要求。 3. 礼貌和耐心：是否以礼貌和耐心的态度对待客人，解答问题并提供帮助。 4. 灵活应对：能否根据客人不同的情况，灵活调整服务方式和表达。 5. 沟通能力：是否能以清晰明了的语言与客人进行有效的沟通。	
行为规范	1. 职业形象：是否穿戴整洁、得体，保持良好的职业形象。 2. 保护隐私：能否妥善保护客人的个人信息和隐私。 3. 遵循规定：是否严格遵守酒店的规定和政策，包括工作时间和礼仪等。 4. 文化尊重：能否尊重不同文化背景的客人，避免言行不当。 5. 职业操守：是否始终保持专业的态度和行为，以客人的利益为先。	
服务质量与效率	1. 准确信息：能否准确提供房间、设施、服务等相关信息。 2. 迅速响应：对客人的需求和问题，是否能够迅速响应并及时解决。 3. 顺利登记：能否迅速、准确地办理入住登记手续，确保客人顺利入住。 4. 问题解决：遇到问题时，是否能够积极寻找解决办法，并确保客人满意。 5. 效率高效：在繁忙时段是否能够高效处理多个客人的需求，提高服务效率。	
服务沟通与协调	1. 团队合作：是否与团队其他成员协调合作，确保各项工作无缝衔接。 2. 有效沟通：能否与不同部门的同事进行有效地沟通，保证信息流畅。 3. 客人沟通：能否与客人保持积极地沟通，确保理解其需求和要求。 4. 信息传递：在客人入住过程中，是否能够准确传递信息，确保服务不出差错。 5. 团队协作：能否与其他团队成员协同合作，确保客人体验一致和完整。	

续表

评价项目	评价标准	评价等级
服务专业与安全	1. 专业知识：是否熟悉酒店设施、服务项目，能够为客人提供专业建议。 2. 安全意识：是否关注客人的安全和舒适，确保房间设施正常且安全。 3. 紧急应变：遇到紧急情况时，是否能够迅速做出正确反应，并确保客人安全。 4. 保密原则：是否能够严格遵守客人信息的保密原则，防止信息泄露。 5. 专业操作：在处理客人房间、行李等方面，是否按照专业操作。	
总体评价		

评价等级：

1分：未达到预期水平

2分：达到基本水平，但需进一步提升

3分：达到预期水平

4分：表现优秀，超出预期水平

5分：表现卓越，为他人树立榜样

拓展知识

团队接待是酒店和旅游行业中的重要组成部分，涵盖了会议团队、旅游团队、研学团队等不同类型的团队。为了提供优质的服务，前台团队接待需要掌握一系列拓展知识，以应对不同情况和需求。以下是关于不同类型团队接待的拓展知识：

一、会议团队接待

1.会议知识：接待人员需要了解会议的性质、规模、议程等，以便为客人提供准确的信息和服务。还应熟悉会议设施和设备，以满足客人的会议需求。

2.协调与沟通：会议团队接待需要与会务组紧密合作，确保会议顺利进行。掌握有效的沟通技巧，能够高效地传递信息和协调安排。

3.时间管理：会议团队的时间表通常紧凑，接待人员需要善于时间管理，确保客人准时参加会议活动。

4.特殊要求：会议可能涉及特殊的设施需求、用餐安排等，接待人员需要能够满足这些特殊要求，确保会议的成功举办。

5. 解决问题：在会议期间可能会遇到意外情况，接待人员需要具备解决问题的能力，保证客人的满意度和会议顺利地进行。

二、旅游团队接待

1. 旅游景点：接待人员需要了解当地的旅游景点、文化背景、特色活动等，能够为游客提供相关信息和建议。

2. 导游合作：与旅游团队的导游进行合作，提供协助和协调，确保游客的行程顺利进行。

3. 本地特色：接待人员可以了解本地的特色美食、购物地点等，为游客提供更丰富的体验。

4. 紧急情况：遇到旅途中的紧急情况，如天气突变或突发事件，接待人员需要能够及时做出应对和安排。

5. 团队管理：接待人员需要善于协调团队的行程、用餐、住宿等安排，确保整个旅行的顺利进行。

三、研学团队接待

1. 教育资源：接待人员需要了解当地的教育资源，如博物馆、历史遗迹等，为研学团队提供教育性的活动和体验。

2. 安全管理：研学团队通常包括未成年人，接待人员需要重视安全管理，确保他们的安全和健康。

3. 学术支持：了解研学团队的学术目标和需求，为他们提供合适的学术支持和活动。

4. 活动策划：为研学团队设计丰富多样的教育活动，提供有趣的学习体验。

5. 文化交流：帮助研学团队与当地学生或居民进行文化交流，增进彼此的了解和认识。

综上所述，不同类型团队接待都需要接待人员具备广泛的知识和技能。在接待过程中，服务态度与技巧、行为规范、服务质量与效率、服务沟通与协调、服务专业与安全等方面都至关重要。不仅需要关注客人的舒适和满意度，还需要与其他部门紧密合作，确保整个团队的顺利接待。通过不断学习和拓展知识，前台团队接待可以为不同类型的团队提供更优质的服务体验，为酒店和旅游行业的发展作出积极贡献。

任务考核

一、单选题

1. 在酒店团队接待中,哪项工作是前台接待员最先要做的?(　　)
   A. 为客人提供旅游建议　　　　B. 验证客人的身份证件
   C. 准备客人的房间　　　　　　D. 安排客人的餐食

2. 会议团队接待中,什么因素最重要?(　　)
   A. 接待员的穿着　　　　　　　B. 会议的规模和目的
   C. 酒店的地理位置　　　　　　D. 团队领队的声望

3. 在旅游团队接待中,接待员需要了解什么信息?(　　)
   A. 会议议程　　　　　　　　　B. 当地文化和景点
   C. 公司的财务状况　　　　　　D. 政治形势

4. 前台团队接待在研学团队中可能需要做什么?(　　)
   A. 提供购物建议　　　　　　　B. 安排专业讲座
   C. 组织夜间娱乐活动　　　　　D. 准备健身设施

5. 在团队接待中,对客人的安全负责是什么?(　　)
   A. 团队领队的责任　　　　　　B. 只是酒店的责任
   C. 只是导游的责任　　　　　　D. 所有相关人员的责任

6. 在团队接待中,接待员应具备以下哪些能力?(　　)
   A. 艺术创作　　　　　　　　　B. 良好的人际沟通
   C. 电脑编程　　　　　　　　　D. 植物种植

7. 旅游团队接待中,为游客提供的服务包括哪些?(　　)
   A. 定制旅行行程　　　　　　　B. 提供医疗服务
   C. 教授当地语言　　　　　　　D. 提供会议设备

8. 在研学团队接待中,接待员需要特别注意什么?(　　)
   A. 学生的安全　　　　　　　　B. 酒店装修风格
   C. 餐厅的菜单　　　　　　　　D. 社交娱乐活动

9. 团队接待中,良好的服务质量和效率体现在哪些方面?(　　)
   A. 疏忽客人的需求　　　　　　B. 提供标准化服务
   C. 高效处理问题　　　　　　　D. 忽略团队领队的要求

10. 在团队接待中，服务沟通与协调的目的是什么？（   ）

A. 向游客推销商品　　　　　　　　　B. 解决问题并满足需求

C. 忽略游客的反馈　　　　　　　　　D. 提供一致的服务

二、多选题

1. 会议团队接待中，接待人员需要具备哪些技能？（   ）

A. 时间管理　　　B. 餐饮烹饪　　　C. 艺术表演　　　D. 语言沟通

E. 科技编程

2. 旅游团队接待中，接待人员应提供哪些服务？（   ）

A. 提供当地地图和导航信息　　　　　B. 安排定制化的旅行行程

C. 提供金融投资建议　　　　　　　　D. 教授当地语言

3. 研学团队接待中，接待人员需要关注哪些方面？（   ）

A. 学生的安全　　　B. 环境保护　　　C. 酒店的装修风格　　　D. 政治局势

E. 餐厅的菜单

4. 在团队接待中，哪些行为符合专业的标准？（   ）

A. 不提前核实团队的到达时间　　　　B. 根据团队要求预分房间

C. 忽略客人的特殊饮食要求　　　　　D. 不与会务组保持联系

E. 不理会紧急情况

5. 在团队接待中，为了提高服务效率，接待人员应该做什么？（   ）

A. 不理会客人的需求　　　　　　　　B. 准备统一的欢迎礼物

C. 拒绝提供额外服务　　　　　　　　D. 不与其他部门协调

E. 使用自动化系统提前准备好房间

参考答案

一、单选题：1. B　2. B　3. B　4. B　5. D　6. B　7. A　8. A　9. C　10. B

二、多选题：1. AD　2. AB　3. AB　4. BE　5. BE

任务五　总机服务

在现代酒店管理中，电话总机服务成为酒店内外沟通的重要纽带。电话作为一种便捷的信息交流工具，在酒店业中具有特殊的重要性，因为它不仅是客人与酒店之间首次接触的媒介，也是客人在住宿过程中寻求帮助、提出需求的主要渠道之一。电话总机服务人员在酒店中充当了"看不见的接待员"的角色，通过热情友好的服务，高效的技能操作，以及迅速的响应速度，为宾客提供了良好的沟通体验，为整个酒店形象和客户满意度的塑造做出了重要贡献。

电话总机服务的重要性体现在以下几个方面：

1. 首次接触印象：当客人拨通酒店电话时，电话总机服务人员的礼貌和专业态度能够为客人留下积极的第一印象。这种印象会影响客人对酒店的整体评价和选择。

2. 信息交流：客人通过电话可以获取酒店各类信息，如房价、房型、设施、服务、预订等。电话总机服务人员需要对这些信息了如指掌，准确、清晰地传达给客人。

3. 服务需求响应：客人在住宿过程中可能需要叫醒服务、送餐、洗衣等服务，这些需求通过电话传达给前台，要求电话总机服务人员迅速、准确地处理。

4. 解决问题：客人可能会遇到房间设施问题、网络连接问题等，在电话中提出，电话总机服务人员需要根据问题的性质，及时协调相关部门解决。

5. 紧急情况处理：在紧急情况下，如火警、医疗急救等，客人可能通过电话请求帮助。电话总机服务人员需要迅速采取行动，通知相关人员并协助客人。

6. 导引和指引：客人可能需要前往酒店各个区域，电话总机服务人员可以提供清晰的指引，确保客人能够顺利到达目的地。

综上所述，电话总机服务在现代酒店业中扮演着不可或缺的角色。通过专业、高效的服务，电话总机服务人员不仅能够满足客人的需求，还能够为酒店树立良好的形象，促进客户满意度的提升。因此，酒店需要为电话总机服务人员提供充分的培训和支持，以确保他们能够胜任这项关键任务，为客人创造愉悦和难忘的住宿体验。

其他总机服务

一、总机房员工素质要求及岗位职责

（一）话务员的素质要求

电话服务在酒店对客服务中扮演着重要角色，话务员的声音代表着"酒店的形象"，是"只听其悦耳声，不见其微笑容"的幕后服务员。因此，话务员须具备如下素质：

1. 嗓音甜美，吐字清晰，口齿伶俐。

2. 精于业务，热爱本职工作。

3. 熟悉电脑操作及打字。

4. 反应灵敏，工作认真，可提供优秀高效的服务。

5. 具有较强的记忆力，听写迅速，反应快。

6. 有高度责任感，严守话务机密。

7. 有较强的信息沟通能力。

8. 有较强的外语听说能力，能用外语为客人提供话务服务。

（二）话务员岗位职责

1. 按工作程序迅速准确接转每一个电话，对客人的询问，要热情有礼，迅速应答。

2. 认真、仔细、准确地为客人提供叫醒服务。

3. 处理需要人工接转的长途电话。

4. 了解并牢记住客"VIP"的头衔、姓名及住房。

5. 认真填写交班日记，向下一班人员交代清楚下列情况：

①"VIP"住房转接情况及 IDD & DD 情况。

②电话留言情况。③叫醒服务情况。

6. 掌握店内组织结构，熟悉店内主要负责人和各部门经理的姓名、声音、办公室电话号码。

7. 掌握总机房各类机器的功能、操作使用及注意事项。

8. 对饭店各部门的工作及馆内各种设施的运行情况等不对外公开事项，必须严格保密。

9. 遇到日常工作以外的情况，不要擅自处理，立刻向主管汇报。

10. 搞好机房卫生清洁工作。

二、总机房的设备

（一）电话交换机

交换机种类、型号的选用因饭店而异，目前大多采用数字程控电话交换机（PABX）。自动显示通话线路、号码、所处状态、自动设置叫醒，同时接通数个分机等多种功能。

（二）话务台

话务台是供话务员操作的台面。为避免话务员间的相互影响（音量），在设计时应考虑将各话务台之间用隔板隔开。部分饭店在每张话务台前均配有玻璃镜，以使话务员能始终注意自己的言谈举止，集中思维，在有限的空间提高对客服务的效率，以确保对客服务的质量。

（三）电脑

装有酒店管理系统，能根据住客的姓名，迅速查找出住客的房号及个人基本情况。

（四）传呼器发射台

传呼器发射台，也称无线呼叫服务系统，是无线通信与计算机技术相结合的高新技术电子产品。由发射器和接收器组成，每套系统有一个接收器和多个发射器（发射器的数量根据实体情况设置），发射器上可通过接收器（放置在服务台上或墙上）作用互通信息。发射器有按键请求服务时，接收器上显示对应的数字号码，并发出提示音响，服务后通过消除键将指示灯熄灭。

（五）打印机

打印机是与长途电话自动计费机连接，供记录话费账单使用的。

（六）定时钟

定时钟是与电话交换机连接，为叫醒服务提供定时的设备。

（七）记事牌

白板等记事牌是为临时性的信息或重要信息起提示和告示作用的。

三、总机房的工作环境要求

总机房环境的优劣，直接影响着话务员对客服务的效率及质量。通常，总机房的环境应符合下列要求：

（一）便于与前台的联系

在对客服务过程中，电话总机与前台有密切的工作联系，因此，总机房位置的设立应尽量靠近前台或者应具有必要的通信联络设备来沟通双方的信息。有些小型饭店的总机就直接安装在前台内，由接待员兼管；而大、中型饭店，因需要更多的外线和内线，就应配置专职的话务员操作交换机，并将其安置在临近前台的机房内。

（二）必须安静、保密

为了保证通话的质量，总机房必须有良好的隔音设施，以确保通话的质量。未经许可，无关人员不得进入总机房。

（三）必须优雅、舒适

一个优雅、舒适的环境能为话务员搞好本职工作创造良好的客观条件。总机房应有空调设备，并保证足够的新鲜空气。话务员的座椅必须舒适，以减少话务员的疲劳感。另外，应注意总机房的室内布置，使周围环境赏心悦目。

（四）清洁、整齐

总机房的清洁、整齐非常重要，这直接影响话务员对客服务的心情。总机房内的各种办公用品应明确定位，各类表格、资料亦应归类存放整齐。

四、转接电话工作流程

（一）接外线电话

10秒以内接听，用中文问候："您好，××饭店。"当对方没有回答时，重复一遍："您好，××饭店。请问有什么需要帮助的？"对方仍没有反应，改用英文："Good morning, operator, may I help you？"

（二）接内线分机电话

10秒以内接听，用中文问候："您好，总机。"当对方没有回答时，重复一遍："您好，总机，请问有什么需要帮助的？"对方仍没有反应，改用英文："Good morning, operator, may I help you？"

（三）接客房电话

10秒以内接听，用英文问候："Good morning, operator, May I help you？"当对方没有回答时，改用中文："您好，总机。"还没有回答，再重复一遍，如果客人仍无反应，又不挂电话，应派人去房间查看有无设备故障或其他特殊情况。

图 4-5-1　总机服务员工作图

电话转接服务

电话转接服务（动画）

（四）接打错的电话

婉转地告诉客人："对不起，这里是××饭店总机。"

（五）转内线分机电话

"请稍等。"迅速接通相应的内部分机，退出；必要时，复述一下分机号码或请对方重复一下分机号或部门名称："对不起，请您再说一遍好吗？"

（六）转客房电话

可以说："请问您找哪一位？"住客姓名核对无误后，接入客房；若经核对不一致，则请对方提供全名，看是否是换房、结账等其他原因；如全名查询不到，晚上 11 时前可以根据对方提供的房号，打电话给客人，看是否有访客在其房内；如果超过晚上 11 时，总机不能将电话转进房内，可打电话至总台，请总台帮忙查询以最终确认。

（七）转电话至占线分机

可以说："对不起，电话占线，请问您是稍等还是过后再打过来？"若对方需要总机帮他通知客人有急事或说明自己是长途时，总机应帮助客人，插入占线的分机："对不起，打扰您，我是总机，情况是……"按房客要求处理。

（八）转电话至无人应答的房间

可以说："对不起，电话没人接，请问您需要留言吗？"

五、叫醒服务工作流程

1. 接客人电话：用英文问候："Good Morning, Operator, May I help you？"
2. 记录具体时间、房号，并与客人核对，尽可能采用与客人不一样的数字表达的方法。当客人所报房号与话务台显示的房号不一致时，要询问客人的姓名，以再次确认。
3. 在电脑中查询该房号情况，确认是否为住客房，是否是套间，是否为 VIP。
4. 按操作程序在话务台上输入叫醒。
5. 按时间顺序，将叫醒房号、时间抄在总表上，检查后签字确认；如果有同一房间两次以上的叫醒，就逐一登记，做好标记；如果有一个房间要求每天同一时间叫醒的，在交班本上记录后，将房号、姓名、时间抄在白板上。
6. 夜班复查：在话务台上检查所有叫醒房号、时间；重点检查每日叫醒房号、姓名，及时发现离店的或换房的客人；检查所有叫醒房号是否是卧室的号码；根据每日最早的叫醒情况，为自己设置叫醒闹钟。
7. 落实叫醒：根据时间顺序，逐一核对话务台上打印出的叫醒记录；没有及时打印出的房号，立即人工电话确认；没有挂好的分机，叫醒没有回答的分机，立即通知客房中心处理；对于两次以上的叫醒，其第一次结束后，立即输入第二次的时间。

叫醒服务

六、免打扰服务工作流程

1. 接到"免打扰"的要求后，记录好客人房号、姓名、服务截止时间，并与客人确认；告诉客人电话做"免打扰"服务后，所有电话将不能够打入房间，同时电脑上调出该房资料，核对无误。

2. 按程序在话务台上操作"免打扰"服务。

3. 按程序在电脑上做"免打扰"提示。

4. 在交班本上记录"免打扰"的房号与截止时间；当截止时间到时，取消电脑及话务台内的标记。

任务引入

每组同学采用抽签的方式来决定完成哪项工作。

情景模拟任务一：转接电话

任务描述：你是酒店电话总机服务人员，一位客人打来电话，希望与客房部联系。你需要将客人的电话转接到客房部。

任务实施要求：

1. 在接听电话时，用礼貌的语气问候客人，并主动获取客人的需求。

2. 确认客人需要联系的部门是客房部。

3. 使用电话总机系统将客人的电话准确地转接到客房部。

4. 在转接过程中保持专业和高效，确保电话不会中断或产生错误操作。

情景模拟任务二：咨询服务

任务描述：一位客人打来电话，询问酒店的设施和服务，包括健身房、餐厅、停车等。你需要为客人提供准确的咨询信息。

任务实施要求：

1. 耐心地听取客人的问题，并使用礼貌用语与客人互动。

2. 提供关于酒店设施和服务的详细信息，包括开放时间、位置和特点。

3. 如果客人有特殊要求，例如食物过敏等，能够及时提供相应的建议和解决方案。

4. 询问客人是否还有其他问题，确保客人的需求得到满足。

情景模拟任务三：叫醒服务

任务描述：一位客人要求预订明天早上六点的叫醒服务。你需要确认客人的叫醒时间，并在预定的时间内按时拨打叫醒电话。

任务实施要求：

1. 跟客人确认叫醒时间，并使用客人的姓名进行称呼。

2. 确保将客人的叫醒时间正确记录在系统中。

3. 在预定的叫醒时间内，用温和的语气给客人打电话进行叫醒。

4. 如果客人要求提前或推迟叫醒时间，能够灵活调整并按客人要求执行。

5. 确保叫醒电话准时、有效地提醒客人。

情景模拟任务四：免打扰服务

任务描述：一位客人要求开通免打扰服务，以确保在特定时间内不受电话干扰。你需要为客人设置免打扰，并在合适的时候取消免打扰。

任务实施要求：

1. 确认客人要求开通免打扰服务的时间范围，包括开始时间和结束时间。

2. 在电话总机系统中设置客人的免打扰服务，确保在指定时间内不再将电话转接给客人的房间。

3. 如果客人要求提前取消免打扰，能够迅速取消设置。

4. 在免打扰服务结束后，主动致电客人，确认是否需要继续保持免打扰。

5. 使用礼貌和专业的语气与客人交流，确保客人的需求得到满足。

任务实施

要求：学生分成若干小组，根据电话总机服务的标准与规范，演练电话总机服务模拟场景，每个小组展示任务的完成过程中，各组通过任务回放进行自评、互评，教师在学生完成任务过程中进行评价。最后以上三种打分相加总分为每名学生的最后得分。

考核评价

从中找出优点、不足和错误，指出努力方向，进行评分，奖励优秀的小组。进一步掌握正确的工作过程与工作方法，训练学生工作方法能力、自我监控能力和评价能力。

任务评分表（满分 125 分）

小组编号：　　　　　　学生姓名/学号：

评价项目	评价标准	评价等级
服务态度与技巧	1. 在与客人互动时，使用礼貌、热情和亲切的语气，展现出专业和友好的态度。 2. 运用积极的非语言技巧，如微笑和眼神接触，以及使用客人的称呼，增强对客人的友好印象。 3. 能够根据客人的情感和需求，灵活运用回应和回答技巧，体现出耐心和倾听。 4. 能够迅速理解客人的需求，提供准确的服务，并避免误解或错误的操作。 5. 在与客人互动时，适时展现感兴趣、关心和关注的态度，让客人感受到被重视。	

续表

评价项目	评价标准	评价等级
行为规范	1. 在转接电话、提供咨询等过程中，遵循机密原则，不透露客人的个人信息。 2. 在电话服务中，尽量避免中断客人通话，等待被转接部门的接听，不随意挂断电话。 3. 在提供服务时，遵循礼貌和专业的行为规范，不使用不当语言或带有歧视性的言辞。 4. 与客人互动时，保持专业的职业态度，不进行个人情感宣泄，确保客人感受到专业性。 5. 遇到无法解决的问题或需求，应积极协调其他部门或人员，以确保客人的问题得到妥善解决。	
服务质量与效率	1. 提供服务时，确保操作的准确性和效率，不拖延客人的时间，尽量在规定时间内完成服务。 2. 在转接电话、提供咨询等服务时，能够快速准确地处理客人的需求，避免客人长时间等待或多次转接。 3. 在执行服务过程中，注意细节，避免遗漏任何重要信息或步骤，确保服务的完整性和高质量。 4. 能够在有限的时间内综合考虑客人的需求和要求，提供全面和满意的解答或服务。 5. 遇到复杂情况或客人抱怨时，能够冷静应对，以专业和高效的态度解决问题，确保客人的满意度和信任度。	
服务沟通与协调	1. 在与客人沟通时，以清晰、简明的语言进行交流，确保客人易于理解所提供的信息。 2. 在处理复杂情况时，善于引导客人表达需求，并充分沟通以确保客人得到合适的解决方案。 3. 在与其他部门协调时，能够清楚地表达客人的需求和问题，确保其他部门了解情况并提供协助。 4. 对于客人的特殊需求或要求，能够及时与相关部门协调，确保客人得到满意的解决方案。 5. 在服务过程中，能够与客人保持积极地沟通，及时告知进展情况，避免客人产生不必要的疑虑或焦虑。	
服务专业与安全	1. 在提供服务时，展现出对相关知识的熟悉和掌握，能够为客人提供准确和专业的信息。 2. 在执行服务时，注意保护客人的隐私和个人信息，避免将客人的信息泄露给其他人员。 3. 对于涉及客人安全的情况，如免打扰服务等，务必确保操作的安全性，避免引发安全问题或意外事件。 4. 能够在服务中灵活应对不同类型的客人需求，如特殊饮食、过敏等，确保提供合适和安全的服务。 5. 在服务过程中，遇到需要客人提供身份信息的情况，应确认客人的合法身份，以确保安全性和合规性。	
总体评价		

评价等级：

1分：未达到预期水平

2分：达到基本水平，但需进一步提升

3分：达到预期水平

4分：表现优秀，超出预期水平

5分：表现卓越，为他人树立榜样

拓展知识

一、总机的重要性

电话是当今社会最主要的通信手段之一，也是酒店客人使用频率最高的通信设施，在对客服务过程中扮演着重要的、不可替代的角色。酒店客人所需要的几乎所有服务都可通过客房内的电话解决。总机房就是负责为客人及酒店经营活动提供电话服务的前台部门。

总机是酒店内外沟通联络的通信枢纽和喉舌，以电话为媒介，直接为客人提供转接电话及留言服务、叫醒、查询等项服务，是酒店对外联系的窗口，其工作代表着酒店的形象，体现着酒店服务的水准。总机操作员即话务员可以称为酒店中"看不到的接待员"。总台、餐厅及客房楼层的服务人员都是直接和客人面对面地接触，对客人的种种反应、表情都可以观察得到，能依此做出即时的直接应对反应；而在电话里为客人服务，其困难及局限性则多出许多，因为看不到客人的表情及种种行为反应，仅能从其言语的速度、音量、语调等来判断及做出相应的答复。因此，电话服务对操作人员来说，要求具备比较丰富的经验，纯熟的技巧，并应具有足够的耐心。

总机是一个看不到的对客服务的一个小分部，只要涉及对客，就关乎一个服务质量问题，关系到客人的满意度，进而对整个酒店的声誉产生影响。既然总机这么重要，那么作为总机接线生如何为客户提供一个优质的服务就显得尤为重要，她应该具备哪些素质呢？是以一个怎样的服务规范作为标准的呢？

二、总机的服务规范

总机服务在酒店对客服务中扮演着重要角色，每一位话务员的声音都代表着"酒店的形象"，话务员是"只听其悦耳声，不见其微笑容"的幕后服务员。因此，话务员必须以热情的态度、礼貌的语言、甜美的嗓音和娴熟的技能，优质高效地为客人提供服务，使客人能够通过电话感觉到微笑、热情、礼貌和修养，甚至"感觉"到酒店的档次和管理水平。

（一）话务员应具备的素质

1. 修养良好，责任感强。

2. 口齿清楚，音质甜美，语速适中。

3. 听写迅速，反应敏捷。

4. 专注认真，记忆力强。

5. 有较强的外语听说能力。

6. 有熟练的计算机操作和打字技术。

7. 有较强的信息沟通能力。

8. 掌握酒店服务、旅游景点及娱乐等知识与信息。

9. 严守话务机密。

（二）总机服务的基本要求

1. 话务员必须在总机铃响三声之内应答电话。

2. 礼貌规范用语常不离口，坐姿端正，不得与客人过于随便。

3. 话务员应答电话时，必须礼貌、友善、愉快，且面带微笑。这时，客人虽然看不到话务员，但能够感觉到她的笑脸，因为只有在微笑时话务员才会表现出礼貌、友善和愉快，她的语音才会甜美、自然，有吸引力。

4. 接到电话时首先用中英文熟练准确地自报家门，并自然亲切地使用问候语。

5. 对于客人的留言内容，应做好记录，不可单凭大脑记忆，复述时应注意核对数字。

6. 应使用婉转的话语建议宾客，而不可使用命令式的语句。

7. 若对方讲话不清，应保持耐心，要用提示法来弄清问题，切不可急躁地追问或嘲笑、模仿等。

8. 话务员应能够辨别主要管理人员的声音，接到他们的来电时，话务员需给予恰当的尊称。

9. 结束通话时应主动向对方致谢，待对方挂断电话后，再切断线路，切忌因自己情绪不佳而影响服务态度与质量。

（三）常见案例分析

我们都知道总机有一块非常重要的业务就是叫醒服务，我接下来所讲的案例大部分也是关于叫醒的，这项服务的好坏严重来说关系到酒店的利益问题，因此它有哪些程序呢？

叫醒服务程序

1. 当总机员接到客人需要叫醒服务时，应礼貌地询问客人的姓名及房号。

2. 查核人名资料架（单）内的房号及姓名与住客所说的是否相符。

3. 把住客的房号记录在叫醒服务表的"叫醒时间"下，如住客希望在早上5：00被叫醒，总机员便把该客人的房号记录在表上"5：00"一栏下。

4. 填写房号应字体清楚，以防夜班总机员把房号看错了。

5. 夜班总机员要根据叫醒表把住客准时叫醒。如住客的叫醒时间被弄错，使住客误点（火车，船，飞机），会导致酒店蒙受损失；如果错误骚扰别的客人，更会令客人不满。

6. 做完了每一个房间的叫醒服务，应在房号旁打钩（√），以示已做过叫醒。

7. 当客人接听电话后，应说："早上好，先生，这是叫醒服务，现在是××点钟了。"（电脑自动叫醒程序例外）

8. 夜班总机员交班前，要在叫醒记录表上签名，并交总机领班或总台主管查阅跟催。

案例1

情景：凌晨3：10酒店的各个营业场所已经停止营业，除了美容厅外，此时对于酒店的总机来说已经不是很忙了，一般较多的是要求叫醒的内线电话，"嘀嘀"话务台显示有电话来了，是外线，话务员A接起电话，报店名。"帮我转××房"，话筒里传来了一名女子的声音。"请问您要找的客人贵姓？"，话务员A说。（按照酒店的规定接转电话到客人房间我们必须核对住客的姓名）。"你们真麻烦，他刚刚打电话给我，叫我给他回电话"，小姐不高兴地说。话务员看到此情况不大好，便问道："小姐，请问您贵姓？""吴"，于是，话务员便打电话至客人房间征求客人的意见，该客人声称不认识此小姐，拒绝接听。接着话务员便告知吴小姐："对不起，客人已经休息了，不便接听电话。"话未说完，"啪"的一声挂断了电话。

分析：总机话务员应委婉告诉来电者：为了防止给您转错电话以及避免打扰到其他客人，我们必须核对客人姓名，正确后才能转进客人的房间。若客人一再坚持，且通过交谈判断该客人不是"小姐"，则问清来电者姓名，由总机拨电话至客人房间询问客人是否愿意接听此电话，然后根据客人的意思来处理。（也可询问客人从酒店拨出的来电显示的号码是多少，以便我们正确判断住店客人是否真拨此小姐电话。）若通过交谈，能判断此来电者是"小姐"，则坚决不能转到客人的房间，但在拒绝对方用语上要委婉。对待此类型的客人，我们总的原则是："有礼有节，态度坚决"。

总结：对于所有电话的接听我们都必须彬彬有礼，以显示我们的专业素质。对于此类电话，若能确切地判断是"小姐"的骚扰电话，我们应该坚决地给予拒绝，态度上我们应该礼貌，语气也要委婉。

案例 2

情景：6月7日总机夜班人员小陈接到3061房客人来电要求次日叫醒，其在核对客人房间、姓名纠正了他姓陈，而不是登记入住的王先生。之后客人不挂电话要求陪他聊天，小陈令其稍等，登记完叫醒记录后才回过头接电话。可是在登记时看错行，记成了3063房，结果导致下一班次人员吵醒了未曾要求叫醒服务的3063房客人，而3061房客人却未叫醒。

分析：从总机工作性质来分析，叫醒是一项极为重要的工作任务，因为客人要求叫醒服务是由于赶飞机或其他重要会议等，若由于总机工作失误延误客人的行程或重要会议时间，我们是无法补偿的，金钱是无法替代一切的。小陈应与客人重复房号及时间，先登记相关内容在叫醒记录本上，同时在话务台上设置叫醒时间，而后才处理其他事宜，以防出错。

总结：由于小陈的粗心大意，没有认真核对房号及叫醒时间，造成因登记错误而导致客人要求叫醒没叫，反而将无要求叫醒的客人吵醒。

案例 3

情景：某天早晨2010客人退房时向AM投诉总机没有及时给予开启外线，经调查客人原本入住2001房而后换成2010房，之前在2001房都可以拨出外线，换来此房就不能拨出外线，客人很不高兴地退房了。

分析：根据程序操作，若客人换房，要及时给予开启与原来房间一致的"话机权限"（在前台事先通知总机的情况下），否则客人换房后不能及时拨打外线。若前台无通知，总机看到电脑中跳出"换房"记录，要及时询问前台是否有客人换房，总机与前台要做好非常融洽的沟通。

总结：员工要严格遵守换房操作程序来操作，在时间上要把握好一定的尺度，做到及时、准确；同时客人之前的相关要求都要做好相应更改及交接。

案例 4

情景：总机小陈某天上夜班时，一位客人主动与小陈聊天，并要求小陈将手机号码给他，明天要请之吃饭，小陈是第一天自己上夜班，从来没遇过这样的事情，不知如何是好，而后就将电话转给AM。

分析：遇到此类事情不用慌张，只要把握一定的度，并不可怕。在与客人聊天的同时要将话题转向介绍酒店各营业场所的服务项目，不要过多地去谈论私人事情，要学会保护个人的隐私及人身安全，夜班有人敲门时，要先通过猫眼观察是何人方可开门。若客人坚持要谈论与酒店工作无关的事情，可委婉地告诉客人，你现在在上班，并且非常忙，不能与之聊天，请客人谅解。

总结：新员工上岗之前，要对其进行相关的案例分析培训，以提高员工的警惕心及告知其如何更好地处理类似事件。

任务考核

一、单选题

1. 在酒店总机服务中，"转接电话"指的是：（　　）。

   A. 将客人的电话信息转发至其他客人

   B. 将客人的电话连接至其他部门或客人房间

   C. 将酒店的电话信息转发至其他酒店

   D. 将电话信息转发至邮件

2. 客人通常使用咨询服务来询问关于什么方面的信息？（　　）

   A. 酒店房间价格　　　　　　　　B. 酒店内餐厅菜单

   C. 当地旅游景点　　　　　　　　D. 酒店员工的个人信息

3. 叫醒服务在酒店总机服务中的主要目的是：（　　）。

   A. 提醒客人按时结账　　　　　　B. 提供紧急医疗服务

   C. 帮助客人按时起床或完成日程　D. 通知客人房间需要维修

4. 免打扰服务是指：（　　）。

   A. 禁止客人在房间内打电话

   B. 酒店总机暂时关闭，不提供服务

   C. 允许客人随意使用电话

   D. 客人要求不被打扰，房间电话暂停响铃功能

5. 客人通常在哪种情况下会使用免打扰服务？（　　）

   A. 需要打电话给家人　　　　　　B. 不希望被打扰休息

   C. 需要查询当地天气预报　　　　D. 希望了解附近的餐馆推荐

6. 转接电话服务的基本原则是：（　　）。

   A. 尽量不转接电话，保持客人隐私

   B. 总是将电话转接给前台接待员

   C. 根据客人需求和要求转接电话

   D. 只转接紧急情况的电话

二、多选题

1. 在咨询服务过程中，总机服务人员需要具备的技能包括：（　　）。

A. 多语言沟通能力　　B. 销售技巧　　C. 当地文化知识　　D. 医疗急救知识

E. 计算机操作能力

2. 以下哪些服务可以通过酒店的总机服务实现？（　　）

A. 预订餐厅　　　　　　　　　　B. 安排机场接送

C. 帮助客人购买机票　　　　　　D. 提供医疗急救服务

E. 安排旅游行程

3. 关于叫醒服务，以下哪些描述是正确的？（　　）

A. 只能在入住期间使用　　　　　B. 客人可以预先设置叫醒时间

C. 只提供一次性叫醒服务　　　　D. 只能通过电话呼叫总机服务预约

E. 只提供在早晨的叫醒服务

三、简答题

1. 请简要描述转接电话的过程以及总机服务人员应具备的技能。

2. 你认为咨询服务在酒店总机服务中的重要性是什么？举例说明。

3. 解释一下叫醒服务对客人的意义，并说明总机服务人员如何确保准确的叫醒时间。

参考答案

一、单选题：1. B　2. C　3. C　4. D　5. B　6. C

二、多选题：1. ACE　2. ABE　3. B

三、简答题：

1. 转接电话是将客人的电话连接至其他部门或客人房间，总机服务人员需要具备沟通技巧、耐心，了解酒店各部门和房间号码等技能。

2. 咨询服务在酒店总机服务中的重要性体现在提供准确、实用的信息，帮助客人更好地享受住宿体验。例如，客人可以咨询当地旅游景点、餐厅推荐等。

3. 叫醒服务可以确保客人按时起床或完成日程，减少不必要的焦虑和担忧。总机服务人员可以通过客人的要求，预先设置叫醒时间，并确保准确地在指定时间拨打电话提醒客人。

任务六　离店结账服务

在酒店信息化时代之前,大中型饭店的结账业务一般由总台收银处负责。这是因为在那个时代,饭店的业务相对简单,客人数量较少,总台接待员需要同时处理登记和结账业务,这对他们的工作量来说是一个挑战。为了确保结账业务的准确性和透明性,以及避免内部的不当行为,结账业务的行政关系通常隶属于财务部门,因为财务部门有能力进行资金和账务的监控。

然而,随着科技的发展和饭店业务的扩大,电脑系统在酒店的应用变得普遍。星级酒店越来越多地使用电脑系统来管理客房预订、入住登记、结账离店等业务。这使得酒店的运营更加高效和精确。随着前台操作系统的运用,许多酒店开始培训前台工作人员掌握入住登记和结账离店两种业务,使他们能够更灵活地处理客人的需求。因此,许多酒店将入住登记和结账离店的行政关系调整为隶属于前厅部,这样的调整带来了多方面的好处:

1. 人力成本节约:通过培训总台工作人员同时掌握入住登记和结账离店业务,饭店可以减少专门负责结账的收银员数量,从而降低人力成本。

2. 工作效率提升:在电脑系统的支持下,总台工作人员可以更快速地进行入住登记和结账离店操作,减少了客人等待的时间,提升了工作效率。

3. 工作多样性增加:掌握多种业务能力使得前台工作人员的工作更加多样化,可以更灵活地应对不同的工作需求。

4. 客户服务质量提高:通过前台操作系统的准确性和及时性,饭店可以更好地为客人提供准确的账务信息,提升了客户服务质量。

5. 监督和管理便利:财务部门仍负责监督账务的准确性,但总台电脑系统的运用使得账务信息更易于监控和管理。

图 4-6-1　结账

一、收银处工作职责

根据饭店的实际情况,收银处工作职责可能略有不同,主要包括:
1. 客账控制。包括建账、账务处理、结账等环节。
2. 办理住客的外币兑换业务。
3. 负责客人贵重物品的寄存与保管。

二、客账控制流程

饭店通常为客人提供一次性结账服务,这指饭店在客人入住时为其建立信用限额,允许其在饭店各营业点挂账消费,而不必马上支付费用,账单则汇总到前厅收银处,待其退房时一并结算。因此饭店必须建立一套有效的客账控制系统,为每位住客建立和维护会计记录,在整个为客人服务过程中跟踪每一项财务交易,保证内部控制覆盖到所有现金和非现金交易,同时客账控制系统也应能够处理非住客客人的财务交易。

客账控制是一项细致而复杂的工作,时间性和专业性较强,其工作的好坏直接关系到客账控制,主要包括了建账、过账、结账等一系列环节,要求饭店做到账户清楚,转账迅速、准确,结账快捷。

(一)饭店前厅客人账户分类

1. 散客账户

散客在做保证类预订或登记入住后,收银员凭"预订单"或"入住登记表"以及押金单的收银联为依据,按照房号为住客设立账户,填制账单,客人账单一般按房号顺序排列,存放在账单架(盒)内。另外在采用电脑自动化系统的饭店,该系统会自动为每个住客建立账户,分配连续编号的账号,以方便系统索引以及形成一个完整的凭证链。在需要时,账单可以恢复显示或打印出来。

2. 团体账户

由于团体客人在收费和支付上不同于散客的特点,团体账户一般应设两个账户:主账户(Master Folio,也称A账户)和杂项账户(Incidental Folio,也称B账户)。团体客人的食宿费用一般由旅行社或接待单位支付,这些费用应记入主账户上,而酒水、电话以及其他个人支付的费用则记录到杂项账户上,这类似于散客账户。饭店为满足某些特殊情况和要求,对散客有时也会建立A、B账户,如商务客人要求把他的收费和支付分两个账户,一个记录由公司结算的费用,另一个记录由客人支付的个人费用。

3. 非住客账户

饭店为推销产品而给予当地的公司或旅行社店内挂账的权利，总台建立非住客账户跟踪这些交易，这些账户也称为外客账户（City Account）。非住客账户也用于记录离店客人没有结算的账款。这个账户的结算责任一般由前厅转给后台部门负责处理。

4. 员工账户

员工账户专门分配给饭店已授权的员工。饭店应严格规定，员工账户只用于因饭店原因而进行的签单，如销售经理在饭店餐厅招待客户。

（二）过账

在账户上记录交易的过程叫做过账或记账（Posting）。过账要求准确、及时，尤其是客人即将离店时发生的消费，及时过账就更显重要了。

1. 凭单（凭证）

凭单详细反映了客人在各销售点所发生交易的交易信息，然后这些凭单被送到前厅过账。在前厅会计中有以下几类主要凭单：现金凭单、消费凭单、转账凭单、折扣凭单和付款凭单。

2. 过账系统

（1）手工系统。目前仍有些小型饭店是通过手工过账。收银员接到销售点传来的凭单时，应逐项核准凭单号码、消费项目、金额、销售点名称、房间号码、客人姓名及其签名、日期、经手人签名等，并将内容列在账单相应的栏目下，在营业日结束后，每栏加总，将当天的余额转为次日账单上的期初余额。

手工过账相对而言速度慢，且容易遗失和漏收，饭店必须制定严格的程序，并将责任落实到人。

（2）电脑系统。大中型饭店目前均采用全自动系统过账。销售点的业务通过电脑终端记录到房间电子账单上，账单可在总台等处按需打印。通过电脑终端进行过账，仍然需要客人在消费凭单上签字，并传递到相关部门。一方面这是稽核的需要，另一方面则可以防止客人对消费项目与金额产生争议。

（三）结账服务

办理退房结账（Settlement）手续是宾客离店前所接受的最后一项服务，收银员应热情、礼貌、快捷而准确地提供服务。在结账阶段，前厅工作首先应解决应收未收客账余额，其次，更新客房状态，再建立保持客史档案，最后，在客人心目中树立良好的饭店形象。

（四）交款制表

1. 清点现金

当班结束时，收银员应先分出初期备用金，然后清点剩下的现金、信用卡签购单、支票和其他可转换款项（如现金预支凭单），填写缴款表，将款项封入现金缴款袋，在袋面详细列明和记录放入的内容，将缴款袋投入前厅保险箱内。缴款过程至少应有另一员工在场，共同在登记本上签字，并注明投放时间。

2. 整理单据

将已离店结账的账单按照"现金结算""支票结算""信用卡结算""挂账结算"等类别分别汇总整理，注意检查各类凭单、发票、电脑账单、登记单是否齐全，不得缺失。入住、预订客人的押金、订金单据应分类整理汇总。

3. 制表

为了确保每天客账收入的准确性，收银员每班都必须编制收银报告。随着电脑系统的使用，收银报告可由电脑制作完成，这既可以减轻收银员的工作量，从而提高对客服务量，又可保证数据的准确。现在许多饭店的收银员仅需打印一份汇总表，其他的明表改由稽核人员编制。汇总表主要分两大栏：借方栏和贷方栏。借方栏列示当班记入的各账户的费用额，即饭店应收客人的款项，内容为各种消费凭单；贷方栏列示当班办理结账的数额，即饭店应收账款的减少数额，内容为结账方式，如现金、信用卡、挂账、支票等。

4. 核对

将缴款单上的款项与汇总表上的贷方栏合计数比较，如不相符，应即刻查找原因，最后把账单和报表按规定上交或移交。

三、结账服务

在结账阶段，前厅工作至少应包括以下几方面：解决应收、未收客账余额，更新客房状态，建立、保持客史档案，在客人心中树立良好的饭店形象。

（一）散客结账服务流程

由于饭店的服务水平和自动化程度、客源结构不同，各饭店结账程序可能差异较大。比如，有些高档饭店在结账时不等楼层通报查房结果，而是直接询问客人是否有酒水等消费，表现出对客人的充分信任，更为重要的是此举大大缩短了客人结账时间，体现了前厅的服务水准。总的说来，饭店员工在离店结账环节应处处遵循礼貌、快捷、准确的原则。

散客结账服务程序	问候—确认客人房号—通知客房中心查房—确认付款方式—打印账单—宾客签名确认—账务处理—征询宾客意见—礼貌送别—通知相关班组—整理单据
散客结账服务流程	① 主动问候客人，询问客人是否结账离店 ② 询问客人房号，收回房卡、钥匙和押金单等，通过电脑与客人核对姓名、房号 ③ 通知客房中心查房，检查客房小酒吧耗用情况以及客房设施设备的使用情况等 ④ 核实退房时间是否符合饭店规定；按照国际惯例，退房时间超过中午12点且在下午6点前的，加收半日房费；超过下午6点，则加收全天房费 ⑤ 委婉地问明客人是否有其他临时消费，如餐费、洗衣费等，以免产生漏账，给饭店造成损失 ⑥ 检查是否有邮件、留言、传真未传递给客人，是否有寄存的贵重物品未取 ⑦ 弄清客人是否要预订下次来时的客房，或者预订本饭店集团属下的其他饭店客房 ⑧ 问明客人付款方式 ⑨ 打印账单 ⑩ 双手呈送账单给客人核对，请其签名确认；如有疑问，可向客人出示保存账单 ⑪ 按照客人要求的付款方式结账，开发票并核对原始凭单 ⑫ 发给客人征求意见卡，请客人对饭店进行评估 ⑬ 如有必要，将客人离店信息通知有关班组，如总机关闭外线电话对客人表示感谢，并祝其旅途安全、愉快 ⑭ 更新房间状态 ⑮ 整理账款，方便审核人员

（二）结账付款方式

客人账户可以通过多种付款方式将账户余额转为零。付款方式主要包括：现金、信用卡、挂账和混合方式四大类。

1. 现金支付

（1）人民币现钞。客人用预付的现金结账，需注意多退少补。有的客人入住时压印了信用卡，结账时可能改用现金结账，应注意辨别真伪，并销毁压印的信用卡签购单，最后在账单标记已付讫章。

（2）外币。一般应首先兑换成本国货币，因为习惯上饭店只使用当地货币结算。

（3）旅行支票。旅行支票和支票属可转让票据，可被饭店视为现金。使用时应注意检查旅行支票的真伪。

（4）支票。对于接收支票，饭店应制定专门的程序，最好由专人负责处理。此业务程序一般为：注意查验支票的真伪，检查支票的有效期，支票单位、个人印鉴是否清晰可见，数字是否符合规定，支票用途是否符合要求，然后用碳素笔正确填写支票，不可涂改、描补，填写支票留存联，最后把支票留存联交给客人。目前，国内大多数饭店暂不接收现金支票、私人支票。

2. 信用卡支付

客人使用信用卡支付账款时，饭店并未收到该款，而需要等待从信用卡公司实际收到款项。因此，信用卡结账是在客人账单上建立了一个贷项转移，将账户金额从住客分类账转移到非住客分类账的信用卡账户上。

目前大多数饭店都配备了信用卡授权终端机（POS机）。在客人入住时，收银员只要用信用卡在终端机上划过，估算客人在饭店的消费额，输入预授权金额，让客人键入密码，即可打印出一张预授权单，取得授权号。当客人退房时，请其再出示信用卡，在POS机上划过，输入实际消费金额、预授权号，并让客人键入密码，打印出POS凭证，最后请客人签名并核对。

如客人改变入住时决定的付款方式，临时改用信用卡支付，则可省略上述预授权程序，直接输入结算金额，打印POS凭证即可。当外宾使用外币信用卡结账时，饭店不用担心汇率问题，因为信用卡公司总是用当地货币与饭店结算。

3. 挂账支付

与信用卡支付一样，挂账支付也是将客人账户金额从住客分类账转移到非住客分类账，只是收取挂账款的责任是饭店而非外部的代理公司。饭店一般不接受挂账支付的结算方式，只有经财务信用部门事先批准的单位或个人才能转账。为方便财务部门收取挂账支付的账款，收银员应让客人在账单上签字以确认内容正确，随住宿登记单、预订单、消费凭单一起转财务部处理。

4. 混合结账方式

客人可能使用超过一种结算方式将账户结为零。例如，可能用现金支付部分账款，剩余账款使用信用卡结算。收银员应做好分单处理，并做适当的书面记录，这有助于前厅审计。

（三）特殊情况处理

1. 消费超过信用限额

客人在登记入住时，通过提供信用卡或现金等方式获得挂账权利，饭店为客人设立信用限额，在此限额范围内，前厅可以直接记账。

当客人账户接近或超过其信用限额时，可能会发生逃账等情况，这些账户被称为超限额账户。前厅经理或夜审员对确认账户是否达到或超过预先设定的信用限额负主要责任，饭店前厅每天应定时检查客人账单，以保证客账没有超过批准的信用限额。当发现超限额账户时，前厅可以通过向信用卡公司申请增加信用授权或要求客人支付部分账款以减少应收款来解决此问题。在超限额账户问题解决前，饭店可拒绝新的消费记入该客人账单。

2. 结账时要求优惠

有些客人在结账时，会要求饭店对其房费给予一定程度的优惠。对于符合饭店优惠条件的，收银员应填写"账户纠正单"，交前厅经理或相关人员签字确认，注明原因，最后在电脑上将差额做退账；不符合条件的，应婉转说明。

3. 他人代付账款

当客人要求代付他人账款时，应请客人填写书面授权书并签名，注意代付项目，在电脑中做好记录，以免事后发生纠纷。

4. 客人损坏或丢失客房物品

必须妥善、及时处理客人损坏或丢失客房物品类的问题。处理时应兼顾饭店与客人双方的利益，尽量保证饭店不受大的经济损失，同时又能让客人接受，不使客人感觉丢面子。

四、外币兑换业务

饭店为方便住店客人，向有关银行机构申请，在饭店总台设立外币兑换点，根据国家外汇管理局每日公布的外汇牌价，为住店客人代办外币兑换、旅行支票和外币信用卡业务。外币兑换员（一般由收银员兼任）应学习外币兑换的业务知识，接受专业技术、技能培训，饭店也应配备相应的外币验钞机等设备，增强识别假钞能力，以做好外币兑换业务。

外币兑换服务

（一）外币现钞

根据国家规定，目前可在国内指定机构兑换的外国或地区货币有17种：美元、英镑、澳大利亚元、加拿大元、欧元、日元、新加坡元、香港元、澳门元、菲律宾比索、泰国铢、新西兰元、瑞士法郎、瑞典克朗、挪威克朗、丹麦克朗、韩元。饭店由于受人员、设备、客源等条件制约，通常仅接受几种主要外币现钞兑换业务。

（二）旅行支票

旅行支票是一种有价证券、定额支票，也是汇款凭证，通常由银行、旅行社为方便国内外旅游者而发行。旅游者在国外可按规定手续向发行银行的国外分支机构、代理行或约定的兑换点兑取现金或支付费用。旅行支票的收兑工作程序如下：

1. 了解客人要求。
2. 查验其支票是否属可兑换之列，注意有无区域、时间限制，告知客人当日兑换率。
3. 检验支票的真伪，清点数额。
4. 请客人出示护照及房卡，当面请客人在指定处复签，检查复签、初签及护照上的签名是否一致。
5. 按规定填写或打印水单，准确换算，扣除贴息。
6. 请客人在水单上签名，并检查复核。
7. 清点人民币现金，连同护照、一联水单交给客人，请其清点并道别。
8. 订存支票。

外币兑换操作程序	问候—了解宾客需求—告知兑换率—清点外币—验钞—确认宾客身份—填写/打印兑换水单—宾客清点人民币—道别
外币兑换服务流程	①主动问候，了解客人要求，问清客人兑换币种，看是否属于本饭店可兑换的范围 ②礼貌告诉客人当天的外币兑换率 ③清点外币，通过外币验钞机或人工检验外币真伪 ④请客人出示护照和房卡，确认其住客身份 ⑤打印或填写兑换水单，将外币名称、金额、兑换率、应兑金额及客人姓名、房号填写在相应栏目内 ⑥请客人在水单上签名，检查客人与证件上照片是否一致，并通过电脑核对房号 ⑦清点人民币现金，连同护照、一联水单交给客人，请客人清点并道别

五、贵重物品保管

饭店为保障住店客人的财产安全，应免费提供贵重物品保管服务。一种情况是在客房内设置小型保险箱，客人可自行设置密码，操作简便，安全适用。另一种则是在总台设置客用保险箱，通常由收银员负责此项服务。客用保险箱一般放置于总台旁边的一间位置隐蔽、安全的小房间内，房内应装有电子摄像监控系统，并能分别与总台及大堂相通。客用保险箱是一种带一排排各种规格小保管箱的橱柜，每个小保险箱有两把钥匙，一把由收银员保管，一把由客人保管，只有两把钥匙同时使用，才能打开保险箱。小保险箱的数量可按不少于饭店客房数的8%～15%来配备。

客人贵重物品寄存是一项非常严肃的工作，饭店应建立严格的规章制度，

贵重物品寄存服务

并特别注意以下事项:

1. 定期检查保险箱各门锁是否处于良好的工作状态。

2. 饭店可规定客人寄存贵重物品的最高标准及赔偿限额,避免不必要的麻烦。

3. 客人寄存物品时,收银员应注意回避,不看、不问。

4. 严格、认真核对客人的签名。

5. 必须请客人亲自来存取,一般不能委托他人。

6. 交接班时,应仔细核对保险箱的使用数目、钥匙数量。注意所有保险箱钥匙不能带出总台,必须妥善保管。

7. 客人退箱后的寄存单应存放至少半年,以备查核。

贵重物品寄存操作程序	申请保险箱—请客人填写保险箱登记表格—询问保险箱大小—开启登记卡—关闭保险箱—将保险箱钥匙交给客人—关于钥匙的提醒—在系统中输入信息—填写记录—开保险箱—退还保险箱
贵重物品寄存服务流程	① 使用标准用语招呼客人:首先建议客人使用房间内保险箱,如果客人坚持使用前台保险箱,请客人出示欢迎卡与钥匙,得到客人房号和姓名,并查询电脑;在确认客人是登记住店客人后,请客人进入贵重物品寄存间内 ② 请客人在保险箱登记卡上填写姓名、房号、有效证件号码、国籍和地址并请客人签名;使用全手掌指出客人所要填写的项目,并向客人解释保险箱使用条款 ③ "我们有不同大小的保险箱,您需要哪一种?" ④ 用保险箱万用钥匙和保险箱专用钥匙一起打开保险箱;将保险箱交给客人并打开箱盖;当客人将保管物品放入保险箱内时,与客人保持一定距离 ⑤ 填写各项内容:保险箱号码、员工姓名、日期时间;写清楚所有内容,按保险箱号码将登记卡存放;如果客人授权其他人也可使用保险箱,住店客人和被授权人同时要求在保险箱登记卡上签字 ⑥ 将保险箱放回原处,使用客人和饭店的两把钥匙将保险箱关闭 ⑦ 与客人确认钥匙号码;房号不能体现在钥匙上 ⑧ 提醒客人没有可替代的钥匙,如果遗失将收取相应的费用 ⑨ 在系统的退房信息处,输入"客人使用×号保险箱" ⑩ 中途使用保险箱:招呼客人并拿到保险箱钥匙;将客人指引到贵重物品寄存间;取出保险箱登记卡,询问客人房号和姓名并进行核对 ⑪ 请客人在保险箱开启记录指定位置签名,并将其与最初的签名加以对照;填写房号、姓名和保险箱号码 ⑫ 用客人的钥匙和饭店的钥匙同时打开保险箱;当客人结束之后,将保险箱关闭,并将钥匙退还给客人;在卡背面填写员工姓名、日期时间 ⑬ 退还保险箱:确认客人的身份与开保险箱的程序相同;请客人在登记卡后写有"退还保险箱"处签字;对比签名;写上员工姓名、日期和时间;确认客人取出保险箱内所有物品;前台员工要根据退保险箱的日期将所有登记卡存档

任务引入

每组同学采用抽签的方式来决定完成哪项工作。

情景任务一：挂账服务

客人已经完成入住手续，选择了挂账付款方式。您作为前台接待员，需要在客人入住期间，将客人的消费费用记录在客房账户中，以便稍后结算。

任务要求：

1. 确认客人的挂账需求，了解需要记入账户的消费项目。

2. 在客房账户中准确记录每笔消费的项目和金额。

3. 向客人解释挂账服务的详细流程和结算周期，以及可能涉及的限额和授权规定。

4. 确保与其他部门，如餐厅或客房服务协调良好，以确保挂账信息的准确传递。

5. 若客人有任何关于挂账服务的问题或疑虑，耐心地回答并提供帮助。

情景任务二：押金收取

客人正在入住，您需要根据酒店政策，要求客人支付一定金额的押金，以便覆盖可能发生的额外费用，如迷你吧消费或损坏物品。

任务要求：

1. 友好地向客人解释押金的目的，确保客人理解为什么需要支付押金。

2. 根据客人的要求和酒店政策，收取正确金额的押金。

3. 填写押金收据，包括押金金额和支付方式，确保准确无误。

4. 向客人说明押金退还的时间和方式，以及可能的扣除情况。

5. 若客人有任何有关押金的疑虑，耐心地解答并提供必要的信息。

情景任务三：外币兑换

客人来自国外，希望将一定金额的外币兑换成当地货币，以便在酒店及周围使用。

任务要求：

1. 确认客人的兑换币种和金额，确保正确理解客人的需求。

2. 使用当前的汇率，将外币兑换成当地货币，计算出兑换后的金额。

3. 填写兑换凭证，包括兑换币种、金额和汇率等信息。

4. 向客人详细解释兑换后的金额，并提供兑换计算的透明性。

5. 确保兑换信息正确传递给相关部门，如财务部门，以确保准确记录。

情景任务四：结账服务

客人已经准备离开酒店，您需要协助客人结算入住期间的费用，包括房费、餐饮消费、电话费用等。

任务要求：

1. 和客人一起仔细核对消费项目，确保所有费用都得到正确记录。

2. 根据不同消费项目的计费方式和标准，计算出相应的费用总额。

3. 向客人清晰地展示费用结算清单，确保客人明白每项费用的来源。

4. 若客人有任何关于费用的疑虑或问题，耐心地解答并提供必要的解释。

5. 在客人确认无误后，进行费用结算，确保结算流程顺利完成。

【任务实施】

要求：学生分成若干小组，根据收银服务的标准与程序，演练收银服务模拟场景，每个小组展示任务的完成过程中，各组通过任务回放进行自评、互评，教师在学生完成任务过程中进行评价。最后以上三种打分相加总分为每名学生的最后得分。

【考核评价】

从中找出优点、不足和错误，指出努力方向，进行评分，奖励优秀的小组。进一步掌握正确的工作过程与工作方法，训练学生工作方法能力、自我监控能力和评价能力。

任务评分表（满分 125 分）

小组编号：　　　　　学生姓名/学号：

评价项目	评价标准	评价等级
服务态度与技巧	1. 在与客人交往时，展现出亲切、礼貌和热情的服务态度，使客人感到受欢迎。 2. 运用积极的非语言技巧，如微笑和眼神接触，以及使用恰当的语气和语言，与客人交流。 3. 能够耐心倾听客人的需求，灵活运用回应技巧，确保客人得到满意的解答和服务。 4. 在处理涉及金钱的问题时，表现出谨慎和专业的技巧，避免引发误解或不安感。 5. 能够迅速理解客人的需求，灵活调整服务策略，满足客人的个性化需求。	
行为规范	1. 在挂账服务中，确保准确记录客人的挂账信息和金额，遵循酒店的挂账政策，不违规操作。 2. 在收取押金时，遵循酒店规定的操作流程，确保押金的正确收取和登记。 3. 在外币兑换服务中，遵循汇率计算规则，确保外币兑换金额准确无误。 4. 在进行收银操作时，准确核对账单明细，确保客人支付金额正确无误。 5. 在执行各项收银服务时，遵循酒店的行为规范，不透露客人的个人信息和支付方式。	

续表

评价项目	评价标准	评价等级
服务质量与效率	1. 在挂账服务中，能够准确记录客人的挂账信息，确保信息的完整性和准确性。 2. 在收取押金时，能够快速准确地完成操作，确保客人的支付过程顺利和高效。 3. 在外币兑换服务中，能够迅速计算汇率，准确换算外币金额，提高服务效率。 4. 在收银服务中，能够快速准确地完成收款和找零操作，确保客人的支付流程迅速完成。 5. 在处理多笔收银时，能够高效地进行操作，提升服务速度和效率，减少客人等待时间。	
服务沟通与协调	1. 在与客人交流时，运用清晰明了的语言，解答客人支付、押金、兑换等问题。 2. 在进行挂账服务时，与客人充分沟通，确保挂账金额和详情的准确记录。 3. 在押金收取过程中，能够与客人协商并说明退款流程，确保客人了解押金操作细节。 4. 在外币兑换服务中，能够向客人清楚解释汇率计算过程，避免产生疑虑或不满。 5. 在与其他部门协调时，能够清楚地传递客人需求和支付信息，确保信息的准确传递。	
服务专业与安全	1. 在进行挂账服务时，确保挂账的合规性，避免发生违规挂账的情况。 2. 在收取押金和费用时，保障客人支付信息的安全，防止信息被泄露或滥用。 3. 在外币兑换服务中，运用准确的汇率计算，确保客人的外币兑换金额准确无误。 4. 在进行收银操作时，确保金额的准确性，避免因操作失误引发问题。 5. 在各项服务中，始终遵循酒店的政策和法规，确保服务的合规性和安全性。	
总体评价		

评价等级

1分：未达到预期水平

2分：达到基本水平，但需进一步提升

3分：达到预期水平

4分：表现优秀，超出预期水平

5分：表现卓越，为他人树立榜样

拓展知识

案例分析 1

饭店的住宿时间规定

福州某三星级酒店大堂。这天中午 12 点刚过，总台方向传来阵阵"女高音"，顿时引起了大堂副理小施的注意，她立即向总台快步走去。发出"女高音"的原来是一位住在本酒店 809 房的年轻女宾。她还在喋喋不休地向总台接待员小游发泄她的不满："我明明告诉你们是要住一天的，怎么一天不到就不让我进门了？"小施马上向服务员小游了解情况。原来这位住 809 房的卢小姐是昨天下午 5 点入住的，今天上午上街采购，过了中午 12 点才回酒店，打不开房门，就在总台大吵大闹。总台服务员已经告诉她下午若要再住，必须重新办理加收费用手续。但卢小姐一口咬定酒店是"宰客"——不到 24 小时收 1 天房费，与商店卖东西短斤少两没什么区别，并声称下回再也不住该酒店了。

"如果你不住了，我可以叫楼层服务员帮你开门，把行李提出来，现在就结账的话算你 1 天好了。"总台服务员小游怕"女高音"继续"唱"下去，等不及小施的调解，急急地催卢小姐结账，而卢小姐也不容大堂副理向她解释，就气鼓鼓地掏出 IC 卡和押金收据把账结了，然后拎着那些采购来的大包小包头也不回地离开酒店，消失在街上的人群里。

【评析】卢小姐下回再到福州是不是真的不再住这家酒店了？我想十有八九是的，因为她始终没搞明白酒店为什么还不到 24 小时就收她 1 天的房费。卢小姐不明白"住 1 天"的概念可以理解，但总台服务员明白了吗？通常总台服务员对此的解释是："对不起，这是酒店规定的"，如此怎么能说服客人呢？怎样才能避免本案例中的现象发生？

首先，总台服务员必须能解释清楚为什么即使不到 24 小时也要收 1 天的费用。道理是：客房主要功能是过夜的，因此只要客人在酒店过夜都要算 1 天费用（个别酒店住房率太低，夜间也出售钟点房则另当别论）。即便是昨天上午入住到今天中午 12 点退房，尽管超过 24 小时也只按 1 天收费。其中的关键是看客人是否在酒店过夜。

其次，在客人入住时，估计离次日退房时间不足 24 小时但有过夜的，最好都要告诉客人，我们将按 1 天收费。比如本案例卢小姐下午 5 点入住，总台最好对她说个明白："小姐，您准备什么时候退房？您说住 1 天，房间只能使用到明天中午 12 点。要是下午再住的话，要加收半天房费的。"假如卢小姐还要深究，那就要向她讲清前面所说的道理，客人一般都会接受的。因此，客人含含糊糊说"我住 1 天"时，总台服务员却不能含糊。要求客人在"登记单"上签字之前最好先提请客人看一下其中两条"通知"（一条是关于贵重物品和现金请寄存,另一条则与收费有关,即结账时间为中午 12 点,超过如何计算等),然后请客人在签名栏上签字。假如客人反问为什么要签字,可以回答:"请您签字,是说明您收到我们上面的通知了。"这样就能比较好地预防本案例情况的发生。

案例分析 2

离店时的账单纠纷

早上 9:00,接前台收银员 ××× 报,1506 房客人陈先生在退房时拒绝支付其账单上的数笔餐费,金额共人民币 3465 元。

值班经理赶到前台与客人交涉,陈先生称其从未在酒店餐厅用过餐,不承认有餐饮消费。值班经理要求收银主管出示有客人签名确认的入房账的明细单与客人核对,客人却称明细单上的签名非他所为。值班经理将明细单上的签名式样与入住登记单上的签名式样对比,发现名字一样,笔迹却不同,遂急呼餐厅经理 ×××,根据餐厅经理陈述 1506 房的客人每次来餐厅签单入房账时,都有出示房卡,所以挂账时未与前台核对签名式样,就直接入了房账。值班经理询问陈先生为何签单人会持有 1506 的房卡,并且拿着它去消费。陈先生称房间是他登记的,住的人是他请来的客人,他只负责房费,不负责餐费。值班经理告诉陈先生:"房间既然是您登记的,按照公安局现行的住宿登记规定'谁登记,谁住宿'这一条例,是您登记的房间,而您却把房间让给朋友住,已经违反了住宿登记法。首先,我们就未查核签名式样一事向您郑重道歉,但是,您的朋友在明知登记入住是您的情况下,还在餐厅冒充您的名字签单挂账,肆意消费,其行为属于蓄意的欺骗行为,本酒店随时保留上诉的权利。"最后,客人同意使用长城卡结清所有账目,并于 9:30 离开酒店。值班经理建议餐厅收银严格执行挂账程序,仔细核对签名式样。避免给酒店带来不必要的损失。

【评析】本案例虽然表面上是登记入住人与住店人不一致,以至于结账时,客人不愿买单的现象,实际上反映了前厅部在关于餐饮部每天的住店客人消费情况的沟通上存在问题。若前厅部发现客人预付资金不足时,及时通知客人交预付金,便可避免客人逃账现象的发生,从而有效控制酒店的损失。

任务考核

一、单选题

1. 前台收银服务中，以下哪项不是服务态度与技巧的表现？（　　）
   A. 使用礼貌语气与客人交流　　B. 熟练操作收银系统
   C. 运用微笑和眼神接触　　　　D. 灵活应对客人需求

2. 在押金收取过程中，以下哪项是行为规范的正确做法？（　　）
   A. 不核对客人的身份信息　　　B. 将押金现金放在前台柜台上
   C. 清楚告知客人押金的退还流程　D. 不记录押金收取的金额和详情

3. 前台收银服务质量与效率的标准之一是什么？（　　）
   A. 保证客人永远不用等待　　　B. 迅速准确地完成操作
   C. 尽量推迟客人支付时间　　　D. 仅接受现金支付

4. 在外币兑换服务中，以下哪项是服务沟通与协调的重要做法？（　　）
   A. 随意选择汇率计算方式　　　B. 不向客人解释汇率计算过程
   C. 向客人详细解释汇率换算方法　D. 要求客人提供外币兑换的小面额

5. 前台收银服务中，以下哪项不属于服务专业与安全的要求？（　　）
   A. 保护客人支付信息安全　　　B. 确保收银操作快速完成
   C. 防止挂账操作违规　　　　　D. 遵循酒店政策和法规

二、多选题

1. 前台收银服务中，以下哪些方面需要注意行为规范？（选择两项）（　　）
   A. 使用合适的语气与客人交流　B. 记录客人的挂账金额和明细
   C. 不核对客人提供的身份证件　D. 避免透露客人的支付方式

2. 在押金收取过程中，以下哪些操作是正确的？（选择两项）（　　）
   A. 不告知客人退款流程　　　　B. 准确记录押金金额和详情
   C. 将押金现金随意放置　　　　D. 不需要客人确认押金金额

3. 前台收银服务中，以下哪些是服务质量与效率的考量因素？（选择两项）（　　）
   A. 快速核对账单明细　　　　　B. 避免与客人多次确认金额
   C. 高效地执行收款和找零操作　D. 仅接受一种支付方式

4. 在外币兑换服务中，以下哪些做法是服务专业与安全的要求？（选择两项）（　　）
   A. 清楚解释汇率计算过程　　　B. 随意调整汇率计算方法
   C. 确保外币金额准确无误　　　D. 将外币兑换金额写在柜台上

5. 前台收银服务中，以下哪些属于服务沟通与协调的重要环节？（选择两项）（　　）

A. 向其他部门传递客人需求　　　　B. 不告知客人操作流程

C. 不与客人交流，直接执行　　　　D. 提供清晰的支付明细说明

三、简答题

1. 请简要描述挂账服务的流程和关键步骤。

2. 在进行押金收取时，应注意哪些方面以确保客人的支付安全和满意度？

3. 请解释外币兑换服务中汇率的计算方法，并说明为何需要保持准确性。

参考答案

一、单选题：1. B　　2. C　　3. B　　4. C　　5. B

二、多选题：1. AD　　2. BC　　3. AC　　4. AC　　5. AD

三、简答题：

1. 挂账服务流程涉及记录客人的账单明细和金额，并确保客人符合挂账政策，然后将挂账信息传递给相关部门或系统。

2. 在押金收取时，应确保准确记录押金金额和详情，告知客人退款流程，保障客人支付信息的安全，避免押金的错误操作和泄露。

3. 外币兑换服务中，汇率的计算方法是将外币金额乘以汇率得出人民币的金额。

任务七　商务中心服务

商务中心（Business Centre）是饭店为客人进行商务活动提供相关服务的部门。许多商务客人在住店期间要安排许多商务活动，需要饭店提供相应的信息传递和秘书等服务。为方便客人，饭店一般在大堂附近设置商务中心，专门为客人提供商务服务。

一、商务中心的业务范围

商务中心的服务内容包括打字、复印、传真、会议服务（包括会议室出租、会议记录、翻译、票务、Internet 服务、委托代办、办公设备出租）等业务。但是随着移动网络 5G 时代的到来，像打字、传真等部分服务基本上被淘汰。

商务活动对服务的要求很高，客人往往对商务活动的时间要求要及时精确，对商务

活动的内容要求准确无误，对商务活动的安排细致周到，对商务活动的信息要求高度保密。为满足客人的需要，商务服务已日趋专门化，商务服务质量也已成为衡量饭店服务质量的一个重要方面。因而要求商务中心工作人员不仅要对客人热情礼貌、精通业务，而且要严守秘密，掌握秘书工作的知识和技能，密切与饭店各部门的联系，提供高水准、高效率的对客服务。

酒店一般根据自身业务来设置商务中心的组织机构，比较常见的是设一名主管，文员若干名。主管负责商务中心的日常管理和设备的维护保养，商务文员则负责具体的业务工作。

商务服务的设备可分为办公设备和会议服务设备两种。

办公设备一般有用于复印资料的复印机，用于电脑打字和收发电子邮件的计算机（配备打印机），装订资料的装订机，可打国内、国际长途电话的电话机，同时还应配备有碎纸机、办公柜台和一定数量的办公桌椅、沙发，以及相关的商务刊物、报纸和图书资料。

会议服务设施、设备，一般包括可供出租的洽谈室、会议室，专门用于会议服务的多媒体投影仪及投影幕、有线或无线麦克、高级写字板及音响设备等。

二、商务中心的服务程序

商务中心的服务项目很多，各项业务相差很大，但其服务程序却有许多共同点，概括起来其服务程序可分为迎客、了解客人需求、介绍收费标准、业务受理、结账和送客6个方面。

商务中心对客户服务

（一）打印服务程序

打印，是商务中心常见的服务项目，客人往往要求将写好的文稿用电脑打印成字迹清楚的印刷体文件。其服务程序如下：

（1）主动迎接客人。当客人走进商务中心时，接待员主动向客人礼貌地打招呼。如遇自己正在忙碌，不能及时接待时，则向客人表示歉意，并请客人稍候；当接待员正在接听电话，则向客人点头微笑，示意客人在休息处稍候。

（2）了解客人的要求。向客人了解文稿的打印要求，包括排版要求、稿纸规格、打印（复印）数量；迅速浏览原稿，对文稿不明或不清楚的地方，礼貌地向客人问清楚。

（3）接收打印。告知客人完成打印所需要的最快交件时间，同时向客人介绍收费标准。当不能在短时间内完成时，记录客人的姓名、联系电话和房号，以便及时和客人联系。

（4）校稿。打字完毕，认真校对一遍。通知客人进行校审，按客人要求进行修改。

（5）交件收费。将打印文稿进行装订，双手持稿件上端递给客人；征求客人意见后删除电脑中的原文件，并将作废的稿件放入碎纸机中。然后按规定价格计算费用，办理结账手续。

（6）送客。最后要起立、微笑、点头向客人致谢并道别，做好记录。

（二）复印服务程序

复印，是将客人交给的文稿按要求用复印机进行复制，其服务程序如下：

（1）主动迎接客人。对于前来复印的客人要主动迎接，具体注意事项同打印服务。

（2）了解客人的要求。要礼貌地向客人问清复印的数量和规格，并介绍复印收费标准。

（3）复印。调试好机器，首先复印一份，征得客人同意后，再按要求数量进行复印。

（4）交件收费。将复印文件装订好后，连同原稿一起双手送给客人；然后按规定价格计算费用，办理结账手续。

（5）送客。最后要热情礼貌地向客人致谢并道别，做好记录。

（三）票务服务程序

票务服务，是指饭店为客人提供订购飞机票、火车票等服务，其服务程序如下：

（1）主动迎接客人。

（2）了解订票信息。向客人了解并记录订购飞机票（或火车票）的日期、班次、张数、到达的目的地及座席要求。

（3）了解航班情况。向相关票务中心了解是否有客人需要的航班票。如没有，则须问清能订购的最近航班，并向客人进行推荐。

（4）订票。向客人介绍服务费收费标准、票价订金收取办法。当客人确定航班后，查阅客人证件的有效签证和期限，请客人在订票单上签字并收取订金，向客人说明最早的拿票时间。送走客人后，向相应票务中心订票。

（5）送票。拿到票务中心送来的飞机票（火车票）后，根据订票单上的房号或客人的通信地址通知客人取票，并提醒客人飞机起飞（火车开车）时间。对重要客人，由行李员送交客人。

（6）按规定办理结账手续。

（7）向客人致谢道别，做好记录。

（四）翻译服务程序

翻译，一般分为笔译和口译两种，两种服务除服务内容和收费计算方式有所区别外，其服务受理程序基本相同。以笔译为例，具体服务程序如下：

（1）主动迎接客人。

（2）向客人了解翻译相关信息。向客人核实要翻译的稿件，问明客人的翻译要求和交稿时间；迅速浏览稿件，对不明或不清楚的地方礼貌地向客人问清。

（3）翻译受理。向客人介绍翻译的收费标准。当客人确定受理时，记清客人的姓名、房号和联系方式，礼貌地请客人在订单上签字并支付翻译预付款。送走客人后，联系翻译人员翻译文稿。

（4）交稿。接到翻译好的文稿后通知客人取稿。如客人对稿件不满意，可请译者修改或与客人协商解决。

（5）办理结账手续。

（6）向客人致谢并道别，做好记录。

（五）洽谈室出租服务程序

洽谈室服务包括洽谈室出租及客人会议洽谈期间的服务两部分。其服务程序如下：

（1）主动迎接客人。

（2）了解洽谈相关服务信息。向客人详细了解洽谈室使用的时间、参加的人数、服务要求（如座席卡、热毛巾、鲜花、水果、点心、茶水、文具等）、设备要求（如投影、白板等）等信息。

（3）出租受理。主动向客人介绍洽谈室出租收费标准。当客人确定租用后，按规定办理洽谈室预订手续。

（4）洽谈室准备。提前半小时按客人要求准备好洽谈室，包括安排好座席、文具用品、茶具用品、茶水及点心，检查会议设施、设备是否正常。

（5）会议服务。当客人来到时，主动引领客人进入洽谈室，请客人入座；按上茶服务程序为客人上茶；会议中每隔半小时为客人续一次茶。如客人在会议中提出其他商务服务要求，应尽量满足。

（6）结账。会议结束，礼貌地送走与会客人，然后按规定请会议负责人办理结账手续。

（7）向客人致谢并道别，做好记录。

（8）打扫洽谈室。会议结束后，应马上打扫洽谈室，整理室内物品，恢复室内原貌。

商务中心服务属于饭店前厅的配套服务，虽不能直接为饭店带来经济收入，但却能影响到客人对饭店服务质量的评价。因此，酒店从业人员必须兢兢业业做好每一次及每一项服务工作。

（六）速递服务程序

（1）主动迎接客人。

（2）告知客人快递服务均为代办服务，并提供价目，另加酒店服务费，向客人报价。一般情况下，寄往国内的快件使用EMS或者顺丰快递服务。

（3）填写快件单据。收发人的地址和快件内容要填写清楚，字迹要清晰，并与客人核对有关内容。如果是非酒店住客，应尽量要求客人提供收件人和发件人的联系电话号码。填写账单并收款，非酒店住客要收取现金，收款时要清楚核对账单或记账；已交保证金的住店客人可记账，但需取得住客的签名并核准电脑资料。

（4）分清快件内容是文件还是包裹，分类计价（发往国外的要接受海关检查）。

（5）把记账的账单输入电脑。入账的房号、客人姓名应与电脑资料相符。

（6）联系速递公司取件发送。速递公司员工取件时应在快件单据上签名，然后保存单据副本。

（7）把快件收据及账单副本存档，以供客人查询和月结时核算。注意要根据快递公司所提供的价目表另加酒店服务费准确、清楚地向客人报价，单据要填写清楚，入账要准确。

任务引入

每组同学采用抽签的方式来决定完成哪项工作。

1. 格林先生是国际医疗行业会议的组织者，他需要一名文员协助他编辑一些文本工作。你是商务中心的一名职员，接待了格林先生，介绍了关于打字业务的费用和其他说明并完成了这项服务。

2. 一位客人来到商务中心，想要请商务中心职员帮他快递一份文件。你接待了这位客人，询问了客人邮寄的地址，并向他介绍了酒店关于快递服务的标准。

3. 在商务中心，一名客人想要复印一份英文的材料，你询问了客人的要求，完成了这项服务。

任务分析

按照各项业务的服务流程，每位同学发挥想象，为客人提供高质量的服务。服务过程中要注意以下细节：

1. 接待前准备工作：

（1）首先查看交接班本，了解上班所交代的事项，及时处理。

（2）复核前一天的营业日报表，清点备用金、零钱是否足够，各种表单是否齐备，放置是否整齐。

（3）对未取走的传真件重新通知，并做好记录。

2. 宾客到达，接待员要点头致意，并问好，示意请坐；问宾客来意。

3. 打字服务：

（1）如宾客要求打字，应问清要求，何种规格、排版形式、所需纸张尺寸、字体要求、字号大小等，还要问清需要复印还是油印，共需多少份。

（2）打印结束，把校对件交予宾客，请其校对。

（3）校对结束，按宾客要求打印。如宾客需要装订应予以服务。

4. 快递服务：

一定要确认好收件人和寄件人信息，与寄件客人确认好快递的商品是否是易碎品，是否为贵重物品等其他特殊的信息。

5. 复印接待：

（1）检查所需复印内容，看是否允许复印，查看以后没问题的，询问宾客复印要求，请宾客等候。

（2）如原件不清楚，应事先向宾客说明，宾客坚持要复印的给予复印。

（3）复印时注意复印质量，随时调节。复印结束，如宾客需要装订应予以服务。

任务实施

要求：学生分成若干小组，根据商务中心各项服务的工作程序，演练以上场景并正确地处理问题，每个小组展示任务的完成过程中，各组通过任务回放进行自评、互评，教师在学生完成任务过程中进行评价。最后以上三种打分相加总分为每名学生的最后得分。

考核评价

从中找出优点、不足和错误，指出努力方向，进行评分，奖励优秀的小组。进一步掌握正确的工作过程与工作方法，训练学生工作方法能力、自我监控能力和评价能力。

任务评分表（满分30分）

小组编号：　　　　　学生姓名/学号：

标准	序号	评分项目	每项5分	得分
完成正确性	1	与客人沟通语言是否恰当		
	2	提供服务时，程序是否符合标准要求		
	3	对于客人对酒店的理解与支持是否表示出诚挚的谢意		
	4	服务时是否关注保护宾客的隐私和个人信息安全		
完成流畅性	5	完成任务是否流畅，有1处停顿扣1分，有2处停顿扣2分，3处停顿扣3分，4处以上不得分		
仪容仪表	6	仪容仪表符合酒店服务员要求，仪态大方，服饰干净，不化浓妆，头发干净整齐，修剪指甲。有1处不符合标准扣1分，3处以上不得分		
总分				

拓展知识

随着电脑、手机和移动互联网的普及，商务中心提供服务的方式已经发生很大的变化，目前，商务中心的存在方式主要有3种。

一、设置在酒店多功能宴会厅服务部门

酒店承接会议服务、宴会服务等服务项目时，经常出现客人需要打印会议席签、打印会议资料、翻译会议文件、修改会议资料、打印宴会座签等，此时酒店商务中心提供的相关服务就大大方便了客人的会议或宴会活动的需要。但是这些服务功能基本上跟随会议或宴会活动的发生而发生，所以有的酒店就将商务中心设置在会议部门或宴会部门，而不是设置在前厅部，同时兼顾酒店其他客人对商务服务的需求。

二、设置在行政楼层

有的酒店设有行政楼层，入住行政楼层的客人以商务客人为主，其对复印、打印、翻译、网络的需求居多，为了满足行政楼层客人的需求，有的酒店将商务中心设置在行政楼层，同时兼顾酒店其他客人对商务服务的需求。

行政楼层商务中心通过自助为主的模式运营，也就是打印、复印、电脑网络等服务项目，以客人自助服务为主；打印、复印、扫描、修改文件的需求量大，客人自助难以完成时，再由服务人员协助客人完成。

三、设置在酒店大堂内

很多酒店对于商务中心设置的改革是根据客人服务需求的减少而逐渐缩减商务中心的营业面积、营业项目和值班人数。酒店客人仅有少量打印、复印、传真和电脑网络的需求，则把一台电脑和一台打印复印扫描一体机放在酒店大堂一角，由礼宾部协助客人完成相应的服务需求或请客人自助完成。此类商务中心的设置方式，一般不再向客人收费，既能满足客人对简易商务服务的需求，又节省了酒店的运营成本，在一些小型酒店、快捷酒店、精品酒店采用较多。

案例分享

车票日期订错了

下午16：00，大堂副理小周处理完意见投诉事情回到大堂，总台有人告诉她，大堂吧有一位姓郭的客人一直在等她，说是一定要见大堂副理。小周立即迎了上去，郭先生非常生气地说，他前天入住时在商务中心订了3张今天下午15：26回上海的火车票。酒店昨天把票交给他，他未查验，直到今天下午去火车站，才发现酒店给他订的是昨天下午15：26的车票，他要求酒店赔偿损失。由于酒店本身并没有票务人员，均是委托中旅票务中心代订，如果确定是中旅出的差错，那么损失就得由他们承担。小周请郭先生先别着急，在大堂吧休息片刻，她马上着手调查此事。她找到商务中心的小郑，恰好前天当班的也是小郑。她记得那天的情景，然而究竟订的是哪天的票，她记不清楚了。小周要求小郑立即将订票的存根联找出来，一查就会明白真相，谁知小郑找了半天却说找不到了。

问题：郭先生急着赶回上海，此情况下已经没有时间再查下去。试问，小周这时应当如何处理呢？

分析：小周可以采用的方法：

1. 与中旅票务中心联系，说明此事的经过，要求中旅票务中心处理此事。目前旅行社票务中心常常会有求于酒店，双方合作关系较好时，票务中心也许会承担此事的责任，故此方法可行，但可能要耽误客人的一些时间。

2. 在无法查清责任的情况下，让商务中心的当事人承担损失，让她花钱买教训，避免同类事情再次发生。这样做严惩了员工，但是并没有彻底解决问题。

3. 委婉地向客人解释，订票委托单已经由客人签字认可，出现了差错责任不在酒店，损失应当由客人自己负责。但这种方法会招致客人的不满，客人也许会进一步投诉，也许会承担损失但不再回头光顾。

这件事情给酒店工作者带来的启示：

1. 酒店服务员在受理客人订票委托时，应当请客人自己填写票务委托单并签字认可。如果客人要求服务员代填订票委托单，服务员应根据客人的陈述仔细填写，然后向客人复述要点，请客人核实后签名认可。

2. 店外票务代办机构送票时，酒店应核对所收到的票是否与订票委托单一致，准确无误后，登记签收，以明确送票、收票的时间和出现差错的责任，避免合作中的纠纷，杜绝因票务问题而影响客人行程的问题。

3. 订票客人取票时，服务员应请客人再核对一遍，并在票务登记簿上签字。

4. 酒店服务人员应当做好各项委托单据的登记存档工作，一旦出现差错应立即对责任人进行惩罚并改善管理，以避免同类事情再次发生。

5. 出现问题后应尽快妥善解决，全力消除客人的不满。

任务考核

一、多选题

1. 以下哪些属于商务中心的环境要求内容：（　　　）。

   A. 安静　　　　　　B. 隔音　　　　　　C. 优雅　　　　　　D. 舒适

2. 以下哪些属于商务中心文员的工作职责：（　　　）。

   A. 复印　　　　　　B. 打字　　　　　　C. 翻译　　　　　　D. 总机

3. 打印服务中，由于客人原稿字符不清楚，文员应该（　　　）。

   A. 事先检查　　　　B. 事后校对　　　　C. 询问客人　　　　D. 将错就错

4. 打印服务中，文件打出后，应请（　　　）校对。

   A. 客人　　　　　　B. 文员　　　　　　C. 其他文员　　　　D. 大堂副理

5. 受理票务服务中，在向客人进行出票与确认服务时，应注意（　　　）。

   A. 礼貌地请客人支付费用　　　　　　B. 填写好机票并及时输入电脑

   C. 请客人再进行检查确认　　　　　　D. 向客人致谢

二、填空题

1. 商务中心一般设在酒店大堂附近的＿＿＿＿内，一则方便＿＿＿＿，二则便于与＿＿＿＿联系。

2. 商务活动对服务的要求很高，客人往往对商务活动的时间要求＿＿＿＿，对商务活动的内容要求准确无误，对商务活动的安排要求细致周到，对商务活动的信息要求＿＿＿＿。

3. 复印服务中，要为客人开立账单，将账单的二、三联撕下，其中第二联交给_____，第三联交给_____。

4. 打印服务中，首先_____接过客人原稿文件，了解客人打印要求以及_____的安排。浏览原稿，检查是否有不清楚的地方。

5. 行政楼层商务中心通过_____为主的模式运营，也就是打印、复印、电脑网络等服务项目，以客人自助服务为主；打印、复印、扫描、修改文件的需求量大，客人自助难以完成时，再由_____协助客人完成。

三、判断题

1. 商务中心是为客人服务的，所以在位置选择上应该设置在客房的楼层内。（　）
2. 对于夜间接收的传真、电传等资料，通常情况下可第二天再交给客人。（　）
3. 商务中心文员必须确保工作环境的整洁，办公设备良好、有效。（　）
4. 商务中心票务员不为客人代办旅游、娱乐及代印名片、冲洗胶卷、扩印等服务。（　）
5. 商务中心文员对各类票价、邮政须知和收费标准等内容不一定要熟记。（　）
6. 打印服务中，文员将文件打印完毕后，由自己进行校对，然后根据打印张数收费结账。（　）
7. 受理票务服务中，对客人提出的订票要求，由票务员与相关单位联系，如不能满足客人要求，可由相关单位与客人直接联系。（　）

四、简答题

1. 商务中心工作的范围包括哪些？
2. 试述复印服务的工作程序。
3. 试述票务服务的工作程序。

参考答案

一、多选题：1. ABCD　2. ABC　3. A　4. A　5. ABCD

二、填空题：1. 公共区域，客人，总台　2. 及时准确，高度保密　3. 总台收银，客人　4. 双手，格式　5. 自助，服务人员

三、判断题：1. ×　2. √　3. √　4. ×　5. ×　6. ×　7. √

四、简答题：略

任务八　行政楼层服务

行政楼层（Executive Floor），诞生于 20 世纪 80 年代的假日酒店，很多酒店又叫作贵宾楼层、豪华阁之类，其服务、内部装修与价格均高于普通楼层。

行政楼层房间的价格要高于普通楼层，因为可以提供专属的行政楼层待遇，提供的服务品质更高，客房面积更大，配置更为高档，房间价格也更高，可免费使用行政酒廊，经常被称作"酒店中的酒店"或是"店中店"。比如说行政酒廊有免费甜点和下午茶，免费洗衣，延迟离店等。也就是说住在行政楼层的客人大多是 VIP 客人及愿意入住高房价的客人，也就是说客人的档次都比较高。而且行政楼层可以直接为客人快捷地办理入住及离店手续。

商务楼层及行政酒廊服务

一、行政楼层认知

行政楼层集前厅接待服务、餐饮服务、商务中心服务及客房服务（House-keeping Service）、管家服务（Butler Service）于一体，是专为满足寻求顶级服务、追求安静环境的住客所设。

二、行政楼层的服务设施

行政楼层是酒店中的酒店，单独设置了酒店对客服务的服务设施，如餐饮设施、客房设施、会议设施、商务中心设施等。在行政楼层，餐饮设施主要分布在行政酒廊，客房设施集中表现在行政楼层的各类型的客房，会议设施一般为小型会议室。

（一）行政酒廊

行政酒廊（Executive Lounge / Club Lounge），大部分酒店的行政酒廊都设置在酒店较高的楼层，专门规划一个会客区的空间，为行政房住客提供单独的餐饮、会客和办公服务。它讲究私密和安静，大多数酒店只有持有行政楼层房卡的客人才可以到达行政酒廊，行政酒廊的工作人员都是经过专业培训的，从资历到形象，优中选优。

不同的酒店品牌的行政酒廊往往会有不同的名字，如在香格里拉酒店叫"豪华阁"，在朗廷酒店叫"朗廷会"，在文华东方酒店叫"文华阁"，在凯悦酒店叫"嘉宾轩"，在丽晶酒店叫"丽晶俱乐部"，在亚特兰蒂斯酒店叫"皇家俱乐部"，在瑰丽酒店叫"瑞阁"。

行政酒廊一般占据着整个酒店最出色的景观位，有最好的景观视野。比如三亚海棠湾天房洲际酒店、三亚湾海居铂尔曼酒店，行政酒廊所处的楼层都是 17 层高度，且以半开放的形式面向大海。上海浦东丽思卡尔顿酒店的行政酒廊在49层，正对外滩。

酒店的行政酒廊一般都具有明显的设计风格。比如北京瑰丽酒店，新概念中式设计，造型独特的餐台、复古范儿的红皮以及格子纹沙发，品位非常高级。深圳的朗廷酒店、三亚文华东方酒店的行政酒廊满满的英伦腔调。香港文华东方酒店的文华阁位于酒店23层，占地面积576平方米，设计装潢融合东方风情与现代风格。

（二）会议设施

行政楼层的宾客会有各种会议需求，如研讨会、论坛、讲座、会谈等。酒店应该能提供各种会议所需的场地和有关设施设备，如各种信源接口、同声翻译系统、电子投票系统、多媒体咨询系统、声像播放系统及电子白板系统等。

（三）客房设施设备

行政楼层的客房在硬件上要体现出商务宾客的需求特点，满足宾客表现身份价值、事业成就的心理需要。比如，办公桌要加宽、加长，便于宾客使用手提电脑，房间配备多种电源插座和数据接口，方便宾客使用。美国马里奥特集团下属酒店的商务客房设计了可伸缩的写字台，座椅是可调节高度的靠背旋椅，床头柜除了控制照明和电视，还可以操纵窗帘、空调等设施；通过客用品数量、材料、色调等来增强家居感，迷你吧发展成为小的"购物中心"；讲究卫生间的布局和设计，有更宽大的盥洗台、造浪浴缸、电脑调控喷头等。北京友谊宾馆贵宾楼商务楼层的卫生间安装的是德国进口的自动恒温节能型水龙头和无纸全自动马桶。

（四）餐饮设施

行政酒廊的餐饮服务设施均设置在行政酒廊。需要配备餐饮自助服务设施，酒水服务设施，下午茶、鸡尾酒会等服务设施。

（五）商务服务设施设备

如语音信箱、视听设备、电话答录设备以及传真、打印、复印、扫描、网络等。行政楼层设置功能全的商务中心，环境要好，效率要高，工作时间要长。

三、行政楼层的服务规范

行政楼层的宾客一般受过良好的教育，讲究礼仪，注重外表，应酬活动多，因此，要求服务质量高、服务人员素质好，能够为客人提供周到便捷的服务。

图 4-8-1　行政楼层大厅图

（一）前台接待服务

行政楼层的接待服务应该在前厅部各部门服务的基础上，更加体现对宾客的关心和尊重。入住行政楼层的客人可以避开酒店大堂熙攘的人群，在行政楼层的专属前台，办理入住和退房手续，也可以提前致电酒店，要求在房间内办理入住手续。

行政楼层的前台接待服务规范

服务环节	服务规范
客人入住前的准备	①查阅订单。 ②根据客人的历史档案或订单的特别要求安排房间及输入酒店电脑。 ③检查订车情况。 ④准备好登记卡。 ⑤准备好房卡。 ⑥准备好欢迎卡片并交给客房楼层，放进房间。 ⑦准备好欢迎鲜花和水果。
迎宾	①听到电梯铃声，立即起身，到电梯口迎接宾客，热情礼貌地问候，并致欢迎词。 ②对于常客要使用姓氏或头衔称呼客人。 ③请宾客到休息处入座，并询问客人喜欢什么饮品，迅速提供饮品，主动询问宾客的预订情况。
办理入住登记	①若客人无预订，则根据客人需求介绍行政楼层的客房情况和服务项目，为客人预订客房并排房。 ②若客人有预订，请客人提供预订姓名或预订号，查找预订信息，确认预订信息。 ③请客人出示证件，协助宾客办理入住登记手续。 ④询问客人的付款方式，办理宾客信用确认手续，建立相应的账户。 ⑤了解宾客的特殊服务要求，并做好记录。 ⑥制作钥匙和房卡。 ⑦将宾客信息存入电脑，修改房态，并将服务信息传递到相关部门。

续表

服务环节	服务规范
陪同客人到房间	①新入住行政楼层的客人或VIP客人，都要求由行政楼层的接待员引导客人到房间。 ②告知客人所在楼层、房号、景色等，示意客人行进方向。 ③乘电梯时，先按电梯，并请客人先进入电梯，到所在楼层，让客人先出电梯门，然后快走两步继续指引客人到房间。 ④示意客人到达所住房间。用钥匙打开房门，先开启门厅灯，在门口环视房间一周，若无异常情况方能将客人请进房内。 ⑤向客人介绍房间的设施、设备以及酒店的一些情况，若客人说不必介绍，就应立即退出房间。 ⑥介绍完毕后，征求客人是否还有其他需求，若没有，立即向客人告别，祝客人住得愉快。 ⑦将房门轻轻拉上，立即返回工作岗位。 ⑧若该客人的行李是由行李员运送的，须向行李处询问客人的行李运送情况，确保将行李准确无误地送到客人的房间。
落实客人的特殊要求	①若客人入住过程中提出对酒店服务，如餐饮、客房、康乐等的服务需求，应一一帮助客人落实安排。 ②跟踪客人特殊要求的落实情况，并向客人及时反馈。

（二）餐饮服务

行政楼层的餐饮服务是酒店专门为行政楼层入住的客人提供的服务。餐饮服务项目非常丰富，大部分酒店的行政楼层会设置早餐服务、下午茶服务和鸡尾酒服务。越豪华的酒店，行政楼层提供的餐饮服务项目越多，有的酒店除了提供上述三种服务之外，还有中午简餐服务和晚间的甜点和酒水服务，同时提供全天候不间断的咖啡茶点。如丽思卡尔顿酒店，行政酒廊提供早餐、午间简餐、下午茶、欢乐时光鸡尾酒、晚间甜酒及甜点，一日五餐，服务内容相当丰富。

1. 早餐服务

行政酒廊的早餐一般从早上 6:30 开始，到上午 10:30 结束。即便酒店有早餐厅，行政酒廊通常也要单独为行政房客人提供早餐区，这个早餐区的优势不在于提供更丰富的菜品，而是安静、人少。

酒店的公共早餐厅为酒店所有的住客提供早餐，如果是在酒店出租率很高的时期，早餐厅的用餐人数极多，甚至会出现排队的情况，早餐供应期间，餐位翻台率也会很高，会出现环境拥挤吵闹、食物供应不及时、取餐排队、服务人员收撤餐具不及时等情况，这无疑是客人不喜欢的就餐体验。但是行政楼酒廊的早餐为行政楼层的客人提供了更加舒适的就餐环境，他们可以不担心起床晚了只有残羹冷炙，悠闲地在专属早餐区慢慢挑选食物，坐下来耳边清净，一边慢慢享受美食一边看窗外美景。

图 4-8-2　行政酒廊图

商务楼层的入住接待和退房服务

行政酒廊早餐服务规范

服务环节	服务规范
迎宾	①当客人莅临餐厅时，应立即上前接待客人，面带微笑，礼貌与客人打招呼，请客人出示房卡，读卡登记。 ②询问客人几位用餐后，服务员为客人安排座位，引导客人到餐位。
拉椅入座	①帮客人拉开椅子，并为客人铺好餐巾，把同一张台上多出来的餐具收走。 ②询问客人是否需要咖啡和茶，要求从客人右边服务。 ③向客人介绍用餐形式。
收撤餐具	①在客人用餐过程中，要勤巡台，检查是否需要换烟灰缸。要求烟灰缸不能超过两个烟头或有杂物。 ②客人吃完后的空餐碟（杯），则要做一个手势，征询客人是否可以撤下空餐碟（杯），然后从客人的右边把此碟（杯）收走。 ③在收餐碟过程中，要询问客人对早餐的质量和服务的意见。
添加咖啡或茶	适时询问客人，是否需要添加咖啡或茶，为客人添咖啡或茶。
照看自助餐台	①添加、补充自助餐台上的食物、饮料和餐具。 ②注意保持自助餐台和餐厅地面的清洁。
送客	①当客人用餐完毕，准备离座之际，服务员应主动上前拉开座椅，还要检查客人是否遗留物品，如有，应及时送还客人，并对客人光临表示感谢。 ②迅速把餐桌、餐椅清理干净。
餐后整理	①早餐时间结束后，协助厨房工作人员迅速完成收撤食物、餐具和清理餐厅卫生的工作。 ②为下一场餐饮服务做好准备。

2. 下午茶服务

行政酒廊一般在下午3—5点提供下午茶服务，通常酒店按人数提供份数相对应的下午茶，也有的酒店是采用自助的形式提供。豪华或者奢华酒店出品的下午茶内容丰富，颜值吸睛。下午茶期间，服务人员应时刻关注客人的需求，提供相应的服务，同时关注茶点和饮品的供应。

3. 鸡尾酒时光

行政酒廊一般在下午5:30—9:30提供鸡尾酒时光，供应鸡尾酒畅饮和小食自助，也有软饮、小吃、热菜、冷盘、糕点、水果等。由于酒店的档次不同，提供餐食的档次也不一样。在丽思卡尔顿酒店，鸡尾酒服务中各种高档食材、好酒应有尽有，如南京丽思卡尔顿酒店鸡尾酒服务会提供香槟、甜点、水果、鹅肝、牛排、咸水鸭、西班牙5J火腿等高档食材。北京瑰丽酒店的鸡尾酒时光提供金酒（Gin）、威士忌（Whisky）、白兰地（Brandy）、伏特加（Vodka）、朗姆酒（Rum）和龙舌兰酒（Tequila）等，红酒、香槟、威士忌全都有，有专门的雪茄区，酒水品质和配置档次都非常高。

除了早餐、下午茶和鸡尾酒时光外，有的酒店还会在行政酒廊提供午餐简餐、晚间甜酒和甜点服务等，这些都是对行政楼层客人的礼遇服务。

（三）客房服务

行政楼层的客房服务，一般由客房部提供管家式的客房服务，如北京瑰丽酒店的贴身管家可提供行李打包及整理和香氛管家等尊享服务。行政管家服务归属客房部管理。

（四）商务和会议服务

行政楼层不仅是客人的"家外之家"，还是商务客人的"公司外公司"，需要为客人提供信息服务、文秘服务、会议服务等从事公务活动所需的服务项目。

一般酒店行政楼层设有单独的商务中心和规格不等的会议室、洽谈室等，以供商务客人召开会议、与客户洽谈生意等。商务中心可以为客人提供打印、复印、扫描、传真、电脑、网络等服务内容，客人可以根据需求自助完成或请服务员协助完成。有的酒店为了节省运营成本，会将行政楼层的商务中心兼顾整个酒店的商务中心使用。

行政楼层的会议室一般面积不大，如6人会议室、10人会议室等，接受客人使用会议室的预订并提供会议服务，会议室配套齐全的会议设施，如同声翻译系统、多媒体咨询系统、声像播放系统及电子白板系统等。同时提供茶水、笔、便笺纸等会议易耗品。对于入住行政楼层的客人来讲，一般会享受每天1—2小时的免费使用会议室的礼遇，但是需要客人提前预订。

（五）个性化服务

酒店里的行政楼层不管是硬件设施还是软件服务都要比其他楼层优越，对员工的素质水平要求也更高。他们需要具有敏锐的观察力和积极投身服务工作的热情，既彬彬有礼又耐心细致，不遗漏任何一次为客人提供"惊喜服务"或"定制化服务"的机会，努力在最细微处提高服务质量，让客人感到酒店服务的物超所值。

任务引入

每组同学采用抽签的方式来决定完成哪项工作。

1. 张先生是刚刚抵店的VIP客人，你是行政楼层的接待人员负责在酒店门口迎接，并带领至行政楼层进行登记。

2. 刘先生在行政楼层入住期间，要在行政酒廊饮用饮品。你向他介绍了免费的咖啡、茶、果汁等软饮，免费供应的定量酒类，还有晚上可以在行政酒廊体验Happy Hour，品尝免费的小甜点及酒类。

3. 史密斯先生入住期间，想要在行政酒廊上网或使用wifi处理事务，你帮他连接了网络，他还提出想要租借会议室，你介绍了酒店对于VIP客人的优惠政策是免费使用会议室两小时，史密斯先生非常开心。

任务分析

根据行政楼层的服务规范予以服务。

任务实施

要求：学生分成若干小组，根据行政楼层的各项服务规范，演练以上场景并正确地处理问题，每个小组展示任务的完成过程中，各组通过任务回放进行自评、互评，教师在学生完成任务过程中进行评价。最后以上三种打分相加总分为每名学生的最后得分。

考核评价

从中找出优点、不足和错误，指出努力方向，进行评分，奖励优秀的小组。进一步掌握正确的工作过程与工作方法，训练学生工作方法能力、自我监控能力和评价能力。

任务评分表（满分 30 分）

小组编号：　　　　　　学生姓名/学号：

标准	序号	评分项目	每项5分	得分
完成正确性	1	与客人沟通语言是否恰当		
	2	提供服务时，程序是否符合标准要求		
	3	是否正确掌握客人的喜好进行产品推荐		
	4	是否有礼貌地迎客和送客		
完成流畅性	5	完成任务是否流畅，有1处停顿扣1分，有2处停顿扣2分，3处停顿扣3分，4处以上不得分		
仪容仪表	6	仪容仪表符合酒店服务员要求，仪态大方，服饰干净，不化浓妆，头发干净整齐，修剪指甲。有1处不符合标准扣1分，3处以上不得分		
总分				

拓展知识

丽思卡尔顿酒店行政酒廊焕礼遇

入住丽思卡尔顿行政楼层，尊享个性化定制服务。

从北京、天津、南京、深圳到三亚，入住丽思卡尔顿酒店行政楼层，宾客即可尊享一系列周到贴心的行政礼遇。宾客可于抵达前，收到绅士淑女们发送的贴心问候邮件。此外，宾客更可尊享包括个性化当地探索推荐、豪华轿车接送、每日两件免费洗熨、商务会议空间等一系列贴心便利服务。步入客房，专业饼房团队精心准备了别具目的地特色的应季欢迎礼遇，为宾客开启惊喜入住体验。助力甜美好梦，客房服务团队将奉上精心挑选的晚安礼。欢心道别之际，各家酒店更为宾客匠心挑选备具心意的道别礼物。

丽思卡尔顿行政酒廊结合了每座城市不同的韵味，向宾客展示各具特色的沉浸式特色体验，于此，收获珍贵难忘的至臻体验。天津丽思卡尔顿酒店行政酒廊将邀请宾客参与天津古老的传统民间艺术活动——剪纸，打造与众不同的专属文化体验；融入三亚亚龙湾热带自然风情，以岛民的视角打开难忘的海滨旅程，金茂三亚亚龙湾丽思卡尔顿酒店行政酒廊每周二、四、六，为宾客提供本地化情景体验，包括海南清补凉制作、热带鸡尾酒创作、本地热带植物插花等多种岛民文化体验。北京丽思卡尔顿酒店为宾客特别开启每周不同主题的特调鸡尾酒体验，宾客亦可受邀亲手调制，于华灯初上之时感受别样趣味。

图 4-8-3　南京丽思卡尔顿酒店行政酒廊

图 4-8-4　深圳星河丽思卡尔顿酒店行政酒廊

图 4-8-5　北京金融街丽思卡尔顿酒店行政酒廊

图 4-8-6　天津丽思卡尔顿酒店民间艺术活动——剪纸

图 4-8-7　三亚亚龙湾丽思卡尔顿酒店清补凉、北京丽思卡尔顿酒店特调鸡尾酒体验

　　行政酒廊标志性的餐饮服务涵盖全天五个时段，包括雅致早餐、惬意午餐、悦心下午茶、精巧晚间小点及佳酿之夜。在天津丽思卡尔顿酒店行政酒廊，宾客可有机会近距离感受和品鉴现场烹饪的天津地方风味美食——四碟捞面。四碟捞面是天津本地寿喜宴上款待宾客的传统美食，距今已有百年历史，酒店津菜团队延续传统烹饪手法并结合健康食材进行改良，为宾客带来具有本地风情的美味体验。金茂三亚亚龙湾丽思卡尔顿酒店行政酒廊拥有米其林餐厅经验的意大利餐厅主厨 Razvan 携手来自海南的行政总厨王锐先生，精心构建菜单。在原有的基础上加入地中海美食和海南当地美食精选。现场烹饪点亮味蕾体验，宾客可以近距离与主厨交流旅行美食心得，感受个性化体验。

　　北京丽思卡尔顿酒店焕新升级的零点菜单尽显厨师团队的匠心巧思，以丰盛美馔为您打造至臻美食体验。南京丽思卡尔顿酒店行政酒廊于每日欢乐时光，为宾客提供凯歌皇牌香槟，行政酒廊宾客可品尝到酒店馨逸全日餐厅、品宁府、帝粤轩及 FLAIR 轮番准备的特色美食，更有饼房团队提供的各式创意甜点，不定期于晚餐时段提供厨师现切西班牙 5J 火腿，尊享佳肴至臻之味。深圳星河丽思卡尔顿酒店行政酒廊特制荔枝玫瑰马天尼。荔枝作为岭南佳果之一，与深圳这座活力都市渊源颇深。在展现深圳多样性的同时，也以此成为酒店情境主题的一部分，酒店将其融入美食与佳饮，为宾客提供一系列不同形式的主题体验。北京金融街丽思卡尔顿酒店厨师团队呈现创意新京菜，严选地道新鲜食材，所选用的蔬菜为厨师团队专门盆栽土培。

图 4-8-8　深圳星河丽思卡尔顿酒店特制荔枝玫瑰马天尼、南京丽思卡尔顿酒店凯歌皇牌香槟

伴随着行政礼遇焕新升级，丽思卡尔顿酒店的绅士淑女们将以别具匠心的焕新服务和礼遇妥帖地为宾客打造珍贵难忘之旅，定格惬意美好的旅居时光。

案例分享

"VIP"住错楼层了

一日，酒店即将到店的客人中，有两位是某跨国公司的高级行政人员。该公司深圳方面的负责人员专程赴酒店为这两位客人预订了行政楼层的客房，并要求酒店安排VIP接待，该公司其他客人的房间则安排在普通楼层。客人到店之前，相关部门均做好了准备工作。管家部按客人预订要求，提前清洁行政楼层及普通楼层的客房；前台及行政楼层接待处准备好客人的钥匙及房卡；大堂副理则通知相关部门为VIP客人准备鲜花和水果，并安排专人准备接待。然而，就在一切准备就绪，等待VIP客人到店之际，其中一位VIP客人出现在酒店，并声称已入住在普通楼层的客房。

经过一番查证，发现客人确已下榻酒店普通楼层的客房。但这并非客人要求，而是由于接待员的工作失误造成的。此VIP客人与其他两位客人一行三人抵达酒店时，自称来自同一公司，前台接待员A只核实了第一位客人的姓名与预订单上客人姓名相符，未进一步在系统中查询另外两位客人的预订，A主观判断是预订单上标示的客人名字出现了偏差，便安排三位客人入住。其实，这张预订单上的三位客人是该公司本应入住普通楼层的客人，而一起抵达酒店的三位并非都是预订单上的客人，A在只核实其中一位客人应入住普通楼层后就将本应入住行政楼层客房的客人与其他客人一同安排在普通楼层。

在查清造成上述错误的原因后，当值大堂副理马上与客人联系，但当致电客人房间时，客人均已外出。于是酒店一方面在行政楼层为客人保留了房间，另外在 VIP 客人房间内留下一封致歉信，就此事向客人致歉。在接到 VIP 客人回到酒店的通知后，大堂副理亲自向他致歉，并询问是否愿意转回行政楼层。客人在接受酒店道歉之后，表示对下榻的客房比较满意，无须再转去其他房间。第二天当 VIP 客人离开酒店时，当值大堂经理又专程向客人当面致歉。客人表示并不介意此次不愉快的经历，并对酒店对于他的重视很满意。

虽然在 VIP 客人入住之时，接待员未仔细查询客人的预订而使客人未按预订入住行政楼层，导致一系列问题的产生，但由于当值大堂副理妥善安排，及时向客人致以诚挚的道歉，才使客人接受酒店的致歉，并使此次事件得以顺利平息。

案例分析：

（1）对 VIP 客人的接待，未能引起每个当值员工足够的重视，当值主管未尽其监督之职。

（2）工作不细致，未在客人抵店时仔细查询客人预订。VIP 客人未入住已准备好的房间，使酒店相关部门为此次接待所做的一切准备工作付诸东流，虽然经酒店方的努力，客人接受了道歉，但此次接待任务的失败势必使客人对酒店的印象打了折扣。

（3）工作准确性不够。接待员在客人名字与预订单不符时，主观判断是预订单上的名字有误，将预订单的名字直接更改为当时 C/I 客人的名字，造成其他员工无法查到已预订普通楼层房间但随后到店客人的名字，使该客人无法按预订入住。

总之，此次 VIP 客人接待工作的失败是接待员的疏忽造成的，酒店前台接待员应端正工作态度，提高工作的细致性和准确性，以便为客人提供周到、优质的服务。

任务考核

一、填空题

1. 被称为酒店的"店中之店"的楼层是_____。
2. 行政楼层的餐饮服务是酒店专门为_____提供的服务。
3. 行政楼层的客房服务，一般由客房部提供_____式的客房服务。
4. 大部分酒店的行政酒廊都设置在酒店较高的楼层，专门规划一个会客区的空间，为行政房住客提供单独的_____、_____和办公服务。
5. 行政楼层的接待服务应该在前厅部各部门服务的基础上，更加体现对宾客的关心和_____。入住行政楼层的客人可以避开酒店大堂熙攘的人群，在行政楼层的专属前台，办理入住和退房手续，也可以提前致电酒店，要求在房间内办理入住手续。

二、判断题

1. 行政楼层礼遇是指给行政楼层住的客人的尊贵待遇，包括但不限于以下方面：专属的快速入住和退房服务、行政酒廊免费早餐、行政酒廊全天候的茶、咖啡和软饮、免费高速上网服务、每次入住享受免费熨烫两件衣物或者西服一套、免费入住行政酒廊的客人可以享受免费的其他优惠，如延迟退房、免费洗衣、免费开夜床等。（　　）

2. 为客人提供商务洽谈会议室，为客人提供商品导购服务，每天下午按时布置好悠闲下午茶免费供客人选用，都属于行政楼层的主要服务项目。（　　）

3. 酒店里的行政楼层不管是硬件设施还是软件服务都要比其他楼层优越，对员工的素质水平要求也更高。（　　）

4. 一般酒店行政楼层设有单独的商务中心和规格不等的会议室、洽谈室等，以供商务客人召开会议、与客户洽谈生意等。（　　）

5. 行政楼层的宾客一般受过良好的教育，讲究礼仪，注重外表，应酬活动多，因此，要求服务质量高、服务人员素质好，能够为客人提供周到便捷的服务。（　　）

三、简答题

1. 行政楼层服务的工作范围包括哪些？
2. 试述行政楼层中早餐服务的工作程序。

参考答案

一、填空题：1. 商务行政楼层　　2. 行政楼层入住的客人　　3. 管家
　　　　　　4. 餐饮、会客　　5. 尊重

二、判断题：1. √　　2. ×　　3. √　　4. √　　5. √

三、简答题：略

项目五　客户关系管理

学习引导

酒店客户关系管理（CRM）是在现代酒店企业环境中越来越重要的一项管理技能。在酒店行业中，客户关系管理致力于提高客户满意度和忠诚度，从而促进酒店业务的持续增长。酒店客户关系管理制度是酒店业务增长和可持续发展的关键。通过建立客户信息管理系统，完善客户服务系统和市场营销管理系统、利用数据分析管理和培训员工，可以提高客户满意度和忠诚度，促进酒店业务的持续增长。

建立良好的
宾客关系

学习目标

1. 了解客户资料的基本类型。
2. 掌握客户资料的收集方法。
3. 能够完成客户资料录入和建档工作。
4. 培养良好的酒店服务意识，在接待酒店客人时做到文明待客，礼貌待人。
5. 养成爱岗敬业、踏实肯干、具有良好服务意识的酒店管理专业素养能力。
6. 培养学生良好的职业道德，具有以顾客为服务中心、服务者与被服务者人格平等的理念。

案例导入

东方饭店的客户关系管理

泰国的东方饭店堪称亚洲饭店之最，几乎天天客满，不提前一个月预订是很难有入住机会的，而且客人都来自发达国家。泰国在亚洲算不上特别发达，但为什么会有如此诱人的饭店呢？大家往往会以为泰国是一个旅游国家，而且又有世界上独有的人妖表演，是不是他们在这方面下了功夫？错了，他们靠的是真功夫，是非同寻常的客户服务，也就是现在经常提到的客户关系管理。他们的客户服务到底好到什么程度呢？我们不妨通过一个客户关系管理实例来看一下。

一位朋友因公务经常出差泰国，并住在东方饭店，第一次入住时良好的饭店环境和服务就给他留下了深刻的印象，当他第二次入住时几个细节更使他对饭店的好感迅速升级。那天早上，在他走出房门准备去餐厅的时候，楼层服务生恭敬地问道："于先生是要用早餐吗？"于先生很奇怪，反问："你怎么知道我姓于？"服务生说："我们饭店规定，晚上要背熟所有客人的姓名。"这令于先生大吃一惊，因为他频繁往返于世界各地，入住过无数高级酒店，但这种情况还是第一次碰到。

于先生高兴地乘电梯下到餐厅所在的楼层，刚走出电梯门，餐厅的服务生就说："于先生，里面请。"于先生更加疑惑，因服务生并没有看到他的房卡，就问："你知道我姓于？"服务生答："上面的电话刚刚下来，说您已经下楼了。"如此高的效率让于先生再次大吃一惊。于先生刚走进餐厅，服务××微笑着问："于先生还要老位子吗？"于先生的惊讶再次升级，心想："尽管我不是第一次在这里吃饭，但最近的一次也有一年多了，难道这里的服务生记忆力那么好？"看到于先生惊讶的目光，服务生××主动解释说："我刚刚查过电脑记录，您在去年的6月8日在靠近第二个窗口的位子上用过早餐。"于先生听后兴奋地说："老位子！老位子！"接着问："老菜单？一个三明治，一杯咖啡，一个鸡蛋？"现在于先生已经不再惊讶了，"老菜单，就要老菜单！"于先生已经兴奋到了极点。上餐时餐厅赠送了于先生一碟小菜，由于这种小菜于先生是第一次看到，就问："这是什么？"，服务生后退两步说："这是我们特有的某某小菜。"服务生为什么要先后退两步呢？他是怕自己说话时口水不小心落在客人的食品上，这种细致的服务不要说在一般的酒店，就是最好的饭店里于先生都没有见过。这一次早餐给于先生留下了终生难忘的印象。后来，由于业务调整的原因，于先生有三年的时间没有再到泰国去，在于先生生日的时候突然收到了一张东方饭店发来的生日贺卡，里面还附了一封短信，内容是：亲爱的于先生，您已经有三年没有来过我们这里了，我们全体人员都非常想念您，希望能再次见到您。今天是您的生日，祝您生日愉快。于先生当时激动得热泪盈眶，发誓如果再去泰国，绝对不会到任何其他的饭店，一定要住在东方，而且要说服所有的朋友也像他一样选择。于先生看了一下信封，上面贴着一枚六元的邮票。六块钱就这样买到了一颗心，这就是客户关系管理的魔力。

东方饭店非常重视培养忠实的客户，并且建立了一套完善的客户关系管理体系，使客户入住后可以得到无微不至的人性化服务,迄今为止,世界各国的约20万人曾经入住过那里,用他们的话说,只要每年有十分之一的老顾客光顾饭店就会永远客满。这就是东方饭店成功的秘诀。现在客户关系管理的观念已经被普遍接受,而且相当一部分企业都已经建立起了自己的客户关系管理系统,但真正能做到东方饭店这样的还并不多见,关键是很多企业还只是处在初始阶段,仅仅是上马一套软件系统,并没有在内心深处去思考如何去贯彻执行,所以大都浮于表面,难见实效。客户关系管理并非只是一套软件系统,而是以全员服务意识为核心贯穿于所有经营环节的一整套全面完善的服务理念和服务体系,是一种企业文化。在这方面,泰国东方饭店的做法值得我们很多企业去认真地学习和借鉴。

任务一　建立客史档案

客户关系管理是酒店为提高核心竞争力,通过各种手段提升管理方式,吸引新客户、保留老客户以及将已有客户转为忠实客户的过程。客户资料建立是客户关系管理的一个重要内容,是酒店进行良好客户关系管理的基础。

客史档案(Guest history record)是酒店对在店消费客人的自然情况、消费行为、信用状况和特殊要求所做的历史记录。它是酒店用来促进销售的重要工具,也是酒店改善经营管理和提高服务质量的必要资料。完整的客史档案不仅有利于饭店开展个性化服务,提高客人满意率,而且对搞好客源市场调查、增强竞争力、扩大客源市场具有重要意义。简而言之,酒店建立客史档案是以提高客人满意率和扩大销售为目的的。在酒店管理中,出于对客服务的需要,不少酒店将客史档案工作记录由前厅部的客房预订部承担。

一、客史档案的内容

(一)常规档案

常规档案主要包括客人姓名、性别、年龄、出生年月、通信地址、电话号码、电子邮箱、公司名称、职务头衔等。建立常规档案有利于了解目标市场客人的基本情况,真正明确"谁是我们的客人"。

(二)预订档案

预订档案主要包括预订方式、预订的时间(年、月、日)、预订的种类、预订单位、联系人等。预订档案有助于酒店选择销售渠道,做好针对性地促销工作。

（三）消费档案

消费档案主要包括客房类型、房价、餐费及其他项目上的消费，客人的信用程度、账号、喜欢使用的设施等。通过消费档案酒店可以了解客人的消费水平、支付能力及信用情况、消费倾向等。

（四）习俗爱好档案

习俗爱好档案主要包括客人的爱好、生活习惯、宗教信仰、禁忌、住店期间服务的额外特殊要求等。酒店利用习俗爱好档案，可以为客人提供针对性的个性化服务。

（五）反馈信息档案

反馈信息档案主要包括客人住店期间的意见、建议、表扬、投诉和处理结果等。通过反馈信息档案，酒店可以加强与客人的沟通，做好针对性服务。

二、客史档案建立的意义

建立有效的客史档案有利于为宾客提供个性化服务和定制化服务。服务的标准化、规范化是保障酒店服务质量的基础，而根据宾客需求特点所提供的个性化服务则是服务质量的灵魂。要提高酒店服务质量，增加酒店竞争优势，就必须为宾客提供更富有人情味的、突破标准与规范的个性化和定制化服务。这是服务的高境界，是酒店服务的发展趋势。

客史档案建立与管理

充分利用客史档案有利于酒店搞好市场营销，争取回头客。客史档案的建立和充分利用，不仅能使酒店为宾客提供针对性的、细致入微的个性化和定制化服务，而且也有助于酒店平时做好促销工作，如通过客史档案了解宾客的出生年月、通信地址，与宾客保持联系，并向宾客寄发生日贺卡和酒店促销宣传资料等。

客史档案可以提高酒店经营决策的科学性。任何一家酒店都应通过最大限度地满足自己的目标市场的需求来赢得宾客、获得利润，这样既满足了宾客的需求又提高了酒店的效益。客史档案的建立与利用，恰恰有助于酒店了解"我们的客源是谁""宾客需要什么""我们如何满足宾客的需求"等。

三、客户资料的收集方法

（1）总台通过预订单、办理入住登记、退房结账等收集有关信息。

（2）大堂副理每天拜访顾客，了解并记录顾客的服务需求和对酒店的评价，接受并处理顾客投诉。

（3）客房、餐饮、康乐、营销等服务部门的全体员工主动与顾客交流，对顾客反映的意见、建议和特殊需求认真记录，并及时反馈。

（4）酒店有关部门及时收集顾客在报刊、电台、电视台、微博、短视频等媒体上发表的有关酒店服务与管理、声誉与形象等方面的评价。

四、客史档案建立方法

客史档案主要分为手工的客史档案卡和电脑客史档案两种形式。客史档案卡是按字母顺序排列，每张卡片上记录了住店一次以上的客人的有关情况，未使用电脑的酒店采取这种方法。目前，所有星级酒店均采用电脑软件管理客史档案，下面我们重点学习酒店信息系统OPERA中客史档案建立方法。

酒店对入住客人的个人信息、特殊需求等要有一个大概的了解。如果该客人以前没有在酒店预订过客房，对于这类客人，饭店一般在客人来店预订时先为客人做一个简单的档案，以便快速为客人预订客房。然后在客人离开预订部后再为客人建立一份详细的客史档案。

步骤：

1. 打开OPERA系统，点击左侧按钮profile，弹出profile search界面，为防止出现该客人与饭店其他客人同名的现象发生，所以要先在原有的客史资料中查找有无该姓名的客人的资料。在上面界面的NAME处输入客人的姓名，如sa点击。

2. 界面右上角的SEARCH，如果没有找到该姓名的客人的资料，则点击界面右下角的NEW键，为客人制作一份个人资料。

3. 点击OK，出现Individual profile界面，在Language/title中选择客人使用的语言（这里为English），在称谓栏中选择客人的称谓，女士则选择Miss，Mrs等，男士则选择Mr.等（这里是Miss）。在性别选项中选择客人性别（这里是Famale）。在country/state中选择客人的国籍和城市［这里是China（CN）和Beijing（BJ）］。Nationality选择客人的国籍［这里是China（CN）］，下面的货币类型就自动显示为RMB（人民币），date of birth输入客人生日（这里是01-01-86），在ID栏后选择可以证明身份的证件，在这里选择身份证，代码为01，接着输入身份证号为******，然后再点击下面的黑色箭头，填入联系电话，可以为一个也可以为多个，在这里我们输入了三个电话号码以方便联系：首先为家庭座机电话（Home Phone Number）：80357421，然后是公司电话（Business Phone Number）：64909440，最后是手提电话（Mobile Phone Number）：137****9375。

基本信息输入完成后点击OK、SAVE、CLOSE先为客人作预订，然后在客人走后再次找到系统客人信息界面（这样做可以缩短客人等待预订的时间）。

4. 找到客人信息栏，点击右下角的 Edit，重新回到如下客史档案界面。

在界面中详细填好个人信息：Last Name 为 sa，First Name 为 li，依次点击 Language 后的三个下拉箭头，分别按情况选择 Chinese（中文），Ms（小姐），Female（女士）；在地址栏后填入详细地址，在此为家庭和学校两处地址：北京市房山区良乡北潞园小区和北京联合大学旅游学院 04 酒管 1 班，Mail Action 后为节假日要为该客人邮寄的卡片等，在这里选择了 CC（Christmas Card 圣诞卡）和 NY（New Years Letter 新年信）。

这时可以为客人建立一份详细的个人资料，其中包括以下一些项目：

（1）点击界面上方的 Stats & information：在这里你可以看到客人近两年的一些入住信息。

（2）点击界面右下方的 address，点击 address type 后面的箭头，在此，你可以为客人输入多个地址。如：家庭地址、公司地址等，此处选择家庭住址，在下方输入具体地址：北京市房山区良乡北潞园小区。City：Beijing country：China\ Language：Chinese。

输入完成后点击 OK。

在界面右下方有三个信息栏，在这里你可以增加一些其他地址，比如家庭地址、公司地址等，这项功能不同于上面的功能，这些地址可以方便酒店为客人邮寄节日贺卡、确认函、电子信息等。酒店可以根据客人的要求，把不同东西发送或邮寄到客人的不同地址。此处，我选择了 Email（****）和 Home（北京市房山区良乡北潞园小区 5 号楼 4#201）地址。

5. 点击界面右下方的 options。

在上面 OPTIONS 界面中有 11 个小功能。CHANGES、CREDIT CARD、DELETE、FUTURE、HISTORY、MEMBERSHIP、MERGE、NEG RATES—NEGOTIATED RATES、NOTES、PREFERENCE、RELATIONSHIP。

（1）CHANGE，有些客人的个人信息可能在一段时间后有些改动，如家庭地址的更改，电话号码的更新等，为了方便对这些非固定信息进行更改，系统专门增加了这一功能。点击 CHANGES，出现如下界面，在这一界面中，你可以对客人任何一项信息进行更改。

（2）CREDIT CARD。有些客人不光有一张信用卡，在这里你可以为客人登记多张信用卡信息。如 American Express、Golden card、JCD card 等。在这里选择了 AE（American Express）和 GW（Grate Wall 长城卡）。

（3）DELETE。此项功能为删除项。点击这个键，你可以对客人任意信息进行删除。在点击此项后，界面会出现"Are you sure you want to delete"。这句话的意思是"你确定你想删除吗",如果确定,则点击 yes。

(4) FUTHUE 表示客人未来的住店记录。

(5) HISTORY 表示客人历史记录,在这里你可以查看客人以前的入住资料。

(6) MEMBERSHIP 会员。

(7) MERGE：表示如果档案中有两个这个客人的记录,要进行合并。

(8) NEG RATES——Negotiated rates 表示合同价,在这里你可以输入与不同公司不同的合同价,但当打印报价表时,一定要把报价表中的钩钩掉,以防止客人看到。

(9) Notes 在这里你可以给客人其他信息做一个记录,如 background notes（背景）、web notes \ Outlook notes 等。在这里选择 background notes（英国皇家贵族）以后,当这位客人再次来到酒店预订时,屏幕中就会出现 notes 的红方框,点击时就会看到"英国皇家贵族"字样。酒店就可以为客人精心准备。

(10) Preference 表示客人的喜好和偏爱。其中包括 floor（在这里你可以为客人选择他喜欢的楼层）、smoking（在这里你可以为不抽烟或喜欢抽特殊烟的顾客作记录）、specials（在这一项中你可以为客人登记一些其他的个人爱好,如"喜欢中国古典音乐"）。另外你还可以选择一些房间特征描述,如 garden view、near elevator、main street view、sea view、no smoking 等。

(11) Relationship 表示客人的一些关系,包括个人关系、公司关系、政治关系、经济关系等。在这里你可以一一记录,从这些记录你可以分出客人等级,以免酒店得罪重要客人。

最后界面：再次找到客人姓名时,会看到一些红色方框,点击他们你就会看到那些提示。

五、客史档案的管理方法

(1) 分类管理：将客户资料按照不同类别分开管理,如按国别和地区分为国外客户、国内客户的资料；按信誉程度分为信誉良好的客户、信誉较好的客户、黑名单客户等。

(2) 有效运行：对于保存的客户资料,应有效运用于工作任务中。比如,顾客是重新订房的,可以直接调用以往客户资料；顾客是首次订房的,则将其常规资料、特殊要求录入电脑；顾客是未经预订的常客,那么可以调出客户资料,为其提供个性化服务；顾客是未经预订第一次住店的,则应将有关信息录入电脑,对其他部门有服务要求的,及时将信息传达到位。

（3）定期清理：每年应对客户资料进行系统性的清理，一般每年保持1～2次的清理频率，更改老旧的无效的资料信息，添加新增的有效信息。

任务引入

根据建立客户资料的工作流程表，收集并建立纸质档案和电子档案各一份。

▲工具：预备纸、笔、电脑等

▲场地：模拟前厅

▲角色：四个同学为一组模拟不同的客户，进行资料收集和建档情景，1人扮演大堂副理，1人扮演前台接待员，1人扮演客房部楼层服务员，1人扮演客户（各种信息自行模拟）。

建立客户资料的工作流程表		
步骤（Steps）	标准（Standards）	提示（Tips）
1. 客户资料收集	通过不同途径收集客户资料并录入	注意客户资料的完整性，尽量全面，不遗漏
2. 客户资料分类	将收集到的客户资料按照不同类型分类存储	注意不要混淆客户资料类型
3. 客户资料运行	根据不同情况运行相关客户资料，以便为客人提供更加便捷、个性化的服务	特别关注个性化资料
4. 客户资料更新	及时清理过时资料、补充最新资料	注意客户资料的时效性

酒店客户档案信息表（样表）

填写日期：　　　年　　月　　日

客户					
姓　　名		性　别		出生日期	年　月　日
身　　高	cm	体　重	kg	年　龄	岁
单位名称					
职　　务				秘　书	
手　　机				email	
地　　址				电　话	
身体五官特征					

续表

客户			
教育背景			
最高教育背景			
毕业学校名称			
就读时间	年　　　月至	年	月
得奖记录			
课外活动社团			
职　　务			
擅长运动			
专　　长			

如果客户未上过大学，他是否在意学位：	其他教育背景：		
家庭				
婚姻状况		配偶姓名	
配偶教育程度		结婚纪念日	
配偶兴趣/活动/社团			
子女姓名、年龄		是否有抚养权	
子女教育		子女爱好	
客户前一个工作			
公司名称			
公司地址			
受雇时间、职称			
本客户与本公司其他人员有何业务上的关系			
关系是否良好		原因	
客户对自己公司的态度			
本客户长期事业目标为			
本客户短期事业目标为			
客户目前最关心的是			

续表

客户			
客户多考虑现在或将来		为什么	
生活形态			
目前健康状况			
饮酒习惯		所嗜酒类与分量	是否反对别人饮酒
吸烟习惯		香烟品牌	是否反对别人吸烟
最偏好用餐菜式			最偏爱的菜
别人请客：	□赞成　□反对		
嗜好娱乐		偏好书籍类型	
喜欢的度假方式		运动	
车子品牌		最喜欢的品牌	
喜欢的话题		最有成就感的事	
喜欢引起什么人的注意		喜欢被这些人如何重视	
你会用什么来形容本客户			
特殊兴趣			
所属私人社团		担任职务	
客户对什么主题特别有兴趣			
对什么话题比较敏感，不宜谈			
宗教信仰			
客户与我			
客户是否需改变自己的习惯，采取不利自己的行动才能配合你的推销与建议			
客户是否特别在意别人的意见			
道德感是否很强			
在客户眼中最关键的问题有哪些			
客户的管理阶层以何为重			

任务实施

要求：学生分成若干小组，根据前厅服务质量管理的标准，演练以上场景并正确地处理问题，每个小组展示任务的完成过程中，各组通过任务回放进行自评、互评，教师在学生完成任务过程中进行评价。最后以上三种打分相加总分为每名学生的最后得分。

考核评价

从中找出优点、不足和错误，指出努力方向，进行评分，奖励优秀的小组。进一步掌握正确的工作过程与工作方法，训练学生工作方法能力、自我监控能力和评价能力。

任务评分表（满分30分）

小组编号：　　　　　　学生姓名/学号：

标准	序号	评分项目	每项5分	得分
完成正确性	1	与客人沟通语言是否恰当，是否表现出足够的耐心		
	2	服务时是否关注保护宾客的隐私和个人信息安全		
	3	纸质档案建立是否规范，标准		
	4	电子档案建立是否规范，标准		
完成流畅性	5	完成任务是否流畅，有1处停顿扣1分，有2处停顿扣2分，3处停顿扣3分，4处以上不得分		
仪容仪表	6	仪容仪表符合酒店服务员要求，仪态大方，服饰干净，不化浓妆，头发干净整齐，修剪指甲。有1处不符合标准扣1分，3处以上不得分		
总分				

案例分享

韩某是沈阳某酒店的宾客关系主管，一天，韩某接到预订部的通知，常客邹先生将于次日下午入住酒店。韩某对邹先生不熟悉，如何接待好这位重要的客人呢？于是韩某通过酒店的管理软件系统进入宾客档案库，输入邹先生的姓名，计算机上立即显示出邹先生的详细资料，资料中包括邹先生的照片扫描图像、个人身份信息、在酒店的消费记录、消费爱好、起居习惯、表扬及意见等。韩某详细地阅读了邹先生的资料，发现邹先生总喜欢住酒店顶楼的外景行政套房、叫醒服务的时间基本定在早上7点钟、每次入住后都会让服务员送冰块到房间。韩某把这些信息进行了分类并记在了心里。随后,韩某来到总台查询了次日的房态,请总台将邹先生经常入住的外景行政套房锁房(即总台将房间状态由可出租房更改为已预订房,将房间为某特定的客人保留,不再销售给其他客人),并向客房部发出接待通知单。第二天,韩某提前到总台打印出邹先生的入住登记表,并到客房检查了接待准备情况。下午5点,邹先生抵达酒店。韩某热情地迎接邹先生,并直接将其引领到预留的房间。途中,韩某问邹先生:"邹先生,您有三个月没到北京了吧?酒店的同事们都在期待您的光临!""我确实三个月没来北京了。咦,你是怎么知道的?"邹先生觉得很惊奇。"因为所有的同事们都很想念您,所以特别关注。"韩某回答。"我们仍然为您安排您最喜欢的那间外景行政套房,您看可以吗?"韩某继续问。"很好!很好!我很喜欢那间房间!"邹先生一听很高兴,连连点头。到了房间,韩某接着为邹先生介绍:"客房服务员为您准备了冰块,放在小酒吧的冰桶内。我通知总机明天早上7点钟为您提供叫醒服务,您看可以吗?""看来你们对我真是很了解啊!"邹先生很满意。"这都是我们应该做的!请您确认入住信息并在登记表上签字。这是我的电话号码,如果您有什么需要,请随时吩咐我。""你们的服务工作做得特别细致!我就喜欢住你们酒店,到这儿就真的像到家一样。"邹先生由衷地赞赏酒店的优质服务。

【分析】此案例是一个典型的通过有效运行客户资料,让不熟悉客户的员工顺利全面掌握客户资料,为客户提供个性化服务,提高客户满意度和忠诚度的事例。

案例中,该酒店拥有比较完善的客户资料管理体系,为客户建立客户资料库,将客户资料分类储存、管理。正是因为这些完善的客户资料,员工才能投客户所好、拉近与客户之间的关系、让客户满意,从而提升客户的忠诚度。

拓展知识

(1)客户资料的建立必须得到酒店管理人员的重视和支持,而且要纳入有关部门和人员的岗位职责中,使之经常化、制度化、规范化。

(2)酒店应积极运行客户资料,发挥其作用。比如,一张客户资料卡填满之后,必须建立一份新的卡片,应将新旧卡片装订在一起。酒店应使用不同颜色的卡片来制作客户资料卡,但必须与酒店所使用的客房预订卡和客房状况卡条色彩所表示的含义保持一致。在调用所需卡片时,应将其后一张卡片直立,或者做个记号,以确保在放回时能迅速找到准确的位置,这样做既节省时间,又不会放错位置。清理出的"死卡",必须使用碎纸机进行销毁处理。

任务考核

一、单选题

1. 酒店（　　）通过预订单、办理入住登记、退房结账等收集有关信息。
   A. 预订部　　　　B. 客房部　　　　　　C. 总台　　　　D. 总机

2. 顾客对酒店的表扬、批评、建议和投诉记录等属于（　　）。
   A. 常规资料　　　B. 消费特征资料　　　C. 个性资料　　D. 反馈意见资料

3. 顾客的信用卡账号属于（　　）。
   A. 常规资料　　　B. 消费特征资料　　　C. 个性资料　　D. 反馈意见资料

4. 顾客的宗教信仰、生活禁忌属于（　　）。
   A. 常规资料　　　B. 消费特征资料　　　C. 个性资料　　D. 反馈意见资料

5. 顾客的国籍、职务和同行人数属于（　　）。
   A. 常规资料　　　B. 消费特征资料　　　C. 个性资料　　D. 反馈意见资料

6. 酒店建立客史档案的对象，（　　）的描述不妥。
   A. 不必为每一位宾客建立客史　　　　B. 可为每一位宾客建立客史
   C. 只为VIP宾客建立客史　　　　　　D. 可为回头率高的宾客建立客史

7. 下列（　　）不属于建立客史档案的原则。
   A. 不必为每一位宾客建立客史档案
   B. 客史档案的建立需纳入各岗位职责之中
   C. 客史档案的建立需制度化、规范化

8. 下列（　　）不属于客史档案分类管理内容。
   A. 客源地　　　　B. VIP　　　　　　　C. 满意度　　　D. 消费能力

二、多选题

1. 客户资料建立的意义包括（　　）。
   A. 有利于酒店提供个性化服务，增加人情味
   B. 有利于酒店做好针对性地促销工作，争取回头客，培养忠诚顾客
   C. 有利于提高酒店经营决策的科学性，提高其经营管理水平
   D. 有利于提高酒店工作效率

2. 客户资料的基本类型有（　　）。
   A. 常规资料　　　B. 消费特征资料　　　C. 个性资料　　D. 反馈意见资料

3. 预订资料包括（　　）。

A. 预订方式   B. 介绍人   C. 订房日期   D. 订房类型

4. 反馈意见资料包括（   ）。

A. 表扬   B. 批评   C. 意见和建议   D. 投诉

5. 消费特征资料包括（   ）。

A. 房价   B. 餐费   C. 投诉   D. 对服务设施的喜好

三、判断题

1. 大堂副理接受并处理顾客投诉也是收集客户资料的一种方式。（   ）
2. 客户资料的建立必须得到酒店管理人员的重视和支持，而且要纳入有关部门和人员的岗位职责中，使之经常化、制度化、规范化。（   ）
3. 客户资料需要定期清理、及时更新。（   ）
4. 酒店要及时收集顾客在媒体上发表的对酒店的各方面评价。（   ）
5. 客户资料建立是前厅部的事情。（   ）

四、简答题

1. 客史档案要记录哪些内容？
2. 客户资料都通过哪些途径进行收集？

参考答案

一、单选题：1. C   2. D   3. B   4. C   5. A   6. C   7. A   8. C

二、多选题：1. ABCD   2. ABCDE   3. ABCD   4. ABCD   5. ABD

三、判断题：1. √   2. √   3. √   4. √   5. ×

四、简答题：略

任务二   会员管理

随着酒店企业的不断兴起，酒店之间的竞争也愈演愈烈，如何留住客户成为酒店的忠实客户成为酒店的重要工作，这里所说的就是酒店会员了。会员体系在酒店运用中价值凸显，在市场竞争激烈、用户开发成本增大的背景下，会员体系的作用凸显。开发新客户成本高：需要宣传、做广告、让利给预订网站公司；同时自身也会通过推出特价房、限时房等作为宣传。但此类宣传随着同质的酒店越来越多，逐渐对消费者失去吸引力。

一、树立品牌，吸引新用户

品牌对于酒店而言是一种无形资产，是酒店竞争的重要工具。高品质的会员服务是树立酒店品牌的最重要方式。

二、强化信任，提升复住率

通过会员体系加强了消费者与企业和品牌间建立以互信为基础，富于回报的关系，可以推出提升消费者忠诚度的优惠政策，提升复住率。

三、改进服务能力

酒店可通过对会员进行分类、管理会员积分体系，形成数据，进而根据数据分析出的用户行为结果，帮助酒店改善管理运营，为客户提供定制化的服务。

四、避开OTA竞争

会员体系是吸引顾客在官网预订，摆脱第三方对客源控制的重要手段。

会员体系作为培养入住客户忠诚度的管理体系，对于现代酒店的意义十分重大。对于酒店公司，忠诚不仅仅是再次光顾或只是更多的直接预订。这是一个统一的战略，对许多企业而言，忠诚是取得业务的短期或长期成功的关键所在。

前厅运营管理过程中，应熟练掌握会员系统的操作方法，掌握会员卡的销售技巧，热情周到地为宾客做好接待服务，使普通宾客转化为酒店会员，提高复住率，从而提高酒店的营业收入。

任务目标

1. 能够按照会员管理的规范要求，完成住宿服务工作。
2. 能够掌握会员卡的销售技巧。

知识目标

1. 了解会员管理的基本内容。
2. 掌握会员管理的基本工作流程。

素质目标

1. 养成爱岗敬业、踏实肯干、具有良好服务意识的酒店管理专业素养能力。

2. 培养学生良好的职业道德，具有以顾客为服务中心、服务者与被服务者人格平等的理念。

知识储备

一、会员卡功能

会员卡同时具备打折、储值和积分三项功能。

（1）打折功能：按照卡内的折扣信息给予住房和餐品相应折扣。

（2）储值功能：会员卡可提前预存金额，以方便消费。

（3）积分功能：根据消费金额累计积分。

二、会员特权

（1）酒店会员可享受酒店住房和餐厅菜品执行价的优惠，协议单位和特别客户可根据达成的协议给予相应的折扣。

（2）所有会员住房可延迟退房，免收半天房租。

（3）享受酒店的消费积分奖励。

（4）免费受邀参加酒店举办的各类会员联谊活动和抽奖活动。

（5）在酒店客房紧张时，会员将享有客房预订优先权。

（6）预订延时保留，因故未能在预订保留时间内到达酒店时，经电话确认后，酒店将为会员适当延长保留时间至20：00。

（7）定期专人回访和个性贴心服务。

（8）生日当天在酒店消费的会员可获赠生日礼物一份。

三、酒店会员管理系统

会员管理系统包括顾客资料、顾客消费记录、积分、储值、计次、库存管理、折扣管理、电子优惠券、服务计划、短信服务及各类综合统计报表。通过会员管理系统，企业可以实施各类会员制营销，吸引新顾客消费，防止老顾客流失，提高企业竞争力；实施各类服务计划，如短信服务的利用，可以有

前厅信息化管理

效进行客户关怀，提高客户服务满意度，促进企业和顾客之间的沟通。

四、某酒店会员管理制度样本

酒店会员管理制度

一、会员卡功能

1. 会员卡同时具备打折优惠、储值和积分三项功能。

2. 打折功能：按照卡内的折扣信息给予住房和餐厅菜品相应折扣。

3. 储值功能：会员卡可提前预存金额，以方便消费。

二、会员功能

1. 酒店会员凭会员卡可享受酒店住房和餐厅菜品执行价的8.8折优惠，协议单位和特别客户可根据达成的协议给予相应的折扣。

2. 所有会员住房可延迟到15：00退房，免收半天房租。

3. 会员优先享受酒店预订、会员特价和各项优惠措施。

4. 享受酒店的消费积分奖励和邀请免费参加酒店举办的各类会员联谊活动和参加抽奖活动。

5. 在酒店客房紧张时，会员将享有客房预订优先权。

6. 预订延时保留在您因故未能在预订保留时间内到达酒店时，经电话确认后，酒店将为会员适当延长保留时间至20：00。

7. 定期专人回访和个性贴心服务。

8. 生日当天在酒店消费的会员可获赠生日礼物一份。

三、会员卡的办理及发放

1. 为保证和维护会员利益，每一张卡务必由申请人真实填写会员信息登记表，并确认遵守《××酒店会员管理制度》。

2. 会员的办理：办卡人须出示有效证件并填写会员信息登记表，方可办理会员卡一张。

3. 会员卡每张收费58元。

4. 会员卡由前台、餐厅、茶楼收银员办理手续，向客人收取和进行充值，并向客人出具会员储值单，正式发票待客人每次消费后给予等值面额的发票。

5. 销售和其他部门员工销售的会员卡，可将客人带领到前台或餐厅的收银点办理手续，并由销售人员在会员信息登记表上签署姓名，以便业绩统计。

四、会员卡的使用

1. 会员卡是客人在酒店储值消费和享受各项优惠措施的唯一凭证，该卡只限本人使用，持卡人应妥善保管会员卡和密码并按规定使用，若因丢失、转借和密码泄露等造成的损失，酒店概不负责。

2. 会员须在住宿登记和餐厅茶楼结账时出示会员卡和输入密码，以便享受优惠和累计积分，若不能出示时视为无卡对待，过后补卡不被接受。

3. 持卡人资料若有变更请必须及时办理变更手续，否则因此而引起的责任由持卡人承担。

五、会员卡的挂失、补办、换卡和退卡办理

1. 挂失：会员卡遗失后，持卡人须在24小时内凭有效证件到酒店挂失。因未及时挂失引起的责任由持卡人承担。

2. 补卡：办理挂失的会员卡，可在3个工作日后办理补卡手续，补卡不得更改会员卡原有持卡人姓名和身份证号码等重要资料，每张卡须交补卡费38元，原卡内的相关信息方可转入新卡内继续使用。

3. 会员必须爱护会员卡，如不慎损坏可申请换卡，换卡时每张卡须交卡费38元，原卡内的相关信息方可转入新卡内继续使用。

4. 客人因正当理由要求退卡的，应当场验证会员卡密码和原始登记信息无误后，请客人持会员卡和与原始登记信息相符的有效证件到财务部办理退卡手续，由财务核实客人资料和账户资料后给予办理，并收回会员卡，原则上退回的会员卡不再对外发放。

六、会员卡的发放促销办法

1. 每张卡一次性储值500元以上；免收卡费；每张一次性储值1000元以上，免收卡费，并给予客房8折的特别优惠。

2. 酒店试营业期间（一个月），凡在酒店按执行房价入住任意一种类型的客房一间一晚和在餐厅消费380元以上的客人，赠送会员卡一张，免收卡费，但本次消费不可凭该卡享受优惠。

3. 和酒店签约的协议单位，可视情况需要购买和赠送会员卡。

4. 对于特别客户，酒店可赠送会员卡并免收卡费。

七、会员积分奖励办法

1. 会员在酒店消费100元积一分。

2. 积分每满50分可获赠免费入住酒店豪华标间（或单人间）一间一晚。

八、员工促销奖励办法

1. 酒店鼓励全体员工大力宣传和推广会员卡,每出售一张会员卡给予售卡人8元奖励。

2. 一次性储值500元奖励8元,以此类推。

九、本办法最终解释权和决定权归酒店所有,如遇价格和管理办法调整,另行通知。

××××年××月××日

五、酒店会员卡的营销方法

1. 设置多个等级的会员卡,每个等级会员卡对应不同服务,等级越高折扣就越大。会员等级可以通过会员累计充值或消费积分来获得。酒店常见的会员等级有银卡、金卡、钻石卡等。

2. 注重会员服务质量,明显区分会员与普通顾客之间的区别。会员是一种身份的象征,要充分体现出会员的优越性,这样会员办了会员卡才会有成就感,主动去使用会员卡。

3. 出台相关的会员活动,如积分兑换小礼品、积分抽奖等。在会员生日的时候,系统自动给会员发送生日祝福短信,会员生日当天享受双倍积分。

六、酒店会员卡的销售技巧

1. 销售会员卡的时机

(1)客人办理入住时。

(2)客人续住时或晚上需要帮助时。

(3)客人办理退房手续时。

2. 会员卡的六种销售方法

(1)功能介绍法。介绍免费早餐、会员打折、积分奖励、礼品兑换、储值功能以及延时退房等特权。

(2)代客分析法。计算出会员相较于普通散客而获得的优惠金额。

(3)品牌分析法。对比其他酒店,突出本酒店的特色与优势。

(4)带客参观法。在客人犹豫时,主动提出带客人参观本酒店的房间。

(5)后期跟进法。在客人结账时,如果发现客人没有办理会员卡,及时提醒客人办理会员可获得的优惠及特权。

（6）欲擒故纵法。对于不愿意办卡的客人放弃本次销售，向客人致谢并表示今后将以更好的服务欢迎客人再次入住。

任务引入

合理运用营销技巧，完成会员管理服务工作（见下表）。

▲工具：笔、前台交接班记录本、打印机、复印机、电话机、登记卡、会员卡、卡套等

▲场地：模拟前台

▲角色：以小组形式开展会员卡销售模拟实训，1人扮演客人，1人扮演前台接待员

会员管理服务操作流程

步骤（Steps）	标准（Standards）	提示（Tips）
1.会员卡分类	可售卖卡：金卡、银卡	根据酒店产品设计不同类型的会员卡
2.新会员注册	请宾客出示身份证件 点击酒店前厅管理系统中的"购买升级"，为宾客注册新卡 系统打印会员加盟登记表，请宾客签字确认	姓名、性别、证件类型、证件号码、手机号码、城市、省份、验证码为必填项 会员卡积分的原则是宾客入住时，输入酒店前厅管理系统的姓名、身份证号码和卡号与"会员管理"中该宾客注册时的姓名、身份证和卡号核对相符，方可积分
3.会员卡办理	询问宾客办卡费用的支付方式 办理会员卡方式 　a.宾客入住并同时办理会员卡，费用可入房账，并打印杂项收入（转账）单，请宾客签字确认 　b.宾客仅办理会员卡业务时，点击"现付账"，收取费用后，按杂项收入（现付）单入账 将证件、会员卡双手递交给宾客 在会员发放登记本上做好记录	杂项收入（转账）单需请宾客签字确认 填写会员加盟登记表，并请宾客签字确认
4.会员单据整理	杂项收入（转账）单与会员加盟登记表一起入客账袋 夜审前，打印当天每日现入账明细表，核对无误后与杂项收入（现付）单、会员加盟登记表一起入封包	注重会员单据整理的有效性、及时性

任务分析

能够通过相关资料学习，掌握会员卡的销售技巧。

任务实施

要求：学生分成若干小组，根据本节所学内容，演练以上场景并正确地处理问题，每个小组展示任务的完成过程中，各组通过任务回放进行自评、互评，教师在学生完成任务过程中进行评价。最后以上三种打分相加总分为每名学生的最后得分。

考核评价

从中找出优点、不足和错误，指出努力方向，进行评分，奖励优秀的小组。进一步掌握正确的工作过程与工作方法，训练学生工作方法能力、自我监控能力和评价能力。

任务评分表（满分30分）

小组编号：　　　　　　学生姓名/学号：

标准	序号	评分项目	每项5分	得分
完成正确性	1	与客人沟通语言是否恰当		
	2	介绍会员权益时是否出现错误		
	3	推销会员的时间是否恰当，方式是否得体		
	4	办理会员的程序是否符合标准		
完成流畅性	5	完成任务是否流畅，有1处停顿扣1分，有2处停顿扣2分，3处停顿扣3分，4处以上不得分。		
仪容仪表	6	仪容仪表符合酒店服务员要求，仪态大方，服饰干净，不化浓妆，头发干净整齐，修剪指甲。有1处不符合标准扣1分，3处以上不得分。		
总分				

案例分享

7天酒店：会员制营销让淡季不淡

今年9月，一封封E-mail被发送到"7天会"会员的邮箱里，其主题是"金秋10月入住7天连锁酒店，享三重厚礼"，邮件正文中更是有着"礼品疯狂送""价值200万"的诱人字眼。

7天酒店创办于2005年，目前拥有300多家连锁店。"7天会"为7天酒店的会员俱乐部，它推出了多项会员专享服务、丰富多彩的会员积分奖励计划，拥有行业内最为庞大的会员体系。

与受到商务活动因素影响而淡旺季明显的商务型酒店相比，经济型酒店通常没有太明显的淡旺季之分，其价格常年保持一致。7天酒店CEO郑南雁对《新营销》记者介绍说，7天酒店能够让淡季不淡，秘诀在于一贯坚持的会员制、IT系统平台以及"滚雪球式"的扩张模式，由此节省了分销成本，同时拥有了一个忠诚的客户群体。

在经济型酒店业，通过携程、E龙等网站做推广是许多酒店习以为常的做法。但7天酒店却摆脱了对中介代理的依赖，自成立之日起，就一直坚持做会员制营销，并不依赖旅行社和酒店预订代理机构，使7天酒店不受制于人，也因此大大节省了分销成本。郑南雁说："传统的代理，一间客房一天要付给中介30元到40元，一年按每个客人住6天计算，每个客人至少要付给中介180元。而我们自己推行会员制，可以做到长效管理，而且非常方便。"

7天酒店重点推广会员制，利用会员的反馈提高服务质量，大大减少了人力投入和管理成本，做到了成本最低。郑南雁说："我们营销的核心就是直接发展会员，以确保其享受低价，同时，会员制推广也是7天酒店品牌推广的主要方式。我们并没有很刻意地去打造品牌，而是在销售的过程中逐渐强化品牌，会员制对7天酒店的品牌塑造有着更持久的影响力，当然成本也更低。"

郑南雁强调："经营的目的，不是你想做什么，而是你能为客户做什么。"7天酒店营销的精髓就是将更多的利益回馈给消费者，跟消费者形成互动。"这样，消费者会更加愿意追随我们的品牌，成为我们的忠实客户。"

据了解，7天酒店对会员实行统一低价，其定价原则是倒推价格，即先拟订一个市场价格，然后倒推成本，通过技术手段降低成本，在确保利润的前提下，让利给客户。7天酒店采用会员制营销，直接面向消费者，避开了代理商，也缩短了服务流程，让服务变得更加简单，也更加规范。通过实施会员忠诚度计划，7天酒店搭建了行业内最为庞大的会员体系，其会员超过了300万，消费会员为100多万。

7天酒店还自主开发了一套基于IT信息技术的电子商务平台，建立了国内首家集互联网络、呼叫中心、短信、手机WAP及店务管理为一体的系统，具有即时预订、确认及支付功能，使消费者无论何时何地都可以轻松、便捷地查询、预订房间。郑南雁把这种经营模式称之为"鼠标+水泥"，即用电子技术、网络技术武装传统酒店业，提升服务水准。目前7天酒店是国内酒店行业唯一能将网站和酒店数据库完全对接的连锁酒店，可以提供四种预订方式,包括网上预订、热线预订、WAP 预订和短信预订。此外,7 天酒店还在这一平台上构建了各个分支运营体系,包括店务质量控制、开发评估推进、财务流动管理、工程采购、人力资源体系等等。

7 天酒店在网络支付、网络营销等方面进行了一系列的合作创新实践。比如,和第三方在线支付平台财付通合作,让顾客拥有安全而多样的网上银行支付渠道;和知名社区天涯、若邻网合作,提供电子商务入口,让顾客体验酒店电子商务;和生活咨询搜索平台酷迅、口碑网、火车时刻查询网站、飞友网,以及信用卡和个人理财产品推广网站商诺公司合作,为顾客带来更为便捷和人性化的服务。通过跨领域、大范围的合作,7 天酒店为电子商务构建了一个全面而良性的生态圈:不仅给顾客带来最佳的服务体验,同时培育顾客养成电子商务消费习惯。更为关键的是,7 天酒店在电子商务上的核心优势变得更加强大。

统计数据表明,在 7 天酒店的总交易量中,有超过 50% 的预订是通过网络实现的。这一比例在所有经济型酒店中是最高的。随着 3G 时代的到来,7 天酒店又开通了手机短信预订、手机 WAP 网上预订,顾客预订房间更加方便、快捷。郑南雁认为:"相信互联网的力量,相信这个技术推动的力量。我们发现这些做法跟消费者的需求比较匹配,熟练的会员只需 15 秒就可以完成订房。"

拓展知识

科学的酒店会员管理系统可以帮助酒店更好地营业。开店要弄一个会员卡管理系统,这是许多老板首先想到的内容,但是要实现什么样的功能,很多店主并不清楚。一般来说酒店会员管理系统,应该具备如下方面的功能:

一、会员注册功能

会员管理系统就要能够管理会员,要实现会员的管理,就要有会员的注册,无论是实体卡的注册,还是会员手机号注册,注册功能要优先考虑。

二、储值功能

会员卡也是黏性卡,储值增强黏性是其主要功能,顾客预存钱消费,使公司获得了更多的流动资金,深度绑定了会员,增强了会员忠诚度。这既能让利于会员,又能锁定顾客回头消费,一举两得。

三、消费功能

会员管理系统还应具有消费功能,也就是凭这张会员卡能够快速识别会员,便于消费者消费。当然,只能储值不能消费的会员管理系统是行不通的。消费功能基本要求,是快速识别消费者,快速结算。

四、积分功能

积分的玩法有很多种，传统的积分消费，兑换礼品，可能不再吸引顾客，而积分可抵用现金使用，来得更实在，更容易刺激客户回头消费，循环消费。当然，更多的玩法还在于店主怎么创新。

五、营销功能

利用会员的黏性，发放优惠券和各种通知活动二次促销也应该成为其主要的功能。除此之外还有一些来电提醒等其他功能，也是很多餐饮老板需要的。

会员的注册率、会员的储值率、会员的复购率、会员的客单价对于酒店的管理是重要的，以上就是酒店会员管理的几种方式。

任务考核

一、单选题

1. 在会员服务项目中，以下（   ）不属于酒店前台提供的服务范围。

A. 客人退房出示会员卡，要求前台给予会员价

B. 客人会员卡够 2000 积分到酒店前台升级金卡

C. 客人使用积分兑换礼品或者免房券

D. 客人在官网买了会员卡，可以到前台领取实体卡

2. 酒店会员管理系统中会员管理模块不可以进行（   ）操作。

A. 新增会员卡　　　B. 会员卡充值　　　C. 会员生日查询　　　D. 销售员管理

3. （   ）介绍免费早餐、会员打折、积分奖励、礼品兑换、储值功能以及延时退房等特权。

A. 功能介绍法　　　B. 代客分析法　　　C. 品牌分析法　　　D. 带客参观法

4. 会员制营销是酒店常见的一种营销方式，其中下列（   ）不属于会员发展方式。

A. 免费获取　　　B. 高额消费　　　C. 付费购买　　　D. 批发销售

5. 会员制度是现代酒店信息系统的重要功能，为酒店市场营销、客户关系管理等创造条件，而详细的客户资料则是会员制度的基础。运用会员制度可以为酒店增加许多竞争优势，除了（   ）。

A. 精确记录客户的消费历史和需求信息，以便做出准确的个性化服务

B. 让客人无法背叛

C. 统计客人消费量，预测客户消费潜力

D. 辅助客户拜访，进行有针对性的销售活动

二、多选题

1. 会员卡具备（　　）。
A. 打折功能　　　　B. 找零功能　　　C. 储值功能　　　D. 积分功能

2. 会员管理系统包括（　　）。
A. 顾客资料、顾客消费记录　　　　B. 积分、储值、计次、库存管理
C. 折扣管理、电子优惠券　　　　　D. 服务计划、短信服务及各类综合统计报表

3. 销售会员卡的时机是（　　）。
A. 客人在餐厅用餐时　　　　　　B. 客人办理入住时
C. 客人续住或晚上需要帮助时　　D. 客人办理退房手续时

4. 常见会员卡的销售方法有（　　）。
A. 功能介绍法　　B. 代客分析法　　C. 品牌分析法　　D. 带客参观法

5. 酒店常见的会员等级有（　　）。
A. 银卡　　　　　B. 金卡　　　　　C. 钻石　　　　　D. 普通

三、判断题

1. 会员卡同时具备打折、储值和积分三项功能。（　　）
2. 所有会员住房可延迟退房，但不能免收半天房租。（　　）
3. 会员管理系统包括顾客资料、顾客消费记录、积分、储值、计次、库存管理、折扣管理、电子优惠券、服务计划、短信服务及各类综合统计报表。（　　）
4. 在酒店客房紧张时，会员将享有客房预订优先权。（　　）
5. 任何时候都可以向客人销售会员卡。（　　）

四、简答题

1. 营销会员卡有哪些方法？
2. 销售酒店会员卡的最佳时机是何时？

参考答案

一、单选题：1. C　2. D　3. A　4. D　5. B
二、多选题：1. ACD　2. ABCD　3. BCD　4. ABCD　5. ABC
三、判断题：1. √　2. ×　3. √　4. √　5. ×
四、简答题：略

任务三　客户消费心理分析

研究酒店消费者在消费活动中的心理现象和行为规律，目的是研究人们在生活消费过程中的心理活动。酒店消费者有什么样的心态，作为消费者该选择哪家酒店进行消费，在消费过程中希望得到怎样的需求，消费后又有什么样的心态。

通过对宾客心理的分析了解，读懂宾客的心态，满足宾客心理需求；提供超值服务，满足宾客期望；提高服务技能，提供优质服务；创建宾客资料管理系统，增加宾客资料的使用一系列的方案，以求达到宾客满意，从而提高宾客满意度。

一、酒店宾客消费心态的现状分析

随着酒店业的发展，酒店市场也逐步由过去的卖方市场向现在的买方市场转变，过去的酒店经营是经营者始终牵引着大众的消费趋向，而不是大众需要指导酒店业，但近年来经济的发展打破了原先的经营格局，经营群体和消费群体的比例发生了变化，大众消费趋向开始牵引酒店业的经营理念，为此，酒店经营者应该把原先用于产品精化的注意力，逐步转移到产品的求新、求奇、求特上来，以满足消费者日益多样化的消费需求。

宾客走进酒店的主导动机是入住服务体验，但他也通过眼、耳、鼻等感官对酒店和其他刺激物做出积极的反应，并伴随情绪的活动迅速进行分析，调节自己的意志行动。宾客这一系列的心理活动，需要酒店的经营管理者及从业人员有针对性地采取一系列的服务措施来赢得宾客的满意。

二、酒店宾客在消费三个阶段的心态类型分析

客人在入住过程中存在着不同的心态类型，如对地理位置及酒店环境的要求、求尊重、求快捷等等，这些都不同的表现在消费前、消费中和消费后三个消费阶段，以下是对宾客在这三个阶段的心态分析。

（一）入住消费前的心理需要

所谓消费前心理，是消费者决定去酒店入住到确定去哪家酒店入住过程中的心理活动，在这过程中消费者会考虑很多因素，而酒店的位置与环境、菜肴口味、卫生、价格是影响宾客决定到哪家酒店入住的重要因素。

1. 位置与环境

酒店位置是消费价位的间接反映，好的地段肯定在价格上同其他地段有区别，但其

中存在着对宾客群定向的选择和酒店经营类型问题。环境问题就不能停留在狭窄意义上的清洁了。有这样一个例子：重庆大足的"荷花山庄"，巴渝特色气氛浓烈，宾客三三两两可以安坐在一艘花艇内观看艇外的各式荷花，品尝巴渝小吃，接受穿着古楼渔家服的"渔家女"热情纯朴的服务，令宾客仿佛来到了世外桃源。这个例子显示的是环境特色的经营理念。舒适的环境能营造食客就餐的情绪，同时也让其得到享受和尊重感。餐饮环境的营造是餐厅的无形资产投入。

2. 入住酒店菜品的口味对于消费者心理的需要

酒店经营者做餐饮跟人比的就是菜品的特色、工艺和口味，而酒店消费者的目的也是品口味、品特色。要延长一家酒店的生命周期，在酒店餐厅菜的口味上就是要特别、特别加特别，这中间就有许多尺度的问题。很简单，四川人多少都能吃点辣，但吃辣也有程度的差别，有的是适可而止，有的是越辣越好，还有些人是怕辣的，这就是尺度问题。当然，个性差异不能局限于以上谈到的这些，只是从这个角度来寻找延续酒店生命周期的途径。

3. 卫生

随着生活水平的提高，人们越来越注重身体健康，注重高标准的饮食卫生，它包括酒店环境卫生、产品卫生、餐具的卫生及服务员在服务操作中提供的规范服务，保持酒店餐厅清洁是对宾客的尊重和自身经营的需要。清洁的酒店餐厅可以唤起宾客的食欲和心情，这也是宾客选择在哪家酒店入住并进餐的前提，即第一印象。因为清洁的形象会给消费者留下美好的印象，当其选择时，消费者会把第一印象好的酒店纳入考虑范围之内，所以卫生条件好在消费者消费前的心态上是很重要的。

4. 价格

宾客永远都会关注价格质量。价格合算、公道，吃得还好，这是每个宾客所希望的。作为酒店是为宾客提供了服务才向宾客收取费用的。宾客感到物有所值才会光顾酒店，物有所值是服务质量的具体体现。如果能让宾客感到物超所值宾客会喜出望外，感到惊喜！当然，提供物超所值的服务酒店是要核算成本费用的。

（二）酒店消费过程中的心理需要

所谓酒店消费过程，是消费者选定了酒店消费地点后，在酒店入住过程中对个人满足感、周到的服务和招待等需求。

1. 求尊重心理需要

它主要包括三个方面的内容：一是受到礼遇，即在服务过程中能得到服务员礼貌的招呼和接待；二是得到一视同仁的服务，在酒店入住服务过程中不能因为优先照顾熟客、关系户或重要宾客而忽视、冷落其他宾客，在做好重点宾客服务的同时，应同样兼顾酒店其他宾客，任何的顾此失彼都会引起部分宾客不满甚至尖锐的批评，不能让任何一位宾客感觉受到了冷落或怠慢；三是愿意被认知，宾客愿意被认识、被了解，当宾客听到服务员能称呼他的姓名时，他会很高兴，特别是发现服务员记住他喜欢的房间偏好、菜肴、习惯的座位甚至特别嗜好时，宾客更会感到已受到了重视和无微不至的关怀；四是对宾客人格、风俗习惯和宗教信仰的尊重以获得心理和精神上的满足。另外服务员的举止是否端庄、语言是否热情亲切、是否讲究礼貌得体，以及是否能够做到主动服务、微笑服务，都涉及能否满足宾客求尊重的心理需要。

2. 方便快捷的心理需要

随着工作节奏的加快，生活节奏也变得越来越快，消费者希望在酒店入住过程中能尽量减少等候时间。宾客到来的时候要及时为其办理入住登记。

3. 良好服务态度的心理需要

它对消费者个性心理来说就是要适时、适需、灵活地应变服务，诚信、贴心的人性化服务，服务态度是最重要也是最灵活的因素之一。"宾客至上，服务第一"的宗旨及"一切为了宾客"的服务意识要在每位员工心中深深扎根。

4. 显示气派、讲究身份的心理需要

人在享受时，希望服务人员能够尊重他们，关心和重视他们，特别是涉及宾主关系时主人要显示自己的身份，显示自己款待宾客的气派，服务员此时应使用恰当的语言和恰如其分的服务来帮助主人满足其自信的需求。

（三）消费过程后的心理需要

1. 受尊重的心理需要

宾客入住后，服务员要继续对其进行细致周到的服务，直到宾客离店。如送客到电梯门口或楼梯口，并对其到本酒店入住致谢和欢迎下次光临。

2. 宾客"求平衡"的心理需要

当宾客在酒店入住过程中由于对服务不满，从而使自己的消费感觉到不值，从而产生不平衡的心理效应，要知道，酒店服务不是一种必要的消耗品，而是一种享受品。宾客到酒店是来享受的，他们耳闻目睹了许多消费宣传，并积累了丰富的消费经验，这就使得我们必须向宾客提供标准化、超常化的服务。宾客消费前会产生一定的期望值；接受服务后会形成实在感受。当两者相当时，表现为满意；当实际感受大于期望值时表现为惊喜，从而达到真正的平衡。

三、满足宾客消费心理的途径

（一）读懂宾客的心态，满足宾客心理需求

我们知道，宾客并非职业人，而是追求享受的自由人，且是具有优越感的最爱面子的人。所以，其往往以自我为中心，思维和行为大都具有情绪化的特征，对酒店服务的评价往往带有很大的主观性，即以自己的感觉加以判断。为此，酒店的优质服务首先必须做到充满人性化，具体要求是：

1. 给客人一份亲情

情感是中华民族服务之魂，古往今来，一杯大碗茶，一碗阳春面中，总能注入店家对客人在漫漫孤旅中的一份亲情与关爱。于细微处见精神，于善小处见人情，酒店必须做到用心服务，细心观察客人的举动，耐心倾听客人的要求，真心提供真诚的服务，注意服务过程中的感情交流，并创造轻松自然的氛围，使客人感到服务人员的每一个微笑，每一次问候，每一次服务都是发自肺腑的，真正体现一种独特的关注。

2. 给客人一份理解

由于客人的特殊心态和酒店的特定环境，客人往往会有一些自以为是、唯我独尊等行为和犯一些大惊小怪、无理指责等错误。对此，酒店应该给予充分理解与包容。

3. 给客人一份自豪

"给足面子，挣足票子。"这可谓是酒店的生财之道。只有让客人感到有面子，他才会认同服务员的服务；只有让客人感到愉悦，他才会常到酒店消费。所以，作为酒店的员工，必须懂得欣赏客人的"表演"，让客人找到自我的感觉和当"领导"的快乐。

（二）超值服务，满足宾客期望

要打动消费者的心，仅有满意是不够的，还必须让消费者惊喜。满意是指宾客对酒店产品实际感知的结果与其期望值相当时，形成的愉悦的感觉。惊喜则是当宾客对产品实际感知的结果大于其期望值时，形成的意料之外的愉悦感觉。而只有当宾客有惊喜之感时，宾客才能真正动心。为此，酒店的优质服务应超越宾客的期望，即酒店提供的服务是出乎宾客意料或从未体验过的。要超越宾客的期望，关键是酒店的服务必须做到个性化和超常化，并努力做好延伸服务。个性化即做到针对性和灵活性。宾客是千差万别的，针对性，就是要根据不同宾客的需求和特点，提供具有个性化的服务。同时，宾客是千变万化的，即使同一个宾客，由于场合、情绪、身体、环境等不同，也会有不同的需求特征和行为表现。灵活性，就是在服务过程中随机应变，投其所好，满足不同宾客随时变化的个性需求。超常化，就是要打破常规，标新立异，别出心裁，推陈出新，让宾客有一种前所未

有、意想不到的感觉和经历。

超常化的服务，既可以是其他酒店所没有的、宾客所没有想到的服务，也可以是与众不同的独特服务。如一束在机场接机时献上的鲜花、一张服务员的淳朴的问候卡、一封热情洋溢的欢迎信、一件独特的纪念品等。如，因为酒店存有客史档案，当发现具有客史档案的客人生日当天在酒店消费，餐厅就会准备生日蛋糕，并让大家一起唱生日歌为其过生日，每当这个时候都能从客人的脸上看出惊喜来，客人离开的时候还不忘感谢酒店，夸赞说"这里不但环境好，服务也独特"。

当然，要超越宾客的期望，酒店的宣传及广告必须适度，既应展示酒店的服务特色和优势，令宾客向往并吸引他们的光临；又应忠于客观实际，不能过度浮夸，以免造成宾客的过高期望。

（三）提高服务技能，提供优质服务

服务员的服务技能的高低决定着是否能够为客人提供良好的就餐服务，直接决定着客人的满意度，以下就是服务技能中最关键的几项技能：

1. 语言技能

语言是服务员与宾客建立良好关系、留下深刻印象的重要工具和途径。语言是思维的物质外壳，它体现服务员的精神涵养、气质底蕴、态度性格。宾客能够感受到的最重要的两个方面就是服务员的言和行。

服务员在表达时，要注意语气的自然流畅、和蔼可亲，在语速上保持匀速，任何时候都要心平气和，礼貌有加。那些表示尊重、谦虚的语言词汇常常可以缓和语气，如"您、请、抱歉、假如、可以"等等。另外，服务员还要注意表达时机和表达对象，即根据不同的场合和宾客不同身份等具体情况进行适当得体的表达。

2. 观察技能

服务人员为宾客提供的服务有三种，第一种是宾客讲得非常明确的服务需求，只要有娴熟的服务技能，做好这一点一般来说是比较容易的。第二种是例行性的服务，即应当为宾客提供的、不需宾客提醒的服务。例如，在前厅时，带着很多行李的客人一进门，服务员就要上前帮忙。第三种则是客人没有想到、没法想到或正在考虑的潜在服务需求，如客人的手有擦破现象服务员可以取来"创可贴"送给客人。能够善于把客人的这种潜在需求一眼看透，是服务员最值得肯定的服务本领。这就需要服务员具有敏锐的观察技能，并把这种潜在的需求变为及时的实在服务。而这种服务的提供是所有服务中最有价值的部分。第一种服务是被动性的，后两种服务则是主动性的，而潜在服务的提供更强调服务员的主动性。观察技能的实质就在于善于想客人之所想，在客人开口言明之前将服务及时、

妥帖地送到。

3. 记忆技能

在服务过程中，客人常常会向服务员提出一些如酒店服务项目、星级档次、服务设施、特色菜肴、烟酒茶、点心的价格或城市交通、旅游等方面的问题，服务员此时就要以自己平时从经验中得来的或有目的的积累成为客人的"活字典""指南针"，使客人能够及时了解自己所需要的各种信息，这既是一种服务指向、引导，本身也是一种能够征得客人欣赏的服务。如果发生客人所需的服务被迫延时或干脆因为被遗忘而得不到满足的情况，对酒店的形象会产生不好的影响。

4. 应变技能

服务中突发性事件是屡见不鲜的。在处理此类事件时，服务员应当秉承"客人永远是对的"宗旨，善于站在客人的立场上，设身处地为客人着想，可以做适当的让步。特别是责任多在服务员一方的就更要敢于承认错误，给客人以及时的道歉和补偿。在一般情况下，客人的情绪就是服务员所提供的服务状况的一面镜子。当矛盾发生时，服务员应当首先考虑的是错误是不是在自己一方。

5. 营销技能

一名服务员除了要按照工作程序完成自己的本职工作外，还应当主动地向客人介绍其他各种服务项目，向客人推销。这既是充分挖掘服务空间利用潜力的重要方法，也是体现服务员的主人翁意识，主动向客人提供服务的需要。

（四）创建宾客资料管理系统，加强宾客资料的使用

宾客资料是酒店最重要的财富，宾客资料管理系统充分考虑到了酒店营销的需求及特点，为宾客提供针对性服务的依据，从而提高宾客的满意度。一份周全的宾客资料至少应包括以下三部分：

1. 宾客的基本情况记录

宾客的基本情况作为宾客的基础，其内容包括宾客的姓名、性别、受教育程度、职业、职务、工作单位、每次消费金额等基础情况。

2. 宾客的个性偏好记录

宾客个性偏好即宾客消费方式、性格脾气、兴趣爱好、言谈举止是应特别留意之处，乃至曾经提出的特殊要求等情况。同时，酒店初步获得这些基本信息评价后，还应追踪了解，以确认这些个性特征是否准确反映宾客的个性特征。对宾客而言，这些特殊需求往往是他们认为最有价值、最重要的部分。对酒店而言，根据宾客特殊的个性偏好提供各类服务往往表明酒店具有超越同行的能力和质量。

3. 宾客的满意程度记录

宾客的满意程度即宾客对酒店的表扬、批评、投诉记录等基本情况，包括宾客对酒店整体或局部服务质量的评价，对服务人员的评价，对设施设备等建议与要求，对酒店内部氛围的感受，消费时对价格的满意程度，有无讨价还价行为，宾客的消费次数，宾客是否曾经介绍朋友过来等。

在建立了宾客资料后，酒店应着重研究宾客的需要。这些需要有时是普遍化的简单需要，而有的需求则是罕见需求，凡不违反有关规定，酒店均应尊重并设法转化为具体的服务。要树立"宾客资料就是非常有用的财富"这一观点，宾客资料中蕴含的诸多信息应该及时成为酒店提供服务的指南，而不能束之高阁。

综上所述，通过对酒店消费者消费心态的研究，了解了客人在酒店入住消费三个过程中的不同心理，酒店可以通过这些心理来制定相适应的措施。消费者心理与酒店市场服务策略存在着双向的互动关系，消费者心理的产生和发展对酒店市场服务策略提出特殊的要求，酒店企业市场服务策略也影响消费者心理产生和发展。成功的酒店市场服务营销活动是适应宾客心理特点和需求的营销，是适应宾客心理变化而开展的有效服务。

任务引入

每组同学采用抽签的方式来决定分析哪项酒店消费者在消费活动中的心理现象和行为规律。

酒店宾客在消费三个阶段的心态类型分析：

1. 入住消费前的心理需要。
2. 入住消费中的心理需要。
3. 入住消费后的心理需要。

任务实施

要求：学生分成若干小组，根据酒店消费者在消费活动中的心理现象和行为规律，分析酒店宾客在消费三个阶段的心态类型，每个小组展示任务的完成过程中，各组通过任务回放进行自评、互评，教师在学生完成任务过程中进行评价。最后以上三种打分相加总分为每名学生的最后得分。

考核评价

从中找出优点、不足和错误,指出努力方向,进行评分,奖励优秀的小组。进一步掌握正确的工作过程与工作方法,训练学生工作方法能力、自我监控能力和评价能力。

任务评分表(满分 50 分)

小组编号:　　　　　　学生姓名 / 学号:

标准	序号	评分项目	每项 5 分	得分
完成正确性	1	是否根据三个消费阶段进行分析		
	2	是否正确分析消费者心理现象		
	3	是否正确分析消费者行为规律		
	4	是否掌握满足宾客消费心理的途径		
	5	是否能够全面客观地分析客户消费心理		
	6	是否了解酒店优质服务的具体要求		
	7	是否掌握超值服务,满足宾客期望的方法		
	8	是否掌握提高服务技能,提供优质服务的方法		
完成流畅性	9	完成任务是否流畅,有 1 处停顿扣 1 分,有 2 处停顿扣 2 分,3 处停顿扣 3 分,4 处以上不得分		
仪容仪表	10	仪容仪表符合预订员要求,仪态大方,服饰干净,不化浓妆,头发干净整齐,修剪指甲。有 1 处不符合标准扣 1 分,3 处以上不得分		
		总分		

拓展知识

消费者八大心理

现如今为了提高产品销量大家是各显神通,但是最重要的就是要抓准消费者的消费心理类型,这样才可以进行对症下药,下面我带大家简单了解一下消费者八大心理是哪八大。

1. 求实心理

在面对琳琅满目的品牌和产品时,有一部分消费者拥有足够的理智,无论广告和营销做得多么的花哨,他们只选择那些效果能够看得见的,实实在在的产品。这些人多分布在消费层级的中层和底层,他们不看重产品的外表更注重它们的实用价值。这也是现在很多工厂品牌化崛起和产品直销化开端的一个重要受众基础。

2. 求美心理

随着人们生活水平的提高，人们逐渐开始追求美的享受。在享受产品的同时，他们更追求心理和情感上的满足。这是目前很多品牌将自己的海报做得足够创意化的重要原因。比方说江小白，他的酒好喝吗？很多消费者都认为酒的质量平平，江小白却凭借着它精美的文案，创造了一次又一次的销量奇迹。那些不注重实用价值的用户在选购产品的时候，更倾向于产品的造型，色彩制作工艺，往往会购买那种实用性不强，但是价格不菲的造型精美的产品。

3. 求新心理

莎士比亚曾经说过，"衣服穿破的少，过时的多"。这位伟大的先哲在好几个世纪之前，就懂得了这种人群的消费心理，人们追求时尚和潮流，追求新意和创意，他们并不在意需要为产品付出多少钱。即将推出的折叠屏手机，居然推到了17000多元的高价！如此高的价格正是因为这款手机是历年来首推的手机设计风格。在这款手机满大街之后，它的价格自然会落到普通手机价格的水平。

4. 求利心理

小米之所以在国内十分火爆，正在于小米的性价比超高。它所有的忠诚粉丝和用户都对此十分看重。在前些日子小米首推的小米9，更是以2999元的价格赢得了粉丝们的超高好评。但雷总也说过，以后手机的价格不再会这么低。大多数用户都喜欢使用物美价廉的产品，他们会根据物品的使用价值和它的价格作出对比，如果感觉不划算或者是超出了他们的消费预期，他们对此产品不会选择，如果他们觉得它的使用价值高出了他们的消费心理预期，则他们会忠诚于购买这种产品。

5. 求名心理

很多消费者购买产品并不注重产品的价格和质量，他们更注重品牌能够带给他们的心理荣誉感和荣耀感以及满足感。要花大价钱购买高档奢侈品牌或者畅销的大品牌，一则是为了在普通人面前炫耀他们的消费，另一方面则是来彰显自己的社会地位。如苹果手机和小米手机两者的消费者的消费心理是完全不同的，苹果手机的消费者追求的是苹果的品牌，荣誉感和超高的使用体验感。小米的受众则更注重于性价比，和带给他们的超值的体验。也有人说小米是苹果的低价版，那无非也是针对消费者不同消费心理而做出的价格区位的选择。

6. 从众心理

从众心理是大多数的消费者都经常会有的一种消费心理，别的消费者拥有的产品或者品牌他们必须要拥有，或者说跟风购买，这就是从众心理，尤其在三四线城市，如果发现某家的一个小孩子买了某件新潮的衣服，其他的家长就会寻找并购买同款的产品给自家的小孩子，否则他们就会觉得自己很没有面子。

在大城市中能够看到的都是一些网红店，在网上火了之后很多人都跑去排队购买，而购买的队伍会引来更多的人前来排队购买。这和人们的另一种心理有关。人是一种喜欢"懒"的动物，这是人类在进化的过程中所带来的。当人们看到很多人都在购买一样产品的时候，他们就会自然而然地觉得这个产品无论是品质还是价格，品牌都是安全可靠的，从而降低了对它的疑虑，不再考虑它是否符合自己的消费目的和消费预期。

7. 疑虑心理

人生来就对陌生的东西会产生怀疑，尤其是在现在的互联网网购的过程当中，由于人们看不到产品的实物，往往会对产品的质量和价格产生疑虑。事后消除消费者的疑虑，就显得十分的重要。所有的用户都不希望自己买错东西，在购物的过程当中会对产品的质量性能等各个方面进行反复挑剔，这也不光是为了砍价，更多的是为了怕自己吃亏上当。

8. 自尊心理

很多消费者在消费的过程当中，尤其是在导购员的指引下购买东西的时候，十分注意导购员的表情，如果导购员在言语上或者态度、表情、神态上有丝毫的嫌弃或者鄙视对方买不起的意味，通常消费者会有两种反应。一则是对这家店产生厌恶感，以后不会再光顾，二则是会购买超出消费预期的产品以显示自己的消费能力，挽回自己的自尊心。在同群体中生活的人通常也会有这种心理出现，特别是心智不成熟的小孩子之间常会出现攀比的情况，这正是他们为了维护自己的自尊心而有的正常的心理。如果自家孩子出现这种心理，应该加以疏导和教育，让小孩子懂得这种情绪的出现是什么导致的，从而培育小孩子的心智健康成长。

任务考核

一、单选题

1. 酒店宾客在消费心理上分为（　　）阶段。
   A. 一个　　　　B. 两个　　　　C. 三个　　　　D. 四个

2. 一份周全的宾客资料至少应包括（　　）部分。
   A. 三　　　　　B. 四　　　　　C. 五　　　　　D. 六

3. 要打动消费者的心，仅有满意是不够的，还必须让消费者（　　）。
   A. 惊喜　　　　B. 惊奇　　　　C. 难忘　　　　D. 惊讶

4.对酒店服务的评价往往带有很大的（　　　），即以自己的感觉加以判断。

　　A.恶意　　　　B.善意　　　　C.主观性　　　　D.随机性

5.宾客入住后，服务员要继续对其进行细致周到的服务，直到宾客（　　　）。

　　A.入住　　　　B.离开前厅　　　C.离店　　　　D.结账

二、多选题

1.宾客的满意程度即宾客对酒店的（　　　）等基本情况。

　　A.表扬　　　　B.批评　　　　C.投诉记录　　　D.宣传

2.宾客个性偏好即宾客的（　　　）是应特别留意之处。

　　A.消费方式　　B.性格脾气　　　C.兴趣爱好　　　D.言谈举止

3.宾客的基本情况作为宾客的基础，其内容包括宾客的（　　　）、受教育程度、工作单位、每次消费金额等基础情况。

　　A.姓名　　　　B.性别　　　　C.职业　　　　D.职务

4.客人在入住过程中存在着不同的心态类型，如对（　　　）。

　　A.地理位置　　　　　　　　　　B.酒店环境的要求

　　C.求尊重　　　　　　　　　　　D.求快捷

5.服务员在表达时，要注意语气的（　　　），任何时候都要心平气和。

　　A.自然流畅　　B.和蔼可亲　　　C.在语速上保持匀速　　D.礼貌有加

三、判断题

1.所谓消费前心理，是消费者决定去酒店入住到确定去哪家酒店入住过程中的心理活动。（　　　）

2.所谓酒店消费过程，是消费者选定了酒店消费地点后，在酒店入住过程中对个人满足感、周到的服务和招待等需求。（　　　）

3."宾客至上，服务第一"的宗旨及"一切为了宾客"的服务意识要在每位员工心中深深扎根。（　　　）

4.服务人员为宾客提供的服务有两种。（　　　）

5.在建立了宾客资料后，酒店应着重研究宾客的需要。（　　　）

参考答案

一、单选题：1.C　2.A　3.A　4.C　5.C

二、多选题：1.ABC　2.ABCD　3.ABCD　4.ABCD　5.ABCD

三、判断题：1. √ 2. √ 3. √ 4. × 5. √

任务四　客户投诉处理

酒店是一个复杂的整体运作系统，宾客对服务的需求又是多种多样的，同一位宾客，由于心情不同，对同一家酒店在不同时间的相同标准的服务感受和评价是不一样的；宾客入住酒店的星级、位置不同，或两次入住同一家酒店所享受的房价不同，对同一项服务的要求也不同。因此无论酒店经营得多么出色，设备设施多么先进、完善，都不可能百分之百地让宾客满意，宾客投诉是不可能完全避免的。酒店投诉管理的目的和宗旨，在于如何减少宾客的投诉，如何妥善处理投诉，如何使因宾客投诉而造成的损失降低到最低程度，最终使宾客对投诉的处理结果感到满意。

宾客投诉及其处理

一、投诉的定义

投诉，是指宾客对酒店的设备、服务等产生不满时，以书面或口头方式向酒店提出的意见或建议。提出投诉的宾客称为投诉者。

二、投诉的种类

（一）按投诉的来源及方式区分

根据投诉来源及方式，投诉可分为：电话投诉、书信投诉、传真投诉、找大堂副理当面投诉、各服务现场当场投诉、宾客意见表上客人反映的较严重的问题、各部门收集的宾客较尖锐的意见7类。

（二）按投诉的途径和渠道区分

根据投诉途径和渠道投诉可分为以下几种：

1. 直接向酒店投诉

这类宾客认为，是酒店令自己不满，是酒店未能满足自己的要求和愿望，因此，直接向酒店投诉，争取尽量挽回自己的损失。

2. 向旅行代理商投诉

选择这类投诉渠道的，往往是那些由旅行代理商（例如旅行社）介绍而来的宾客，投诉内容往往与酒店服务态度、服务设施的齐全、配套情况及消费环境有关。在这些宾客看来，与其向酒店投诉，不如向旅行代理商投诉对自己有利，前者不仅费时，而且往往是徒劳的。

3. 向有关社会团体投诉

消费者向消费者协会一类的社会团体投诉，希望依靠社会组织的力量迫使酒店以积极的态度去解决目前的问题。

4. 向有关政府部门投诉

消费者向工商局、文旅局、旅游质检所等有关政府部门投诉，希望通过它们来让酒店解决自己的问题。

5. 向媒体反映问题

消费者向电视台、电台、报纸、杂志等媒体反映酒店存在的问题，利用社会舆论向酒店施加压力。

站在维护酒店声誉的角度去看待宾客投诉，不难发现，宾客直接向酒店投诉是对酒店声誉影响最小的一种方式，酒店因而设置了大堂副理这个岗位，为宾客提供了一个固定、方便并能有效解决问题的投诉场所。从保证酒店长远利益的角度出发，酒店接受宾客的投诉，能有效控制损害酒店声誉的信息在社会上传播，防止使公众产生不良印象。宾客直接向酒店投诉，不管其动机、原因如何，都给酒店提供了一个及时做出补救和保全酒店声誉的机会。

三、投诉的原因

就酒店服务而言，容易被宾客投诉的原因和环节是多方面的，既有酒店方面的原因，也有宾客方面的原因。

（一）酒店原因造成的投诉种类

1. 有关设备、设施的投诉

由于酒店的消费环境、消费场所、设备设施未能满足宾客的要求而引起的投诉，如酒店空调、音响系统使用不正常、不配套，水、电、气供应不到位，电梯控制失灵等。

2. 有关服务与管理的投诉

此类投诉是指：管理人员督导不力，部门间缺乏沟通和协作精神而出现的违约现象；员工专业水平低、业务不熟练、一问三不知、工作不负责；会议服务不按要求配备所需设备、岗位责任混乱、事先预订了客房不能兑现、酒店未实现给予优惠的承诺、住客在房间内受到骚扰、服务效率低、叫醒服务不准时以及宾客账目合计错误等。

3. 有关服务态度的投诉

此类投诉主要是指：酒店服务人员服务态度不佳，冷冰冰的面孔、无礼粗暴的语言、嘲笑戏弄的行为、过分的热情或不负责任的答复等。

4. 对酒店产品质量的投诉

如客房有异味或蚊、蝇、蚂蚁，寝具、食具、食品不洁，食品变质、口味不佳等。

服务员服务方式欠妥或行为不检，有违反有关规定的现象（如进入客房不敲门、向宾客索要小费、不按操作规程工作等）。

5. 其他特殊原因造成的投诉

造成投诉的原因是多方面的，还有可能由一些意外因素引发宾客的不满，导致投诉。

（二）宾客原因造成的投诉种类

1. 对酒店的期望值过高

当宾客感到酒店相关服务或服务设施、项目未达到相应标准，不能体现出"物有所值"，与期望值相差太远时，便会产生失望感，进而引发投诉。

2. 对规定的理解与酒店相悖

宾客的需求及价值观念不同，对事物的看法及衡量标准也不一致。部分宾客对相关规定的理解与酒店有分歧，产生不同的看法、感受，甚至误解，因而导致投诉。

3. 心绪不佳，借题宣泄

因非酒店原因产生不满，而在酒店内借题宣泄或借题发挥，故意寻衅滋事，因而导致投诉。

四、宾客投诉心理

（一）宾客投诉的心理分析

当宾客在酒店消费过程中遇到不满、抱怨或遗憾时，会有不同的反应，可能投诉，也可能不投诉，这与宾客的心理因素有关。

1. 不愿投诉宾客的心理

（1）不习惯。有些宾客由于对高档服务环境规范不够了解而不投诉，而有些宾客则由于不习惯表达自己的意见而不提出投诉。

（2）不愿意。有些宾客由于宽宏大量、善于理解他人而不提出投诉，生活方式为粗线条型的宾客通常也不愿意为小事投诉。

（3）不相信。部分宾客会自认倒霉，认为投诉解决不了什么问题而不投诉。

（4）怕麻烦。部分宾客会因时间紧迫或不愿多事而不投诉。

2. 采取投诉的宾客的心理

（1）善意投诉的宾客

①真情关心、热忱建议，生活态度严谨认真。

②见多识广，表现欲较强，且有一定知识基础。

③想挽回损失、保全面子，自我保护意识强，了解服务规范。

（2）恶意投诉的宾客

①借题发挥，自控性不强或个性太强。

②无理取闹、无端生事，情绪不稳定、素质较低。

③有意敲诈，存心不良，另有他图。

（二）宾客投诉类型分析

1. 理智型宾客投诉

理智型宾客下榻酒店，如果受到冷遇，或粗鲁的言行，或不礼貌的服务，会产生不满、气愤的情绪，但他们大多不会因此而发怒，此时的情绪显得比较压抑，他们力求以理智的态度、平和的语气和准确清晰的表达，向受理投诉者陈述事情的经过以及自己的看法和要求。理智型宾客很容易打交道，出现问题时，酒店服务人员或管理人员如果对他们表示同情，并能立即采取必要的改进措施，他们会理解并支持酒店的工作。因为，这类宾客多数受过良好的教育，既通情达理又在发生问题时比较冷静和理智，所以对他们提出的问题比较容易处理。为此，酒店应该注意向理智型宾客提供最佳服务，争取他们的再次光临，他们是酒店的主要宾客。

2. 失望型宾客投诉

当宾客事先预订的服务项目酒店未能兑现，如电话预订客房，因酒店某些部门的粗心服务而被忘记、漏约，或当他们所付出的费用与所得到的服务产品质量不成正比，未能体现"物有所值"时，一些宾客会产生失望、不满或发火。失望型宾客的情绪起伏较大，时而愤怒、时而遗憾、时而厉声质问、时而摇头叹息，对酒店或事件深深失望，对自己遭受的损失痛心不已。这类宾客投诉的内容多是自以为无法忍受的，或是希望通过投诉达到某种程度补偿的问题。处理这类宾客的投诉的有效办法，便是让他们消气、息怒、立即采取必要的补救措施。

图 5-4-1　客人投诉

3. 发怒型宾客投诉

发怒型宾客很容易识别,在他们受到不热情、不周到的服务之时,或在受到冷遇、碰到个别服务员粗鲁言行之时,很难抑制自己的情绪,往往在产生不满的那一刻就会发出较高的骂声,言语不留余地,动作有力、迅速,不停地做手势以及快速地移动脚步,并急于向其他酒店人员讲清道理,寻求理解,对支吾其词、拖拉应付的工作作风深恶痛绝,希望能干脆利落地解决问题,并要酒店承认过失。对这类宾客的投诉,首先要使他们息怒、消气,耐心听取他们的批评意见。

五、正确认识宾客投诉

投诉是酒店管理者与宾客沟通的桥梁,对宾客的投诉应有一个正确的认识。投诉是坏事也是好事。接待投诉宾客是一件令人不愉快的事,它可能使被投诉者感到不快,甚至受罚,对很多人来说,是一次挑战;但投诉又是一个信号,告诉我们酒店服务和管理中存在的问题。因此,酒店对宾客的投诉应给予足够的重视。

(一)投诉的积极因素

宾客来自四面八方,不乏一些见多识广、阅历丰富的人。宾客从他们的角度对酒店服务工作提出宝贵的批评意见,帮助酒店发现工作中的不足和差距,有利于酒店不断改进和完善服务工作。所以,宾客的投诉是酒店完善服务工作的一种信息来源,尤其是一些善意的投诉(如对服务项目、服务设施,以及物品配备方面的意见和建议等)是我们所希望的。同时,通过对投诉的处理,可以加强酒店同宾客之间的沟通,进一步了解市场需求,有利于提高企业竞争力,争取更多客源。因此,对宾客的投诉,酒店应将其看作是发现自身服务及管理中的漏洞、改进和提高服务质量的重要途径。

（二）投诉的消极因素

宾客在服务环境或公众场合投诉，会影响酒店的声誉和形象，这是对酒店最不利的消极因素。对酒店来说，争取和维护良好形象是一件很不容易的事，如果对宾客投诉的态度及处理方式不当，使宾客因不满而离去，真正受损失的是酒店；同时，还有些宾客虽不轻易投诉，当受到不公正待遇后，便把不满压在心底，但他们却会拒绝再次光顾，并向其他亲友、同事宣泄，影响酒店的对外形象和声誉。

事实上，投诉产生后，引起宾客投诉的原因并不重要，关键是服务人员怎样看待宾客的投诉，采取怎样的态度来面对投诉，用怎样的方法来解决宾客的投诉问题。成功的酒店善于把投诉的消极影响转化为积极影响，通过处理投诉来促使自身不断提高工作质量，以防止投诉的再次发生。正确认识宾客的投诉行为，就是不仅要看到投诉的消极影响，更重要的是把握投诉所隐含的对酒店的有利因素，变被动为主动，化消极为积极。总之，正确认识宾客的投诉，是使投诉得到妥善处理、为酒店挽回声誉、使宾客满意而归的基础。

所以，酒店对宾客的投诉要采取积极、欢迎的态度，无论宾客出于何种原因进行投诉，酒店方面都要理解宾客的心理，绝不能与其争辩或不理不睬；要充分重视、设身处地为宾客着想，及时调查，弄清事实，纠正错误，改善关系，真诚地帮助宾客，尽可能地令其满意，只有这样才可能消除宾客的怨恨与不满，重新赢得好感及信任，改善宾客对酒店的不良印象。

（三）宾客投诉对酒店的作用

1. 可以帮助酒店管理者发现服务与管理中的问题与不足

酒店的问题是客观存在的，但管理者不一定能发现，原因之一是管理人员长期在一个习惯了的工作环境中，对本酒店存在的问题可能会熟视无睹。而宾客则不同，他们到过许多酒店，较易比较，容易发现存在的问题。另一方面，尽管酒店要求员工做到"管理者在与不在一个样"，但事实上，很多员工没做到这一点，管理者在与不在截然不同，因此管理者很难发现问题。而宾客则不同，他们是酒店产品的直接消费者，对酒店有切身的体会和感受，所以容易发现问题，找出不足。

2. 为酒店方面提供了一个改善宾客关系、挽回自身声誉的机会

研究表明，使一个宾客满意，可以招揽 8 位宾客上门，而惹恼一个宾客则会导致 25 位宾客从此不再登门。因此宾客有投诉，说明宾客不满意，如果这位宾客不投诉或投诉了没有得到满意的解决，宾客将不再入住该酒店，同时意味着将失去 25 位潜在的宾客，这对酒店无疑是一个巨大的损失。通过宾客的投诉，给酒店提供了一个使宾客由"不满意"到"满意"的机会，加强了彼此的沟通，消除了对酒店的不良印象。

3. 有利于酒店改善服务质量，提高管理水平

酒店可通过宾客的投诉不断地发现问题、解决问题，进而改善服务质量，提高管理水平。

（1）投诉有助于创造常客。目前，酒店业非常重视培养忠诚顾客，而研究表明，提出投诉而又得到妥善处理的宾客 2/3 是回头客，所以，投诉在使酒店为难的同时，也创造了常客。

（2）投诉说明宾客对酒店还有较高的期望值。通常，如果宾客认为某一酒店令他不满是一个例外才会投诉，在该宾客心目中，酒店的形象远比现在宾客感受到的要好。宾客会认为通过投诉，酒店就会表现出应有的水平。如果宾客对某酒店的服务不满而又认为该酒店正常水平就是如此，通常便不会投诉，而是去寻找理想中的酒店。

六、投诉处理的基本程序

酒店方面在处理宾客投诉过程中要注意和把握一定的方式方法，认真做好投诉的处理工作。接受宾客投诉的，无论是管理人员还是服务人员，都不是一件愉快、轻松的事情。为什么把接待投诉的工作视为一种挑战呢？原因就在于想使宾客满意而归，的确有一定难度。因此我们必须研究处理宾客投诉的技巧和方法。

这里着重介绍一下口头投诉的处理程序：全神贯注地聆听—保持平静—同情宾客—尊重宾客—关心宾客—记录—告诉宾客将采取的措施—告诉宾客解决问题的时间—监督问题的解决过程—把处理结果通知宾客并征求宾客意见—把投诉中发现的问题反映到相关部门，以便酒店采取改进措施。

七、投诉处理结束后酒店所应采取的措施

（1）了解分析投诉形成的原因，涉及个人责任的，按酒店制度对有关责任人进行处罚；如果发现投诉涉及酒店的制度漏洞，应查漏补缺、完善制度。

（2）迅速找到有关责任人所在部门，尽快执行酒店制度。

（3）找出投诉较多的问题与环节。如，可统计投诉，找出投诉最多的部门、个人及问题；可统计宾客意见书上的意见，确定哪个部门、个人存在的不足最多；请处理投诉的员工列举投诉较多的问题。

（4）把投诉统计、分析、处理的经过及宾客对投诉处理的意见，反馈到有关部门，

以便改进工作。

（5）根据投诉记录及其他有关资料，建立、补充宾客投诉档案。

（6）针对薄弱环节，加强员工培训；改进服务态度与服务质量，特别要培训前厅服务人员掌握正确地处理投诉的方法。

八、投诉的预测与防范

如果宾客在上述环节的投诉量大，就会降低和损害酒店的声誉，从而影响酒店的经营活动及经营效益。要做到这一点，就要求我们在酒店运营管理中注意容易出现投诉的环节，并采取相应的措施。

（一）加强同宾客的沟通

通过加强同宾客的沟通来扩大了解投诉的渠道，最大限度地掌握宾客的满意程度，控制宾客投诉事态的发展，增强改进工作的主动性。例如，让各级管理人员亲自询问宾客意见，以获取更详细的信息；在前台向客房提供"宾客意见表"，收集宾客书面的投诉及建议；定期进行市场调查及新客源、丢失客源调查等。

（二）注重改善服务质量

通过日常工作的监督控制，及加强服务人员思想、业务及技能的教育培训，增强其礼貌修养和工作责任心，改进其服务态度，增强服务意识和协作观念；最终提高服务质量和工作效率。

（三）加强设备设施的管理，注重酒店产品的出品质量

要建立完善的管理体制，制订出具体的有关设备设施的管理、维修保养，以及控制酒店产品出品质量的方案计划；同时，要不断提高工程维修人员及负责产品出品人员的技术技能水准，保证维修质量，加强酒店产品出品的质量控制，实施定期的监督和检查。

（四）搞好酒店的安全控制

所谓酒店安全控制，即做好酒店内部各部位的消防、治安监督、控制工作，制定严格的规章和责任制度，采取各种控制手段，避免火灾的发生，维护好酒店的治安环境，保障在店宾客人身及财物安全。

（五）建立宾客投诉档案

通过大堂副理日志等形式记载投诉的情况，并定期由专人整理，形成酒店全面质量管理的依据，以便做好总结，改进日后的工作，防止此类投诉的再度发生。

任务引入

每组同学采用抽签的方式来决定完成哪项工作。

1. 讨论分析：投诉的种类及其原因。
2. 讨论分析：宾客投诉的积极与消极影响。
3. 讨论分析：宾客投诉处理的基本程序。

任务实施

要求：学生分成若干小组，讨论分析以上三个学习任务。每个小组展示任务的完成过程中，各组通过任务回放进行自评、互评，教师在学生完成任务过程中进行评价。最后以上三种打分相加总分为每名学生的最后得分。

考核评价

从中找出优点、不足和错误，指出努力方向，进行评分，奖励优秀的小组。进一步掌握正确的工作过程与工作方法，训练学生工作方法能力、自我监控能力和评价能力。

任务评分表（满分 50 分）

小组编号：　　　　　学生姓名/学号：

标准	序号	评分项目	每项5分	得分
完成正确性	1	是否全面分析投诉种类		
	2	是否正确掌握投诉原因		
	3	是否合理分析投诉的积极影响		
	4	是否掌握投诉处理的基本程序		
	5	是否掌握宾客投诉的心理		
	6	是否掌握投诉处理结束后酒店所应采取的措施		
	7	是否掌握投诉的预测		
	8	是否掌握投诉的防范		
完成流畅性	9	完成任务是否流畅，有1处停顿扣1分，有2处停顿扣2分，3处停顿扣3分，4处以上不得分		
仪容仪表	10	仪容仪表符合预订员要求，仪态大方，服饰干净，不化浓妆，头发干净整齐，修剪指甲。有1处不符合标准扣1分，3处以上不得分		
总分				

拓展知识

客诉5步处理法

在本文的第一个部分，我们先来看看客诉处理的正确流程，并提炼其中的解决方法。

1. 倾听客诉

（1）主动询问

当客人表现出不满情绪或投诉时，工作人员应该第一时间主动询问事情前因后果，可以使用如下话术：

①请问有什么可以帮您的吗？

②请问当时发生了什么事情？

（2）认真记录

在客人讲述事情原委的过程中，工作人员需要记录重点内容，并对客人的感受表示理解。

①示意：通过点头、眼神等肢体语言表示理解；

②记录：将客诉内容的要点记录在笔记本中；

③二次确认：在客人表达完之后，首先进行礼貌性地确认：您讲完了吗？然后对客人的话进行简要的总结，给出若干要点。最后记得一定要与客人确认理解是否正确。

（3）提出问题

对于不理解、不明确的内容，及时提出问题，获知更多细节。

2. 表达尊重

（1）表示同情

在沟通的过程中，在客人阐述具体问题时，酒店应适合表达对客人遭遇的同情和理解。例如：

①我非常理解您的感受。

②居然发生了这样的事情，我们也很震惊。

（2）换位思考

站在客人的角度上，处理投诉。例如客户情绪较激动，经理希望邀请客人到办公室沟通处理。

×错误示范：为了不影响其他客人，我们去办公室吧！

√正确示范：我想您一定累坏了，我在办公室为您泡了一壶好茶，想请您去办公室坐下来休息下，再和您了解下具体情况。您看可以吗？

3. 提出解决方案

（1）真诚致歉

如果确认为酒店过错，应立即向客人道歉；非酒店过错时，切忌生硬拒绝承担责任，而应该礼貌告知缘由，并表示愿意协助客人解决问题。

（2）处理方案

针对客人的问题，酒店应主动给到对应的解决方案，并询问客人是否接受；对于不确定是否能解决的问题，切勿轻易下承诺。

（3）询问满意度

对于给到客人的补偿，询问客人是否接受，如不能则需进行下一步的协商。

4. 补偿方案

（1）合适的人

客人在店期间，可由酒店中高层上门致歉，表示重视。

（2）合适的时间

时间不宜过早或过晚，错开客人休息时间，若客人不在可先通过便利条留言致歉。

（3）合适的话术

在致歉前先表现身份，询问客人"投诉问题是否已经得到解决，您是否满意？"若客人表示已解决时真诚致谢，若表示并未解决，需要与客人进行下一步的沟通。

5. 做好同步

酒店服务是个"100-1=0"的过程，需要全体部门的协作。所以面对客人的投诉，无论投诉产生于哪一环，都需要及时记录相关信息，并同步到各个部门。这样，当其他部门的工作人员再次服务到这位客人时，能及时向客人表示关心，从而提升客人的服务感受。

案例分享

如客人向总机投诉酒店晚上有空调噪音影响睡眠，信息同步到各个部门后，大家就可以提前做好相关服务准备。

√工程部：快速上门检修空调噪音问题；

√前厅部：若无法修复，为客人更换房间；

√客房部：为客人送上安眠的热牛奶，防噪音的耳塞；

√餐饮部：次日客人到餐厅用餐时，送上一杯提神咖啡或热茶，并真诚致歉。

任务考核

一、单选题

1. 酒店对宾客的投诉要采取（　　）的态度。
   A. 积极　　　　B. 消极　　　　C. 热情　　　　D. 冷漠

2. 宾客直接向酒店投诉是对酒店声誉影响（　　）的一种方式。
   A. 较大　　　　B. 较轻　　　　C. 最大　　　　D. 最小

3. 宾客在服务环境或公众场合投诉，这是对酒店最不利的（　　）因素。
   A. 积极　　　　B. 消极　　　　C. 客观　　　　D. 主观

4. 投诉在使酒店为难的同时，也创造了（　　）。
   A. 常客　　　　B. 宾客　　　　C. 知名度　　　D. 机会

5. 当宾客在酒店消费过程中遇到不满、抱怨或遗憾时，会有不同的反应，可能投诉，也可能不投诉，这与宾客的（　　）有关。
   A. 心理因素　　B. 生理因素　　C. 经历　　　　D. 阅历

二、多选题

1. 不愿投诉宾客的心理为（　　）。
   A. 不习惯　　　B. 不愿意　　　C. 不相信　　　D. 怕麻烦

2. 宾客投诉类型有（　　）。
   A. 理智型　　　B. 失望型　　　C. 发怒型　　　D. 崩溃型

3. 宾客原因造成的投诉种类为（　　）。
   A. 对酒店的期望值过高　　　　B. 对规定的理解与酒店相悖
   C. 心绪不佳，借题宣泄　　　　D. 个人恩怨

4. 投诉是（　　）沟通的桥梁，对宾客的投诉应有一个正确的认识。
   A. 酒店　　　　B. 酒店管理者　C. 宾客　　　　D. 协会

5. 把投诉（　　）的经过及宾客对投诉处理的意见，反馈到有关部门，以便改进工作。
   A. 统计　　　　B. 分析　　　　C. 处理　　　　D. 解决

三、判断题

1. 投诉，是指宾客对酒店的设备、服务等产生不满时，以书面或口头方式向酒店提出的意见或建议。（　　）

2. 投诉有助于创造常客。（　　）

3. 投诉说明宾客对酒店还有较高的期望值。（　　）

4. 酒店对宾客的投诉要采取积极、欢迎的态度，无论宾客出于何种原因进行投诉，酒店方面都要理解宾客的心理，绝不能与其争辩或不理不睬。（　　）

5. 就酒店服务而言，容易被宾客投诉的原因和环节是多方面的，既有酒店方面的原因，也有宾客方面的原因。（　　）

参考答案

一、单选题：1. A　2. D　3. B　4. A　5. A

二、多选题：1. ABCD　2. ABC　3. ABC　4. BC　5. ABC

三、判断题：1. √　2. √　3. √　4. √　5. √

任务五　客户突发事件处理

酒店经营管理过程中，难免会遇到"意料之外"的突发事件，比如客房内异常声响、客人斗殴等。酒店如果能及时解决平息此类事件，能有效避免经济损失，还能提升酒店品牌形象，赢得客人好感。

酒店各种突发事件处理程序（危机预案）

一、处理客房门未关的程序

1. 轻轻敲三下门，其用语为"您好，安全服务员"，无回答时，连续三次。

2. 当有客人回答时，就向客人解释："您好，我是保安部的某某，巡楼时发现您的门未关，又没有看到您，为了您的安全请您关上门好吗？谢谢您。"

3. 若三次敲门后仍无回答，就站在适当位置（不要进房），然后通知大堂副理和楼层服务员到达现场。

4. 等到大堂副理、楼层服务员来后，先让服务员证实客房是否有客人入住。有客人入住时，检查有无被翻动和搏斗的迹象。如发现这种情况，应注意观察，看床的两侧是否有客人被害的迹象，检查卫生间，看有无客人被绑在里面。无客人入住时，要弄清楚是服务员忘记锁门还是不法分子所为。

5. 做值班记录，把发现的和各方面协作人员观察到的情况以及进入房间的情况做好记录。

二、客房内异常声音的处理程序

1. 呼叫声、打闹声、电视声音异常过大,发现此类情况应立即报告保安部,通过大堂副理打电话了解情况,同时保安部应增派人员到该楼层进行控制,注意隐蔽好,以免引起客人惊慌。如没有人接电话,可通知管家部员工叫门,仍无人开门,应判断是客人内部争执还是犯罪嫌疑人所为,如是犯罪嫌疑人所为,保安部主管视情况打110报警,根据酒店值班经理和大堂副理的意见,可强行将门打开,制止不法行为。

2. 吵闹声和哭泣声:员工发现此类情况,应迅速报告保安部,然后通知大堂副理,通过大堂副理打电话到房间委婉了解情况,如属客人内部之间的争执可由大堂副理或值班经理负责调解,同时应通知监控注意该房有无异常情况。

3. 撞击声:听到房内有特别的撞击声,先辨别这种声音是砸东西的声音还是打架砸人的声音,迅速把情况报告给保安部和大堂副理,增派保安人员到该楼层做好控制,然后由管家部服务员叫门,情况正常,可由大堂副理或值班经理负责调解,如属异常情况,可由保安部出面处理,情节严重者,交由公安机关处理。

三、酗酒客人的处理程序

1. 无论酒店内喝醉酒还是在外喝醉的客人,保安员都应注意,客人醉酒后失去正常理智,处于不能自控状态,有的胡言乱语,甚至滋事、损坏酒店财物、调戏妇女等,保安员应时刻注意并灵活处理。

2. 对尚未安全失去理智的醉酒客人,保安员应及时通知大堂副理或值班经理进行处理,或者将其劝至客房或其他适宜的地方,待其酒醒。

3. 如醉酒客人不听规劝,妨碍酒店的经营秩序,可将其强行带入房间进行约束,待其酒醒。

图 5-5-1　客人醉酒

4. 如醉酒客人在公共场所发酒疯，打人，骂人，毁坏酒店财物无法控制时，保安员应立即制止其行为，并报公安机关处理。

5. 醉酒客人因酒精中毒严重，面色苍白，口吐泡沫或其他严重症状时，应及时通知大堂副理或值班经理，送到医院抢救。

四、预防打架斗殴、流氓滋事

1. 保安员注意成群结伙来店人员，发现可疑现象和闹事苗头及时上报并上前制止。

2. 一旦发现打架斗殴、流氓滋事事件，在场服务员要及时报告保安部，保安部应立即派当值保安员上前控制事态，保护好酒店其他客人、员工人身安全和酒店财产安全，同时拨打110报警并通知值班经理到场。

3. 保安员将殴斗双方或肇事者分开，把肇事者带到保安部，交公安机关处理。

4. 如事态严重，有伤害事故发生，一方面要抢救伤员，另一方面要及时报警。

5. 将肇事人员带往保安部途中，要提高警惕，注意发现对方身上有无武器，如有，要及时收缴，以免发生伤害或逃跑。

6. 保安员在现场检查发现遗留物，查清酒店设施是否遭受损坏，损坏程度及数量。

五、停电紧急处理

1. 各部门如发现突然停电，应立即向部门主管及工程师、保安部报告。

2. 保安部应及时调集人员严格把守各出入口通道，防止不法分子趁乱作案，同时保护好酒店客人人身、财物安全。

3. 若有宾客在停电期间被关在电梯内，监控中心应立即通知大堂副理和巡逻保安配合工程部员工设法解救客人，并稳定被困客人的情绪。

4. 保安部经理应在大堂加强保卫力量，短时间停电，可向客人解释，长时间的停电，应配合大堂副理引导客人从楼梯通道进入客房。

5. 一旦供电恢复正常，保安员对整个大楼进行检查，确保正常运转。

六、客人拒付酒店费用的处理程序

1. 保安部接大堂副理通知后，应详细了解客人情况，年龄、性别、外貌特征、房号、是否在酒店内等，及时通知监控室注意跟踪监护。

2. 通知保安部经理做好防范措施，防止此人离开酒店或采取暴力行为。

3. 在客人未付清费用以前，如客人要到酒店其他区域办事，保安员要隐蔽地跟随客人，以便随时掌握客人动态。

4.如客人要出酒店，应礼貌地将其拦住，通知大堂副理和客人交涉到圆满结束后方可撤岗。

5.如遇到拒付费用又不讲理的人员，一方面通知大堂副理协调，保安部做好控制，另一方面通知公安机关。

七、客人意外受伤、病危、死亡处理

1.接到报告后与相关部门人员迅速赶到现场。

2.仔细询问客人情况，根据客人受伤程度和病危人员的现状采取就地急救或送医院治疗。

3.保安部主管协助相关部门送客人去医院。

4.在客人单位人员及亲属未到之前，派员看护。

5.危重病人，保安经理须在场，以防病情恶化。

6.如有客人死亡时，应确认死者身份，保护好现场，并立即与公安部门联系，配合公安人员做好处理工作，按客人登记及其他线索与客人所在单位及亲属联系，协助做好善后工作。

7.按有关程序进行调查，并写出调查报告，详细提供给有关部门及亲属，并将调查处理结果呈报总经理。

八、防风、防汛等自然灾害应急处理

（一）准备工作

1.保安部经理必须到现场，各岗位人员各就各位，各部门要保证人员值班。

2.通知总经理等酒店领导同时做好防风、防汛的准备工作。

3.加强酒店门外的巡逻，外保人员检查酒店外墙的玻璃窗是否关闭，指挥车辆不能停在风口、紧急出口处，发现情况及时报告。

4.做好沙包等各种抢险救灾物资的准备。

5.紧急情况下，执行酒店领导指令。

（二）各部门的职责

1.工程部将外围用电设备和电源关闭，以免造成短路发生火灾。

2.管家部检查各楼层，劝告客人不要在酒店外围活动。

3.总机时刻保持酒店内外联络畅通。

4. 大堂副理做好客人的解释工作，并随时做好抢险，协助医务人员抢救伤员等工作。

（三）事后检查抢修

1. 迅速收拢人员，各部门加强对受损情况的检查。

2. 及时与工程部联系抢修补救工作，同时部门间开展互救。

九、接待VIP的安全保卫方案

（一）成立领导小组和安全指挥中心

1. 接待VIP领导小组成员分别由酒店总经理和各部门经理组成。

  组长：总经理

  副组长：副总经理

  成员：各部门总监、经理

2. 安全指挥中心设在保安部监控室，由保安部经理、副经理全天24小时轮流值班。

（二）做好接待前的安全准备工作

1. 配合公安部门检查和准备。

2. 负责对大堂外围车辆的控制，及时与交管部门对大堂外围车辆进行清理。

3. 由保安部派专人配合其对酒店有关安全及消防设施进行全面检查。

4. 客人入住期间，公安部门在酒店的协调和接待工作，由保安部负责。

5. 前厅部提前确定VIP客人入住楼层和房号。

6. 管家部对所确定房间进行特别处理和清洁，如有维修项目尽快通知工程部。

7. 餐饮部把好食品卫生关，所有食物一定要留样。

8. 工程部、保安部对酒店各区域特别是VIP所住楼层及房间进行细致检查，及时排除安全隐患。

9. 保安部负责对大堂外围车辆进行清理和控制，同时停车场留出足够的车位，供VIP车辆停放。

10. 保安部提前安排人员到VIP楼层定岗。

11. 各部门列出接待VIP人员名单及负责人名单，以便审定。

12. 总机员工不可将客人姓名、房间号及入住资料告诉来访、来电客人，总机要严格控制VIP房间的骚扰电话。

13. 保安部成立应急小组，做好预防各种突发应急事件的准备工作。

十、检查员工更衣柜程序

1. 每月定期检查男、女员工更衣柜。

2. 由人力资源部从酒店各部门餐饮部、销售部、前厅部、管客部、工程部、保安部、人力资源部、财务部的员工更衣柜钥匙中按比率随机抽出部分员工的更衣柜钥匙。

3. 保安部主管每月轮流与人力资源部共同检查。根据《员工手册》的规定，员工更衣柜内不允许存放客用物品。检查时将存放客用物品的更衣柜号码及存放的客用物品作如实记录。

4. 检查结束后，将检查结果报人力资源部处理。

十一、发生盗窃案处理程序

1. 保安部接到报告后，主管马上同大堂副理去现场处理。

2. 到达客房后由大堂副理敲门并表明身份。

3. 向客人了解丢失物品的前后经过和物品种类、价值等详细情况，请客人填写财物遗失报告。

4. 如果丢失贵重物品或重要证件，要询问客人是否报警，如要报，可按程序报警并封锁现场，提醒客人不要随意翻动物品，等待警方人员到来。

5. 如果丢失非贵重物品或丢失物品价值较大，但客人不愿意报警，可按以下程序处理：

请客人再仔细检查一下自己的物品是否有错放位置等其他情况，或在客人同意时同大堂副理进房查找，但不触动客人私人物品——观察现场有无被盗痕迹，制作现场简图，并拍照备案——详细记录客人的陈述。

6. 检查楼层所有可能藏匿赃物的区域，如：空客房、服务间、管道井、走廊等。

7. 调查有关人员，并制作笔录。

8. 由保安主管写一份详细调查报告并附客人财务损失报告。

十二、客人报告的"丢失/盗窃"物品事件的处理程序

1. 大堂副理所收到的所有报失案应当立即交给保安部经理。

2. 保安人员在大堂副理和其他部门主管的帮助下着手进行调查，所有员工应全力合作。

3. 如果事故发生在酒店范围外，客人要求报警，一名保安员就要陪同他去公安局。

4. 如果事故发生在酒店范围内，保安人员将进行调查；保安部经理或主管会同大堂副理向客人了解丢失物品种类、价值等情况，并请客人填写"财务损失报告"。如果客人要求报警，可按程序报警并封锁现场，提醒客人不要随意翻动物品，待警方人员到来，在酒店范围内保安人员予以协助。

5. 保安主管应拍照现场，备案。

6. 如果丢失非贵重物品或丢失物品价值较大，但客人不愿报警，可按以下程序处理：请客人再仔细检查一下自己的物品是否有错放位置等其他情况，或在客人同意时同大堂副理进房查找，但不触动客人私人物品——观察现场有无被盗痕迹，是否需要现场勘查——详细记录客人的陈述。

7. 保安人员将从目击者或其他人员处获得证词，搜寻可能找到的地方，询问有关员工并作笔录，可能的话分别搜查相关员工的衣柜（经人力资源部取得更衣柜的钥匙）。

8. 警方对员工的任何询问或要求检查酒店，应直接告知保安部经理并且他会通知人力资源部和有关部门主管予以协助，在任何情况下，如有员工被涉及，保安部应告知人力资源部。

9. 完成有关手续后，保安部经理呈交一份详细报告给总经理，抄送财务总监、行政管家及有关部门经理。

十三、发生抢劫的处理程序

（一）对控制人质的抢劫犯罪处理

1. 当发现有抢劫犯罪时，必须首先通知保安部经理，告知抢劫犯的人数，所持凶器，被劫持的人质情况。

2. 报告总经理，确定是否答应劫犯的要求。

3. 控制现场，疏散周围的客人，以免造成其他人员伤亡。

4. 报告公安机关与劫犯进行谈判。

5. 专业人员没有到达前，安排人员与劫犯对话，以麻痹罪犯，拖延时间。

6. 如有可能，由总经理同意解救人质，抓捕罪犯。

（二）发生抢劫的主要措施

1. 当发现有抢劫犯罪时，必须首先通知保安人员，以争取时间。

2. 报告总经理。

3. 控制现场，疏散周围的人员，以免造成人员伤亡。

4. 如有可能，制服罪犯，交由公安机关处理。

5. 如罪犯所持凶器不易制服，应将罪犯控制在一定区域内等待公安人员到来。

6. 记住罪犯的外形特征、作案工具及逃离方向。

十四、发生暴乱的处理程序

1. 紧急报警，立即向酒店管理当局和酒店紧急反应小组报告，记录暴乱的地点、人数、程序、伤亡等情况。

2. 保安部经理或保安主管应立即赶赴现场控制事态发展，采取冷处理，减少损失。

3. 由保安部经理报告公安部门，等待援助。

4. 保护重要客人及其他住店客人的人身安全。

任务引入

每组同学采用抽签的方式来决定完成哪项工作。

1. 分析讨论：酒店突发事件种类。

2. 分析讨论：酒店各种突发事件处理程序。

任务实施

要求：学生分成若干小组，分析讨论酒店突发事件种类及酒店各种突发事件处理程序，每个小组展示任务的完成过程中，各组通过任务回放进行自评、互评，教师在学生完成任务过程中进行评价。最后以上三种打分相加总分为每名学生的最后得分。

考核评价

从中找出优点、不足和错误，指出努力方向，进行评分，奖励优秀的小组。进一步掌握正确的工作过程与工作方法，训练学生工作方法能力、自我监控能力和评价能力。

任务评分表（满分 50 分）

小组编号：　　　　　　学生姓名/学号：

标准	序号	评分项目	每项5分	得分
完成正确性	1	是否掌握处理客房门未关的程序		
	2	是否掌握客房内异常声音的处理程序		
	3	是否掌握酗酒客人的处理程序		
	4	是否掌握预防打架斗殴、流氓滋事的方法		

续表

标准	序号	评分项目	每项5分	得分
完成正确性	5	是否掌握停电紧急处理方法		
	6	是否掌握客人拒付酒店费用的处理程序		
	7	是否掌握客人意外受伤、病危、死亡处理程序		
	8	是否掌握防风、防汛等自然灾害应急处理		
完成流畅性	9	完成任务是否流畅,有1处停顿扣1分,有2处停顿扣2分,3处停顿扣3分,4处以上不得分		
仪容仪表	10	仪容仪表符合预订员要求,仪态大方,服饰干净,不化浓妆,头发干净整齐,修剪指甲。有1处不符合标准扣1分,3处以上不得分		
总分				

拓展知识

酒店突发事件如何处理?牢记这几点,"坏事"也能变"好事"!

酒店发生突发事件时,应该如何处理把损失降到最低?

◆场景1

客人醉酒后回到酒店,在前厅行为失态大吵大闹,严重影响其他客人休息。

处理要点

1. 人员协助:面对醉酒客人,前厅部应第一时间劝告客人回客房休息,并呼叫迎宾或客房服务人员护送客人至房中。

2. 醒酒服务:送客进房后,调节室内空调温度,在床头摆放温毛巾、温水或解酒茶,床旁摆放垃圾桶,同时打开照明灯帮助客人辨别方位。

3. 做好交接:前台人员联络同行人员,代为照顾醉酒客人,如无同行人员,应记好房号,与安全部、客房部人员做好交接,随时留心房内是否有异响,并定时开房门查看客人是否有呕吐等现象,严重者做好就医准备。

注意事项

1. 对醉酒客人纠缠要礼貌应对、机警回避,避免刺激客人情绪。

2. 服务人员不可单独送客人回房,至少两人同行。

2. 客人有严重破坏行为,应通知安保人员进行阻止。

3. 醉酒客人损毁物品,应做好记录并在客人醒酒后核对,协商赔偿。

◆场景2

客人入住期间，在酒店区域内意外受伤，寻求帮助。

处理要点

1. 查看伤势：客人受伤后，保安部主管及大堂经理应及时到场查看客人伤势并安抚客人情绪，通知医务人员前来处理。

2. 医疗处理：医务人员到场对客人伤势进行处理并给出合理化建议，伤势较轻由医务人员处理医治，如伤势较重，应帮助客人联系医院，并由专人陪同客人前往医院治疗。

3. 伤势评估：确认伤情后，财务部评估客人伤势上报店长，并协助客人向保险公司索赔。

4. 跟踪关怀：安排餐饮部为客人配餐送餐、公关部人员探望客人，表达酒店关心并安抚。工程部对故障设备进行检修。

注意事项

1. 保安员应通过监控或目击者了解事情经过，必要时保留书面材料。

2. 客人提出代买药物需求应婉言拒绝，并推荐客人就医。如客人坚持不愿就医，应请医生诊断并开处方，再由服务人员凭处方到正规药店买药，将发票和药一并交给客人。

◆场景3

营业期间，酒店突然无预兆断电，引起客人不满。

处理要点

1. 启动预案：值班人员应积极应对突然停电事故，关闭电梯总电源，通知工程部启动备用电源，同时排查停电原因。

2. 客人安抚：客房服务人员打开应急灯，向客人致歉并发放应急手电照明。如电梯内有客人，保障电梯内人员安全，并安排专人与电梯内客人沟通，缓解客人紧张情绪。

3. 人员疏散：服务人员和保安部应在各楼层出入口执勤，开启疏散通道，协助公共区域客人离开酒店。

4. 致歉赠礼：确认恢复供电时间后，第一时间通知客人，并在事后向客人发放优惠券等表达歉意。

注意事项

1. 停电时要阻止客人在酒店内随意走动，避免发生意外。

2. 恢复供电后，先为营业区和必要设备供电，以免负荷过大再次出现故障。

3. 事后对停电原因总结归档，对相关设备、线路进行改造。

◆场景4

营业期间，酒店区域发生火灾。

处理要点

1. 采取紧急措施：发现火情后，立即拨打火警电话报警，说清失火地点、起火原因，在火势较小、有绝对把握灭火的情况下，可尝试用灭火器扑灭火焰，火势较大应由保安人员和服务人员通过消防应急广播通知客人避灾，并协助客人从安全出口撤离，带至安全区域。

2. 协调配合：灭火期间保障人员安全，为店内人员配备湿毛巾等防火装备，同时配合火警做好现场情况说明等协助工作。

3. 客人安排：做好客人安抚工作，如需将客人安排到其他酒店，应立即与其他酒店取得联系并安排，并在事后赔偿客人损失。

注意事项

1. 若火灾发生在厨房，通知工程部立即关闭煤气阀门和电源。

2. 保证安全出口畅通，平时做好消防器材维护和员工火灾培训。

对于酒店来说，除了要学会应对突发事件，做好日常服务也是一门必修课。突发事件不常有，但酒店服务体现在日常经营的每个细节，更显示酒店的专业水平和"软实力"。

任务考核

一、单选题

1. 轻轻敲三下门，其用语为"您好，安全服务员"，无回答时，连续（　　）次。
   A. 三　　　　B. 四　　　　C. 五　　　　D. 六

2. 由（　　）查询客人的相关资料及其家人的联络方式。
   A. 大堂副理　B. 前厅经理　C. 总经理　　D. 保安

3. 如有可能，由（　　）同意解救人质，抓捕罪犯。
   A. 大堂副理　B. 前厅经理　C. 总经理　　D. 保安

4. 保安部接到报告后，（　　）马上同大堂副理去现场处理。
   A. 大堂副理　B. 前厅经理　C. 总经理　　D. 主管

5. 通知（　　）等酒店领导同时做好防风、防汛的准备工作。
   A. 大堂副理　B. 前厅经理　C. 总经理　　D. 主管

二、多选题

1. 检查楼层所有可能藏匿赃物的区域，如：（　　）等。
   A. 空客房　　B. 服务间　　C. 管道井　　D. 走廊

2. 总机员工不可将（　　）告诉来访来电客人。

　　A. 客人姓名　　　B. 房间号　　　C. 入住资料　　　D. 性别

3. 保安部接到大堂副理通知后，应详细了解客人情况，（　　）是否在酒店内等，及时通知监控室注意跟踪监护。

　　A. 年龄　　　　　B. 性别　　　　C. 外貌特征　　　D. 房号

4. 客人醉酒后失去正常理智，处于不能自控状态，有的（　　）等，保安员应时刻注意并灵活处理。

　　A. 胡言乱语　　　B. 滋事　　　　C. 损坏酒店财物　D. 调戏妇女

5. 如醉酒客人在公共场所（　　）无法控制时，保安员应立即制止其行为，并报公安机关处理。

　　A. 发酒疯　　　　B. 打人　　　　C. 骂人　　　　　D. 毁坏酒店财产

三、判断题

1. 当发现有抢劫犯罪时，必须首先通知保安部经理，告知抢劫犯的人数，所持凶器，被劫持的人质情况。（　　）

2. 一旦发现打架斗殴、流氓滋事事件，在场服务员要及时报告保安部。（　　）

3. 如果丢失非贵重物品或丢失物品价值较大，但客人不愿报警，可私自报警。（　　）

4. 大堂副理所收到的所有报失案不必交给保安部经理。（　　）

5. 如醉酒客人不听规劝，妨碍酒店的经营秩序，可将其强行带入房间进行约束，待其酒醒。（　　）

参考答案

一、单选题：1.A　2.A　3.C　4.D　5.C

二、多选题：1.ABCD　2.ABC　3.ABCD　4.ABCD　5.ABCD

三、判断题：1.√　2.√　3.×　4.×　5.√

项目六　前厅部客房收益

学习引导

前厅部是实施酒店收益部门和营销部门价格策略以及预订客人接待的核心部门，销售客房也是其主要任务。为了保证酒店客房收益策略顺利实施，前厅部应该充分了解酒店的收益管理思想，做好客房升级销售和会员发展，增加酒店客房收益。前厅还应该把握超额预订策略的精髓，为精准超额预订提供更为可靠的数据资料，同时妥善处理因超额预订过度带来的订房纠纷，在保障客房收益的同时做好客户关系维护；明晰客房收益指标的内涵，在前厅运营中提升前厅服务和管理能力。本项目从前厅服务活动学习深入到前厅经营的收益分析，旨在使学生了解服务活动与经营数据分析之间的关系，帮助学生建立前厅运营思维。

学习目标

1. 了解酒店会员发展计划；熟悉客房销售的关键指标。

2. 掌握客房升级销售的技巧，影响超额预订准确性的数据类型，酒店客房超额预订数量的计算方法。

3. 能够采集影响超额预订准确性的相关数据，并对数据关系做简单分析；能够分析客房销售的关键指标，评价前厅部收益。

案例导入

如何赢得客人的满意

在旅游旺季，各酒店出租率均较高，为了保证经济效益，酒店一般实行超额预订。

一天，经大堂副理及前台配合，已将大部分客人安排妥当。当时1318客人为预离房，直至18点才来前台办理延住手续，而此时1318房间的预抵客人已经到达（大堂副理已在下午多次电话联系1318房间预离客人，但未联系上）。大堂副理试图向刚刚到达的客人解释酒店超额预订，并保证将他安排在其他酒店，一旦有房间，再将其接回。但客人态度坚决称"这是你们酒店的问题，与我无关，我哪儿也不去"。鉴于客人态度十分坚决，而且多次表示哪怕房间小一点也没关系，就是不想到其他酒店。在值班经理允许下，大堂副理将客人安置到了值班经理用房，客人对此表示满意。

任务一 升级销售技巧运用

一、客房升级销售技巧

客房的升级销售是前厅部重要的销售策略，作为一些成功酒店的"秘密武器"，已经被越来越多的酒店引入并取得了骄人的战绩。客房升级销售可最大限度地提高酒店产品和服务的使用率及销售价格，对酒店实现利润最大化起到了立竿见影的作用。

客房销售

（一）升级销售

在收益管理的众多策略之中，有一项策略既能为酒店带来直接纯利润的增加，又能同时令顾客、员工和业主三方获益，它比通过第三方渠道过来的销售更好，比通过电话、电子邮件或直接上门推销效果更好，这就是升级销售，也叫升档销售。

升级销售是指在宾客在线预订阶段或者已经有预订的宾客在抵店办理入住手续阶段，前台员工根据其观察到的客人潜在需求，向客人推荐更适合客人需求、更能提升宾客入住体验、能为酒店带来更高收入的客房产品的销售过程，是前台员工办理入住手续的一个重要标准步骤。

为了更好地提升升级销售的执行效果，升级销售实施的时间节点可以更加宽泛，可以在任何与宾客接触的时间点进行，如宾客抵达前、入住时和客人入住期间。比如，客人入住时，前台接待员通过观察和与客人的交流，获取客人进一步的入住需求后，为客人提供更适合的客房产品和附加服务，提升客户体验。宾客住店期间，有额外增加的客人或想更改房型或套餐，或者客人提前到达时，前台接待员可以告知对方预订的房间还未准备好，并向客人推荐其他更高等级的房型，从而实现升级销售。在结账时，前台人员还可以询问客人是否需要为将来的入住安排新的预订并提供升级销售方案。所以客房的升级销售可以发生在与客人接触的多个节点，接待人员与客人之间的每一次互动都极具意义，每一个时刻在提升客户体验和收入方面的潜力决不能被低估。

随着酒店智能技术的发展，线上升级销售正在发挥着更为强大的促进销售作用。线上平台可以根据宾客的预订历史或浏览痕迹，向客人推送更加适合宾客的酒店产品，使宾客可以在已经预订或购买的基础上获得更高价值的产品或附加服务，从而拥有更好的住宿体验。

（二）升级销售的技巧

升级销售是前台了解顾客的喜好并将其转化为附加销售的一个很好的策略。有效升级销售的原则是在客人刚好准备购买的时候，提供符合客人需求的、能明显体现优惠的产品报价，从而更好地满足特定客人的需求。有效的升级销售技巧有：

1. 表现出良好的职业素养

优秀的职业素养能为客人留下良好的第一印象，也是成功销售的前提。客人对酒店的了解和对酒店产品质量的判断，其实是从看到的酒店员工的仪容仪表和言谈举止开始的。前台接待员应该积极热情、礼貌待人，在与客人的接触中应始终保持着自信、高效和对工作流程的熟悉。以端正的站姿、热情的态度、礼貌的语言、快捷规范的服务接待每一位客人。不单纯地为了完成工作，而是努力尝试与客人建立联系，为给宾客提供更加深层次的服务做好铺垫。这是前台销售成功的基础。

2. 深入了解酒店的产出与服务

熟知酒店的各类服务项目，比如酒店的专车接送服务、行李寄存服务、各类餐饮服务、客房设施和服务，对洗衣服务、行政酒廊、健身中心、儿童中心、会议室、物品租赁、礼品店等部门的服务项目如数家珍。熟知酒店客房产品的房型、装饰特点、档次以及楼层布局，能准确描述每一个房间的优势和特色。同时对酒店的地理位置、外部环境等具备的优势和特点也应该熟练掌握。

3. 观察客人特点，发现升级销售的机会

客户类型不同，其购买习惯、购买决策过程、对产品的喜好等方面都会有所不同，同一个客户，在不同的时间、不同的角色状态下，其对酒店产品表现出的喜好特点也不一样。比如，商务客人通常是出公差，对房价不太计较，但要求房间安静、光线明亮、办公桌宽大，服务周到，效率高，酒店设施设备齐全（如有电话、宽带及无线上网、打印机、传真机等办公设备）。旅游客人出行是为了休闲和放松，所以对于房间品质要求更高，但预算有限，比较在乎房间价格；度蜜月的客人喜欢安静，不希望自己的氛围被打扰，房间

足够私密且安静，多一些浪漫氛围布置和酒水赠饮等。

从交流接触中前台接待员要关注客人的需求，并提供诸如蜜月套餐、提前入住或延迟退房、接送机服务、为家庭客人提供更大的房间，或为原本没有预订早餐而有早餐需求的客人提供早餐优惠报价等。只有通过认真观察把握客人特点，才能做到有的放矢、做好有针对性的销售，实现升级销售的目的。

4. 使用有效的销售话术

（1）酒店销售的是房间而不是价格，在升级销售客房时，必须对客房做适当的描述，着重强调房间或升级销售方案的优势，突出客房能够满足客人需要的特点，尽量减少客人对需要为此额外支付的费用的关注。如，通过强调早餐的高价格来升级到包含早餐的套餐的好处，或者告知客人他们不知道的其他优惠选择。

（2）阐明让客人受益的方法，即让客人明白只要在原价格基础上稍微提高一些，便可得到更多的优惠或免费的体验，激发客人的好奇心，让客人认为物超所值或者性价比更高。

（3）洞察客人的疑虑，多提建议。当客人表现出犹豫的时候，正是向前台接待员传递了一个信息，就是客人有更改购买决策的可能，这是实现客房升级销售的关键时刻。前台接待员要表现得具有耐心、多夸赞、多介绍。比如，对客人之前的购买决定表达肯定的意思，但是对自己提出的新销售方案的优势也应多加解释，给客人足够的时间思考，及时解答客人的疑问，促成升级销售，必要时还可以带客人参观、介绍房间和其他服务产品，打消客人的疑虑。

图 6-1-1　酒店工作人员销售客房产品

（4）重视客户体验，不要过度推销。当客人接受了更高的价格，他们就会将注意力集中到享受更多的服务体验上，而这时升级的服务体验更容易给客人留下深刻的印象。

在适当的时候，应该暂停推介，升级销售的目的是让客人获得更好的服务体验，所以不应该让客人感到压力。

（5）巧妙提问，最终达成交易。最后促成交易是酒店希望达成的结果。由于客人就在酒店前台，如果由于前台接待员的升级销售而耽搁太长时间不仅会给客人带来不好的入住体验，还会延长其他客人的等待时间，所以前台接待员需要准确把握客人心理。在客人表现出对升级销售方案感兴趣时，通过发问的方式促使客人在短时间内作出决定。如："××先生，您试试这间客房可以吗？""您愿意试住一个晚上吗？××先生，如果不满意的话。明天再为您换一间。""那现在需要给您办理入住手续吗？"用这样的提问方式，帮助客人做最终决定。一旦客房升级销售成功，前台接待员在向客人表示感谢的同时，应快速为客人办理入住登记手续，减少客人等待时间。

（三）升级销售的注意事项

客房升级销售起到的效果是靠数据来体现的。除了财务部客房销售的同比与环比，更重要的是前台内部的数据统计，更加详细、准确。

首先，前台管理人员需要每天认真统计哪些是升级销售房间，哪些是客人自订的高价房，并做好详细记录，这样才能详细统计出升级销售到底为酒店创造了多少价值。其次，做好历史数据分析及需求预测分析，找到符合客人预期的优惠条件，如价格差、产品等，以及符合酒店利益的升级销售时期。最后，在升级销售时，前台或预订部员工需保持对酒店实时房态的关注，以避免某种房型的超卖，以及灵活变更升级销售推广的房型，从而优化收益。

二、会员发展计划

发展酒店会员是提升酒店直销渠道销售收入的有效手段之一，会员的消费特点，使之能为酒店增加客房收益做出更大贡献。

（一）常客奖励计划（Frequent-quest Program）

酒店常客奖励计划指的是，为鼓励商务客人成为酒店的常客，酒店会将其在酒店的消费额按照规定的分值给予奖励积分，随着积分的不断积累，客人便可获得酒店提供的如客房升级、免费用餐、免费住宿、实物奖励、增值服务等特殊奖励，从而达到奖励忠诚顾客、刺激消费并留住核心顾客的目的，也可称为"顾客忠诚计划"。酒店常常把加入常客奖励计划的客人称为会员，享受专门的会员礼遇。

酒店业的常客奖励计划从20世纪80年代模仿航空公司的"飞行常客计划"开始，国内外著名酒店集团几乎都会在其各品牌酒店中推行常客奖励计划，以积分奖励的优惠措施留住核心顾客，培养了一批稳定的顾客群。如万豪礼赏会、洲际优悦会、希尔顿荣誉客会、香格里拉会、温德姆奖赏计划、开元商祺会等，酒店集团通过这种方式，来赢得顾客选择酒店的忠诚度。其实，设立常客奖励计划有更多的意义。

1. 客人更多获取权益，建立关系纽带

参与常客奖励计划的客人，通过消费额兑换积分奖励的方式，给本已完成的消费过程重新带来了其他酒店的消费项目，这种消费是免费的。如有的酒店跟航空公司合作，客人在酒店的积分可以兑换航空公司的里程，这使得客人获得了更多类型的服务。同时，酒店为了扩大常客奖励计划的影响，会为常客奖励计划客人量身定制酒店服务产品，提供会员礼遇，如对商务客人的免费接送站服务、旅游客人的延时退房服务等，这些都可以在客人得到实惠的同时，彰显客人的身份，充分表现了对客人的尊重。

2. 酒店赢得经济效益，稳定客户关系

加入常客奖励计划的客人，其入住频率会更高，一定周期内的入住总时间会更长、比非会员消费能力更强。如果有两种情况，第一种情况是100位客人，每人来酒店消费一次，第二种情况是10位客人，每人来酒店消费10次，显然第二种情况是酒店更喜欢见到的，回头客容易与酒店建立稳定的客户关系，形成酒店稳定的客户群。并且会员是酒店直销渠道的客户，酒店与其沟通会更加直接和顺畅，更容易建立良好的宾客关系。

3. 酒店集团实现品牌价值，稳固市场份额

常客奖励计划对集团化发展酒店更具有吸引力，这是互赢的顾客营销策略。酒店集团下设酒店品牌和数量多，会员可以在更多区域享受到会员礼遇酒店集团建立起的庞大的会员体系，会形成客户吸引的强大磁场，对新会员的吸引能力会呈几何级数增加，从而扩大集团品牌的知名度，在集团层面的合作中增加谈判的筹码。

（二）常客奖励计划的类型

一般来说，常客奖励计划可以分为两大类：开放型和限制型。

1. 开放型常客奖励计划

开放型常客奖励计划也就是不需要正式的申请过程，也不需要交入会费或年费，只要客人购买产品即可成为奖励计划成员的类型。开放型常客奖励计划可以吸引大量的会员，可以建立起一个更广泛的会员基础。

开放型常客奖励计划可以吸引潜在客户和使用其他品牌客户的注意，让他们有更多的机会接触酒店的产品和品牌，同时也使酒店有机会与他们进行对话交流。但因为开放型常客奖励计划的会员资格太容易获得，所以会降低会员资格的价值感。

开放型常客奖励计划具有以下优点：

（1）可以建立客户众多的数据库，通过数据分析，可进一步细分并确定客户类型，

便于挖掘忠诚客户；

（2）为更精准地对客服务提供人群基础；

（3）能广泛吸引客户，使忠诚计划达到规模效益。

2. 限制型常客奖励计划

限制型常客奖励计划对会员资格有所限制，不是任何人都能加入的。客人需要经过正式的申请程序才能成为奖励计划成员，如填写申请表、交纳会费、购买一定数量的产品等。酒店通过设定一些入会的条件，有效过滤那些不符合要求的客人，从而保证加入常客奖励计划的会员都属于主要的目标客户群。

限制型常客奖励计划具有以下优点：

（1）入会费收入是企业收入的一部分，能增加企业收入；

（2）对会员资格的限制有助于筛选客户，锁定目标客户群；

（3）对会员资格的限制更能体现会员资格的价值；

（4）由于目标客户群清晰，更利于深入了解客户需求，提供高效满意的服务；

（5）会员交纳会费或年费，是酒店的回头客，对酒店服务熟悉，有更高的期望值，从而迫使企业管理层不断提高酒店所提供的价值。

（三）会员维护

由于前厅部能够接触到所有入住酒店的客人，酒店常客奖励计划的会员发展及维护运营的主要工作一般由前厅部来承担。需要完成如会员识别、会员发展、会员礼遇、会员调研及会员贡献率分析等工作。

1. 会员识别

会员识别是会员发展的前期工作，一般会员会表现出对酒店不同的忠诚度，有的会员是惯性的忠诚，这也是最浅层的忠诚度，通常是普通的注册用户，大多是开放型常客奖励计划的会员。有的会员是唯利是图的忠诚，此类会员只希望从会员制活动中获得奖励。有的会员是真正的忠诚，他们更加关注酒店提供的优质服务和消费体验，对于那些最忠诚的消费者——"狂热的忠诚者"来说，他们认同品牌的价值观并且积极寻求与同一品牌的其他会员进行互动。

前厅部员工在会员识别阶段，可以通过观察、交流等方式，了解顾客特点，努力寻找忠诚客户，为建立稳定的会员体系打下基础。

2. 会员发展

会员发展可以在客人住店前、入店时、住店中和住店后的任何时间段开展。在客人入店时进行会员发展，前台接待员在为客人办理入住登记手续时适时向客人介绍酒店的会员礼遇，并能通过将会员礼遇中更适合客人的部分做重点介绍，起到引导的作用，更有利于忠诚会员的发展。

一般酒店会员体系会设置不同的会员类型，并为不同类型的会员设置不同的条件，限制条件越多的会员类型会得到更多的会员礼遇，其实现难度也越大。

3. 会员礼遇

会员礼遇是酒店对会员的奖励，也是增加会员与酒店黏性的重要纽带。例如洲际优悦会会员可以享受赚取酒店积分或里程、会员专享价、专属客户服务热线、奖励房晚没有禁兑期、奖励住宿同样用来赚取精英会籍、免费上网、延时退房、精英会员积分不过期、优先入住等种种会员礼遇。

4. 会员调研

为会员客人提供礼遇服务，提高会员入住率，提升会员客人满意度，为酒店前厅部负责的一项重要工作。收集顾客意见、听取顾客意见反馈是提升服务质量的重要手段。因此，前厅部需要定期调研酒店会员对酒店服务的评价，询问其入住体验，收集其对酒店服务的意见和建议，并整理形成会员测研报告，供酒店参考。前厅部进行会员调研的做法一般有：

（1）选择会员。每次调研的会员对象根据会员入住酒店的频率选择。前厅部根据酒店制定的调研周期，选择在调研周期内到店消费两次以上年会员客人作为调研对象，通过电子邮件的方式向客人发送宾客意见调查表。酒店对客人意见填写过程不能做任何的分数高低的引导，获得客人的真实意见。一般对于超过60天未到酒店消费的会员客人，前厅部也需通过邮件、电话等方式与客人联系，询问客人的近况，表达期望客人再次光临酒店的致意。

（2）确定调研比例。每次需要调研一定数量的会员，前厅部应按照酒店或酒店集团的规定保质保量地完成调研任务。

（3）调研结果统计分析。前厅部应将会员反馈的意见和建议进行整理，按照部门分类，并提交酒店和分发各部门。对于当次调研的分数应与本酒店历史数据和酒店集团内同时期、同地域、同品牌酒店进行纵向和横向比较，为本酒店的会员服务水平定位。

5. 会员贡献率

会员贡献率一般注重对会员数量占比和会员收入占比两个数据的统计。通过PMS系统筛选出会员数量、消费频率和消费收入，制作相应的分析图表找出核心重点客户，由线下营销团队跟进发展成酒店忠诚度更高的储存类会员，客户黏性更加稳固。

任务引入

每组同学采用抽签的顺序来制定升级销售技巧。

升级销售主要方式：

1. 现场推荐套房。
2. 会员推荐计划。
3. 会员维护计划。

任务实施

要求：学生分成若干小组，根据酒店客房销售情况，制定客房升级销售方案。每个小组展示任务的完成过程中，各组通过任务回放进行自评、互评，教师在学生完成任务过程中进行评价。最后以上三种打分相加总分为每名学生的最后得分。

考核评价

从中找出优点、不足和错误，指出努力方向，进行评分，奖励优秀的小组。进一步掌握正确的工作过程与工作方法，训练学生工作方法能力、自我监控能力和评价能力。

任务评分表（满分50分）

小组编号：　　　　　学生姓名/学号：

标准	序号	评分项目	每项5分	得分
完成正确性	1	是否根据客房销售情况进行升级销售分析		
	2	是否正确分析消费者心理现象		
	3	是否正确分析消费者行为规律		
	4	是否掌握满足宾客消费心理的途径		
	5	是否能够全面客观分析客户消费心理		
	6	是否了解酒店会员服务的具体要求		
	7	能否提供超值服务，有满足宾客期望的方法		
	8	能否提高服务技能，有提供优质服务的方法		
完成流畅性	9	完成任务是否流畅，有1处停顿扣1分，有2处停顿扣2分，3处停顿扣3分，4处以上不得分。		
仪容仪表	10	仪容仪表符合预订员要求，仪态大方，服饰干净，不化浓妆，头发干净整齐，修剪指甲。有1处不符合标准扣1分，3处以上不得分。		
总分				

拓展知识

会员类型介绍

设置不同的会员类型，并为不同类型的会员设置不同的条件，限制条件越多的会员类型会得到更多的会员礼遇，其实现难度也越大。如洲际优悦会会员分为优悦会俱乐部会员、优悦会银卡精英会员、优悦会金卡精英会员、优悦会白金卡精英会员、优悦会钻石卡精英会员五种类型，其享受的会员礼遇也不相同。以开元商祺会会员体系为例，见表6-1。

表6-1 开元商祺会会员类型

级别	有效期	获得资格	保级条件
普卡会员	1年	免费注册	免费延期
银卡会员	1年	直达：一次性充值2000元（返充值金的6%）	到期余额满1000元
银卡会员	1年	升级：1年内客房和餐饮消费满2000元，或酒店住宿达3房晚，或通过官方线上渠道预订并入住达到2房晚	1年内客房和餐饮消费满1000元，或酒店住宿达2房晚，或通过官方线上渠道预订并入住达到1房晚
金卡会员	1年	直达：一次性充值10000元（返充值金的8%）1000元礼品卡（3个月体验期）	到期余额满5000元
金卡会员	1年	直达：388元购买，含祺乐礼包	续年费388元，含祺乐礼包
金卡会员	1年	升级：1年内客房和餐饮消费满10000元，或酒店住宿达20房晚，或通过官方线上渠道预订并入住达到15房晚	1年内客房和餐饮消费满5000元，或酒店住宿达10房晚，或通过官方线上渠道预订并入住达到8房晚
白金卡会员	1年	直达：一次性充值50000元（返充值金的10%）	到期余额满20000元
白金卡会员	1年	直达：5000元购买，含祺尚礼包	续年费5000元，含祺尚礼包
白金卡会员	1年	升级：1年内客房和餐饮消费满30000元，或酒店住宿达50房晚，或通过官方线上渠道预订并入住达到40房晚	1年内客房和餐饮消费满20000元，或酒店住宿达40房晚，或通过官方线上渠道预订并入住达到30房晚

（资料来源：北京歌华开元大酒店）

表6-2 开元酒店集团会员礼遇

	会员礼遇	普卡	银卡	金卡	白金卡
预订保证	提前担保预订,享空房保证			提前72h	提前48h
登记入住	会员专享通道办理入住和退房手续,享快捷、优质服务[1]	√	√	√	√
	住宿率允许的前提下,提前登记入住				早至8点
	住宿率允许的前提下,客房升级			一档	一至二档
	专属白金房卡[2]				√
住店特权	住店期间,迎宾鲜果	首日	首日	每天	每天
	住店期间,迎宾糕点			首日	每天
	住店期间,在大堂吧或指定会员专享区凭房卡和会员卡享指定饮品两杯	√	√	√	√
	住店期间,行政酒廊下午茶或大堂吧下午茶[3]				√
	入住期间享每天洗衬衣或T恤一件[4]			√	√
	入住期间享每天熨烫服装一套			√	√
	享额外早餐一份(可携同伴,同伴不限住店宾客)				√
	住宿率允许的前提下,会员入住可延迟退房	至13:00	至14:00	至15:00	至16:00
快捷退房	退房时免查房服务	√	√	√	√
特别权益	宽带上网	√	√	√	√
	会员入住,生日当天享生日礼	√	√	√	√
	会员电子期刊	√	√	√	√

注：[1]专享通道、[2]专属白金房卡、[3]行政酒廊下午茶、[4]洗衣服务,视酒店设施情况,未设有相关设施的酒店恕无法提供上述服务。专享通道无设施时,仍提供会员优先登记入住服务。本会员礼遇适用于集团高端商务酒店和中档全方位服务酒店。

(资料来源：北京歌华开元大酒店)

三、酒店销售渠道认知

（一）酒店行业的互联网化兴起

20世纪50年代，主要运用于B2B领域，随着万维网的发明逐渐起步，进入B2C领域，逐渐形成酒店电子商务产业。在我国，到21世纪初已经初具规模：携程和艺龙等一批OTA（Online Travel Agent，在线旅行社）快速崛起，并得到资本市场的认可。从成熟度来看，携程为代表的OTA是中国电子商务模式中最为成熟的细分市场，携程连续多年位列中国旅游企业排名第一。在OTA的主营业务当中，酒店始终都是收入和利润的中心。酒店企业传统营销渠道效率滞后，给了携程足够大的发挥空间。互联网化的方式让酒店和用户之间沟通效率快速提升，成本明显降低。当前，传统酒店爆发出的多元化的营销需求已经难以通过既有的在线OTA平台服务得以满足。一方面，OTA通过佣金对酒店利润的侵蚀是无法回避的事实，尤其在近年来持续爆发的在线旅游价格战中，OTA利用其在分销渠道的垄断优势，对酒店利润的进一步压榨引发了酒店的不满。另一方面，OTA覆盖的酒店数量、类型、区域相对局限，还有大量的线下酒店的推广需求很难被满足。酒店开始积极地寻求在线直销机会，拓展在线营销渠道、发展官网和线上会员体系已成大势所趋。互联网营销以其广泛性（全世界都可以点击登录查看）、即时性（可以实时更新内容）、全时性（24小时×365天均可访问）赢得了企业的认可。酒店行业常见的网络营销方式有酒店直销、分销两种。酒店网络直销的销售主体是酒店，既可以是单体酒店自己，也可以是酒店集团的统一销售行为，直接面对个人用户达成销售，直销模式的支出主要以管理费用（营销部人员支出、酒店集团渠道费用、天猫旗舰店开办费用）、研发费用（开发酒店/酒店集团官方网站、预订平台、微信预订平台等）、营销费用（用户补贴、优惠券等）形式发生。

由于电子商务"高固定成本、低边际成本"的特性，单体酒店、小型连锁酒店很难达到酒店电子商务的规模临界值，在酒店开展网络营销初期，固定成本较高，费效比并不明显。我国酒店线上直销渠道拓展重视不够，大部分酒店的线上直销渠道发展弱，主要依赖OTA分销，初期是携程、艺龙、去哪儿等，2015年后逐渐发展为美团、飞猪等渠道。

（二）分销渠道预订

销售的主体是第三方，有可能是旅行社，也可能是专业的网络分销商、全球分销公司、差旅公司等，OTA在我国酒店在线分销中占据统治地位，大多数分销渠道采取佣金模式（也称为代理模式，Agency）：网络分销商为酒店带来一个预订并成功支付，酒店向分销商支付一定比例佣金（通常10%—25%视代理商与酒店力量对比综合评定），国内

OTA（包括携程、艺龙、去哪儿、美团等大多采取此模式）、GDS大多采用此模式。在佣金模式下，向分销商支付的佣金计入酒店营销费用，会体现在财务报表上，酒店"痛苦指数"比较高，但由于属于"根据效果付费"，初期酒店接受度较高。早期的分销渠道会将顾客信息完整发送给酒店，包括顾客姓名、电话、邮箱等，但随着OTA的发展，越来越多的渠道商倾向于屏蔽顾客电话等联系方式，其目的在于垄断顾客信息，获取长期利润。

四、分销渠道分类

（一）网络预订代理

网络预订代理（Online Travel Agency，OTA）也称在线旅行社，是指利用互联网开展酒店销售并获取佣金的企业。OTA在中国的典型代表有携程网、艺龙网等，他们大都不直接从住店客人手中收取费用，而是让酒店定期支付佣金，所以酒店和中介也经常就客户是否入住了酒店有所争议。国外订房中介的典型代表是Expedia、Booking、Agoda等，不同于中国网络订房中介的是Expedia会在客人预订时收取全额房费，如果客人入住良好没有投诉，则Expedia会在一到三个月内把房费返还给酒店，当然，佣金已经被Expedia留在自己账户了。

（二）全球分销系统

全球分销系统（Global Distribution System，GDS）是应用于民用航空运输及整个旅游酒店业的大型计算机信息服务系统。通过GDS，遍及全球的旅游销售机构可以及时地从航空公司、酒店、租车公司、旅游公司获取大量的与旅游相关的信息，从而为顾客提供快捷、便利、可靠的服务。从GDS的发展过程看，GDS是由于旅游业的迅猛发展而从航空公司订座系统中分流出来的面向旅行服务的系统。如今，GDS已经发展成为服务于整个旅游业的一个产业，除了原有的航空运输业，酒店、租车、旅游公司、铁路公司等也纷纷加入到GDS中来。经过技术与商务的不断发展，GDS已经能够为旅行者提供及时、准确、全面的信息服务，并且可以满足消费者旅行中包括交通、住宿、娱乐、支付及其他后续服务的全方位需求。GDS在激烈竞争中，逐渐形成Sabre、Galileo、Amadeus、Worldspan等巨头，中国国内最大的GDS为中国航信（Travel Sky）。GDS与OTA具有明显的不同，GDS用户主要为机构用户，如国外旅行社、旅行公司等，而OTA主要客户为个人客户；在操作界面上，OTA强调简易操作，图片美观，具备很强的营销属性，而GDS更注重操作效率，业务属性更强。

(三)团购、点评等新兴预订中介

团购网站的兴起为酒店业开拓了另一个分销渠道,超低的价格吸引了大量消费者的目光,但是团购产品的消费条件往往比较严格,如限定有效期,必须提前两天预约,不能与其他优惠同时进行,还有一些酒店提出节假日不能消费,甚至在周末也以预订满为由拒绝团购客户的预约。

点评网站也是酒店分销的另一种形式。大众点评网、到到网是酒店行业的点评网站的代表,点评网站首先要聚集人气,找到大量的曾经在该酒店消费的客人,并请他们提供点评信息。点评网站存在的问题之一是如何让消费者确认点评者的真实性,也就是说,能否确信点评信息既不是该酒店自己写来美化自己的,也不是竞争对手来丑化该酒店的。

(四)流量转化

随着互联网、社交媒体等技术的发展和普及,网络传媒、广告、推广和市场营销之间的界限越来越模糊,很难用传统的"直销"或"分销"进行区分,例如以下案例:

某顾客 A 女士入住酒店后,对酒店服务非常认可,通过微信朋友圈"点赞"酒店,该顾客的朋友 B 女士看到该信息后产生需求,这应该被看作一次"传媒"。接下来 B 女士向 A 询问预订方式,A 女士有可能推荐官方 App 预订(直销),也有可能推荐携程预订(分销)。B 女士还有可能直接在百度查询该酒店,从而产生搜索引擎优化,她先是仔细查看了该酒店的点评信息,之后她有可能选择官网预订形成直销,也有可能点击 OTA 网站形成分销。

社交营销、网络媒体都已经不可避免地加入了社交属性,哪怕只是一个分享按钮,只要你能通过一次点击将信息分享给社交网站的好友,如酒店、OTA 都可以将信息分享至社交媒体,从而形成潜在的销售机会。新媒体营销,在互联网进入社交媒体时代后,出现了网络杂志、博客、微博、微信、百度、小红书、今日头条、抖音、快手等新媒体,所有媒体获取的访问量(俗称流量)均可以看作潜在的销售机会,将流量转化为订单的比例至关重要,酒店企业运用这些新型的技术,获取流量、实施转化、形成订单的过程可以看作新媒体营销,也叫数字化营销。

随着互联网产业的发展,尤其是看到阿里巴巴、携程等电子商务类企业的成功,大量的在线旅游、预订网站纷纷建立,酒店也建立官网等直销渠道,各企业对流量的争夺导致获客成本日益提高。酒店网络推广是以营销为目的,通过各种方法提高渠道访问量的过程,包括搜索引擎优化、网络广告、软文营销、视频营销、直播营销等,愈演愈烈的流量争夺大幅度提高了直销和分销成本。以携程为例,2019 年营销费用为 93 亿元,收入占比 26%,其中大多是客户补贴和广告投入,酒店主要推广模式有以下几种:

1. 搜索引擎推广

搜索引擎营销（Search Engine Marketing，SEM），如谷歌（Google）、百度（Baidu）等，搜索引擎营销就是基于搜索引擎平台的网络营销，利用顾客对搜索引擎的依赖和使用习惯，在顾客检索信息的时候将信息传递给目标用户，在互联网问世初期主要通过人工进行分类链接，如雅虎（Yahoo），随着技术的进步和网站的爆炸式增长，以谷歌和百度为代表的搜索引擎采用计算机进行排序，排名取决于网站的访问量、内容、更新速度等指标。搜索引擎营销的基本思想是让客户发现信息，并通过点击进入网页，进一步了解所需要的信息。酒店或者网络分销商通过搜索引擎优化、付费搜索等方式，提高渠道访问量最终实现交易。SEM 的方法包括搜索引擎优化（Search Engine Optimization，SEO）、付费排名、广告投放等。

搜索引擎优化，是利用搜索引擎的规则提高网站在有关搜索引擎内的自然排名。目的是让其在行业内占据领先地位，获得品牌收益。搜索引擎优化设计主要目标有两个层次：首先要被搜索引擎收录，其次是在搜索结果中排名靠前。SEO 的目标是以最小的投入在搜索引擎中获得最大的访问量并产生商业价值。SEO 的主要手段有主动提交网址链接、优化页面标题、优化关键词、培养销接、提高更新速度等。搜索引擎的算法也在不断优化中，酒店企业需要不断了解算法变化，及时调整策略以提高效果。

除了搜索引擎优化，另一种提高网站排名的方法是付费搜索，即通过付费的方式使推广信息在搜索结果中排名靠前，一般采用按点击进行付费（即 CPC 模式），付费搜索定价取决于关键词，关键词范围越大、竞争对手越多价格越高，如关键词"北京天安门五星级酒店"的价格高于"北京密云经济型酒店"，其效果等同于网络广告。

2. 垂直搜索引擎

垂直搜索引擎是针对某一个行业的专业搜索引擎，是搜索引擎的细分和延伸，是对网页库中的某类专门的信息进行的整合，定向分字段抽取出需要的数据进行处理后再以某种形式返回给用户，也被称为比价网站。酒店行业的垂直搜索引擎的典型代表是国外的Kayak、天巡（Skyscanner）以及国内的去哪儿网等，它为消费者提供了同一家酒店在不同渠道的报价，既包括分销渠道，也包括直销渠道，消费者可以选择购买。垂直搜索引擎很像是买衣服时通过网络搜索告诉我们哪个商场折扣力度最大，并告诉我们乘坐哪种交通方式去买衣服最为经济。垂直搜索引擎企业一般通过广告获取收入，其盈利能力明显低于OTA，OTA 企业出于战略选择会通过收购等方式控制垂直搜索引擎，以实现获取流量、打击竞争对手的目标。比如，2012 年 Kayak 被 Priceline（美国最大的 OTA，也是 Booking、Agoda 的母公司）收购，去哪儿和天巡被携程网所收购，最终的结果是"OTA 获得了流量,垂直搜索得到了利润,酒店再一次被出卖"。

3. 其他酒店网络推广模式

除了常见的搜索引擎、垂直搜索等,流量争夺已经成为企业网络营销主战场,随着互联网技术的发展、支付体系的完善,在任何网站、应用程序、地图软件、直播,甚至视频中添加销售链接成为可能,如地图(包括百度地图、高德地图等)、视频(爱奇艺、腾讯视频等)、短视频(抖音、快手、西瓜等)、直播(斗鱼、映客、虎牙等)等。另一类新的推广模式是以今日头条为代表的新平台,其本质是根据顾客的浏览记录,通过人工智能进行个性化推荐,并结合旗下抖音、西瓜视频等平台实现流量转换,今日头条可以看作是"个性化的搜索引擎 + 浏览器"的结合。

随着技术的发展,出现了两方面的趋势,一个趋势是网络推广与网络营销的界限越来越模糊,营销网站可以自带点评、视频、直播等功能,实现"一边推广、一边营销",而推广网站也可以实现网上商城功能,直接点击完成预订,已经很难分清一个网站到底是营销网站还是推广网站;另一个趋势是推广已经无法区分是直销还是分销,当一个广告或者一段视频推广了某家酒店,如果最终的链接是酒店官网,则可以看作是直销,如果最终链接到某 OTA 网站,则应当被视为分销,从而出现了社会营销、新媒体营销等多种概念。

任务二 超额预订处理

一、超额预订数据采集

(一)确定影响客房超额预订策略的因素

客房超额预订是指酒店在客房全部订满的情况下,再适当增加一些订房数量的行为,所增加的订房数量通常称为超订数量。实施客房超额预订的主要目的是充分利用酒店客房,提高客房开房率,避免因各种原因带来的酒店客房虚耗损失。

预订的控制

例如,某酒店有 300 间客房已经住了客人,剩余 100 间空房可以出售,但是酒店实际接受了 110 间订房,比实有的空房多预订了 10 间,也就是说超额预订了 10 间客房。

如果客人预订了客房,但比预计到达的时间晚了一两天才入住,这种情况称为延迟入住(Delayed Check-in)。如果客人预订了客房,但没有来入住也没有取消订房,这种情况简称没有入住(No-show)。如果客人在预计抵达日当天或预计抵达日前一天内临时取消订房，简称为临时取消订房（Short-notice Cancellation）。如果客人本来预订要住若干天，但临时改变主意提前退房，这种情况称为提前退房（Early Check-out）。如果客人由于自身原因，在酒店停留时间延长，称之为延期退房。在现实生活中，由于客人的旅行计划受到多种因素的制约，如自己或家庭成员身体不适，或者公司工作安排改变，以及恶劣天气的影响等等，客人会出现延迟入住、没有入住、临时取消订房和提前退房等情况。客房产品具有不可存储性的特点，今天客房空置的损失并不能由明天的客房满房来弥补，所以以上情况的发生，会导致酒店当日空房增多，收入减少。如果不采取措施防范，让其长年累月反复发生，酒店将遭受很大的损失。因此酒店需要通过实行超额预订来保证客房全年的满房天数。

（二）采集影响超额预订的数据

在酒店预订和前台接待服务工作中，应该关注没有入住、临时取消订房、延迟入住、提前退房和延期退房等情况，记录每一次发生的原因、时间和客户类型，并在酒店前台预订管理信息系统中做标记、记录，不能对此类数据放置不管。客房预订部门和前厅部应做到每天、每周、每月、每季度、每年度的订房资料统计。

有了以上的基础统计数据之后，酒店可以根据需要，计算某一段时间内临时取消订房率（临时取消客房间数在客房预订总量的占比）、没有入住客房比率（没有入住客房间数在客房预订总量的占比）、预订延迟入住比率（延迟入住客房间数在客房预订总量的占比）、提前退房率（提前退房客房间数在客房预订总量的占比）和延期退房率（延期退房数在客房预订总量的占比），并做统计表格。这样就可以为确定在某段时间内的超额预订数量提供历史数据参考。

正如航空公司实施超售策略，在没有座位提供给客人的情况下需要赔付一样，酒店也可能遇到全部客人都到店，导致被实施超额预订的客人无房可住的现象，很明显超额预订的背后有着一定的风险，有可能危及宾客关系或造成收益损失，因此系统性地收集酒店关于取消预订率以及应到未到率等的历史数据就尤为重要。有了相关数据才可以更科学地、有依据地支持超额预订数量的把控，达到满房的目的。

使用PMS系统进行酒店前台业务管理的酒店，会通过PMS系统准确记录取消预订率以及应到未到率等数据，增强相关数据的可靠性。通过在PMS系统中操作，前台员工很容易查找到当日取消预订或应到未到的订单，做出准确的数据统计。对于延迟入住、提前退房和延期退房的数据则可以在预订信息更改、续住和提前结账等环节进行统计。

此外，在进行超额预订时，还应适当考虑其他方面的因素，如：本地区同等级同类型酒店的数量、未来的天气情况、酒店预期的信誉度等。对以上各种因素进行综合分析，结合过去、近期的实际和对将来一段时间宾客情况的估计，做出正确判断，这样才可能使超额预订工作做得恰如其分。

（三）确定超额预定数量

客房超订策略的确定，通常遵循一定的原则，一般是基于酒店有限的供应能力和预期不到策略，通过无故不到和预订取消率来计算超订客房数量这一策略更加符合酒店的实际情况，而且简单易懂，便于掌握。即使在没有收益管理系统帮助的情况下，通过人工计算也能够方便地操作。

做好超额预订的关键，在于如何准确预测并确定超额预订的房间数量。客房超订数量的确定常用的方法有：

1. 经验估算法

所谓经验估算法是指酒店管理者依照国际惯例或行业经验值来估算超订数量的一种方法。经验估算法因具有通俗易懂、操作简单、花费时间短和所需数据量小等特点被广泛应用于酒店业。其优点是不需要收集大量的客史数据进行分析，而是依据酒店超订历史数据、管理者经验和行业经验值来综合估算客房超订数量。缺点是估算的精准度一般不高，易于导致少量客房闲置或者过度超订的发生。通常，由于新开业的酒店缺少历史经营数据，管理人员也缺乏对酒店市场环境的了解，所以多采用经验估算法来确定超订数量。

按照国际酒店的行业管理经验，客房超订数量一般为预订总量的5%~15%。这个经验值一般只作为酒店管理者在估算超订数量时参考使用，但由于每家酒店的经营环境（如市场环境、需求强度、预订模式、客源结构以及客房数量等）不同，应用经验估算法所得到的结果也会存在着一定的差异，因为这些经营环境因素对超订数量的确定将会产生较大的影响。因此，酒店管理者在制定超订策略中要因地制宜，结合本酒店的具体情况来综合考虑，避免因生搬硬套经验数据而忽视了酒店的具体情况，从而给酒店带来不必要的损失。

2. 简易计算法

简易计算法是根据酒店超订理论，通过建立简单数学模型来计算超订数量的一种方法。简易计算法的优点在于通过建立数学模型，使超订数量的计算结果更加准确，最大限度地减少房间闲置和过度超订情况的发生。但要求酒店平时注重收集和整理影响超订相关要素的数据，如酒店可供出租客房总数、续住客房数、预订临时取消率、预订未到率、预期离店客房数、提前退房率以及延期住店率等，以便在运用简易计算法计算超订数量时使用。

下面是超额订房的计算公式及其运用，这为合理掌握超额预订的数量和幅度提供了依据，其公式如下：

$$X=\frac{(A-C)\times(r_1+r_2)+C\times f-D\times g}{1-(r_1+r_2)}$$

式中：X 为超额预订量，A 为可供出租的客房总数，C 表示延期离店客房数，r1 表示预订取消率；r_2 表示预订未到率；D 为预订离店客房数；f 为提前离店率；g 表示延期住宿率。

例：某酒店有客房 500 间，据统计未来 5 月 20 日续住客房数为 150 间，预期离店客房数为 80 间，据前台预订历史资料分析，酒店在旺季延期住宿率为 6%，提前离店率为 4%，预订未到率为 6%，预订取消率为 4%，请问酒店在 5 月 20 日可超额订房多少间？

即该酒店 5 月 20 日可超额订房 40 间。这个计算结果仅供参考，因其数据是根据以往经验计算的，未来情况还要具体分析并考虑其他因素的影响。实施超额订房时应注意分析掌握以下两组比例关系：

掌握酒店团队订房和散客订房的比例，团队订房一般指由国内外旅行社、会议、商业机构等事先计划和组织的，与酒店签订订房合同，双方愿意共同履行契约，可信度较好。因此，预订不到或临时取消的可能性很小，即使有变化也会提前通知。而散客是由个人订房，一般支付订金的不多，随意性很强。所以，在某段时间团队预订房多、散客预订房少的情况下，超额预订数量确定以后，则可在酒店 PMS 系统中进行超额预订的设置。

二、超额预订过度的处理

（一）超额预订过度

实施超额预订不当而造成的差错具体表现为：过高估计了预订未到宾客的房间数量；过高估计了临时取消预订的房间数量；过高估计了提前离店宾客的房间数量；过低估计了延期离店宾客的用房数量等。

（二）超额预订过度处理

如果超额预订过度只是发生在某一个或某几个房型上，也就是出现了某个或某几个房型的客人抵达酒店后，没有满足客人预订要求的房间提供给客人入住，但是酒店的其他房型还有空房的情况。这时的处理过程一般为：

（1）诚恳地向客人道歉，请求客人谅解。

（2）为客人免费升级房间。向客人介绍酒店现有的其他可售房型，请客人选择。此时向客人介绍的可售房型的档次一般要高于客人原本预订的房型，如客人原本预订的普通双床房间，出现超额预订时应向客人推荐豪华双床房，也可以为客人升级为套房。

（3）如果客人属于连住，承诺酒店一旦空房，则帮助客人调换房间。如果客人不想调换房间，则需请客人按照现房间的价格支付房费。

（4）如果调换房间，请行李员帮助客人运送行李，并对客人的配合表示感谢。

如果超额预订过度导致酒店所有房间都已住满，还有客人不能入住的情况发生，酒店应当主动替客人安排本地同档次或高于本酒店档次的酒店入住，所产生的有关费用由酒店承担。此外，对于持保证类预订或确认类预订在规定时间里抵达的客人，由于种种原因而导致客人没有房间的，通常采用如下方法解决：

（1）诚恳地向其解释原因并致歉；

（2）征得客人同意后，将客人安排到其他同类型的酒店，并负责提供交通工具和第一夜的房费，或客人搬回酒店后可享受一天免费房的待遇。如客人同意，一旦酒店有空房则搬回本酒店，酒店前台应做好相关的预订并将搬回的时间告诉客人；

（3）免费提供1~2次长话费或传真费，以便客人能将临时改变住处的消息通知有关方面；临时保留客人的有关信息，以便向客人提供邮件及查询服务；

（4）做好客人搬回本酒店时的接待工作，如大堂值班经理欢迎、房内放置致歉信、赠送鲜花水果等；

（5）事后向提供援助的酒店致谢。

对其他预订种类的宾客无房提供时，应热情礼貌地向宾客说明，帮助推荐其他酒店，同时，派车将客人免费送往这家酒店，并欢迎其今后入住本酒店。

超额预订过度会给酒店带来一定的损失，也有可能引起客人的不满和投诉，所以酒店实施超额预订一定要科学预测，力争超额预订的决策准确。同时也要为发生超额预订做好准备，积累经验，确保超额预订过度出现时能顺利安排不能在酒店入住的客人，酒店的做法经常有：

（1）做好安排有预订的客人到别的酒店住宿的准备。这项工作包括要提前一两天考虑是否要与附近的酒店沟通，在那里预订一定数量的客房，以备安排客人到那里入住之需。如果是淡季，要在别的酒店找到备用房是不难的；如果是旺季，整个市场的住房都紧张，那么找到备用房则比较困难，可能得安排客人到较远的其他区域的酒店去住。为了做好这项工作，酒店前厅部经理或收益管理经理应当与一些酒店建立良好的合作关系，互相支持，双方都把一部分房间以优惠价格提供给对方，协助对方解决超额预订客人住宿问题。

（2）选择容易安排到别的酒店住宿的客人。应该明白其实有些客人对被免费安排到别的酒店入住是感到开心的，因为他们可以节省一晚的住宿费，有时还有餐费。这类客人通常是单身和自己付费的客人，他们没有时间压力或者时间压力较小，没有硬性安排，如第二天要赶去开会或者要赶飞机等。如果客人拖家带口、行动不便、行李很多，而且时间压力很大，或者公司付账、身份较高，那么，他们通常对被安排到别的酒店入住很不开心，非常抵触。所以，前厅部在决定要安排哪类客人到别的酒店时，要考虑这点。通常不要安排酒店的贵宾和贵宾卡持有人、上年纪的客人、行动不便的客人，以及主要协议公司的客户等。

（3）寻找自愿到别的酒店住宿的客人。有的客人对被安排到别的酒店可以节省开支会感到高兴，所以前厅部可以在客人入住登记时，告诉他们如果酒店出现超额预订的情况，需要将部分客人安排到别的酒店住宿，问他们愿不愿意到别的酒店住宿，酒店负责有关费用。如果客人说愿意，那就好办多了。自愿到别的酒店住宿与被迫到别的酒店住宿，两者之间的差别是显而易见的。其实，航空公司很早就采用了这种办法。当航班出现超额预订时，工作人员就会告诉乘客，本次航班出现超额预订，座位不够，需要寻找自愿乘坐下一趟航班的乘客，航空公司将退回他们的机票钱。实践证明这个办法是行之有效的。

（4）要将酒店超额预订的做法广而告之，让市场有心理准备。这些措施包括在酒店的网站、宣传小册子、协议以及广告等注明，使客人在还没有订房或者正要订房的时候就知道如果酒店出现超额预订，他们可能会被安排到别的酒店入住，让他们有思想准备。一旦他们有了思想准备，安排他们到别的酒店住就容易得多。否则他们可能会告酒店欺诈，不对消费者履行承诺使酒店惹上官司。其实，在欧美国家，酒店进行超额预订比较普遍，消费者也比较清楚，所以要请他们移步到别的酒店入住，难度不太大。在中国，由于超额预订不太常见，所以多进行普及是很有必要的。

任务引入

你是沈阳花园酒店前台服务员，今天酒店出现超额订房情况，超额数量为3间客房，根据客人到店时间等综合情况分析，预计有3组客人到店后无可供出租客房，请根据到店客人实际情况合理解决客人到店后的入住问题，每组同学采用抽签的方式来决定如何进行超额订房处理。

预订信息1：客人李先生，年龄38岁，预订大床房一间。

预订信息2：客人陈女士，年龄35岁，客人徐女士，年龄66岁，带有一名儿童，5岁，预订双床房一间。

预订信息3：客人王先生，年龄55岁，酒店VIP客人，某企业高管。

任务实施

要求：学生分成若干小组，因酒店为了保证客房入住率，进行了超额预订，请根据酒店客人预订信息做好客人到店后的超额订房处理办法，每个小组展示任务的完成过程中，各组通过任务回放进行自评、互评，教师在学生完成任务过程中进行评价。最后以上三种打分相加总分为每名学生的最后得分。

考核评价

从中找出优点、不足和错误，指出努力方向，进行评分，奖励优秀的小组。进一步掌握正确的工作过程与工作方法，训练学生工作方法能力、自我监控能力和评价能力。

任务评分表（满分50分）

小组编号：　　　　　　　学生姓名/学号：

标准	序号	评分项目	每项5分	得分
完成正确性	1	是否根据三组预订信息进行分析		
	2	是否正确分析客人心理现象		
	3	是否正确分析客人行为规律		
	4	是否掌握满足客人消费心理的途径		
	5	是否正确合理解决客人预订后无房入住问题		
	6	是否了解酒店优质服务的具体要求		
	7	能否提供超值服务，有满足宾客期望的方法		
	8	能否提高服务技能，有提供优质服务的方法		
完成流畅性	9	完成任务是否流畅，有1处停顿扣1分，有2处停顿扣2分，3处停顿扣3分，4处以上不得分。		
仪容仪表	10	仪容仪表符合预订员要求，仪态大方，服饰干净，不化浓妆，头发干净整齐，修剪指甲。有1处不符合标准扣1分，3处以上不得分。		
总分				

拓展知识

一、移动入住服务

移动互联网技术的发展带来的冲击等因素极大地推动了智能技术与酒店品牌的融合，

对于酒店而言，使用酒店手机端 APP 可以吸纳更多的会员顾客，解决长期以来因为 OTA 平台的分流所带来的困境，增加收益；同时可以更好地提供对客服务，彰显酒店的品质，获得更多顾客的忠诚度；酒店移动服务的推出也是新时代酒店智慧化升级、数字化转型的体现，符合时代发展的需要。相信移动入住服务在整个酒店业实现全覆盖很快就会到来。

移动入住服务的流程：

（1）下载酒店 APP，登录注册。

（2）预订房间。通过使用移动登记入住功能，客人可以随时随地办理入住。选择入住城市的目标酒店，选择抵达时间，离店时间，酒店将根据客人的预订信息准备客房。

（3）确认订房信息。酒店在客房备妥时会向客人发送提示信息。客人根据提示信息确认预订是否成功、安排具体行程。

（4）生成手机钥匙。客人通过移动 APP 可以拥有手机钥匙，进入客房更加快捷，抵达酒店后可以使用手机钥匙进入客房、停车库、健身中心、酒廊以及泳池等设施。不用担心忘带房卡。

（5）移动 APP 退房。客人离店时可以通过移动 APP 办理退房，押金会通过原支付渠道自动退回给客人。客人可以通过 APP 联系酒店工作人员准备发票甚至电子发票。

总之，移动技术为酒店的服务创造了广阔的平台，使酒店的服务可以跨越时空的限制，酒店再也不是不可移动的建筑。客人可以使用手机会话功能与酒店工作人员直接沟通。入住前、住宿期间，甚至在退房后，客人都可以使用手机会话功能，向前台咨询当地推荐信息、提出设施用品需求以及更多旅途中的相关问题。

客人甚至可以在出发之前，就先做好旅行计划。可以通过浏览目的地酒店的菜单订购食品与饮品，在客人返回酒店时，即可享受到酒店为客人准备的选购的商品。酒店可以通过移动端推出更多精彩的活动，使服务形式更加灵活多样。

客人直接从酒店官方 APP 订房，还可以享受更加优惠的房价，赚取和兑换住宿积分，可以通过手机 APP 轻松管理个人账户，包括查看账户积分余额、住宿记录、账单等信息。可以说移动技术将客人与酒店紧密连接到了一起。

二、移动办理入住的"前世今生"

移动入住方式在整个酒店业实现迅速扩张。近几年来，虽然酒店中的入住办理自助设备和其他替代前台的方式越来越常见，一些主要酒店品牌开始更大范围地将移动技术整合到旅游体验中。与此同时，一些第三方技术供应商为酒店和分销商提供了办理移动入住的工具。

在 2013 年 11 月的达拉斯商务旅行新闻（Business Travel News）大会上，肯科

（Concur）公司供应商与商旅管理公司（TMC）服务部执行副总裁迈克·科廷说："你会看到酒店入住APP发生巨大变化。有许多方式都可以替代前台的服务，但这的确需要酒店对一些基础设施进行投资。"

比如说，万豪酒店在全球500家酒店启用移动入住手续。至少对"万豪礼赏奖励计划"（Marriott Rewards）会员开放服务。其会员可以通过万豪移动应用（Marriott Mobile App）在抵达酒店当天的下午四点起办理入住手续。在抵达酒店后，他们的房卡已经准备好，放置在一个专用的移动入住办理台上。凯悦酒店集团（Hyatt Hotels and Resorts）在特定的酒店中采用了类似的手续，他们给到达酒店的顾客提供自助获取房卡的机器。喜达屋酒店及度假村集团（Starwood Hotels & Resorts Worldwide）旗下的雅乐轩（Aloft）目前有九家酒店正在实行智能入住（Smart Check-in）项目，但他们的方式稍微有点不同。顾客会在入住时收到一张喜达屋雅乐轩的贵宾卡（SPG卡，Starwood Preferred Guest Card），并收到一条告知房号的短信。这样一来他们就可以直接入住房间并使用SPG卡作为房卡。

第三方同样也在开发移动入住技术。加州山景城的入住伙伴公司（Check Mate）去年底发布了一款移动入住平台的测试版，它能为加州一小部分酒店提供移动入住手续服务。该技术和所有酒店PMS系统兼容，每日会给酒店发送一份关于入住顾客的报告，并在顾客入住的前一天以酒店的名义给他们发送定制化邮件。

"顾客可以发送房间要求、入住时间并添加忠诚计划会员号或其他特殊要求。在入住当天，酒店会查看这些信息，并可以提前安排好房间。"入住伙伴公司（Check Mate）的联合创始人安东尼·马吉奥说道。

马吉奥称，除了单体酒店外，包括OTA和商旅管理公司在内的酒店分销商同样可以使用入住伙伴（Check Mate）平台。即使酒店没有使用该平台，分销商自己可以浏览顾客的要求，并在顾客入住前将它们传达给酒店。提供酒店预订和搜索工具的Room77公司在2013年4月收购了入住伙伴公司（Check Mate）。Room77和点踪公司（Points Hound）、联盟预订网络公司（Alliance Reservations Network）等公司是入住伙伴公司的第一批分销商合作伙伴。

马吉奥说，他愿意和商务旅行代理商进行合作，因为许多这类公司"没有开展这类项目的预算或资源，我们认为他们的客户绝对可以受益于这种技术"。肯科公司的科廷称，随着更多酒店采用了新技术来进行物业升级，用不了多久，在线办理入住手续、可被酒店电梯旁房卡自助机识别的条形码的方式将变得普及。随着移动入住手续的广泛采用，前台服务应做相应的调整。

三、凯悦集团对高端客户的新型入住方式

Online Check-in 是凯悦集团的高端客户新型的订房程序。凯悦作为世界一流的酒店集团，拥有一系列营销策略。在对待高端客户时，他们有一套自己的方案，能为客人提供周到、高效的服务。在欧美地区，凯悦除了拥有大量的散客和团队客人外，还有一部分高端客人，被称为"Gold Passport Guest"。Gold Passport Guest 即国内大部分酒店所称的 VIP 客人。在凯悦这些客人可以享受到不同于一般客人的订房、入住程序，这是一种非常方便的入住方式——"订房入住一体化"。所谓"订房入住一体化"是指凯悦的 Gold Passport Guest 或者白金卡、钻石卡持有者在网站上订房，确认入住的日期、房型和具体的人员后，客人可以输入他的卡号进行订房，在选择房间并确定要预订以后，凯悦会给客人发订房确认信，确认后，客人输入他的信用卡卡号和密码，再次确定，订房就完成了。而当客人到达该酒店时就不用再到前台登记入住了，只要直接去前台领取房卡就可以了。在美国的一些地区，客人还可以用白金卡、钻石卡直接进入房间而无须经过前台，非常便利。退房时，客人只需登录凯悦网站，点击退房就可以离开酒店，在德国凯悦酒店房费结算会在 3 个工作日内完成。这样的订房方式还可以用于凯悦旗下的酒店。欧美的 Gold Passport Guest 可以登录凯悦的官方网站，输入会员卡等级（金卡级、白金卡级和钻石卡级）和号码进行房间预订。

四、华住酒店启用自助入住系统

作为酒店行业的科技先锋，华住集团不断通过信息化技术推进自身科技变革的靠拢。

为此华住设计打造了酒店自助入住系统，并逐步在旗下的汉庭等 1300 多家门店进行安装。

酒店自助入住系统在外观上类似 iPad，右侧带有一个身份证刷卡槽，顾客可以通过其完成预订—选房—支付的整个流程，只需最后在前台领取房卡和开具发票，其界面和操作类似于机场办理值机的过程。

自助入住系统将原本的前台入住手续从 3 分钟缩短到了 30 秒。大大节省了顾客的时间，同时对于上千家门店来说也缩减了不菲的人力资源成本。自助入住系统还为顾客行为的挖掘和收集提供了海量数据。该系统可以基于客户的操作，实时分析客观数据，了解客户需求的优先级并做出调整，优先显示更加符合其喜好的房间（如朝向、楼层、是否靠近电梯等）。并根据客户的消费习惯分析市场变化。在营销及收益分析闭环体系方面，华住集团会对会员的消费曲线、营销覆盖和营销效果进行追求并改进。在关怀方面，通过用户群体划分和近期行为数据为其提供更贴合其需求的情感服务。

（资料来源：华住酒店启用自助入住系统。中国连锁经营协会）

任务三 客房收益分析

一、前厅部经营报表解读

报表的制作通常是由前台夜班人员负责的。随着计算机技术在前台管理中的应用，前厅部使用的各种报表将基本上由计算机制作（有些报表将由计算机自动生成），实现前台管理的无纸化作业。

前厅经营报表与指标分析

前厅部制作的客房营业统计报表，主要有客房营运状况日报表和客房运营数据统计表。

（一）客房营运状况日报表

"客房营运状况日报表"是前厅部日常运转所需要的基本表格，也是进行客房营业统计分析的主要依据。这套表格一般包括多方面的内容：

由于各酒店使用的 PMS 系统不一样，此类表格的统计方式可能不同，但是统计内容都极为相似。这是综合反映酒店客房利用情况、客房收入情况和客房预订情况的报表。其主要指标包括：昨日占用客房数、今日预抵人数、今日离店人数、预订更改情况、团队信息（包括在店、预抵、今日离店）、会员及 VIP 信息（包括在店、预抵、今日离店）。此类表格，是前厅部当天经营状态的表现，主要帮助前厅部工作人员预估当日的工作量，安排人员和工作节奏，特别是对团队和会员及 VIP 的服务安排工作。

通过客房营运状况日报表的统计，可以清晰地看到酒店当天客房的入住率以及预订的情况，明晰酒店预订和在店的团队信息和 VIP 客人信息，同时对客房预订的变化情况也有详细的统计，这样的数据统计，对前厅部关注客房预订进度、房态情况、离店结账情况、当日营收和营收对比等数据信息起到重要作用。

表 6-3 酒店每日营运状况表（Daily Report）

客房状况：

	散客（间）	团队（间）	合计（间）	住房率	与昨日对比		收入（元）	平均房价（元）
昨晚入住	130	78	208	%	−18.70%	−42823.50		
今日预订	39	10	49	−			−	−
今日离店	77	21	98					−
Opera 今日预测	92	67	159	%				
实际预测	199	67	266	%				−

备注：以上数据按实际情况填写（根据夜审后 Opera 中 Manager Report 填写）

预抵团队：

团号	团队名称	抵、离店日期	房间数	备注
0803BJG	×××××	08.03—08.05	10	

在店团队：

团号	团队名称	抵、离店日期	房间数	备注
0726BJG	×××××	07.31—08.04	11	
0801BJS	×××××	08.01—08.04	7	
0801JNS	×××××	07.31—08.04	28	
0724DSX	×××××	07.22—08.04	1	

离店团队：

团号	团队名称	抵、离店日期	房间数	备注
0802ZJS	×××××	07.27—08.03	2	

预抵重要客人信息表：

房号	姓名	抵、离店日期	备注

在店重要客人信息表：

房号	姓名	抵、离店日期	备注

当日取消订房信息表：

房型	姓名	原因	联系方式	备注

当日未到客人信息表：

姓名	预订信息	联系方式	备注

预订更改信息表：

姓名	原预订号	新预订号	原预订信息	修改后预订信息	备注

当日提前退房信息表：

房号	姓名	客源类型	原退房时间	提前时长	提前退房原因	备注

当日延期退房表：

房号	姓名	客源类型	新退房时间	延期退房原因	备注

（二）客房营运数据统计表

客房运营数据统计表包括日统计表、周统计表、月统计表、季度统计表、年统计表等，是基于每日营运数据，将一定周期内的数据进行累计统计，可实现同比、环比等对照分析，为酒店收益管理决策和经营决策提供经验依据。常用的统计指标有：今日占用客房数、可出租客房总数、坏房数、免费房数、酒店自用房数、散客用房数、长住客用房数、团队用房数、客房出租率（包括全部客房平均出租率和各类房型出租率）、客房平均房价（包括全部客房平均房价和各类房型平均房价）、每间可供出租房收益、客房收入、取消订房总数、预订未到客人总数、提前退房总数、延期退房总数等。

表6-4 客房运营数据统计表

统计指标	时间		
	2022年2月1日	2022年1月1日（环比）	2021年2月1日（同比）
房间总数			
房间占用数量			
剔除维修房的房间总数			

续表

统计指标	时间		
	2022年2月1日	2022年1月1日（环比）	2021年2月1日（同比）
可出租房总数			
剔除维修房后的可出租房总数			
免费房数量			
自用房数量			
剔除免费房和自用房的房间占用数			
剔除自用房的房间占用数			
剔除免费房的房间占用数			
维修房数量（OOO房间）			
在店成年客人人数			
在店儿童客人人数			
在店总人数			
在店散客人数			
在店团队人数			
在店VIP人数			
在店散客房间数量			
在店团队房间数量			
在店协议单位房间数量			
在店旅行社团队房间数量			
房间出租率			
剔除免费房和自用房的房间出租率			
剔除维修房的房间出租率			
预抵房间数			
预抵人数			
延迟抵店房间数			
上门散客房间数			
上门散客人数			

续表

统计指标	时间		
	2022年2月1日	2022年1月1日（环比）	2021年2月1日（同比）
延迟退房房间数			
延迟退房人数			
离店房间数			
离店人数			
提前离店房间数			
提前离店人数			
预订未出现房间数			
预订未出现人数			
当日预订取消房间数			
当日新进预订数			
当日新进预订取消数			
平均房价			
平均每人房价			
剔除免费房和自用房的平均房价			
平均每房收益			
散客每房收益			

（资料来源：根据Opera系统的统计报表整理，原报表数据指标数量多于此表指标数量。）

除了以上的报表形式外，还可以将统计的原始数据进行组合分析，根据分析目的，选取相应的数据，形成新的统计分析表格，通过分析数据之间的关系，实现数据管理的目的，如表6-5、表6-6。

表6-5　客房营运数据分析对照表

项目	本日	本月	本年
房费收入（元）	21 156	734 041	8 334 420
迷你吧收入（元）	0	8563	127 260

续表

项目	本日	本月	本年
其他收入（元）	0	0	0
合计（元）	21 156	742 604	8 461 680
平均房价（元）	325.48	325.95	339.43
平均房价（元）（不含早餐）	325.48	322.59	336.68
出租率	63.11%	72.88%	71.16%
出租率	63.11%	74.50%	72.84%
出租间数（间）	65	2252	24 554
免费房间数（间）	0	50	579
合计（间）	65	2302	25 133
总房间数（间）	103	3090	34 505
营业天数（天）	1	30	335
计划营业天数（天）	1	30	365

项目	单间	标准间	套房	单间	标准间	套房	单间	标准间	套房
房费收入（元）	15 730	6186	0	465 475	301 167	27 002	4 916 077.4	3 692 728.1	428 454.7
出租间数（间）	47	18	0	1341	914	45	13 768	10 611	659
固定间数（间）	55	42	6	1650	1260	180	18 425	14 070	2010
平均房价（元）	334.68	343.67	0	347.11	329.50	600.04	357.07	348.01	650.16
出租率	85.45%	42.86%	0	81.27%	72.54%	25.00%	74.72%	75.42%	32.79%
贡献率	286.00	147.29	0	282.11	239.02	150.01	266.82	262.45	213.16

表 6-6　酒店住客类型收入统计分析表

项目 名称	人数（人）本日	本月	本年	房数（间）本日	本月	本年	房费（元）本日	本月	本年	平均房价（元）本日	本月	本年
上门散客	5	256	3587	5	208	2916	1926	88 290	1 301 364.1	385.2		
会务	0	22	665	0	22	597	0	7040	202 062	0		
旅行社	14	1669	12 072	13	1177	9613	4200	374 910	3 164 468	323.1		
协议	29	442	4799	25	370	3965	8180	122 942	1 365 859.5	327.2		
会员	9	93	2791	8	82	2482	2580	27 800	852 148	322.5		
自用房	0	2	61	0	2	60	0	0	0	0		
OTA 订房	16	482	6184	14	391	4839	4842	156 878	1 948 521.9	345.9		

二、关键指标分析

酒店前厅部需要关注的是关于客房收益的几个指标数据。关注客房收益是前厅部运营的核心业务，关于客房收益，前厅部常用的几个指标是：客房出租率、平均房价、每间可出租房收入。

（一）客房出租率

客房出租率是指酒店已经出租的客房数占酒店可以提供出租的客房总数的百分比。其含义是在酒店可提供出售的房间数量基础上，通过销售出去的客房数量来衡量酒店对客房销售的能力。

客房出租率是反映酒店经营状况及收益高低的一项重要指标。其计算公式是：

$$客房出租率 = \frac{已出租的客房数}{可供出租的客房数} \times 100\%$$

特别注意的是：可供出租房间总数不包括酒店自用房、维修房以及顾客因各种原因调换出的不能用于出租的房间。

使用这个公式，我们可以根据酒店收益分析的统计需求，计算出日平均客房出租率、月平均客房出租率、季平均客房出租率、年平均客房出租率。

酒店客房出租率越高，说明实际出租的客房数量与可供出租的客房总量之间的差距越小，客房的闲置率越低，客房的经营业绩越好；相应地，客房的出租率越低，说明实际出租的客房数量与可供出租的客房总量之间的差距就大，客房的闲置率就高，酒店的经营业绩就不好。

（二）平均房价

平均房价是指酒店实际客房营业净收入与酒店已出租的客房数的百分比。

其含义是将已出租的各类房间的价格进行综合折算后得出的一个平均销售价。其计算公式是：

$$平均房价 = \frac{已出租客房净收入 \times 100\%}{已出租客房总数}$$

特别注意：已出租客房净收入，是指净房费收入，不含早餐、康乐等除房价之外的收入。如果房价中包含了早餐或康乐等其他项目的费用，在计算平均房价时，应将这些单项费用剔除。

使用这个公式，我们可以根据酒店收益分析的统计需求，计算出日平均房价、月平均房价、季平均房价、年平均房价。

（三）每间可供出租客房收入

每间可供出租客房收入是指酒店已出租客房营业净收入与酒店可供出租客房数量的百分比。其含义是指在确定的时间周期内，将客房营业净收入按客房出租率100%折算后所获得的每间可供出租房的收入。其计算公式是：

$$每间可出租客房收入 = \frac{已出租客房净收入 \times 100\%}{可供出租的客房数} = 客房出租率 \times 平均房价$$

从公式中可以看出，每间可供出租客房收入指标与客房出租率和平均房价成线性函数关系。当客房出租率不变，平均房价提高，每间可供出租客房收入相应提高；当平均房价不变，客房出租率提高，每间可供出租客房收入也相应提高，反之亦然。

例题：甲酒店有100间客房，3月实现平均出租率90%，平均房价300元/间天；乙酒店同样有100间客房，同月平均客房出租率85%，平均房间320元/间天，甲、乙两家酒店哪一家经营业绩好呢？

单看出租率指标，显然是甲酒店的业绩更好。但从平均房价指标来看又是乙酒店的业绩更好。可以通过比较两家酒店的总收入来作出判断。甲酒店本月客房总收入为：100×90%×31×300=837000（元），乙酒店本月的客房总收入为：10085%×31×320=843200（元），显然乙酒店的经营业绩比甲酒店好，因为乙酒店比甲酒店多挣了6200元。

根据每间可供出租客房收入的计算公式得知甲酒店的RevPAR（每间可供出租客房收入）为：300×90%=270（元），乙酒店的RevPAR为320×85%=272（元）。说明RevPAR

值越大,客房收益越高,反之,客房收益越低。

(四)收益率

收益率(Rate of Return)是指规定时间内实际客房收入与潜在客房收入的百分比。其计算公式是:

$$收益率 = \frac{实际客房收入}{潜在客房收入} \times 100\%$$

[注:潜在客房收入指酒店将所有的客房以最高房价(牌价)销售出去时所得的收入,实际收入为客房销售的实际进账收入。]

三、客房收益管理技巧

酒店收益管理网络在酒店总经理的指导下,由收益管理部门牵头开展相关工作。也有些酒店虽然没有专门的收益管理部门,但是会在销售部或前厅部设置客房收益负责人,专门负责客房收益的相关工作。酒店前厅部负责接待通过各种预订渠道入住酒店的客人,掌握着酒店所有住客的住宿档案、所有客房销售的相关数据,这些数据是收益管理工作的一手资料,至关重要。

(一)调控好散客和会员的平均房价和入住率占比

平均房价和平均入住率是影响酒店客房收益的两大因素。而散客的房价(除了协议散客外)在酒店的各类房价中是最高的,因此适度调控好散客的入住率占比,对实现酒店收入的最大化至关重要。会员在酒店的消费频率高,有些会员还是储值会员,因此维持一定的会员比例,对提升酒店收入起到基础作用。

酒店的协议客人、团队客人的房价一般低于散客房价,并且他们是由营销部负责的客户,为了实现部门业绩,营销部也要采用各种办法来增加协议客人和团队客人。但是,如果任由其数量增加,必然造成散客和会员比例的下降。因此,前厅部和营销部在发展各部门的客户过程中,应该遵循收益部门的协调;没有设置收益部门的酒店,也要用收益管理的思维调整协议客人、团队客人和散客、会员的比例关系,并根据市场预测情况和营销部、前厅部各自的房租收入和出租率历史资料进行分析,确保散客和会员的数量占比。因此,前厅部需要对散客和会员的平均房价以及出租率进行每日的统计,形成有效的历史统计数据,才能为收益管理部门提供科学的决策依据,从而为酒店实现客房收入最大化发挥积极作用。

（二）做好房态控制

1. 重点关注现付订单

现付 OTA 订单和电话未缴纳预订金的订单要特别留意，前台员工可在入住当日的 14 点、18 点、20 点这 3 个时间点确认预订信息，了解客人最终是否到店。同时预订较多时提前电话联系在住客人确认续房与否，以便于当日房态总控，准确掌握房间占用情况，及时向收益管理部门提供数据，便于当日超额预订数量的预测和调整。

2. 时刻留意客房的预订进度

当线上房型所剩不多时，建议暂时不要马上关闭网络销售，可将剩余房型提升 10%-20% 的价格区间，确保线上流量的同时，还可帮助酒店尝试高收益预订售卖。但是如果实际已经满房，一定要及时关闭线上售房渠道，否则一旦订单进入，则会出现客人到店无房入住的情况，或者因酒店方无理由取消订单，造成客人投诉和网评分数扣分的情况。所以，前厅部员工要时刻关注客房预订进度，把握好线上关房的时机。

（三）提供优质服务，提高客户满意度

上门散客，尤其是 OTA 平台的订单散客，对客房品质需求较高，并且掌握着酒店的酒店网评，所以在房态允许情况下，优先向他们安排状况良好且高性价比的房间，并在前台、客房等部门的个性化服务上多下功夫，以求让客人满意。

upgrade 与 upsell 的区别

不少酒店为获得好评，会为客人提供免费升级房型的服务，在执行时需要特别注意以下两点：

（1）量力而行。免费升级房型服务，一般情况下仅在房间大有富余或是当前房态较差的情况下进行，而不是一味提供升级服务。

（2）避免固化。不能让客人形成固化思路，认为到本店就一定有免费房间升级服务，以免后续客人到店后没有升级反而招来质疑。

免费房间升级应有特定的原因及条件，比如前台在客人入住期间，可鼓励客人使用携程的积分兑换房间升级。

（四）努力提升均收益

对于体量较大的酒店，可在房态允许的情况下考虑推出钟点房和白天房，尽可能冲高当日房均收益。前台员工也可在客人入住后，向客人推荐付费早餐或其他项目等，以求提升非房收益带来的产出。

（五）关注非标准房类房间资源的收益

酒店的协议客人使用的房间大都集中在普通标准客房，而酒店的豪华房如豪华套房、

总统套房、行政房空置率都比较高，而房况较好。这些豪华房类的出租由于受到酒店房价政策的限制，通常较难出售。为了改变这种资源闲置的情况，前厅部可在获得酒店管理者授权的前提下，向前台员工充分授权，并且充分配合收益管理部门的销售策略，让前台员工卖出豪华房类。从收益管理的终极目标来说，多卖出豪华房类，将对上门散客的平均房价有最大的贡献率。

任务引入

假如你是沈阳花园酒店前厅部经理，今天通过了解酒店收益数据报表，制定提高酒店客房收益的管理方案。

任务实施

要求：学生分成若干小组，制定酒店相关经营方案保证客房收益率，每个小组展示任务的完成过程中，各组通过任务回放进行自评、互评，教师在学生完成任务过程中进行评价。最后以上三种打分相加总分为每名学生的最后得分。

考核评价

从中找出优点、不足和错误，指出努力方向，进行评分，奖励优秀的小组。进一步掌握正确的工作过程与工作方法，训练学生工作方法能力、自我监控能力和评价能力。

任务评分表（满分50分）

小组编号：　　　　　学生姓名/学号：

标准	序号	评分项目	每项5分	得分
完成正确性	1	是否根据酒店客房运营数据进行分析		
	2	是否正确分析客人心理现象		
	3	是否正确分析客人行为规律		
	4	是否掌握满足客人消费心理的途径		
	5	是否正确提出提高客房收益的方案		
	6	是否了解酒店优质服务的具体要求		
	7	能否提供超值服务，有满足宾客期望的方法		
	8	能否提高服务技能，提供优质服务的方法		
完成流畅性	9	完成任务是否流畅，有1处停顿扣1分，有2处停顿扣2分，3处停顿扣3分，4处以上不得分。		

续表

标准	序号	评分项目	每项5分	得分
仪容仪表	10	仪容仪表符合预订员要求，仪态大方，服饰干净，不化浓妆，头发干净整齐，修剪指甲。有1处不符合标准扣1分，3处以上不得分。		
总分				

拓展知识

客房状态的相关知识

客房状态又叫客房状况，可简称为房态，是指对每一间客房在一定时间段上正在占用、清理或待租等情况的一种标示或描述。准确控制房态是做好酒店客房销售工作以及提高接待服务水准的前提。酒店的客房随着客人入住和离店等活动的变化而处于各种状态的不断变化之中。

酒店常见房态表

房态	英文	中文	备注
Occupied	Occ	住客房	住店客人正在使用的客房
Vacant	Vacant	空房	暂时未出租的房间
VC	Vacant & Clean	已清洁客房	已完成清扫整理工作，尚未检查的空房
VD	Vacant & Dirty	未清洁客房	
CO	Check Out	走客房	客人刚离店，房间尚未清洁
OOO	Out of Order	待修房	硬件出现故障，正在或等待维修，需要大修
OOS	Out of Service	停用房	由于各种原因，需要小型维修，已被暂时停用的房间
BL	Blocked Room	保留房	为团体客人、预订客人以及重要客人等预留的房间
S/O	Sleep Out	外宿房	住店客人外宿未归
L/B	Occupied with Light Baggage	轻行李房	携少量行李的住客房
N/B	No Baggage	无行李房	
MUR	Make Up Room	请即打扫房	住店客人要求马上打扫的房间

续表

房态	英文	中文	备注
DND	Do Not Disturb	请勿打扰房	客房的"请勿打扰"灯亮着或门把手挂有"请勿打扰"牌
DL	Double Locked	双锁房	酒店（或客人）出于安全等某种目的而将房门双锁
HU	House Use	自用房	酒店内部使用的房间
COM	Complimentary	免费房	酒店的招待用房，以住客房形式出现，且在备注中详细注明具体的招待人或部门
LSG	Long Staying Guest	长住客	
TP		临时房态	用于参观房、临时抽查等，可随时提供出售的房间
EA	Expected Arrival	预抵房	当天预订抵店的房间
ED	Expected Departure	预离房	当天预计离店的房间

四、小数字赢得大世界

数字经济具有高创新性、强渗透性、广覆盖性特点，不仅是新的经济增长点，而且是改造提升传统产业的支点，可以成为构建现代化经济体系的重要引擎。推动数字经济和实体经济融合发展，赋能传统产业转型升级，为大力发展数字经济指明了努力方向。激活数据要素潜能，催生数据生产力，是数字经济高质量发展的关键。

酒店业是传统服务业，在文旅经济高质量发展的背景下，其数字化转型升级已经成为必然趋势。深度挖掘数据在酒店对客服务经营管理中的价值，对于提升酒店经济效益、改善酒店管理环境、提高酒店服务质量至关重要。在对客服务过程中，如何利用数字化技术抓取顾客需求、采集顾客偏好数据，并将这些数据进行精准统计分析，达到能反映酒店经营管理问题的可利用程度，是酒店激活数据要素潜能的实践活动。

在酒店经营报表使用中，要将需要采集的数据代码完整地编写进 PMS 系统中，培训员工在接待客户中认真完整采集，从而形成数据齐全的统计报表，使学生养成精细化思维和对数据的敬畏心态。酒店客房收益管理需要通过对酒店多年累积的数据进行精细化整理，为精准预测提供数据支持，这些都是数字经济时代赋予酒店员工的新任务。

五、宾客满意度的全面管理

某酒店在客人入住时为客人发放激励币，客人可将激励币奖励给为他提供优质服务的工作人员，酒店以此评选优秀个人和班组。酒店要求前台、客户关系经理或大堂副理在客人退房时都要主动征询客人入住满意度状况，尤其是携程等OTA渠道客户要专人跟进，确保退房前进行一对一口头沟通，发现问题及时补救处理，确保客人不带着任何的不愉快离店；针对会员及协议客户在客户离店后通过邮件发送满意度调查表。每月对收集的客户满意或投诉的信息进行分类汇总，奖优罚劣，将被客人点赞最多的个性化服务升级为标准化服务，分析整改被客人投诉和吐槽的问题，不断提升服务质量。

任务考核

一、单选题

1. 客房升级销售的注意事项不包括（　　）。

A. 记录每天完成的升级销售房间量

B. 做好历史数据分析及需求预测分析

C. 保持对酒店实时房态的关注

D. 客房的每日房价

2. 常客奖励计划的类型包括（　　）。

A. 开放型和限制型　　　　　　　　B. 保证型和开放型

C. 限制型和无限制型　　　　　　　D. 无限制型和有限制型

3. 超额预订的英文应该是（　　）。

A Advance Reservation　　　　　　B.Confirmed Reservation

C .Guarantee Reservation　　　　　D.Over Booking

4. 按国际酒店的管理经验，超额预订的百分比可控制在（　　）。

A. 5%~20%　　　　B. 5%~15%　　　　C. 10%~20%　　　　D. 15%~20%

5. 下列关于每间可供出租客房收入的描述不正确的是（　　）。

A. 每间可供出租客房收入是指酒店已出租客房营业净收入与酒店可供出租客房数量的百分比

B. 当客房出租率不变，平均房价提高，每间可供出租客房收入相应提高

C. 客房平均房价越高，每间可供出租客房收入越高

D. 每间可供出租客房收入可以作为不同酒店之间衡量收益的指标

二、多选题

1. 客房升级销售中，关于销售话术的描述正确的是（　　）。

   A. 酒店销售的是房间而不是价格，在升级销售客房时，要强调房间的优势，尽量减少客人对需要为此额外支付的费用的关注

   B. 洞察客人的疑虑，多提建议

   C. 如果客人没有表现出直接拒绝，接待员应该将更多的酒店产品向客人介绍，说服客人购买，增加酒店收入

   D. 采用客人受益的方法，让客人明白多付出的价格一定会获得超值的优惠或免费的体验

2. 酒店的会员礼遇包括（　　）。

   A. 客房升级　　　B. 免费用餐　　　C. 实物奖励　　　D. 免费住宿

3. 酒店会员维护需要做的工作有（　　）。

   A. 会员识别　　　B. 会员发展　　　C. 会员调研　　　D. 会员贡献率分析

4. 未能精确统计信息数据及实施超额预订过度，具体表现为（　　）。

   A. 过高估计预订未到客人的用房数

   B. 过高估计临时取消客人的用房数

   C. 过高估计提前离店客人的用房数

   D. 过高估计延期住店客人的用房数

5. 关于超额预订过度的说法正确的是（　　）。

   A. 超额预订过度一定会给酒店带来损失

   B. 超额预订过度是酒店实施超额预订策略不当造成的

   C. 超额预订过度可以表现为某一个房型的超额预订过度

   D. 当酒店出现超额预订过度导致有预订客人无房可住时，酒店应付全部责任

三、简答、计算题

1. 请简述客房升级销售的技巧。

2. 请简述前厅部做好客房收益管理的技巧。

3. 某酒店有标准客房600间，未来11月2日续住房间数为200间，预期离店房间数为100间，该酒店预订取消率通常为8%，预订而未到率为5%，提前退房率为4%，延期住店率为6%，试问就11月2日而言，该酒店应该接受多少超额订房？

四、案例分析

在旅游旺季，各酒店出租率均较高，为了保证经济效益，酒店一般实行超额预订。一天，经大堂副理及前台配合，已将大部分客人安排妥当。当时1314客人为预离房，直

至 18 点才来前台办理延住手续，而此时 1314 房间的预抵客人已经到达（大堂副理已在下午多次电话联系 1314 房间预离客人，但未联系上）。大堂副理试图向刚刚到达的客人解释酒店超额预订，并保证将他安排在其他酒店，一旦有房间，再将其接回。但客人态度坚决称"这是你们酒店的问题，与我无关，我哪儿也不去"。鉴于客人态度十分坚决，而且多次表示哪怕房间小一点也没关系，就是不想到其他酒店。在值班经理允许下，大堂副理将客人安置到了值班经理用房，客人对此表示满意。

请回答：

1. 导致上述案例中问题的原因是什么？
2. 此类问题的处理策略是什么？

参考答案

一、单选题：1. D　2. A　3. D　4. B　5. C

二、多选题：1. ABD　2. ABCD　3. ABCD　4. ABCD　5. BCD

三、简答题

1. 作为酒店前厅部服务人员表现出良好的职业素质；能够深入了解本酒店的客房产品与服务；能够观察客人特点与消费习惯，发现升级销售的机会；能够使用有效的销售话术赢得客人的认同并购买产品。

2. 能够调控好散客和会员的平均房价和入住率占比；做好房态控制；通过提供优质服务，提高客户满意度；努力提升日均收益；关注非标准房类房间资源的收益。

3. 计算题：

答：约为 62 间，公式略。

四、案例分析

1. 酒店为了提高入住率，在预订过程中进行了超额预订，但是仍然有预计当日离店的客人延住，酒店未将这一情况充分考虑，导致已经抵店的客人没有房间。

2.（1）发生超额预订客人抵店没有其预订的房型：先与预订客人协商换同价位的房型，如果客人不愿意的话，酒店可根据房型价位情况给客人升级，并告诉客人酒店特意决定为客人免费升级到高级房。这样，客人就会觉得自己被重视，对酒店的处理方式也会更满意，酒店因此可能会获得一位回头客。

（2）如果因超额预订而不能使客人入住酒店其他房型，酒店方面应该做到：①诚恳地向客人道歉，请求客人谅解。②立即与另一家相同等级的酒店联系，请求援助，如果是集团内酒店，尽量集团内解决，并免费为客人安排车辆送达该酒店。

项目七　前厅部服务质量管理

学习引导

本项目要求学生进一步掌握前厅服务质量标准的定制和基本内容，熟悉主要的前厅服务质量管理的方法，掌握前厅服务质量实施的方案，了解提高前厅服务质量的途径。

学习目标

1. 了解前厅服务质量标准的概念。
2. 掌握前厅服务质量的特点和前厅服务质量标准及内容。
3. 能够结合酒店前厅服务质量的特点和前厅服务质量标准及内容，处理前厅部各项事务，解决基本问题。
4. 养成爱岗敬业、踏实肯干、具有良好服务意识的酒店管理专业素养能力。
5. 培养学生良好的职业道德，具有以顾客为服务中心的理念。

案例导入

叫醒失误的代价

小尧是刚从旅游院校毕业的大学生，分配到某酒店房务中心是为了让他从基层开始锻炼。今天是他到房务中心上班的第二天，轮到值大夜班。接班没多久，电话铃响了，小尧接起电话："您好，房务中心，请讲。""明天早晨5点30分叫醒。"一位中年男子沙哑的声音。"5点30分叫醒是吗？好的。没问题。"小尧知道，叫醒虽然是总机的事，但一站式服务理念和首问负责制要求自己先接受客人要求，然后立即转告总机，于是他毫不犹豫地答应了。

当小尧接通总机电话后，才突然想起来，刚才竟忘了问清客人的房号！再看一下电话机键盘，把他吓出一身冷汗——这部电话机根本就没有号码显示屏！小尧顿时心慌，立即将此事向总机说明。总机告称也无法查到房号。于是小尧的领班马上报告值班经理。值班经理考虑到这时已是三更半夜，不好逐个房间查询。再根据客人要求一大早叫醒情况看，估计十有八九是明早赶飞机或火车的客人。现在只好把希望寄托在客人也许自己会将手机设置叫醒。否则，只有等待投诉了。

早晨7点30分，一位睡眼惺忪的客人来到总台，投诉说酒店未按他的要求叫醒，使他误了飞机，其神态沮丧而气愤。早已在大堂等候的大堂副理见状立即上前将这位客人请到大堂咖啡厅接受投诉。原来，该客人是从郊县先到省城过夜，准备一大早赶往机场，与一家旅行社组织的一个旅游团成员会合后乘飞机出外旅游。没想到他在要求叫醒时，以为服务员可以从电话号码显示屏上知道自己的房号，就省略未报。

酒店方面立即与这家旅行社联系商量弥补办法。该旅行社答应让这位客人可以加入第二天的另一个旅游团，不过今天这位客人在旅游目的地的客房预订金270元要由客人负责。接下来酒店的处理结果是：为客人支付这笔订金，同时让客人在本酒店再住一夜，而且免去客人昨晚的房费。这样算下来，因为一次叫醒失误，导致酒店经济损失共计790元。

【点评】因为一次叫醒的失误，酒店竟为此付出790元的代价。是成本？是"投资"？笔者认为这790元既是成本，也是"投资"——花钱买教训。由本案得出的教训和应采取的改进措施有二：

一是所有"新手"上岗，都应当有"老员工"或领班带班一段时间，关注他们工作情况，包括哪怕接一次电话的全部过程。比如与客人对话是否得体完整、是否复述、是否记录等等。必要时要做好"补位"工作。

二是所有接受客人服务来电的电话机都必须有来电显示屏，并有记忆功能。这样既有利于提高效率、方便客人，也可防止类似本案事件的发生。

要杜绝类似本案事件的发生，是否应当让当事人"买单"？让当事人的上司负连带责任？对此，暂且不论，但是不论怎样处理这两位员工，倘若不接受教训并采取有效改进措施的话，将来还有可能产生"小尧第二"，甚至可能有人不愿意充当"小尧"。因此，总结教训，采取相应的改进措施（比如换上有来电显示的电话机，新手由领班"跟踪"一段时间），防患于未然才是根本。酒店各级管理人员应当充分利用自身的工作经验和教训，有预见性地去寻找问题，并采取预防性的措施，这才是提高管理水平和服务质量的关键。

任务一　服务质量管理

酒店为客人提供的主要产品就是服务，服务质量是酒店生存和发展的生命线。酒店前厅部是给宾客留下先入为主的第一印象和离店前最后印象的地方，是酒店销售产品、组织接待、调度经营业务和为客人提供各种应接服务的综合性经营部门，是酒店展示形象的窗口，是决定酒店在宾客心目中整体印象的最关键部分，酒店的前厅部是酒店经营的灵魂。前厅服务质量管理是整个酒店服务质量管理体系中的重要组成，也是在激烈的市场竞争中处于领先地位的关键。

一、酒店服务质量

酒店服务质量是指酒店提供的服务产品满足顾客需求的能力与程度，是有形产品质量和无形产品质量之和。有形产品主要包括设施设备、实物产品、服务环境等；无形产品通常是指服务态度、服务技能、服务效率、职业道德等方面。服务质量的最终体现是顾客满意度。因此，酒店产品能否满足顾客需求以及满足程度，就成为衡量一家酒店优劣的主要标志。

酒店前厅服务质量的特点为：

（1）前厅服务质量的评判具有很强的主观性，受限于宾客体验。

（2）前厅服务质量具有绝对性，所有服务环节都被纳入在内。

（3）前厅服务质量具有变动性，受宾客需求变化的影响。

（4）前厅服务质量的提高具有必要性，提高服务质量，满足现有及潜在的内部和外部顾客的要求和愿望，是提高企业竞争力必不可少的环节。

（5）前厅服务质量的效益是多元的，优质的服务品质不仅给宾客带来更好的体验，也为每个员工提供更良好的发展和工作环境。

二、酒店服务质量的构成

1.服务设施设备的质量

酒店的设施设备是酒店提供酒店服务的基础，是酒店服务的有形依托和表现形式，如图7-1-1所示：

图 7-1-1　前厅部工作人员

2. 实物产品的质量

其主要包括两个方面的内容，即饮食产品质量和购物商品质量。前者最终体现在饮食产品的色、香、味等要素上，饮食产品要精致可口、营养卫生、独具特色、迎合消费者需要，后者最终以商品本身的内在质量为主。

3. 服务用品质量

包括服务人员使用的各种用品和直接给客人消费的各种生活用品的质量。前者是提供优质服务、保证客人需要的重要条件，后者是满足客人物质需要的直接体现。

4. 劳务活动质量

即以劳动为直接形式创造的使用价值的质量。劳务活动质量是酒店服务质量的主要表现形式，其内容包括服务态度、服务技能、礼貌礼节、职业道德等方面。

5. 服务环境质量

服务环境的良好是满足客人精神享受的重要体现，良好的服务环境能够给客人提供舒适、方便、安全、卫生的服务，是酒店服务质量的重要组成部分。服务环境的质量涉及服务设施、服务场所的装饰布置、环境布局、空间构图、灯光气氛、清洁卫生、空间形象等方面，也涉及酒店与客人的人际环境、文化吸引性与相融性、酒店内部人际关系等因素。

三、影响服务质量的因素

服务质量是一个综合性指标，其影响因素也是多方面的。

1. 科技水平

服务效率低是很多酒店存在的问题。漫长的等待常常引起很多顾客的不满甚至投诉。服务效率的高低除了和服务员的能力有关外，还取决于信息的传递、流程是否顺畅等。今天，高质量的服务越来越离不开高科技设备的支持。例如，前台人员可以通过酒店的内部数据库对客史资料进行充分的了解，这在传统的酒店服务中是很难办到的。随着信息化技术的普及，大数据、物联网概念的发展，先进科技的力量将在酒店行业有着更深刻地体现。

2. 服务的标准化

不同星级的酒店，会有不同的服务水平和标准。虽然酒店都有相关操作规程，但是真正严格执行的并不多。其中一个很重要的原因就是规程缺乏可操作性，有些规程甚至直接抄袭其他酒店，不符合本酒店实际。还有一些操作规程缺少量化标准，导致服务中存在较大的偏差。进入21世纪，标准化再次显示了在酒店行业强大的影响力。世界排名前十名的酒店集团例如万豪、希尔顿等都有一整套的极为精确的标准化的服务制度。位列世界品牌价值前十位的可口可乐、麦当劳等更是把标准化服务奉为制胜法宝。麦当劳提出的"三流的人才，二流的管理，一流的流程"也体现了公司对于标准化的信奉。麦当劳把汉堡制作细化成几十道工序，并开发了相应的服务设备。通过这些流程，麦当劳可以保证全世界任何一个地方的汉堡用料和口味完全一致。而对比来看，中式快餐却还有很长的路要走。即便是一个相对容易标准化的扬州包子，其标准化的道路也是一波三折。2013年火爆的"习大大套餐"带动了庆丰包子标准化服务的步伐，短短半年内发展了数百家加盟店，但是标准化服务细节还是有待提高。

3. 管理水平

从20世纪80年代开始，国内酒店业就在进行大规模的管理改革，比较有名的管理酒店有建国饭店、白天鹅宾馆等。一批批先进的管理理念被引进到行业中来，许多酒店在改革中受益匪浅。然而，仍然有很多酒店的管理水平亟待提高。其中一个重要原因就是，什么先进大家学什么，到最后每一种管理都只知皮毛，反倒把企业原本比较优秀的管理方法和理念搞丢了，很少有酒店把学到了的理念长期贯彻下去。目前国内有影响力的酒店管理集团还比较少，优秀的管理人才流失现象也很严重。国内排名第一的锦江集团在世界上的排名只在几十位，其国际影响力还有很大的进步空间。

4. 员工素质

员工素质包括服务技能、工作态度等多个方面。酒店业是劳动密集型产业，服务员要掌握许多不同的工作知识。不同素质的员工在工作中的表现会有很大差别。对顾客而言，酒店服务质量最直接的表现也是员工素质。提高员工素质的主要方法就是做好培训。但是鉴于酒店行业较高的人才流失率，不少酒店甚至酒店集团对于员工培训也是顾虑重重。一旦辛辛苦苦培训起来的员工另攀高枝，酒店方的损失着实不菲。对比来看，日本企业的人才培养理念倾向于终身制，一旦员工进入企业，企业就把员工当作终身员工对待，事实上员工跳槽的比例也确实较小。日本在这一方面的管理理念值得国内的某些酒店企业学习。

四、前厅部服务质量管理标准及内容

前厅部的服务质量管理是一项系统化工程，任务实施前需要先了解相应的服务质量标准（见表7-1），实施过程中也要依托不同的理论与方法指导，最终目的是提高和改善前厅部的服务质量水平。

表7-1 前厅部服务质量管理标准及内容

范畴（Categories）	内容（Contents）	备注（Remarks）
1.制定前厅服务质量标准的程序	对宾客意见进行收集 对宾客需求进行预测 初步拟订质量标准 试用试行质量标准 向宾客与员工收集反馈信息 完善并制定服务标准	前厅服务质量的高低，取决于宾客对服务质量的预期与实际感知之间的关系。 员工是服务的执行者，服务质量的高低与员工的知识、技能和态度有关。
2.前厅服务质量管理的体系	策划准备阶段 A.制定明确的质量管理目标和质量方针 B.明确各岗位和各级管理人员的质量责任 C.学习标准，统一认识 编写质量管理体系文件 A.质量手册 B.程序文件 C.质量记录 质量管理体系的实施 A.建立严格的检查体系和灵敏的服务质量信息反馈系统 B.推行服务质量的保证制度、测评制度和奖惩制度 C.设计宾客意见调查表 D.统计宾客满意度，编写质量管理简报 E.运用多种方法，实施有效的质量管理 F.做好提高服务质量的基础工作	检查的结果要及时上报，及时反馈，及时整改。 质量管理要抓好预先、现场和反馈控制三个环节。 将满足宾客的需求放在首位，服务中"100-1=0"。 第一次就做对，质量最高、成本最低。 质量管理工作要做到：事事有人管、人人有专责、服务有标准、检查有依据、培训有教材、赏罚要分明、奖惩要兑现。

续表

范畴（Categories）	内容（Contents）	备注（Remarks）
3. PDCA 循环法	四个阶段 A. 计划阶段（Plan） B. 实施阶段（Do） C. 检查阶段（Check） D. 处理阶段（Act）	八个步骤 　A. 分析现状，寻找问题；B. 分析问题，找出原因；C. 分析原因，找出关键；D. 针对问题，提出方案；E. 落实计划，执行措施；F. 对照方案，检查成效；G. 巩固措施，建立标准；H. 总结实施，循环推进。
4. 零缺点管理	建立服务质量检查制度 每一名员工第一次就把事情做对 开展零缺点工作日竞赛	检查包括：自查、互查、专查、抽查和暗查。 　关注员工的业务知识和服务态度。
5. 全面质量管理（TQM）	全方位 全过程 全人员 全方法 全效益	全过程包含：服务前、服务中、服务后。 　全人员包含：管理人员、决策人员、操作人员。 　对待服务质量问题强调"预防为主"。
6. 提高前厅服务质量的途径	树立正确的服务观念 坚持标准化和制度化服务 推行个性化与多样化服务 把握前厅服务质量管理的关键环节 实施合适的员工授权	前厅服务质量管理必须注意的四个环节：制定明确的质量标准和严格的质检制度；强化全员服务意识；提高员工综合素质；重视质量反馈信息，完善、提高服务质量。

任务引入

每组同学采用抽签的方式来决定完成哪项工作。

1. 一位客人来到酒店前台，在办理入住手续时向服务员张玉提出房价打7.5折的要求。但是按照该酒店的规定，如无特殊凭据只有曾经入住过酒店客房5次以上的常住客，才能够直接享受房价7.5折优惠。这位客人声称自己也曾多次入住该店，于是张玉马上在信息系统里查找核对，结果发现这位宾客的名字入住只有2次。张玉把查询的结果当众道出，这位先生顿时恼怒起来。此时正值总台入住登记高峰期，由于他的恼怒、叫喊，引来了许多不明事由的客人好奇的目光。

2.客人刘敏女士是 A 酒店的一位常客，每次预订的房间都包含双早，在入住几个月后，刘女士突然找到在巡视酒店的大堂副理投诉，对入住过程表示不满。她说："我的房间是包含双早的，今天早上我请朋友在酒店餐厅用早餐，但是却被餐厅服务员要求登记那位朋友的身份证件，这是不合理的一件事，因为她并没有入住，也没有义务提供证件。"

任务分析

案例中两位服务人员的服务缺少对宾客的尊重，没有真正从宾客需求的角度去分析问题，也没有注意服务的技巧，在执行酒店业务规程的时候，过于机械，流于形式，缺少真正为宾客着想，也没有注意酒店对优质服务的规范要求。

在处理类似事件时应注意以下几点：

（1）服务员遇到类似超权限的问题，应及时请示部门经理，由领导做出决定，不宜简单回绝宾客，更不应该当众揭穿客人，避免客人当众难堪。

（2）与宾客的交流，应该要有足够的耐心。

（3）在解决是否给予折扣的问题时，管理人员应从多个角度进行分析和判断。

（4）在酒店内部规定的允许范围内，应该给予宾客足够的照顾和帮助。

（5）对于客人对酒店的理解与支持，应该表示诚挚的谢意。

（6）服务要时刻关注保护宾客的隐私和个人信息安全。

任务实施

要求：学生分成若干小组，根据前厅服务质量管理的标准，演练以上场景并正确地处理问题，每个小组展示任务的完成过程中，各组通过任务回放进行自评、互评，教师在学生完成任务过程中进行评价。最后以上三种打分相加总分为每名学生的最后得分。

考核评价

从中找出优点、不足和错误，指出努力方向，进行评分，奖励优秀的小组。进一步掌握正确的工作过程与工作方法，训练学生工作方法能力、自我监控能力和评价能力。

任务评分表（满分 30 分）

小组编号：　　　　　　学生姓名 / 学号：

标准	序号	评分项目	每项 5 分	得分
完成正确性	1	与客人沟通语言是否恰当，是否表现出足够的耐心		
	2	在解决问题时是否从多个角度进行分析和判断		
	3	对于客人对酒店的理解与支持是否表示出诚挚的谢意		
	4	服务时是否关注保护宾客的隐私和个人信息安全		
完成流畅性	5	完成任务是否流畅，有 1 处停顿扣 1 分，有 2 处停顿扣 2 分，3 处停顿扣 3 分，4 处以上不得分		
仪容仪表	6	仪容仪表符合酒店服务员要求，仪态大方，服饰干净，不化浓妆，头发干净整齐，修剪指甲。有 1 处不符合标准扣 1 分，3 处以上不得分		
		总分		

拓展知识

网评分数的有效管理

在互联网发达的今天，酒店的一个重要销售渠道就是各种线上 OTA（全称：Online Travel Agency，译为在线旅游代理平台，例如：携程，飞猪，美团等）平台，许多酒店依赖 OTA 提供大量的客源、提高知名度。加强酒店的网评管理，不断提高网评分数，能争取更多新顾客的信任，利用好评引流，提高顾客转化率，增加酒店订单。酒店管理者要时刻关注自己和竞争对手的网评情况，做到知己知彼。

网评分数的有效管理

（一）网评管理的四个关键点

网评管理中有 4 个要素非常关键，即：点评条数、点评分数、点评内容、点评回复。

第一，点评条数越多意味着酒店人气越高，越被消费者信任。酒店要争取尽可能多的顾客点评。前台要总结相关的话术和流程，鼓励并引导客人在网络平台上给予点评。

第二，酒店要不断提高顾客的点评分数。要了解不同平台评分的影响因素，遵守平台规则,如通过增加好评数量、提高订单 5 分钟确认率、保证平台预留房数量、减少拒单率、参与平台活动等办法提高酒店的总体评分和曝光量。

第三,增加消费者的优秀点评内容。好的点评,能够对其他消费者有正面影响的优质点评一定是有图、有物、有故事、有真情的点评。这就要求酒店要主动设计并提供优质服务,提升顾客的体验感,增加酒店软硬件产品的可晒性,形成客人的兴奋点和记忆点,刺激客人主动拍照和分享。

第四,珍视每一条顾客点评,用心回复。掌握好评、差评的回复技巧,点评回复的目的不仅仅在于维护与老客户的关系,更多是将其他浏览中的潜在客户变成新客户。

(二)如何收获好评

前台工作人员不光要引导客人积极在网上对酒店做出评价,收获客人更多数量的好评则更为重要,前台要做好关键性触点服务,达到并超出客人预期。

1. 做好客人到店前的准备。客人到店前,发送问候短信,提前告知酒店位置,推荐快捷交通方式,以及入住城市天气。询问有无特殊需求以便提前安排,比如带孩子出游的家庭,提前准备相关物品。提前做好房间分配,确保不把问题房间留给客人。

2. 打造良好的第一印象。客人入住的前 10 分钟是对酒店形成印象的关键时刻,全方位为客人打造良好的第一印象。当客人抵达前台后,高效准确地为客人办理入住,注意称呼客人姓氏。通过热情的问候、亲切的目光让客人感受到欢迎,融入特别的欢迎仪式。如亚朵酒店非常重视与客人的"初见"时刻,设计特别的"奉茶服务",前台接待员会为刚刚下榻酒店的客人双手奉上一杯 70 摄氏度的亚朵茶,表达亚朵的感谢和感恩。为消除客人对卫生的疑虑,经过迭代,亚朵使用的不再是马克杯,而是高级环保纸杯,耐 200 摄氏度高温,让客人避免因担心杯具的清洁状况而陷入尴尬。丽思卡尔顿酒店为每位到店的 VIP 客人分配一位"守护天使",一对一为客人提供在店服务,让客人备受尊崇。列举高分网评酒店获得客人点赞的部分做法:前台给办理入住客人的身份证加护套,房卡精心设计,体现地方文化或酒店特色;前台和客房走廊都摆着各类食品、水果和瓶装矿泉水,客人免费食用;"深夜粥到",为晚上八点后入住的客人提供免费的养生粥和小菜……

3. 温馨带房服务。行李员或客户关系主任可在客人同意的情况下将其引领至房间,协助做好行李搬运服务。在引领进房的过程中,可适当与客人展开沟通,介绍当地旅游景点、店内服务设施及服务时间、房间的特色亮点,通过交流,发现顾客的需求,提供主动服务,如旅游咨询、餐饮预订等。

4. 做好客人的在店关怀。针对不同的人群给予不同的服务,制造超预期的暖心服务,更容易获得好评。对于家庭出游的客人,照顾到老人、孩子的特殊需求,可适当安排亲子房、家庭房或景观房；对于有特别出行意义的客人，如新婚客人、结婚纪念日客人等，免费升级房间，或对房间进行提前的设计布置会让客人惊喜和感动；对于生病或有特殊要求的客人，做好关注，竭尽全力满足其合理需求，会让身处异乡的客人感受到温暖。

前台是酒店的信息中枢，也是客人住店期间寻求帮助的首选。前台人员要随时做好与客人的沟通交流，询问入住体验，发现问题，及时解决，做好信息的传递和服务的联动。如某酒店设立"宾客服务快速响应"微信群，由酒店大堂副理、宾客关系经理主导，各运营部门经理协同，一旦发现宾客有任何不满或需要解决的问题，会在群里发布信息，制订解决方案，专人跟盯，大大提高了客人的满意度。

5. 真情相送。询问入住体验，确保客人情绪愉悦、没有问题地离店。离店赠送伴手礼，可以是当地特产、纪念品，也可以是符合时节传递美好的礼物，还可以是带有酒店特色的礼物，又或者是路上给客人补充能量的一瓶水或几块饼干。一定要处理好与常客、熟客的关系，做好服务，他们是争取好评的最佳客户群体。

6. 离店回访。短信祝福客人旅途顺利。进行电话回访，关心问候，提醒客人给予好评，欢迎下次光临。

7. 员工培训、授权和激励。做好员工的服务流程、个性化服务技巧和应急预案的培训。授权员工给客人创造惊喜和快速处理问题的权限。对于超出权限或不合理的要求，员工要快速向上级反映，并告诉客人回复时间。

做好前厅、客房等相关人员的激励政策。如，某酒店为了获得更多的宾客好评，采用了"第一负责人"的办法，接待员在办理OTA客人入住手续之后就自然成为该客人满意度跟踪的负责人。客人离店后，"第一负责人"会给客人进行电话回访并提醒客人及时在网上进行评价，客人做出好评后计入该员工的绩效表现。

（三）如何进行网评回复

评价回复要把握"四个应该"和"四个拒绝"。"四个应该"，即多回复、要及时、有感情、懂技巧；"四个拒绝"，即拒绝复制粘贴、拒绝敷衍推诿、拒绝答非所问、拒绝拼命解释。具体回复技巧如下：

（1）开篇要有亲和有力的称谓，主体内容可以采用感谢＋酒店特色优势、新产品或促销活动介绍＋祝福、邀请的方式进行回复；

（2）个性、亲切的语言是展示酒店风格、特色、调性的重要环节，要与酒店品牌形象一致，语气不要过于官方，也可以配合顾客点评的风格。

（3）可以适当地准备一定的回复模板，并根据季节、酒店产品等情况进行不定时更新。

相关案例：

网评分数提高了，行业整体服务品质呢？

酒店网评分数是酒店声誉管理的一个重要内容，很多酒店为了提高网评分数在日常操作和管理方面都下了很大力气。例如，前台排房时为网络预订客人特意安排状况好的房间，客房提前为房间送水果和礼物，专人跟盯服务，接待员在客人离店时向客人赠送礼物并提醒客人点评，将网评分数及数量作为人员绩效考评的重要依据……

那么，问题来了，网评分数高了，是否意味着酒店整体服务品质真的就提高了呢？

客人入住苏州某网评分数为 4.9 分的五星级酒店。怀着各种美好的期待却被现实糟糕的入住体验惊掉了下巴，1200 多元的行政客房，电热水壶满是污垢，卫生间地面破损，洗澡时淋浴房漏水严重，差点让客人滑倒。

随着线上平台的兴起，酒店重视 OTA、抖音、微博、小程序、微信等互联网营销，却忽略了酒店在日常运营管理中的品质细节。真真正正影响客人体验的是产品的安全、卫生、舒适等基本内容。酒店务必在服务质量管理上下笨功夫，不走捷径，认真打磨软、硬件产品，认真对待每一位客人，才能真正赢得市场的口碑和赞誉。

【点评】虽然 OTA 网评分数在某种程度上折射了酒店的服务品质，但这并不能全面客观地代表酒店整体服务质量的高低。高星级酒店来自 OTA 渠道的客人只占了很小比例，且也并不是所有来自 OTA 的客人都会在网上给出点评。同时，由于许多酒店针对 OTA 客人都设计了特殊的礼遇方案，致使某些服务问题没有完全暴露出来，因此 OTA 的点评绝不能代表所有宾客满意度的状况。提高网评分数是酒店服务质量管理的重要一环，但绝不是全部内容。

任务考核

一、单选题

1. 前厅服务质量的评判具有很强的主观性，受限于（　　）。
  A. 消费的时长　　　B. 宾客的体验　　　C. 支付的人们　　　D. 天气的变化

2. 宾客的需求会影响前厅服务质量的评价是因为（　　）。
  A. 宾客的需求是无止境的　　　　B. 宾客的需求是变化的
  C. 宾客的需求是不会变化的　　　D. 宾客的需求是单一的

3. PDCA 循环中的"P"指的是（　　）。
  A.Place　　　　B.Please　　　　C.Price　　　　D.Plan

4. 个性化服务以（　　）。

A. 宾客的需求为中心　　　　　　　B. 酒店的业务为中心

C. 创新为中心　　　　　　　　　　D. 坚持原则为中心

5. 前厅服务质量具有（　　）。

A. 主观性　　　　B. 绝对性　　　　C. 变化性　　　　D. 必要性

二、多选题

1. 前厅服务质量的要素包括（　　）。

A. 服务的规范性、可靠性和主动性　　B. 员工的知识、能力和态度

C. 情感投入　　　　　　　　　　　　D. 服务的具体性

2. 前厅服务质量管理的体系包括（　　）。

A. 服务质量管理的策划准备　　　　　B. 编写质量管理体系文件

C. 质量管理体系的实施　　　　　　　D. 质量管理体系的修改

3. 下面关于质量管理工作的说法正确的是（　　）。

A. 事事有人管　　B. 人人共管事　　C. 服务有标准　　D. 检查有依据

4. 零缺点管理的内容包括（　　）。

A. 建立服务质量检查制度　　　　　　B. 每一名员工第一次就把事情做对

C. 开展零缺点工作日竞赛　　　　　　D. 开除犯错误员工

5. 关于提高前厅服务质量的途径表述正确的是（　　）。

A. 树立正确的服务观念。　　　　　　B. 坚持标准化和制度化服务

C. 推行个性化与多样化服务　　　　　D. 实施合适的员工授权

三、判断题

1. 前厅服务质量的高低，取决于宾客对服务质量的预期与实际感知之间的关系。（　　）

2. 前厅服务质量检查的结果要统一上报，集中反馈，集中整改。（　　）

3. 服务质量检查的方式包括：自查、互查、专查、抽查和暗查。（　　）

4. 对待服务质量问题强调"整改为主"。（　　）

5. 全面质量管理（TQM）强调全方位、全过程、全人员、全方法和全效益。（　　）

四、简答题

谈一谈酒店该如何收获更多的好评。

参考答案

一、单选题：1.B 2.B 3.D 4.A 5.C

二、多选题：1.ABCD 2.ABC 3.ABCD 4.ABC 5.ABCD

三、判断题：1.√ 2.× 3.√ 4.× 5.√

四、简答题：略

任务二 经营核算与应用

前厅部是酒店经营活动的中心和信息中心，对前厅部在经营与服务中获取到的数据进行整理和统计核算分析，对于酒店下一阶段的工作开展有重要的指导意义，也为管理人员的管理决策提供了重要的数据支撑。

1. OOO（Out of Order）房指因为硬件问题导致不能出租的房间设置的房态。硬件问题通常包括电器、家具等设备损坏正在维修，地毯或窗帘因为拆洗，房间短时间内无法恢复使用等，通常这一房态称为"维修房"。OOO房态由于短期内无法恢复使用，所以在前厅的各类经营数据统计中，OOO房往往被列入不可出租的房间范畴。

2. OOS（Out of Service）房指因为酒店工作统筹的原因，导致暂时不打算出租的房间设置的房态。不打算出租的原因包括淡季封存，因预留而停用等，通常这一房态称为"停用房"。OOS房态是按酒店管理人员主观意愿封存的，房间往往都是可以随时启用的，所以在前厅的各类经营数据中，OOS房往往被列入可出租的房间范畴。

3. Complimentary的房间房费往往是0元，这一类房通常被称为"招待用房"或"免费客房"，此房间通常是酒店免费赠送给一些特殊宾客的，属于酒店销售出去的房间，只是没有向宾客收取费用，故在前厅的各类数据统计中，标注为Complimentary的房间是被计入已出租房间范畴的，并且以0元房费计入酒店的营收和平均房价。

4. House Use的房间往往也是0元，这一类房通常被称为"自用房"，此房间通常是酒店因为内部工作需要需自用的房间，总台会为其办理入住，并将房价标注为House Use，但该房间并非酒店出售的房间，故在前厅的各类数据统计中，标注为House Use的房间是不被计入已出租房间范畴的，并且不纳入酒店营收和平均房价的计算中。

任务引入

某酒店是一家集住宿、餐饮、康体娱乐为一体的四星级酒店，1999年开业之初，正值中国经济进入快速增长期，酒店业同样处于全面快速发展的阶段，加之酒店的服务和产品定位均比较高，社会评价很好，客房的出租率一直保持着较高的水平，酒店经营的社会效益和经济效益均非常好。酒店先后获得国家质量管理奖、全国用户满意单位、全国餐饮业经济效益最佳单位、优秀级酒店等数十项殊荣。

服务质量与硬件设施的建设和改造都不太受关注，设施设备长期超负荷运行，维修保养也不到位。几年下来，酒店的外墙、中央空调系统以及各营业场所纷纷呈现老化严重的现象，客人的投诉越来越多，对酒店的服务也越来越不满意，酒店不得不以降价来维持经营。针对市场反馈越来越不佳的情况，主管部门对酒店开展了多次检查与通报，并多次下达限期整改通知，但酒店面对千头万绪的困局，已经难有改进，最后四星级被摘牌了。

任务分析

酒店过度追求短期客房出租率，使设施设备长期超负荷运行，酒店只能在短时间内获得社会效益和经济效益。

这种破坏性经营，最终必然走向酒店经营上的恶性循环。酒店的设施设备的超负荷运行，服务人员的长时间疲劳作业，无暇开展培训活动，加之长期的高强度、高压力工作，服务人员也慢慢地失去了工作的热情和服务的积极性，酒店最终必然陷入低质量的泥潭。酒店如果能够更早地通过分析经营数据来判断经营状况，更早地提出改进方案，或许就不会遭遇最后的困局了。

任务实施

前厅的管理与决策需要大量经营数据作为支撑，酒店前厅部常用的主要经营指标的核算方式如客房营业日报表、客房营业分析对照表等。

一、前厅主要统计分析报表

（一）客房营业日报表

客房营业日报表又称每日客房统计表，是前厅报表中最重要和最直观反映酒店每日客房利用情况和营业收入的综合性统计报表。此表一式数联，由前厅部接待处的夜审值班员负责制作，报送酒店的总经理、分管副总和各部相关管理人员。客房营业日报表的设计格式和内容因酒店而异，但大都包括当日的各类客房出租数、所接待的各类客人数、客房出租率、平均客房价格、客房营业收入等（见下表）。

表 7-2　客房营业日报表

客房情况	当天	本月累计	去年同期		
客房总数					
酒店自用房					
维修房					
免费房					
可出租房					
已出租房					
客房出租率					
客房收入					
平均房价					
	人数	房数	今天在店	人数	房数
预订			散客		
预订未到			团队		
取消预订			长住客		
按预定已到			VIP		
其中：团队					
未预订开房			备注		
续住					
实际在店					
原定今天离店					
延期离店					
提前离店					
今天实际离店					
明天预期离店					
明天预期到店					
明天预期在店					
明天预计空房					

1. 当日出租的客房与在店客人数

（1）当日出租客房数＝昨日出租客房数－当日离店客人用房数＋当日抵店客人用房数

（2）当日在店客人数＝昨日在店客人数－当日离店客人数＋当日抵店客人数

2. 各类客房出租率与不同时段的出租率

（1）客房出租率＝已出租的客房数／酒店可供出租的客房数 ×100％

（2）团队用房率＝团队用房数／已出租的客房数 ×100％

（3）散客用房率＝散客用房数／已出租的客房数 ×100％

（4）客房月出租率＝月出租客房间天数／（可出租客房数 × 月营业天数）×100％

（5）客房年出租率＝年出租客房间天数／（可出租客房数 × 年营业天数）×100％

3. 各类平均客房价格

（1）实际平均客房价格＝客房营业收入／已出租客房数

（2）团队平均客房价格＝团队房租收入／团队用房数

（3）散客平均客房价格＝散客房租收入／散客用房数

（4）办公用房平均客房价格＝办公用房租收入／办公用房数

（二）客房营业分析对照表

酒店的客房营业情况，除了通过客房营业日报表详细、直观地反映之外，还应将其数据与预期的情况，本月、年完成月度、年度计划的情况，及去年同期的情况进行纵向的分析、比较，以更加深入、全面地反映出客房的营业状况。通常，客房营业分析对照表中，主要的项目包括：已出租的客房数量、接待的客人人数、获得的客房营业收入、客房出租率、平均客房价格（可细分为零星散客、团队及内宾的平均客房价格）、双人用房率和平均逗留天数等。同时，表中所有这些数据都进行"今日累计""本月累计"和"本年累计"的对照和分析（见下表）。

表 7-3 客房营业分析对照表   年 月 日

项目预计		今日		本月累计			本年累计			
		预计	实际	预计	实际	去年同期	预计	实际	超额	完成全年计划
出租率										
团队用房数										
客房收入	总数		百分比		百分比	百分比		百分比		
	零星									
	团队									
	内宾									
租出客房	总数									
	零星									
	团队									
	内宾									
	免费									
住客人数	总数									
	零星									
	团队									
	内宾									
住店人数										
平均客房价格										
零星平均客房价格										
团队平均客房价格										
内宾平均客房价格										
双人用房率										

续表

项目	今日		本月累计			本年累计			
预计	预计	实际	预计	实际	去年同期	预计	实际	超额	完成全年计划
出租率									
团队用房数									
平均逗留天数									

在表中的"今日"栏又分为"预计"和"实际"两类，通过相互的对照、比较，即可显示出今日营业情况与酒店计划指标之间的差异。由此，可为酒店管理人员采取及时有效的控制措施，提供强有力的数据。

表中"本月累计"是指本月从一日起至今日的累计数或平均数，该栏目又分为"预计""实际"和"去年同期"三类。其中，"预计"和"实际"这两类数据的对照、分析，可显示出本月的营业情况与计划指标是否一致。而"去年同期"的数据则可为分析酒店客房目前的经营情况提供参考依据。

表中"本年累计"包括"预计""实际""超额"和"完成全年计划"。其中，"预计"栏中反映本年度开始至今日客房营业预测指标的累计数或平均数；"实际"栏则显示上述指标的实际数值；"超额"栏内填写的是实际数值与预计指标值之间的差异；最后一栏"完成全年计划"是"预计"和"实际"数值二者之间的百分比。上述数据，为酒店管理人员及时掌握酒店客房经营情况完成年度计划指标的可行性，了解酒店近期的经营能力，提供了重要的、极富价值的依据。

（三）酒店营业收入汇总表

此表是全面反映整个酒店营业情况的业务报表。通常，酒店营业收入汇总表一式两份，一份于次日上午送至总经理办公室，以便让管理人员及时了解酒店的营业收入情况，进行经营决策；另一份与客账日报表、总账单一起递交财务部，以作为核对各部门营业收入的依据。

此表作为酒店的一份重要的业务报表，分为"本日收入""本月累计收入"和"本日旅客人均消费"三项进行比较、核算（见下表）。

表 7-4　客房营业分析对照表　　　　　　　　　　　年　月　日

项目	本日收入		本月累计收入			本日旅客人均消费	
	计划数	实际数	全月计划	截至本日累计	完成计划%	服务人次	人均消费
客房部							
餐饮部							
商场部							
大堂吧							
美容美发							
KTV 厅							
健身房、游泳池							
其他							
合计							

送：总经理、副总经理、公共营销部、前厅部留存

在"本日收入"一栏中，分为"计划数"和"实际数"，分别统计本日酒店各部门收入的计划数和实际完成数；在"本月累计收入"一栏中，包括"全月计划""截至本日累计"和"完成计划%"，统计本月截至今日累计完成的酒店营业收入数据

在"本日收入"一栏中，分为"计划数"和"实际数"，分别统计本日酒店各部门收入的计划数和实际完成数；在"本月累计收入"一栏中，包括"全月计划""截至本日累计"和"完成计划%"，统计本月截至今日累计完成的酒店营业收入数据和全月计划数以及两者之间的百分比。以此了解全酒店的当日经营情况和与此酒店计划完成数的差异，为管理人员全面掌握情况，改进经营措施打下基础。在"本日旅客人均消费"一栏中，包括"服务人次"和"人均消费"，这两项数据可反映出酒店当日各部门的接待人数和顾客在每个部门的人均消费，从而了解酒店各部门的接待质量和客人在酒店内的消费特点和消费趋向，为酒店的经营管理部门改进服务质量，进行有针对性的营销提供依据。

（四）房价及预订情况分析表

该表主要分析当日客房销售使用的各类房价的具体情况，供饭店管理人员作为制定和修改价格标准的参考依据。因各家饭店的房价种类及客源组成不同，所以房价及预订情况分析表上所列的项目也不完全相同，但房价及预订情况分析表上所显示的数字应满足本饭店市场调查研究和房价分析工作的需要（如下表）。

表 7-5　房价及预订情况分析表　　　　　　　年　　月　　日

项目	当日				本月累计			
零星	出租客房	营业总额	出租率	平均房价	出租客房	营业总额	出租率	平均房价
全价								
合同价								
特许优惠								
免费								
折扣								
长包房								
内宾								
总数								
团队								
合同团								
总社								
国旅								
中旅								
青旅								
公费								
会议								
航空公司								
其他								
总数								
	散客	团体	百分比		散客	团体	百分比	
提前预订								
没有预订								
未到								
取消								
预订到店								
实际到店								

送：总经理室、前厅部、销售部留存　　　　　　　　　　　　　制表人：

（五）客源分析表

客源分析表是记录、统计饭店住客来源的表格。饭店对市场的组成及预订情况保持详细的统计资料，将有助于其发现新的经营动向及变化，有利于制定销售策略及改进服务方式，适应顾客的需求变化，同时也发掘出适合于饭店的目标市场，提高饭店经营的效益。客源分析表提供的统计分析数据可使管理者了解各种客源占本饭店总客房销售量的比例。从各家饭店的客源分析表的统计结果中可以发现客源的种类和特征与饭店的种类和位置有着密切的关系（如下表）。

表 7-6　客源分析表

类别	预订客房 今日	预订客房 累计	未到客房 今日	未到客房 累计	到店房数 今日	到店房数 累计	到店房数 百分比	到店人数 今日	到店人数 累计	到店人数 百分比	人/天 今日	人/天 累计	人/天 百分比	间/天 今日	间/天 累计	间/天 百分比
本店自联																
总社外联																
国旅																
中旅																
青旅																
外办																
外贸																
航空公司																

续表

类别	预订客房		未到客房		到店房数			到店人数			人/天			间/天		
	今日	累计	今日	累计	今日	累计	百分比	今日	累计	百分比	今日	累计	百分比	今日	累计	百分比
会议																
内宾																
其他																
合计																

送：总经理室、销售部、前厅部留存　　　　　　　　　　　　　制表人：

二、客房经营主要指标分析

酒店管理者及前厅部应掌握的客房经营指标有很多，主要有：

（一）客房出租率

客房出租率是反映一家酒店经营最重要的指标之一，它是酒店已出租客房和可以提供租用的房间总数的百分比。其计算公式为：

$$客房出租率 = 已出租客房数 / 可供出租客房数 \times 100\%$$

（二）客房双开率

客房双开率是指两人租用一间客房的房间数与酒店已出租客房数的百分比。其计算公式为：

$$客房双开率 = (客人数 - 已出租客房数) / 已出租客房数 \times 100\%$$

（三）平均客房价格

平均客房价格是酒店经营活动分析中的一个重要指标，它是酒店出租每一间客房所获得的平均客房收入。其计算公式为：

$$平均客房价格 = 客房总收入 / 出租客房数$$

平均客房价格的高低直接影响酒店的经济收益，因此它对于酒店的经营管理者具有相当大的参考价值。影响平均客房价格的因素有很多，包括客房出租率、出租的客房类型、客房双开率、实际出租客房价格等。平均客房价格与客房出租率两者之间关系密切。

一般地说，当客房出租率较高时，平均客房价格就会降低；反之，要保持较高的平均客房价格，又会使客房出租率下降。所以，把握好客房出租率和平均客房价格两者之间的关系，同时保持合理的客房出租率和较高的平均客房价格，获得理想的客房收入，既是酒店经营管理的艺术，也是制定客房价格策略的重要参照指标。

（四）客房收益率

客房收益率是酒店客房实际出租收入与潜在的最大客房出租收入之间的百分比。其计算公式为：

$$客房收益率 = 实际客房出租收入 / 潜在最大客房出租收入 \times 100\%$$

客房收益率是以价值量来表示的客房出租率，在客房的经营统计分析中，它比客房出租率指标更完善、更准确。它不仅能反映客房销售数量的多少，还反映了客房平均销售价格的大小，以及客房销售类型的变化，从而用以衡量客房的实际收益情况。通过客房收益率与客房出租率等指标的综合分析，可以全面反映出酒店客房的经营效果和前厅部员工的工作业绩。

（五）床位使用率

"床位使用率"反映了饭店实际接待客人数与饭店最大接待能力之间的比率。计算床位使用率时，饭店要首先确定对床位数的理解。因为有些饭店将双人床、大号双人床、特大号双人床都当作2个床位来计算，而另一些饭店则以床的张数作为计算单位。计算公式分别为：

1. 床位使用率 = 住客人数 / 饭店最高住客人数 × 100%
2. 床位使用率 = 住客人数 / 饭店可出租的床数 × 100%

（六）平均停留天数

"平均停留天数"反映了饭店所接待的住店客人在店停留时间的长短。它可以作为饭店人员编制、设施设备配置的一个重要的参考数据。其计算公式为：

$$平均停留天数 = 住店客人的累计住店天数 / 住店客人的累计人数$$

拓展知识

酒店客房出租率指数、酒店客房平均价格指数和酒店客房收入指数是一家酒店的产品和服务的实际销售量、销售价格和销售收入与竞争对手的实际市场销售量、销售收入和销售价格的比值乘以100%。这一组数据被称为酒店市场渗透指数，指数越高，表示该酒店的经营管理能力和竞争力越强，在竞争中处于领先位置。

模拟实训

某酒店共有 500 间可出租房，某日酒店的住宿率为 80%，当日的平均房价为 600 元/间，请计算当日酒店的平均客房收益。

任务考核

一、单选题

1. OOO 房态在统计可出租房间数时（　　）。

   A. 不计入可出租房数　　　　　　　B. 可自由选择是否计入可出租房数

   C. 必须计入可出租房数　　　　　　D. 以上都不对

2. OOS 房态在统计可出租房间数时（　　）。

   A. 不计入可出租房数　　　　　　　B. 可自由选择是否计入可出租房数

   C. 必须计入可出租房数　　　　　　D. 以上都不对

3. 预订率的计算公式是（　　）。

   A. 出租的房间数/可售房间数　　　　B. 已订出客房数/可出租客房数

   C. 已预订的房间数/酒店房间总数　　D. 已预订的房间数/出租的房间数

4. 客房住宿率 OCC 的计算公式是（　　）。

   A. 出租的房间数/酒店房间总数　　　B. 出租的房间数/预订的房间数

   C. 已出租客房数/可出租客房数　　　D. 已预订的房间数/可售房间数

5. 平均房价 ADR 的计算公式是（　　）。

   A. 客房总收入/酒店房间总数　　　　B. 客房总收入/当日出租客房总数

   C. 客房总收入/可售房间数　　　　　D. 客房总收入/预订的房间数

二、多选题

1. 下列关于免费房的说法错误的是（　　）。

   A. Complimentary 房是免费房　　　B. OOO 房是免费房

   C. House Use 房是免费房　　　　　D. OOS 房是免费房

2. 关于计算散客住宿率时表述正确的是（　　）。

   A. 散客住宿率是计算散客人数占所有住店客人数的比率

   B. 散客住宿率是计算散客住宿房间数占酒店住客房间数的比率

   C. House Use 的房间不计入散客住宿的房间数

   D. House Use 的房间不计入住客房间数

3. 关于客房平均收益的表述正确的是（　　）。

A. 客房平均收益的英文缩写叫 RevPAR

B. 客房平均收益是客房总收入与酒店所有房间数的比值

C. 客房平均收益是客房总收入与酒店可出租房间数的比值

D. 客房平均收益的计算可用酒店住宿率乘以平均房价

4. 下列关于客房双开率表述正确的是（　　）。

A. 客房双开率是两人同住的房间数占住客房数的比率

B. 客房双开率越高，说明住店的宾客数量越多

C. 客房双开率的计算可以用住客总人数减去已出租房间数，再除以已出租房间数

D. 客房双开率越高，酒店收入损失越大

5. 酒店市场渗透指数包括（　　）。

A. 酒店客房出租率指数　　　　　　B. 酒店客房平均价格指数

C. 酒店客房平均收益指数　　　　　D. 酒店客房收入指数

三、判断题

1. 团队住宿率是指团队住客数占预订客房数的比率。（　　）

2. 预订客人房间比率是指预订客人占用客房数占已出租客房数的比率。（　　）

3. 收客平均房价是用酒店的平均房价除以客住房数计算得来的。（　　）

4. 长住客房平均房价是用长住客房租收入除以长住客占用客房数计算得来的。（　　）

5. OOS 房间通常要算入酒店可出租房间数。（　　）

参考答案

一、单选题：1. A　2. C　3. B　4. C　5. B

二、多选题：1. BCD　2. BCD　3. ACD　4. AC　5. ABD

三、判断题：1. ×　2. √　3. ×　4. √　5. √

任务三　运营易耗品盘点及申购

前厅运营管理过程中，根据前厅管理目标要求，对前厅低值易耗品进行精准、合理的盘点，并对账实进行核对，根据前厅运营管理需要及时开展耗品申购，保证前厅有效运营。

低值易耗品顾名思义就是容易消耗的，多指不能作为固定资产管理的各种用具、用品和可以周转使用的包装容器等，其单位价值较低（一般单价在2000元以下）、使用年限较短（一般在一年内），使用过程中可以保持原有实物形态。

一、按用途可分为以下四类

（1）工具类：各类五金工具、电工工具、电动工具、计量器具等。

（2）办公用品：日常的办公家具、办公文具、办公耗材、一次性统一采购的茶叶等招待用品都可归入该类进行管理。

（3）劳保用品：主要指工作服、洁净服、雨衣、手套、各类鞋帽等。

（4）杂品类：筥品、拖把、铲子等。

二、按使用性质主要分为两类

消耗类低耗品指用过以后不能回收，形状改变、功能丧失，不能重复使用的低值易耗品。前厅低值易耗品一般包括办公用品、办公耗材、清洁用具、劳保用品、招待用品。

非消耗类低耗品指可以多次使用且形状、功能不被改变的低值易耗品。

任务引入

（1）三账合一：账账相符、账卡相符、账实相符，日清、月结和一季度盘存。

（2）账实相符：财务部的"在库低值易耗品"账必须与行政仓库保管员的账相符。

（3）数量一致：财务部"在用低值易耗品"的账必须与核算员账、仓库保管员备查簿登记的领用数量保持一致。

（4）日清月结：仓库保管员的账、卡、物必须三相符，并做到日清月结。

任务分析

（1）盘点工作原则：真实、准确、完整、清楚、合作。如实记录盘点数据，不得徇私作假；盘点工作量大，不得有遗漏；盘点前要对操作员进行专项培训；影响业务部门正常工作的，需提前沟通协调。

（2）盘点工作规范：账面存货核算，实际存货盘点，全面盘点与分区盘点相结合，合适的盘点时间，合理的盘点周期，定期盘点与不定期盘点相结合。

①盘点时间安排：营业中盘点、营业前/后盘点、停业盘点。

②定期盘点分类：年度、季度、月度盘点。

③不定期盘点时机：调整价格、改变销售方法、人员调动、意外事故、清理仓库等情况下临时进行的盘点。

（3）非消耗类低值易耗品盘点：每半年进行一次盘点，向财务部备案。

（4）消耗类低值易耗品盘点：财务部不定期核查，提出考核建议。

任务实施

按照盘点的基本工作原则及规范，对前厅低值易耗品进行精准、合理的盘点，并根据前厅运营管理的实际需要提前开展易耗品申购表。

表 7-7　前厅营运物品采购清单

序号	名称	数量	备注
1	雨伞架	1	
2	雨伞		根据雨伞架可放数量采购，多备5把
3	自动雨伞袋机	1	
4	行李车		
5	礼宾台	1	
6	接待处标识牌	1	最好选用有金属光泽的（铜）
7	收银处标识牌	1	最好选用有金属光泽的（铜）
8	宣传牌（水牌）	4	
9	大班台	1	
10	大班椅	1	
11	大堂副理标识牌	1	最好选用有金属光泽的（铜）
12	时钟	1	
13	电脑	4	
14	烟灰缸	4	水晶烟灰缸（大）
15	电话	4	
16	房价表牌	1	
17	手机加油站	1	
18	台灯	1	
19	报刊架	2	

续表

序号	名称	数量	备注
20	垃圾筒	4	
21	盆栽		根据装饰要求及大厅需要定数量品种
22	栏杆座		
23	锦绳		
24	电动擦鞋机	1	
25	保险箱	2	收银用一个客人贵重物品寄存一个
26	转交物品登记本	100	
27	宾客物品借用登记本	10	
28	值班经理记事本	2	
29	叫醒服务登记本	1	
30	行李寄存记录本	1	
31	团体行李登记本	1	
32	房卡回收，房卡赔偿记录本	1	
33	投诉及处理记录本	1	
34	客人遗留物品单	10	
35	留座卡		根据大堂吧座位数量定
36	收银夹	3	
37	玻璃水杯	40	
38	茶杯	60	多种类
39	茶叶		
	绿茶		
	龙井		
	碧螺春		
	铁观音		
	乌龙茶		
	菊花茶		菊花、枸杞、甘草
	参须麦冬		参须、麦冬、枸杞、甘草
	玫瑰等少量其他保健花茶		如考虑回热需加热玻璃壶、底座、蜡烛

续表

序号	名称	数量	备注
40	香烟		
	精白沙		
	芙蓉王		
	极品芙蓉王		
	软芙蓉王		
41	槟榔		
42	字牌		
43	扑克		
44	花瓶		根据大堂吧卡座数量定,多备2个
45	茶叶及小食品存放玻璃罐	12	
	开心果		
	杏仁		
	花生		
	茶瓜子		
46	化妆镜	1	
47	扫描仪	1	
48	文件夹板	6	
49	交班本	3	
50	打印机(账单)	1	
51	验钞机	1	
52	刷卡POS机	1	
53	行李架	1	
54	行李网	1	
55	搅拌、榨汁、制冰机	1	
56	托盘	4	
57	冷藏柜	1	
58	酒柜	1	

续表

序号	名称	数量	备注
59	桌布		根据大堂吧卡座数量定
60	纸巾	500	
61	口杯布	4	
62	洗杯刷	4	
63	开瓶器	5	
64	吸管	5包	
65	搅拌棒	30	
66	咖啡杯、碟、匙	20套	
67	雀巢速溶咖啡		如考虑意式咖啡需要购买咖啡机
68	加水壶	4	金属保温
69	冰桶	1	
70	过滤筛	1	
71	纸篓	3	

制作盘点表的目的是为更清晰地反馈盘点的数据记录，方便开展账实比对，可先导入部分数据。

1. 制表

根据酒店前厅实际情况进行申请，制作成表格。

2. 盘点前准备

人员安排；环境准备；用具准备；技术指导。

3. 盘点操作

账实核对；账证核对；账账核对；为了确保高效盘存，各工作岗位需要提前一天对将要盘点的物资进行整理；盘点出现问题时应及时向领导汇报；对于低值易耗品的报废、毁坏和丢失需要登记并查明原因；盘点登记表一式三份，相关部门各一份。

4. 申领/申购

标准（Standards）

明确库存限额；核对缺额；填写申领单或申购单；报部门审；申购单还需要进一步报财务部和总经理审批；向酒店总仓领取物资。

5. 提示（Tips）

使用部门申报，专人负责采购；新品申购，需要专门审批；遵守酒店有关财务规定。

拓展知识

酒店易耗品盘点的一些步骤和注意事项：

1. 确定盘点周期

根据酒店的经营情况和管理需求，确定易耗品的盘点周期。通常建议每个月或每季度进行一次盘点。

2. 准备清单

建立易耗品清单，包括所有可能需要消耗的物品和数量。清单应包括常用易耗品（如洗发水、沐浴露、牙刷等）以及不太常用的易耗品（如拖鞋、浴袍等）。

3. 检查库存

在盘点前，先检查库存记录，确保实际库存与系统中记录的库存一致。如果发现差异，及时调整库存记录。

4. 实地盘点

在盘点当天，对各个房间和区域进行实地盘点，记录实际库存和使用情况。对于已过期或损坏的物品，及时处理或报废。

5. 汇总数据

将实地盘点的数据汇总，计算出各种易耗品的总消耗量和剩余量。同时，还需要核对采购订单和供应商发票，确保采购金额与实际支出相符。

6. 调整库存

根据盘点结果，调整库存记录。如果库存不足或过多，需要及时补货或处理过期物品。

注意事项：

- 确保盘点过程的准确性和完整性，避免遗漏或重复计算；
- 对于不易盘点的易耗品（如香水、化妆品等），可以采用抽样检查的方式进行；
- 在盘点过程中，要保护好易耗品的安全和隐私，避免泄露或滥用；
- 需要定期更新易耗品清单，并根据实际情况进行调整。

某酒店前厅低值易耗品申购制度如下：

（1）前厅低值易耗品的申购必须严格按照现行的采购制度执行。

（2）需增加低值易耗新品的申购，必须提前一星期请报总经理后，再填写正式申购单。

（3）特殊物品申购需对原有物品先进行报废，报废工作必须严格按规定执行，没有报损手续，就不能再申购，报损手续必须由部门经理填写报损单后，经总经理批准。

（4）预算内常规低值易耗品的申购必须提前两天下单申购，经总经理批准后再采购。

（5）所有低值易耗品的采购，事先必须填写申购单，经批准后方可采购，不得擅自购买。

模拟实训

分组完成任务，自行制作盘点表格，完成一次模拟盘点工作。

任务考核

一、单选题

1. 易耗品一般指使用期限为（　　）。
   A. 一次性　　　　B. 一周以内　　　　C. 一个月以内　　　　D. 一年以内

2. 下列不属于前厅易耗品的是（　　）。
   A. 电脑　　　　B. 扫把　　　　C. 打印纸　　　　D. 水笔

3. 定期盘点一般不包含（　　）。
   A. 半月盘点　　　　B. 月盘点　　　　C. 季盘点　　　　D. 年盘点

4. 盘点表中不需要记录的信息包括（　　）。
   A. 盘点数量　　　　B. 物品名称　　　　C. 账面数量　　　　D. 完好度

5. 申购新的物品时（　　）。
   A. 需要提前专门审批　　　　B. 领班同意就可以了
   C. 直接向采购部门提出采购要求　　　　D. 先行购买，回来后向酒店报销

二、多选题

1. 盘存时要求的"三账合一"指的是（　　）。
   A. 账账相符　　　　B. 账实相符　　　　C. 账卡相符　　　　D. 卡实相符

2. 根据各部门的情况不同，盘点的时间可以在（　　）。
   A. 营业中盘点　　　　B. 营业前盘点　　　　C. 营业后盘点　　　　D. 停业盘点

3. 盘点工作开始前的准备包括（　　）。
   A. 人员安排　　　　B. 环境准备　　　　C. 用具准备　　　　D. 技术指导

4. 盘点工作的原则包括（　　）。
   A. 真实　　　　B. 准确　　　　C. 完整　　　　D. 清楚

5. 盘点工作规范包括的内容有（　　）。

A. 账面存货核算 B. 实际存货盘点
C. 合适的盘点时间 D. 合适的盘点周期

三、判断题

1. 盘点工作可以采取全面盘点与分区盘点相结合的方式。（　）

2. 低值易耗品一般价值比较低，通常单价在5000元以下。（　）

3. 盘点发现问题应该尽快与物品保管员沟通，补齐物品即可。（　）

4. 为了保持盘点物品的现状，盘点前营业部门不要对物品进行任何整理。（　）

5. 盘点工作量过大时，可以采取抽检估算的方式进行。（　）

参考答案

一、单选题：1. D　2. A　3. A　4. A　5. A

二、多选题：1. ABC　2. ABCD　3. ABCD　4. ABCD　5. ABCD

三、判断题：1. √　2. ×　3. ×　4. ×　5. ×

项目八　前厅信息安全

学习引导

安全管理是酒店经营的重要保障，前厅部是安全管理的关键部门，包括信息安全和公共场所安全。掌握前厅部信息和公共场所的安全问题类型，能够协助相关部门完成前厅部信息和公共场所的安全管理工作。

学习目标

1. 了解前厅信息安全的重要性。
2. 了解顾客信息资料泄露的主要途径。
3. 增强安全意识，熟练掌握相关的安全技能。
4. 能够掌握防止顾客信息泄露的方法。
5. 能够及时发现潜伏在前厅部门的安全隐患。
6. 培养特殊问题处理过程中，保持头脑清醒，服务有条不紊。

案例导入

白先生报案

神情沮丧的客人白先生找到大堂副理小潘诉苦称：今天上街购物时，放在上衣口袋的钱、身份证、寄存单以及酒店房间的门卡（钥匙）统统被小偷"扒"走，不知如何是好。

小潘向总台查实白先生是入住本酒店809房的客人后，即安慰他道："你还有寄存在总台保险柜的钱，可以经我们酒店有关人员确认，你报出密码后即可领走。房间门卡丢失不碍事，可以重新制作一张供你使用，请你不要太难过。"

虽然客人一时得到安慰，但令这位客人难过的事情还没完。原来，当重新制作的门卡打开房门后，白先生发现原先放在房间里的旅行袋被打开，一套崭新的西服不见踪影，昨天刚购买的三条本地产香烟也一起消失。

问题出在哪里呢？接到白先生报案后，大堂副理小潘陷入了沉思。

小潘在保安部经理的建议下，查看了白先生从9:00离开酒店到14:00回到酒店这一段时间里，8楼过道电子探头的录像，发现在12:00左右，有一个男青年（不是酒店员工）进入过白先生的房间，不一会儿又拎了两个酒店的礼品袋离开。

大堂副理小潘询问白先生："你有没有叫一个男青年到你房间取东西？"

"没有啊！"白先生睁大眼睛大声回答。

"那你发现上衣口袋东西丢失是什么时间呢？"小潘心里似乎已有了答案，仔细地查询白先生发现失窃的具体时间。

白先生不假思索地回答道："在我到一家小餐馆想吃当地风味小吃时发现的，那已是中午时间，大概是下午1点了吧。不瞒你说，由于我身上没钱了，不但吃不上东西，而且我还是走路回酒店的哩。"

小潘立即带领白先生到酒店的中餐厅用餐，然后说道："回头我把分析的情况告诉你。"

怎么将分析的情况告诉白先生呢？小潘感到左右为难。她知道，丢失门卡的责任固然在白先生，但酒店对失窃事件是否一点责任都没有呢？答案是否定的。因为酒店提供的门卡上不但有酒店的标志，而且还准确无误地标有房号！显然，当白先生发现钱、门卡等丢失时小偷已经按门卡上的酒店名称和房号"光顾"了白先生的房间。

小潘一时不知道该如何向白先生解释，陷入了尴尬的境地。她知道，除了向白先生赔礼道歉之外，一定的经济赔偿也不可避免。

【案例点评】白先生房间失窃，问题显然出在门卡的房号上。如果小偷偷去的门卡上没有标明房号，顶多知道的是失主住在哪一家酒店，倘若每一个房间都去试，风险很大。而门卡打上房号，这无疑给小偷提供了莫大的方便——可以赶在失主未发现失窃或即使发现而未要求酒店封闭房间之前，直奔该房间下手作案。

许多酒店为什么要在门卡上贴上房号标签呢？回答是：因为怕客人忘了自己房间的房号，打上房号便于客人辨认。

其实，房号已在房卡（即欢迎卡，也是装门卡的纸套）或钥匙袋上注明，何况客人开一两次房门后对房号应当也记住了。因此，门卡上再标上房号不但危险，也显得多余。

至于一些酒店管理人员认为一般不会因此而出问题，那是侥幸心理。不怕一万就怕万一，本案例足以告诫我们：在门卡上标有房号的做法不但泄露了客人的个人信息，而且更是潜伏着危险，务必要改进。

【对管理者的启迪】

1. 管理中难免出错，就怕知错不改。亡羊补牢，未为晚也。要善于吸取教训，及时采取补救措施，使得管理不断完善和提高。

2. 对酒店各种规定和做法要敢于质疑，凡事勤于思考，为什么这样做，这样做有什么利弊，怎样做会更好，积极主动地与同行交流、向榜样学习、向专家请教。只有如此，才能不断增强自身的管理能力。

任务一　前厅信息安全

"中国城市安全指数榜单2023"：该榜单主要考虑了城市治安和安全环境的指标，排名前十名的城市分别是哈尔滨、南京、郑州、成都、沈阳、重庆、天津、苏州、西安。可以看出，这些城市在治安和环境安全方面相对较好。

安全感是基于人们对可能出现的针对个人的身体、财产、心理的危险或风险的预感，以及个体在应对风险时表现出来的有力/无力感。也是指在大众合理承受限度内和健康心理条件下的主观感受，不涉及病态安全感缺乏问题。如果你是酒店的老总，下面几件事中你最关心的是什么？经营效益、员工满意度、客人满意度、安全、与社区的关系、与政府的关系、在社会上的影响力、酒店的发展前景？经过欧美150年饭店的经营管理经验得出结论："安全隐患是酒店运营与发展的最大'毒瘤'"。

一、酒店安全的含义和种类

1. 酒店安全的含义

酒店区域内的人身和财物不受伤害，生活秩序、工作秩序和公共场所秩序保持良好的状态。

酒店安全不仅指酒店区域内的人身和财物不受伤害，而且指不存在其他因素导致这种侵害的发生。即酒店的安全状态应该是一种既没有危险，也没有可能发生危险的状态。

广义的酒店安全还应包含信息安全（主要包含客人信息安全和酒店内部信息安全等）。

2. 关于酒店安全，你能想到哪些类别？

客人人身安全、员工人身安全、财产安全、食品安全、消防安全、信息安全、名誉安全、前厅安全等。

酒店安全主要包括：顾客的人身安全、财产安全、隐私安全、消防安全和食品安全。

具体来说包括硬件和软件两个方面：

①物的方面之安全保障。服务场所使用的建筑物、配套服务设施、设备应当安全可靠，有国家强制标准的应当符合强制标准的要求，没有国家强制标准的，应当符合行业标准或者达到进行此等经营所需要达到的安全标准。

②人的方面之安全保障。酒店对于可能出现的危险应当采取必要的安全防范措施，配备数量足够的、合格的安全保障人员。国务院1999年3月17日发布的《娱乐场所管理条例》第23条规定：娱乐场所应当根据其规模配备相应数量的保安人员，而且保安工作人员必须是经过培训合格后持证上岗。

二、酒店前厅信息安全

酒店前厅岗位的重要性可谓是不言而喻，随着旅游业的快速发展，在酒店的位置也显得愈发重要。在这个岗位上，酒店前台服务人员需要熟悉酒店安全管理制度，能够及时发现和解决安全隐患，处理紧急事件，为客人提供高效优质的服务。

在酒店前台工作中，会涉及客人的一些敏感信息，如客人的姓名、电话号码、信用卡信息等。因此，保护好客人的信息安全是十分重要的。随着酒店连锁和互联网信息技术的发展，酒店顾客的隐私信息正成为犯罪分子的窃取对象。如何提高信息保护水平，保护信息数据安全，是酒店企业面临的重要问题。比如酒店工作人员在任何地方直接登录系统，批量下载租客信息数据，或者不法分子利用电脑漏洞入侵服务器，窃取海量用户数据。所以酒店前台服务人员需要使用安全的计算机和数据管理系统，同时也需要制定完善的信息保护政策，使客人的信息不会遭到泄露。

酒店前台泄露客人信息如果是违反国家有关规定，向他人出售或者提供公民个人信息，情节严重的，涉嫌侵犯公民个人信息罪，一般处三年以下有期徒刑或者拘役，并处或者单处罚金；情节特别严重的，处三年以上七年以下有期徒刑，并处罚金。侵犯公民个人信息罪，是指通过窃取或者以其他方法非法获取公民个人信息。《刑法》第二百五十三条之一第一款法律依据：《刑法》第二百五十三条之一第一款《刑法》第二百五十三条之一第一款违反国家有关规定，向他人出售或者提供公民个人信息，情节严重的，处三年以下有期徒刑或者拘役，并处或者单处罚金；情节特别严重的，处三年以上七年以下有期徒刑，并处罚金。

图 8-1-1 前厅部工作人员工作中

情况一：我没有预订酒店，却收到了预订信息是否泄露？
　　法律分析：入住资料被酒店泄露可以向消费者协会投诉。法律依据：《中华人民共和国消费者权益保护法》第二十九条：经营者及其工作人员对收集的消费者个人信息必须严格保密，不得泄露、出售或者非法向他人提供。经营者应当采取技术措施和其他必要措施，确保信息安全，防止消费者个人信息泄露、丢失。在发生或者可能发生信息泄露、丢失的情况时，应当立即采取补救措施。

情况二：酒店客人评论盗用其他客人图片进行恶意差评然后申诉
　　商家盗用客户的照片属于侵犯个人肖像权，受害人可以要求侵权人承担侵权责任。一般是赔礼道歉、消除影响，如果因此给受害人带来了损害的，除了赔礼道歉、消除影响之外，还需要依法进行赔偿。法律依据：《民法典》第一千零一十九条任何组织或者个人不得以丑化、污损，或者利用信息技术手段伪造等方式侵害他人的肖像权。未经肖像权人同意，不得制作、使用、公开肖像权人的肖像，但是法律另有规定的除外。未经肖像权人同意，肖像作品权利人不得以发表、复制、发行、出租、展览等方式使用或者公开肖像权人的肖像。

1. 为了防止以上情况的发生，酒店应该做到
　　①加密重要文档和审计文档操作。加密作用于数据文档本身，可以严密保护酒店内外数据资料的安全。
　　②保护服务器数据与下载自动加密。加强对服务器中数据的保护，可以阻止无关人员访问或者下载数据。
　　③对终端和服务器的数据进行加密保护，防止数据信息的泄露。详细记录终端操作

日志，防止不安全操作给酒店带来泄密风险。

2. 顾客信息保密安全工作的重要性
①维护宾客基本利益，使宾客基本合法权益不受到侵害。

②维护酒店利益，提升酒店信誉度。

3. 顾客信息资料泄露的主要途径
酒店方面：

①业务不熟练

②责任心不强

③备份客户资料的遗失

宾客方面：

①房卡或房间钥匙的遗失

②电信诈骗

③意外泄密

4. 如何防止顾客信息的泄露
①严格访客查询的程序

②注意保密房的处理方式

③熟悉如何正确留言

④全方面核对住客信息

⑤妥善处理客户资料

⑥联合公安部门加大对电信诈骗知识的普及力度

任务考核

一、单选题

1. 为防止宾客信息泄露，酒店和顾客都应做到对信息的保护，以下哪点不属于酒店原因（　　）。

　　A. 房卡遗失　　　B. 责任心不强　　　C. 备份客户资料的遗失　　　D. 业务不熟练

2. 酒店安全主要包括：顾客的人身安全、财产安全、（　　）、消防安全和食品安全。

　　A. 信息安全　　　B. 隐私安全　　　C. 言论自由　　　D. 环境安全

二、多选题

1. 为了防止顾客信息泄露，服务人员应做到以下哪几点？（　　）

　　A. 严格访客查询的程序

B. 注意保密房的处理方式

C. 熟悉如何正确留言

D. 全方面核对住客信息

E. 妥善处理客户资料

F. 联合公安部门加大对电信诈骗知识的普及力度

2. 为防止顾客的肖像权受到侵害，酒店应做到以下哪几点？（　　）

A. 加密重要文档和审计文档操作

B. 保护服务器数据与下载自动加密

C. 对终端和服务器的数据进行加密保护，防止数据信息的泄露

D. 维护酒店利益

参考答案

一、单选题：1. A　2. B

二、多选题：1. ABCDEF　2. ABC

任务二　前厅区域安全

　　饭店是为社会公众提供服务的公共场所。前厅服务员既要热情地欢迎每一位到店的客人，还要时刻防止和控制不良分子进入饭店或在店内对正常开展服务秩序产生扰乱及破坏。前厅服务处于饭店与客人接触的前沿，安全是前厅服务的首要保障。作为前厅区域服务员，除了安全意识要强，更要熟练掌握相关的安全技能。

一、名词解释

1. 临时住宿登记

　　临时住宿登记是指境外人员离开自己的长住住所，短期来华到其他地方临时住宿而履行临时住宿登记手续。

2. 护照

　　护照是一个主权国家发给本国公民出入国境和在外国居留、旅行使用的合法身份证件和国籍证明。

3. 签证

签证是一个主权国家在国内或驻国外的主管机关对本国公民或外国人申请出入境或过境的一种许可证明。

二、前厅安全控制

（一）出入安全控制

1. 客人出入口安全控制

从安全防范角度来看，饭店的出入口不宜过多，便于及时检查和巡视。除职工通道以外，最好只设一个供客人使用的主要出入口，这样便于进行重点控制和客流控制。门童是前厅服务的重要岗位。门童在出入口为客人提供服务的同时，又是安全员。经过专门培训的门童，应该在工作中与安全保卫人员密切合作，增强对不法分子或危险品携带人员的识别、防范和控制能力。

2. 消防通道口安全控制

（1）作为前厅服务人员，首先应熟悉前厅消防疏散口位置，另外要时刻保持前厅出入口畅通，无杂物堆放及人员聚集。

（2）前厅服务人员上岗前要接受如何报警、如何使用各种类型灭火器材、协助疏散客人以及如何逃生自救等方面的专门培训，掌握救助防范技能。

（3）作为技术防范，饭店可以在前厅消防疏散出入口安装紧急疏散装置，例如，门锁为单向锁，平日呈关闭状态，店外闲散人员不能入内，发生火灾或紧急情况时，店内人员用力推动此装置，即可打开此出入口大门。另外，有条件的饭店还可以安装同步电视摄像头，使中控室监控画面可以随时切换至出入口。

3. 电梯

在建筑特点为高层或多层的饭店，电梯是通往客房区域的主要运载工具。为了保障客人的人身和财产安全，除采取设标牌提示和监控等技防措施之外，饭店一般应在电梯厅处设电梯服务员或保安巡逻，这样既可以为客人提供迎宾、叫电梯和问讯等服务工作，又可控制或防止闲杂人员或可疑人员随意进入客房楼层。饭店在晚间设保安人员在电梯厅巡查，对超过规定会客时间的客人予以劝阻，并加强对电梯的控制和对客房区域的管理。采用"一卡通"技术，达到能够使住店客人随意使用电梯，而非住店人员则无法开启电梯楼层的效果。

（二）客人入住安全控制

1. 相关法律法规知识

（1）临时住宿登记法规

①《中华人民共和国外国人入境出境管理法》第十七条规定：外国人在中国境内临时住宿应当依照规定办理住宿登记。

②《中华人民共和国外国人入境出境管理法实施细则》第二十九条规定：外国人在宾馆、饭店、旅店、招待所、学校等企事业单位或机关、团体及其他中国机构内住宿应当出示有效护照或者居留证件，并填写临时住宿登记表。在非开放地区住宿还要出示旅行证。

③《中华人民共和国公民出境入境管理法》第十一条规定：入境定居或者工作的中国公民入境后应当按照户口管理规定办理常住户口登记。入境暂住的应当按照户口管理规定办理暂住登记。

④《中华人民共和国公民出境入境管理法实施细则》第13条规定：定居国外的中国公民短期回国要按照户口管理规定办理暂住登记。在宾馆、饭店、旅店、招待所、学校等企业事业单位或者机关、团体及其他机构内住宿的，应当填写临时住宿登记表；住在亲友家的由本人或者亲友在24小时内（农村可在72小时内）到当地公安派出所或者户籍办公室办理暂住登记。

⑤《旅馆业治安管理办法》第6条规定：旅馆接待旅客住宿必须登记。登记时应当查验旅客的身份证件，按规定的项目如实登记。

⑥《中国公民往来台湾地区管理办法》第18条规定：台湾居民短期来大陆应当按照户口管理规定，办理暂住登记，在宾馆、饭店、招待所、旅店、学校等企事业单位或者机关、团体和其他机构内住宿的应当填写临时住宿登记表；住在亲友家的由本人或者亲友在24小时（农村72小时）内到当地派出所或者户籍办公室办理暂住登记手续。

⑦违反住宿登记管理规定的，根据《中华人民共和国外国人入境出境管理法实施细则》第45条、第49条处罚；

a. 第45条规定：对违反本实施细则第四章规定，不办理住宿登记或者不向公安机关申报住宿登记或者留宿未持有效证件外国人的责任者，可以处警告或处50元以上，500元以下的罚款。

b. 第49条规定：本章规定的各项罚款、拘留处罚，也适用于协助外国人非法入境或出境，造成外国人居留或停留、聘雇私自谋职的外国人，为未持有效旅行证件的外国人前往不对外国人开放的地区旅行提供方便的有关责任者。

2. 验证登记和报送

临时住宿登记管理工作必须坚持"三个原则",其具体内容要求是:

(1) 如实填表原则

①填写《临时住宿登记表》的内容要完整准确,不能有缺项漏项,《临时住宿登记表》中的 14 个项目内容要逐项填写,不能擅自改写或编写;

②填写的字迹要清晰工整,做到一目了然;

③缩写要规范,姓名、国籍等可以缩写,但要求严格按照国际认可的标准填写,不得随意自编自造。

(2) 严格验证原则

①甄别真假,要细心查看住房客人的证件是否有冒用、涂改、更换相片等问题,同时要坚持先核实后办理住宿手续的原则;

②注意查验证件的有效期限,任何证件都是有期限的,超过规定期限的证件也就失去了法律效力。所以,各留宿单位绝对不能接待持失效证件的客人住宿;

③查验签证期限,签证种类繁多,不同的签证有不同的期限,留宿单位接待入住人员住宿时,要在其证件有效签证期限内接待,尤其对"续住"客人要特别注意,防止逾期非法居留。

(3) 按时报送原则

按照我国有关法律规定,客人在抵达饭店后 24 小时之内,留宿单位要派人将已填好的《临时住宿登记表》送交公安机关。

目前的做法是:凡是已采用电子计算机与公安主管部门联网的留宿单位,要求其每天上午 12:00 前把前一天的临时住宿登记信息输送到公安主管部门的电子计算机室;没有入网的单位(包括入网后因停电、机器故障等原因不能传输的单位)每天上午 10:00 前派人把前一天的《临时住宿登记表》报送公安主管部门。

留宿单位向公安机关发送临时住宿登记信息的基本程序有以下几个步骤:

①开机敲入操作员口令;

②在每天录入客人信息前,先要进行文件初始化;

③在初始化完成以后,可根据来店客人具体情况,选择录入零散户籍或录入团体户籍;

④修改、删除;

⑤查控及发送户籍或补发某日数据;

⑥退出系统及打印。

3. 查控

查控工作关系到我国的国家安全和利益。尤其是涉外留宿单位要切实加强对查控工作的领导，广泛宣传查控工作的意义，不断提高对查控工作的认识，指定专人主管或兼管查控工作，建立和健全查控工作制度，严密查控措施，防患于未然。饭店保卫部门和前台接待部门在接到通知后马上采取措施布置和组织人员落实。在服务接待工作中，要通过登记验证注意发现查控对象，及时向发文的公安机关报告，切忌拖延时间或漏报的行为发生。

（三）行李安全控制

1. 准确掌握客情

在前厅服务的行李人员要准确掌握每天各类客人的来、离店情况。

2. 操作规范严谨

（1）行李到店时，行李人员要核准件数、检查行李外观有无破损，逐项填写登记表，与有关人员校实并签收，并按规定或商定的时间及时将行李物品送到客房或指定地点。

（2）行李人员将行李放入房间或交给客人，不得随意放在房门口。

（3）暂存放在大厅或行李库房内的行李应加盖网罩，或用绳索连接，挂好行李卡，并安排专人看管。

（4）客人离店时，行李人员按要求及时将房间行李集中并核准件数，检查行李外观有无破损，与客人或陪同人员再次确认并签收。

（5）住店客人办理寄存行李物品时，行李人员要事先向客人说明饭店不收存易燃易爆等违禁物品，然后按规定办理相关手续。

（6）行李库房内严禁吸烟，客人的物品应按规定码放整齐，短存与长存的行李要分隔开，并挂好寄存牌。各班次交接班时应当面点清校准。行李房内不得堆放员工的私人物品。

（四）接待访客安全控制

1. 建立访客接待制度。饭店为保证住店客人的安全及休息，按规定在晚 23:00 以后不再接待来访会客人员。

2. 执行访客登记制度。饭店一般在前台或客房楼层设服务台接待来访会客者并予以登记。

3. 严格为住店客人保密。前厅服务员不得随意将住店客人情况告诉来访者。必须在征得住店客人同意后，才可将客人房号告诉会客者，或按客人的要求答复来访会客者。

三、前厅事故处理

（一）客人报失处理

1. 前厅服务员在接到客人报失后，应首先问清失主姓名、房号、国籍等身份情况，以及丢失财物的名称、数量、型号、规格等。

2. 立即向大堂副理或本饭店受理报失管理的部门反映，并按饭店工作程序规定和客人的要求，积极予以查找或联系。

（二）客人遗留物品处理

1. 前厅服务员在公共区域、总台、门口等处发现客人遗留物品后，应及时将其上交饭店的有关部门，并填表登记，详细记录遗留物品名称、数量、型号、规格及发现地点、捡拾人姓名等。

2. 对于暂时无人认领的遗留物品，可由指定部门保管。贵重物品应存入保险箱或专用库房中，并由专人保管，定期予以清点。

3. 长期无人认领的一般性物品在保管三个月以后，贵重物品保管六个月以后，按相关规定统一处理。

（三）停电事故处理

1. 在前厅发生突然停电，影响正常工作和服务秩序时，前厅服务员应首先保持镇静，稳定客人情绪。

2. 若夜间发生突然停电，前厅服务员应立即取出存放在工作地点的应急手电筒，协助大堂副理或保卫人员，安排或疏导客人，并向本部门和保卫部、工程部报告。门童应劝阻无关人员不要进入饭店。电梯服务人员应立即检查各部位电梯，核实是否有客人被关在电梯内，并采取积极措施将其救出。

3. 前厅各配备了电脑、传真机的工作岗位，在突发停电时，应立即关闭开关按钮，待接到正式通知后，再按程序接通电源。

（四）突发暴力事件处理

这类事件是指突然发生在店内的抢劫、行凶、斗殴等治安甚至刑事案件。

前厅突发暴力事件对客人人身、财产安全构成威胁，严重影响饭店声誉，因此，前厅服务员要积极、慎重、妥善，有组织地予以处理。

1. 前厅服务员在突发事件发生时，利用工作之便见机行事，首先向保卫部门报警，报告时不要惊慌，切忌大声喊叫，讲清案发地点等现场情况，并作记录。

2. 协助保卫人员尽快制服凶犯，保护现场，向保卫人员提供凶犯逃跑方向、特征、人数等情况。

3.在大堂副理或保卫人员组织下，保护好客人遗留在现场的物品，逐一登记，安抚客人，积极联系医院救治受伤的客人。

4.积极向在现场的公安人员提供案发现场目击情况，协助辨认嫌疑犯，协助做好善后工作。

任务考核

一、单选题

1.临时住宿登记管理工作必须坚持"（　　）原则"，其具体内容要求是：（　　）。

A.如实填表原则　　　　　　B.严格验证原则

C.按时报送原则　　　　　　D.以上都是

2.在酒店内如遇突然暴力袭击事件，要做到以下哪点：（　　）。

A.沉着冷静报警处理　　　　B.大喊大叫

C.惊慌失措　　　　　　　　D.胡乱冲撞

二、多选题

1.在建筑特点为高层或多层的饭店，电梯是通往客房区域的主要运载工具。为了保障客人的人身和财产安全，酒店应（　　）。

A.设标牌提示　　　　　　　B.安装监控设施

C.设电梯服务员或保安巡逻　D.采用"一卡通"技术

2.关于如实填表原则，填写人员应该做到（　　）。

A.填写（临时住宿登记表）的内容要完整准确，不能有缺项漏项，《临时住宿登记表》中的14个项目内容要逐项填写

B.填写的字迹要清晰工整，做到一目了然

C.缩写要规范，姓名、国籍等可以缩写，但要求严格按照国际认可的标准填写，不得随意自编自造

D.擅自改写或编写

参考答案

一、单选题：1.D　2.A

二、多选题：1.ABCD　2.ABC

附录

《旅游饭店星级的划分与评定》

(GB/T14308—2010)

前 言

本标准代替 GB/T 14308-2003 旅游饭店星级的划分与评定。

本标准与 GB/T 14308-2003 相比，主要技术内容变化如下：

a）增加了对国家标准 GB/T 16766、GB/T 15566.8 的引用；

b）更加注重饭店核心产品，弱化配套设施；

c）将一二三星级饭店定位为有限服务饭店；

d）突出绿色环保的要求；

e）强化安全管理要求，将应急预案列入各星级的必备条件；

f）提高饭店服务质量评价的操作性；

g）增加例外条款，引导特色经营；

h）保留白金五星级的概念，其具体标准与评定办法将另行制订。

本标准的附录 A、附录 B、附录 C 均为规范性附录。

本标准由国家旅游局提出。

本标准由全国旅游标准化技术委员会归口。

本标准起草单位：国家旅游局监督管理司。

本标准主要起草人：李任芷、刘士军、余昌国、贺静、鲁凯麟、刘锦宏、徐锦祉、辛涛、张润钢、王建平。

本标准所代替标准的历次版本发布情况为：

——GB/T 14308-1993

——GB/T 14308-1997

——GB/T 14308-2003

旅游饭店星级的划分与评定

1. 范围

本标准规定了旅游饭店星级的划分条件、服务质量和运营规范要求。

本标准适用于正式营业的各种旅游饭店。

2. 规范性引用文件

下列文件对于本文件的应用是必不可少的。凡是注日期的引用文件，仅注日期的版本适用于本文件，凡是不注日期的引用文件，其最新版本（包括所有的修改单）适用于本文件。

GB/T 16766 旅游业基础术语

GB/T 10001.1 标志用公共信息图形符号 第1部分：通用符号

GB/T 10001.2 标志用公共信息图形符号 第2部分：旅游设施与服务符号

GB/T 10001.4 标志用公共信息图形符号 第4部分：运动健身符号

GB/T 10001.9 标志用公共信息图形符号 第9部分：无障碍设施符号

GB/T 15566.8 公共信息导向系统设置原则与要求 第8部分：宾馆和饭店

3. 术语和定义

下列术语和定义适用于本标准。

旅游饭店 tourist hotel。以间（套）夜为单位出租客房，以住宿服务为主，并提供商务、会议、休闲、度假等相应服务的住宿设施，按不同习惯可能也被称为宾馆、酒店、旅馆、旅社、宾舍、度假村、俱乐部、大厦、中心等。

4. 星级划分及标志

4.1 用星的数量和颜色表示旅游饭店的星级

旅游饭店星级分为五个级别，即一星级、二星级、三星级、四星级、五星级（含白金五星级）。最低为一星级，最高为五星级。星级越高，表示饭店的等级越高。（为方便行文，"星级旅游饭店"简称为"星级饭店"。）

4.2 星级标志由长城与五角星图案构成

用一颗五角星表示一星级，两颗五角星表示二星级，三颗五角星表示三星级，四颗五角星表示四星级，五颗五角星表示五星级，五颗白金五角星表示白金五星级。

5. 总则

5.1 星级饭店的建筑、附属设施设备、服务项目和运行管理应符合国家现行的安全、消防、卫生、环境保护、劳动合同等有关法律、法规和标准的规定与要求。

5.2 各星级划分的基本条件见附录 A，各星级饭店应逐项达标。

5.3 星级饭店设备设施的位置、结构、数量、面积、功能、材质、设计、装饰等评价标准见附录 B。

5.4 星级饭店的服务质量、清洁卫生、维护保养等评价标准见附录 C。

5.5 一星级、二星级、三星级饭店是有限服务饭店，评定星级时应对饭店住宿产品进行重点评价；四星级和五星级（含白金五星级）饭店是完全服务饭店，评定星级时应对饭店产品进行全面评价。

5.6 倡导绿色设计、清洁生产、节能减排、绿色消费的理念。

5.7 星级饭店应增强突发事件应急处置能力，突发事件处置的应急预案应作为各星级饭店的必备条件。评定星级后，如饭店营运中发生重大安全责任事故，所属星级将被立即取消，相应星级标识不能继续使用。

5.8 评定星级时不应因为某一区域所有权或经营权的分离，或因为建筑物的分隔而区别对待,饭店内所有区域应达到同一星级的质量标准和管理要求。

5.9 饭店开业一年后可申请评定星级，经相应星级评定机构评定后，星级标识使用有效期为三年。三年期满后应进行重新评定。

6. 各星级划分条件

6.1 必备条件

6.1.1 必备项目检查表规定了各星级应具备的硬件设施和服务项目。评定检查时，逐项打"√"确认达标后，再进入后续打分程序。

6.1.2 一星级必备项目见表 A.1；二星级必备项目见表 A.2；三星级必备项目见表 A.3；四星级必备项目见表 A.4；五星级必备项目见表 A.5。

6.2 设施设备

6.2.1 设施设备的要求见附录 B。总分 600 分。

6.2.2 一星级、二星级饭店不作要求，三星级、四星级、五星级饭店规定最低得分线：三星级 220 分，四星级 320 分，五星级 420 分。

6.3 饭店运营质量

6.3.1 饭店运营质量的要求见附录 C。总分 600 分。

6.3.2 饭店运营质量的评价内容分为总体要求、前厅、客房、餐饮、其他、公共及后台区域等 6 个大项。评分时按"优""良""中""差"打分并计算得分率。公式为：得分率＝该项实际得分 / 该项标准总分 ×100%。

6.3.3 一星级、二星级饭店不作要求。三星级、四星级、五星级饭店规定最低得分率：三星级 70%，四星级 80%，五星级 85%。

6.3.4 如饭店不具备表 C.1 中带"*"的项目，统计得分率时应在分母中去掉该项分值。

7. 服务质量总体要求

7.1 服务基本原则

7.1.1 对宾客礼貌、热情、亲切、友好，一视同仁。

7.1.2 密切关注并尽量满足宾客的需求，高效率地完成对客服务。

7.1.3 遵守国家法律法规，保护宾客的合法权益。

7.1.4 尊重宾客的信仰与风俗习惯，不损害民族尊严。

7.2 服务基本要求

7.2.1 员工仪容仪表应达到：

a）遵守饭店的仪容仪表规范，端庄、大方、整洁；

b）着工装、佩工牌上岗；

c）服务过程中表情自然、亲切、热情适度，提倡微笑服务。

7.2.2 员工言行举止应达到：

a）语言文明、简洁、清晰，符合礼仪规范；

b）站、坐、行姿符合各岗位的规范与要求，主动服务，有职业风范；

c）以协调适宜的自然语言和身体语言对客服务，使宾客感到尊重舒适；

d）对宾客提出的问题应予耐心解释，不推诿和应付。

7.2.3 员工业务能力与技能应达到掌握相应的业务知识和服务技能，并能熟练运用。

8. 管理要求

8.1 应有员工手册。

8.2 应有饭店组织机构图和部门组织机构图。

8.3 应有完善的规章制度、服务标准、管理规范和操作程序。一项完整的饭店管理规范包括规范的名称、目的、管理职责、项目运作规程（具体包括执行层级、管理对象、方式与频率、管理工作内容）、管理分工、管理程序与考核指标等项目。各项管理规范应适时更新，并保留更新记录。

8.4 应有完善的部门化运作规范。包括管理人员岗位工作说明书、管理人员工作关系表、管理人员工作项目核检表、专门的质量管理文件、工作用表和质量管理记录等内容。

8.5 应有服务和专业技术人员岗位工作说明书，对服务和专业技术人员的岗位要求、任职条件、班次、接受指令与协调渠道、主要工作职责等内容进行书面说明。

8.6 应有服务项目、程序与标准说明书，对每一个服务项目完成的目标、为完成该目标所需要经过的程序，以及各个程序的质量标准进行说明。

8.7 对国家和地方主管部门和强制性标准所要求的特定岗位的技术工作如锅炉、强弱电、消防、食品加工与制作等，应有相应的工作技术标准的书面说明，相应岗位的从业人员应知晓并熟练操作。

8.8 应有其他可以证明饭店质量管理水平的证书或文件。

9. 安全管理要求

9.1 星级饭店应取得消防等方面的安全许可，确保消防设施的完好和有效运行。

9.2 水、电、气、油、压力容器、管线等设施设备应安全有效运行。

9.3 应严格执行安全管理防控制度，确保安全监控设备的有效运行及人员的责任到位。

9.4 应注重食品加工流程的卫生管理，保证食品安全。

9.5 应制订和完善地震、火灾、食品卫生、公共卫生、治安事件、设施设备突发故障等各项突发事件应急预案。

10. 其他

对于以住宿为主营业务，建筑与装修风格独特，拥有独特客户群体，管理和服务特色鲜明，且业内知名度较高旅游饭店的星级评定，可参照五星级的要求。

附录 A

（规范性附录）

必备项目检查表

表 A.1 给出了一星级饭店必备项目检查表；

表 A.2 给出了二星级饭店必备项目检查表；

表 A.3 给出了三星级饭店必备项目检查表；

表 A.4 给出了四星级饭店必备项目检查表；

表 A.5 给出了五星级饭店必备项目检查表。

表 A.1 一星级必备项目检查表

序号	项目	是否达标
1	一般要求	
1.1	建筑物结构完好，功能布局基本合理，方便宾客在饭店内活动	
1.2	应有适应所在地气候的采暖、制冷设备，各区域通风良好	
1.3	各种指示用和服务用文字应至少用规范的中文及第二种文字同时表示，导向系统的设置和公共信息图形符号应符合 GB/T 15566.8 和 GB/T 10001.1、GB/T 10001.2、GB/T 10001.4、GB/T 10001.9 的规定	
1.4	应有至少 15 间（套）可供出租的客房	
1.5	员工应具备基本礼仪礼节，穿着整齐清洁，可用普通话提供服务，效率较高	
1.6	设施设备应定期维护保养，保持安全、整洁、卫生和有效	
1.7	应有突发事件处置的应急预案	
1.8	应有与本星级相适应的节能减排方案并付诸实施	
2	设施	
2.1	设总服务台，并提供客房价目表及城市所在地的旅游交通图等相关资料	
2.2	客房内应有卫生间或提供方便宾客使用的公共卫生间，客房卫生间及公共卫生间均采取必要防滑措施	
2.3	应 24h 供应冷水，每日固定时段供应热水，并有明确提示	

续表

序号	项目	是否达标
2.4	客房内应有清洁舒适的床和配套家具	
2.5	客房照明充足，有遮光效果较好的窗帘	
2.6	客房内应备有服务指南、住宿须知等	
2.7	客房门安全有效，门锁应为暗锁，有防盗装置，客房内应在显著位置张贴应急疏散图及相关说明	
2.8	公共区域应有男女分设的公共卫生间	
2.9	应有公用电话	
2.10	应有应急照明设施	
3	服务	
3.1	应至少 18h 提供接待、问讯、结账服务	
3.2	晚间应有安保人员驻店值班	
3.3	应提供贵重物品保管及小件行李寄存服务	
3.4	客房、卫生间应每天全面整理一次，隔日或应宾客要求更换床单、被套及枕套，并做到每客必换	
3.5	客房内应提供热饮用水	
3.6	应为残障人士提供必要的服务	
	总体是否达标结论	

表 A.2 二星级必备项目检查表

序号	项目	是否达标
1	一般要求	
1.1	建筑物结构良好，功能布局基本合理，方便宾客在饭店内活动	
1.2	应有适应所在地气候的采暖、制冷设备，各区域通风良好	
1.3	各种指示用和服务用文字应至少用规范的中文及第二种文字同时表示，导向系统的设置和公共信息图形符号应符合 GB/T 15566.8 和 GB/T 10001.1、GB/T 10001.2、GB/T 10001.4、GB/T 10001.9 的规定	
1.4	应有至少 20 间（套）可供出租的客房	
1.5	应提供回车线或停车场，5层以上（含5层）的楼房有客用电梯	
1.6	员工应具备基本礼仪礼节，穿着整齐清洁，可用普通话提供服务，效率较高	

续表

序号	项目	是否达标
1.7	设施设备应定期维护保养，保持安全、整洁、卫生和有效	
1.8	应有突发事件处置的应急预案	
1.9	应有与本星级相适应的节能减排方案并付诸实施	
2	设施	
2.1	应有与饭店规模相适应的总服务台，位置合理，提供客房价目表及城市所在地的旅游交通图、旅游介绍等相关资料	
2.2	应有就餐区域，提供桌、椅等配套设施，照明充足，通风良好	
2.3	客房内应有清洁舒适的床以及桌、椅、床头柜等配套家具	
2.4	至少50%的客房内应有卫生间，或每一楼层提供数量充足，男女分设，方便使用的公共盥洗间。客房卫生间及公共盥洗间均采取有效的防滑措施	
2.5	应24h供应冷水，至少12h供应热水	
2.6	客房应有适当装修，照明充足，有遮光效果较好的窗帘。有防噪音及隔音措施	
2.7	客房内应配备电话、彩色电视机等设施，且使用效果良好	
2.8	设有两种以上规格的电源插座	
2.9	客房内应备有服务指南、住宿须知等资料	
2.10	客房门安全有效，门锁应为暗锁，有防盗装置，客房内应在显著位置张贴应急疏散图及相关说明	
2.11	公共区域应有男女分设的公共卫生间	
2.12	应有公用电话	
2.13	应有应急照明设施	
2.14	公共区域应有适当装修，墙面整洁、光线充足。紧急出口标识清楚，位置合理，无障碍物	
2.15	门厅及主要公共区域应有残疾人出入坡道	
3	服务	
3.1	应有管理或安保人员24h在岗值班	
3.2	应24h提供接待、问讯、结账和留言等服务	
3.3	应提供贵重物品保管及小件行李寄存服务	
3.4	客房、卫生间应每天全面整理一次，隔日或应宾客要求更换床单、被套及枕套，并做到每客必换	

续表

序号	项目	是否达标
3.5	客房内应提供热饮用水	
3.6	应提供早餐服务	
3.7	应为残障人士提供必要的服务	
	总体是否达标结论	

表 A.3 三星级必备项目检查表

序号	项目	是否达标
1	一般要求	
1.1	应有较高标准的建筑物结构，功能布局较为合理，方便宾客在饭店内活动	
1.2	应有空调设施，各区域通风良好，温、湿度适宜	
1.3	各种指示用和服务用文字应至少用规范的中英文同时表示。导向标志清晰、实用、美观，导向系统的设置和公共信息图形符号应符合 GB/T 15566.8 和 GB/T 10001.1、GB/T 10001.2、GB/T 10001.4、GB/T 10001.9 的规定	
1.4	应有计算机管理系统	
1.5	应有至少30间（套）可供出租的客房，应有单人间、套房等不同规格的房间配置	
1.6	应提供回车线并有一定泊位数量的停车场。4层（含4层）以上的建筑物有足够的客用电梯	
1.7	设施设备定期维护保养，保持安全、整洁、卫生和有效	
1.8	员工应着工装，训练有素，用普通话提供服务。前台员工具备基本外语会话能力	
1.9	应有突发事件（突发事件应包括火灾、自然灾害、饭店建筑物和设备设施事故、公共卫生和伤亡事件、社会治安事件等）处置的应急预案，有年度实施计划，并定期演练	
1.10	应有与本星级相适应的节能减排方案并付诸实施	
1.11	应定期开展员工培训	
2	设施	
2.1	应有与接待规模相适应的前厅和总服务台，装修美观。提供饭店服务项目资料、客房价目等信息，提供所在地旅游交通、所在地旅游资源信息、主要交通工具时刻等资料，提供相关的报刊	

续表

序号	项目	是否达标
2.2	客房装修良好、美观，应有软垫床、梳妆台或写字台、衣橱及衣架、座椅或简易沙发、床头柜及行李架等配套家具。电器开关方便宾客使用	
2.3	客房内满铺地毯、木地板或其他较高档材料	
2.4	客房内应有卫生间，装有抽水马桶、梳妆台（配备面盆、梳妆镜和必要的盥洗用品）、浴缸或淋浴间。采取有效的防滑、防溅水措施，通风良好。采用较高级建筑材料装修地面、墙面和天花，色调柔和，目的物照明效果良好。有良好的排风设施，温、湿度与客房适宜。有不间断电源插座。24h供应冷、热水	
2.5	客房门安全有效，应设门窥镜及防盗装置，客房内应在显著位置张贴应急疏散图及相关说明	
2.6	客房内应有遮光和防噪音措施	
2.7	客房内应配备电话、彩色电视机，且使用效果良好	
2.8	应有两种以上规格的电源插座，位置方便宾客使用，可提供插座转换器	
2.9	客房内应有与本星级相适应的文具用品，备有服务指南、住宿须知、所在地旅游景点介绍和旅游交通图等，提供书报刊	
2.10	床上用棉织品（床单、枕芯、枕套、被芯、被套及床衬垫等）及卫生间针织用品（浴衣、浴巾、毛巾等）材质良好、柔软舒适	
2.11	客房内应提供互联网接入服务，并有使用说明	
2.12	客房内应备有擦鞋用具	
2.13	应有与饭店规模相适应的独立餐厅，配有符合卫生标准和管理规范的厨房	
2.14	公共区域应设宾客休息场所	
2.15	公共区域应有男女分设、间隔式公共卫生间	
2.16	应有公用电话	
2.17	应有应急供电设施和应急照明设施	
2.18	走廊地面应满铺地毯或与整体氛围相协调的其他材料，墙面整洁，有适当装修，光线充足。紧急出口标识清楚，位置合理，无障碍物	
2.19	门厅及主要公共区域应有残疾人出入坡道，配备轮椅	
3	服务	
3.1	应有管理及安保人员24h在岗值班	
3.2	应24h提供接待、问讯、结账和留言服务。提供总账单结账服务、信用卡结算服务。应提供客房预订服务	

续表

序号	项目	是否达标
3.3	应设门卫迎接及行李服务人员，有专用行李车，应宾客要求提供行李服务。应提供贵重物品保管及小件行李寄存服务，并专设寄存处	
3.4	应为宾客办理传真、复印、打字、国际长途电话等商务服务，并代发信件	
3.5	应提供代客预订和安排出租汽车服务	
3.6	客房、卫生间应每天全面整理一次，每日或应宾客要求更换床单、被套及枕套，客用品补充齐全	
3.7	应提供留言和叫醒服务，可应宾客要求提供洗衣服务	
3.8	客房内应 24h 提供热饮用水，免费提供茶叶或咖啡	
3.9	应提供早、中、晚餐服务	
3.10	应提供与饭店接待能力相适应的宴会或会议服务	
3.11	应为残障人士提供必要的服务	
	总体是否达标结论	

表 A.4　四星级必备项目检查表

序号	项目	是否达标
1	饭店总体要求	
1.1	建筑物外观和建筑结构有特色。饭店空间布局合理，方便宾客在饭店内活动	
1.2	内外装修应采用高档材料，符合环保要求，工艺精致，整体氛围协调	
1.3	各种指示用和服务用文字应至少用规范的中英文同时表示。导向标志清晰、实用、美观，导向系统的设置和公共信息图形符号应符合 GB/T 15566.8 和 GB/T 10001.1、GB/T 10001.2、GB/T 10001.4、GB/T 10001.9 的规定	
1.4	应有中央空调（别墅式度假饭店除外），各区域通风良好	
1.5	应有运行有效的计算机管理系统。主要营业区域均有终端，有效提供服务	
1.6	应有公共音响转播系统，背景音乐曲目、音量适宜，音质良好	
1.7	设施设备应维护保养良好，无噪音，安全完好、整洁、卫生和有效	

续表

序号	项目	是否达标
1.8	应具备健全的管理规范、服务规范与操作标准	
1.9	员工应着工装，体现岗位特色	
1.10	员工训练有素，能用普通话和英语提供服务，必要时可用第二种外国语提供服务	
1.11	应有突发事件（突发事件应包括火灾、自然灾害、饭店建筑物和设备设施事故、公共卫生和伤亡事件、社会治安事件等）处置的应急预案，有年度实施计划，并定期演练	
1.12	应有与本星级相适应的节能减排方案并付诸实施	
1.13	应有系统的员工培训规划和制度，有员工培训设施	
2	前厅	
2.1	区位功能划分合理	
2.2	整体装修精致，整体风格、色调协调，光线充足	
2.3	总服务台，位置合理，接待人员应24h提供接待、问讯和结账服务。并能提供留言、总账单结账、国内和国际信用卡结算及外币兑换等服务	
2.4	应专设行李寄存处，配有饭店与宾客同时开启的贵重物品保险箱，保险箱位置安全、隐蔽，能够保护宾客的隐私	
2.5	应提供饭店基本情况、客房价目等信息，提供所在地旅游资源、当地旅游交通及全国旅游交通信息，并在总台能提供中英文所在地交通图、与住店宾客相适应的报刊	
2.6	在非经营区应设宾客休息场所	
2.7	门厅及主要公共区域应有符合标准的残疾人出入坡道，配备轮椅，有残疾人专用卫生间或厕位，为残障人士提供必要的服务	
2.8	应24h接受包括电话、传真或网络等渠道的客房预订	
2.9	应有门卫迎接服务人员，18h迎送宾客	
2.10	应有专职行李员，配有专用行李车，18h提供行李服务，提供小件行李寄存服务	
2.11	应提供代客预订和安排出租汽车服务	
2.12	应有相关人员处理宾客关系	
2.13	应有管理人员24h在岗值班	

续表

序号	项目	是否达标
3	客房	
3.1	应有至少40间（套）可供出租的客房	
3.2	70%客房的面积（不含卫生间）应不小于20m²	
3.3	应有标准间（大床房、双床房），有两种以上规格的套房（包括至少3个开间的豪华套房），套房布局合理	
3.4	装修高档。应有舒适的软垫床，配有写字台、衣橱及衣架、茶几、座椅或沙发、床头柜、全身镜、行李架等家具，布置合理。所有电器开关方便宾客使用。室内满铺高级地毯，或优质木地板或其他高级材料。采用区域照明，且目的物照明效果良好	
3.5	客房门能自动闭合，应有门窥镜、门铃及防盗装置。客房内应在显著位置张贴应急疏散图及相关说明	
3.6	客房内应有装修良好的卫生间。有抽水马桶、梳妆台（配备面盆、梳妆镜和必要的盥洗用品）、有浴缸或淋浴间，配有浴帘或其他防溅设施。采取有效的防滑措施。采用高档建筑材料装修地面、墙面和天花，色调高雅柔和。采用分区照明且目的物照明效果良好。有良好的低噪音排风设施，温、湿度与客房适宜。有110/220V不间断电源插座、电话副机。配有吹风机。24h供应冷、热水，水龙头冷热标识清晰。所有设施设备均方便宾客使用	
3.7	客房内应有饭店专用电话机，可以直接拨通或使用预付费电信卡拨打国际、国内长途电话，并备有电话使用说明和所在地主要电话指南	
3.8	应有彩色电视机，画面和音质良好。播放频道不少于16个，备有频道目录	
3.9	应有防噪音及隔音措施，效果良好	
3.10	应有内窗帘及外层遮光窗帘，遮光效果良好	
3.11	应有至少两种规格的电源插座，电源插座应有两个以上供宾客使用的插位，位置合理，并可提供插座转换器	
3.12	应有与本星级相适应的文具用品。配有服务指南、住宿须知、所在地旅游资源信息和旅游交通图等。可提供与住店宾客相适应的书报刊	
3.13	床上用棉织品（床单、枕芯、枕套、被芯、被套及床衬垫等）及卫生间针织用品（浴巾、浴衣、毛巾等）材质较好，柔软舒适	
3.14	客房、卫生间应每天全面整理一次，每日或应宾客要求更换床单、被套及枕套，客用品和消耗品补充齐全，并应宾客要求随时进房清理	
3.15	应提供互联网接入服务，并备有使用说明，使用方便	

续表

序号	项目	是否达标
3.16	应提供开夜床服务,放置晚安致意品	
3.17	应提供客房微型酒吧服务,至少50%的房间配备小冰箱,提供适量酒和饮料,并备有饮用器具和价目单。免费提供茶叶或咖啡。提供冷热饮用水,可应宾客要求提供冰块	
3.18	应提供客衣干洗、湿洗、熨烫服务,可在24h内交还宾客。可提供加急服务	
3.19	应18h提供送餐服务。有送餐菜单和饮料单,送餐菜式品种不少于8种,饮料品种不少于4种,甜食品种不少于4种,有可挂置门外的送餐牌	
3.20	应提供留言及叫醒服务	
3.21	应提供宾客在房间会客服务,可应宾客要求及时提供加椅和茶水服务	
3.22	客房内应备有擦鞋用具,并提供擦鞋服务	
4	餐厅及吧室	
4.1	应有布局合理、装饰设计格调一致的中餐厅	
4.2	应有位置合理、格调优雅的咖啡厅(或简易西餐厅)。提供品质较高的自助早餐	
4.3	应有宴会单间或小宴会厅。提供宴会服务	
4.4	应有专门的酒吧或茶室	
4.5	餐具应按中外习惯成套配置,无破损,光洁、卫生	
4.6	菜单及饮品单应装帧精致,完整清洁,出菜率不低于90%	
5	厨房	
5.1	位置合理、布局科学,传菜路线不与非餐饮公共区域交叉	
5.2	厨房与餐厅之间,采取有效的隔音、隔热和隔气味措施。进出门自动闭合	
5.3	墙面满铺瓷砖,用防滑材料满铺地面,有地槽	
5.4	冷菜间、面点间独立分隔,有足够的冷气设备。冷菜间内有空气消毒设施和二次更衣设施	
5.5	粗加工间与其他操作间隔离,各操作间温度适宜,冷气供给充足	
5.6	应有必要的冷藏、冷冻设施,生熟食品及半成食品分柜置放,有干货仓库	

续表

序号	项目	是否达标
5.7	洗碗间位置合理，配有洗碗和消毒设施	
5.8	应有专门放置临时垃圾的设施并保持其封闭，排污设施（地槽、抽油烟机和排风口等）保持清洁通畅	
5.9	采取有效的消杀蚊蝇、蟑螂等虫害措施	
5.10	应有食品留样送检机制	
6	会议和康体设施	
6.1	应有至少两种规格的会议设施，配备相应设施并提供专业服务	
6.2	应有康体设施，布局合理，提供相应的服务	
7	公共区域	
7.1	饭店室外环境整洁美观	
7.2	饭店后台设施完备、导向清晰、维护良好	
7.3	应有回车线，并有足够泊位的停车场。提供相应的服务	
7.4	3层以上（含3层）建筑物应有数量充足的高质量客用电梯，轿厢装修高雅。配有服务电梯	
7.5	主要公共区域应有男女分设的间隔式公共卫生间，环境良好	
7.6	应有商品部，出售旅行日常用品、旅游纪念品等	
7.7	应有商务中心，可提供传真、复印、国际长途电话、打字等服务，有可供宾客使用的电脑，并可提供代发信件、手机充电等服务	
7.8	提供或代办市内观光服务	
7.9	应有公用电话	
7.10	应有应急照明设施和有应急供电系统	
7.11	主要公共区域有闭路电视监控系统	
7.12	走廊及电梯厅地面应满铺地毯或其他高档材料，墙面整洁、有装修装饰，温度适宜、通风良好、光线适宜。紧急出口标识清楚醒目，位置合理，无障碍物。有符合规范的逃生通道、安全避难场所	
7.13	应有必要的员工生活和活动设施	
	总体是否达标结论	

表 A.5　五星级必备项目检查表

序号	项目	是否达标
1	总体要求	
1.1	建筑物外观和建筑结构应具有鲜明的豪华饭店的品质，饭店空间布局合理，方便宾客在饭店内活动	
1.2	内外装修应采用高档材料，符合环保要求，工艺精致，整体氛围协调，风格突出	
1.3	各种指示用和服务用文字应至少用规范的中英文同时表示。导向标志清晰、实用、美观，导向系统的设置和公共信息图形符号应符合 GB/T 15566.8 和 GB/T 10001.1、GB/T 10001.2、GB/T 10001.4、GB/T 10001.9 的规定	
1.4	应有中央空调（别墅式度假饭店除外），各区域空气质量良好	
1.5	应有运行有效的计算机管理系统，前后台联网，有饭店独立的官方网站或者互联网主页，并能够提供网络预订服务	
1.6	应有公共音响转播系统。背景音乐曲目、音量与所在区域和时间段相适应，音质良好	
1.7	设施设备应维护保养良好，无噪音，安全完好、整洁、卫生和有效	
1.8	应具备健全的管理规范、服务规范与操作标准	
1.9	员工应着工装，工装专业设计、材质良好、做工精致	
1.10	员工训练有素，能用普通话和英语提供服务，必要时可用第二种外国语提供服务	
1.11	应有与本星级相适应的节能减排方案并付诸实施	
1.12	应有突发事件（突发事件应包括火灾、自然灾害、饭店建筑物和设备设施事故、公共卫生和伤亡事件、社会治安事件等）处置的应急预案，有年度实施计划，并定期演练	
1.13	应有系统的员工培训规划和制度，应有专门的教材、专职培训师及专用员工培训教室	
2	前厅	
2.1	功能划分合理，空间效果良好	
2.2	装饰设计有整体风格，色调协调，光线充足，整体视觉效果和谐	
2.3	总服务台位置合理，接待人员应 24h 提供接待、问讯和结账等服务。并能提供留言、总账单结账、国内和国际信用卡结算、外币兑换等服务	
2.4	应专设行李寄存处，配有饭店与宾客同时开启的贵重物品保险箱，保险箱位置安全、隐蔽，能够保护宾客的隐私	

续表

序号	项目	是否达标
2.5	应提供饭店基本情况、客房价目等信息,提供所在地旅游资源、当地旅游交通及全国旅游交通的信息,并在总台能提供中英文所在地交通图、与住店宾客相适应的报刊	
2.6	在非经营区应设宾客休息场所	
2.7	门厅及主要公共区域应有符合标准的残疾人出入坡道,配备轮椅,有残疾人专用卫生间或厕位,为残障人士提供必要的服务	
2.8	应24h接受包括电话、传真或网络等渠道的客房预订	
2.9	应有专职的门卫迎接服务人员,18h迎送宾客	
2.10	应有专职行李员,配有专用行李车,24h提供行李服务,提供小件行李寄存服务	
2.11	应提供代客预订和安排出租汽车服务	
2.12	应有专职人员处理宾客关系,18h在岗服务	
2.13	应提供礼宾服务	
2.14	应有管理人员24h在岗值班	
3	客房	
3.1	应有至少50间(套)可供出租的客房	
3.2	70%客房的面积(不含卫生间和门廊)应不小于20m²	
3.3	应有标准间(大床房、双床房),残疾人客房,两种以上规格的套房(包括至少4个开间的豪华套房),套房布局合理	
3.4	装修豪华,具有良好的整体氛围。应有舒适的床垫及配套用品。写字台、衣橱及衣架、茶几、座椅或沙发、床头柜、全身镜、行李架等家具配套齐全、布置合理、使用便利。所有电器开关方便宾客使用。室内满铺高级地毯,或用优质木地板或其他高档材料装饰。采用区域照明,目的物照明效果良好	
3.5	客房门能自动闭合,应有门窥镜、门铃及防盗装置。客房内应在显著位置张贴应急疏散图及相关说明	
3.6	客房内应有装修精致的卫生间。有高级抽水马桶、梳妆台(配备面盆、梳妆镜和必要的盥洗用品)、浴缸并带淋浴喷头(另有单独淋浴间的可以不带淋浴喷头),配有浴帘或其他有效的防溅设施。采取有效的防滑措施。采用豪华建筑材料装修地面、墙面和天花,色调高雅柔和。采用分区照明且目的物照明效果良好。有良好的无明显噪音的排风设施,温、湿度与客房无明显差异。有110V/220V不间断电源插座、电话副机。配有吹风机。24h供应冷、热水,水龙头冷热标识清晰。所有设施设备均方便宾客使用	

续表

序号	项目	是否达标
3.7	客房内应有饭店专用电话机，方便使用。可以直接拨通或使用预付费电信卡拨打国际、国内长途电话，并备有电话使用说明和所在地主要电话指南	
3.8	应有彩色电视机，画面和音质优良。播放频道不少于24个，频道顺序有编辑，备有频道目录	
3.9	应有背景音乐，音质良好，曲目适宜，音量可调	
3.10	应有防噪音及隔音措施，效果良好	
3.11	应有纱帘及遮光窗帘，遮光效果良好	
3.12	应有至少两种规格的电源插座，电源插座应有两个以上供宾客使用的插位，位置方便宾客使用，并可提供插座转换器	
3.13	应有与本星级相适应的文具用品。配有服务指南、住宿须知、所在地旅游景点介绍和旅游交通图等。提供与住店宾客相适应的报刊	
3.14	床上用棉织品（床单、枕芯、枕套、被芯、被套及床衬垫等）及卫生间针织用品（浴巾、浴衣、毛巾等）材质高档、工艺讲究、柔软舒适。可应宾客要求提供多种规格的枕头	
3.15	客房、卫生间应每天全面清理一次，每日或应宾客要求更换床单、被套及枕套，客用品和消耗品补充齐全，并应宾客要求随时进房清理	
3.16	应提供互联网接入服务，并备有使用说明，使用方便	
3.17	应提供开夜床服务，夜床服务效果良好	
3.18	应提供客房微型酒吧（包括小冰箱）服务，配置适量与住店宾客相适应的酒和饮料，备有饮用器具和价目单。免费提供茶叶或咖啡。提供冷热饮用水，可应宾客要求提供冰块	
3.19	应提供客衣干洗、湿洗、熨烫服务，可在24h内交还宾客，可提供加急服务	
3.20	应24h提供送餐服务。有送餐菜单和饮料单，送餐菜式品种不少于8种，饮料品种不少于4种，甜食品种不少于4种，有可挂置门外的送餐牌，送餐车应有保温设备	
3.21	应提供自动和人工叫醒、留言及语音信箱服务，服务效果良好	
3.22	应提供宾客在房间会客服务，应宾客的要求及时提供加椅和茶水服务	
3.23	客房内应备有擦鞋用具，并提供擦鞋服务	
4	餐厅及吧室	
4.1	各餐厅布局合理、环境优雅、空气清新，不串味，温度适宜	

续表

序号	项目	是否达标
4.2	应有装饰豪华、氛围浓郁的中餐厅	
4.3	应有装饰豪华、格调高雅的西餐厅（或外国特色餐厅）或风格独特的风味餐厅，均配有专门厨房	
4.4	应有位置合理、独具特色、格调高雅的咖啡厅，提供品质良好的自助早餐、西式正餐。咖啡厅（或有一餐厅）营业时间不少于18h	
4.5	应有3个以上宴会单间或小宴会厅。提供宴会服务，效果良好	
4.6	应有专门的酒吧或茶室	
4.7	餐具应按中外习惯成套配置，材质高档，工艺精致，有特色，无破损磨痕，光洁、卫生	
4.8	菜单及饮品单应装帧精美，完整清洁，出菜率不低于90%	
5	厨房	
5.1	位置合理、布局科学，传菜路线不与非餐饮公共区域交叉	
5.2	厨房与餐厅之间，采取有效的隔音、隔热和隔味的措施。进出门分开并能自动闭合	
5.3	墙面满铺瓷砖，用防滑材料满铺地面，有地槽	
5.4	冷菜间、面点间独立分隔，有足够的冷气设备。冷菜间内有空气消毒设施	
5.5	冷菜间有二次更衣场所及设施	
5.6	粗加工间与其他操作间隔离，各操作间温度适宜，冷气供应充足	
5.7	洗碗间位置合理（紧临厨房与餐厅出入口），配有洗碗和消毒设施	
5.8	有必要的冷藏、冷冻设施，生熟食品及半成食品分柜置放。有干货仓库	
5.9	有专门放置临时垃圾的设施并保持其封闭，排污设施（地槽、抽油烟机和排风口等）保持畅通清洁	
5.10	采取有效的消杀蚊蝇、蟑螂等虫害措施	
5.11	应有食品化验室或留样送检机制	
6	会议康乐设施	
6.1	应有两种以上规格的会议设施，有多功能厅，配备相应的设施并提供专业服务	
6.2	应有康体设施，布局合理，提供相应的服务	

续表

序号	项目	是否达标
7	公共区域	
7.1	饭店室外环境整洁美观,绿色植物维护良好	
7.2	饭店后台区域设施完好、卫生整洁、维护良好,前后台的衔接合理,通往后台的标识清晰	
7.3	应有效果良好的回车线,并有与规模相适应泊位的停车场,有残疾人停车位,停车场环境效果良好,提供必要的服务	
7.4	3层以上(含3层)建筑物应有数量充足的高质量客用电梯,轿厢装饰高雅,速度合理,通风良好;另备有数量、位置合理的服务电梯	
7.5	各公共区域均应有男女分设的间隔式公共卫生间,环境优良,通风良好	
7.6	应有商品部,出售旅行日常用品、旅游纪念品等	
7.7	应有商务中心,可提供传真、复印、国际长途电话、打字等服务,有可供宾客使用的电脑,并可提供代发信件、手机充电等服务	
7.8	提供或代办市内观光服务	
7.9	应有公用电话,并配有便笺	
7.10	应有应急照明设施和有应急供电系统	
7.11	主要公共区域有闭路电视监控系统	
7.12	走廊及电梯厅地面应满铺地毯或其他高档材料,墙面整洁、有装修装饰,温度适宜、通风良好、光线适宜。紧急出口标识清楚醒目,位置合理,无障碍物。有符合规范的逃生通道、安全避难场所	
7.13	应有充足的员工生活和活动设施	
	总体是否达标结论	

附录 B

（规范性附录）

设施设备评分表

表 B.1 给出了设施设备评分表

表 B.1 设施设备评分表

序号	设施设备评分表	各大项总分	各分项总分	各次分项总分	各小项总分	计分	记分栏
1	地理位置、周围环境、建筑结构及功能布局	30					
1.1	地理位置及周围环境		8				
	地理位置			3			
1.1.1	位于城市中心或商务区，旅游景区或度假区，机场、火车站、长途汽车站、码头等交通便利地带，可进入性好					3	
	靠近城市中心或商务区，旅游景区或度假区，机场、火车站、长途汽车站、码头，可进入性较好					2	
	可进入性一般					1	
	周围环境（饭店建筑红线内）			5			
1.1.2	花园（独立于饭店主体建筑的绿化场地，面积较大，有观赏景物或建筑小品，花木保养得当，环境整洁）					5	
	庭院（附属于饭店主体建筑，有一定的绿化和景观，可供散步、休闲，环境整洁）					3	
1.2	停车场（包括地下停车场、停车楼）		5				
	停车位数量			4			
1.2.1	自备停车场，车位不少于40%客房数					4	
	自备停车场，车位不少于15%客房数					3	

—333—

续表

序号	设施设备评分表	各大项总分	各分项总分	各次分项总分	各小项总分	计分	记分栏
1.2.1	在饭店周围200m内可以停放汽车，车位不少于15%客房数					2	
	有回车线					1	
1.2.2	合理利用空间，有地下停车场（停车楼）等				1		
1.3	建筑结构及功能布局			17			
1.3.1	前厅部位功能设施位置恰当、分隔合理，方便宾客使用（酌情给1分—3分）				3		
1.3.2	餐饮部位功能设施位置恰当、分隔合理，方便宾客使用（酌情给1分—3分）				3		
1.3.3	客房部位功能设施位置恰当、分隔合理，方便宾客使用（酌情给1分—3分）				3		
1.3.4	康乐及会议部位功能设施位置恰当、分隔合理，方便宾客使用（酌情给1分—3分）				3		
1.3.5	饭店建筑历史悠久，为文物保护单位				5		
	全国重点文物保护单位，建立并实施严格的文物保护措施					5	
	省级文物保护单位，建立并实施相应的文物保护措施					3	
	市、县级文物保护单位					1	
1.3.6	饭店配套设施不在主体建筑内又没有封闭通道相连（度假型饭店除外）			−5			
2	共用系统	52					
2.1	智能化管理系统		8				
2.1.1	结构化综合布线系统				2		
2.1.2	先进、有效的火灾报警与消防联动控制系统（含点报警、面报警、消防疏散广播等）				3		
2.1.3	先进的楼宇自动控制系统（新风/空调监控、供配电与照明监控、给排水系统监控等）				3		
2.2	信息管理系统		9				

续表

序号	设施设备评分表	各大项总分	各分项总分	各次分项总分	各小项总分	计分	记分栏
	覆盖范围				4		
2.2.1	全面覆盖前后台，数据关联的饭店专用管理信息系统（前台管理系统、餐厅管理系统、财务管理系统、收益分析系统、人事管理系统、工程管理系统、库房管理系统、采购管理系统等数据流自动化处理并关联）					4	
	前后台均有独立的管理信息系统					2	
	只覆盖前台对客服务部门					1	
2.2.2	采取确保饭店信息安全的有效措施				2		
	系统供应商				3		
2.2.3	行业主流供应商，系统先进、运行稳定					3	
	非主流供应商					1	
2.3	互联网		8				
	覆盖范围			6			
2.3.1	所有的客房配有互联网接口（有线、无线均可）					2	
	所有的会议室均有互联网接口（有线、无线均可）					2	
	所有的大堂区域均有无线网络覆盖					1	
	咖啡厅和大堂酒吧提供有线互联网接口（或有无线网络覆盖）					1	
2.3.2	应用			2			
	有独立网站，具有实时网上预订功能（非第三方订房网站）					2	
	在互联网上有饭店的独立网页和电子邮件地址					1	
2.4	空调系统		5				
2.4.1	四管制中央空调系统			5			
2.4.2	两管制中央空调系统			3			

续表

序号	设施设备评分表	各大项总分	各分项总分	各次分项总分	各小项总分	计分	记分栏
2.4.3	无中央空调系统,但客房、餐厅及公共区域采用窗式、分体式或柜式空调			1			
2.5	应急供电			6			
2.5.1	自备发电设施				3		
2.5.2	应急供电系统(指两路以上供电)				2		
2.5.3	应急照明设施				1		
2.6	移动电话信号覆盖所有客房及公共区域			2			
2.7	节能措施与环境管理			14			
2.7.1	有建筑节能设计(如自然采光、新型墙体材料、环保装饰材料等)				2		
2.7.2	采用有新能源的设计与运用(如太阳能、生物能、风能、地热等)				2		
2.7.3	采用环保设备和用品(使用溴化锂吸收式等环保型冷水机组、使用无磷洗衣粉、使用环保型冰箱、不使用哈龙灭火器等)				2		
2.7.4	采用节能产品(如节能灯、感应式灯光、水龙头控制等),采取节能及环境保护的有效措施(客房内环保提示牌,不以野生保护动物为食品原料等)				2		
2.7.5	有中水处理系统				2		
2.7.6	有污水、废气处理设施				2		
2.7.7	垃圾房				2		
	有垃圾房及相应管理制度,并有湿垃圾干处理装置					2	
	有垃圾房及相应管理制度					1	
3	前厅	62					
3.1	地面装饰			8			
	采用高档花岗岩、大理石或其他高档材料(材质高档、色泽均匀、拼接整齐、工艺精致、装饰性强,与整体氛围相协调)					8	

续表

序号	设施设备评分表	各大项总分	各分项总分	各次分项总分	各小项总分	计分	记分栏
3.1	采用优质花岗岩、大理石或其他材料（材质良好，工艺较好）					6	
	采用普通花岗岩、大理石或其他材料（材质一般，有色差）					4	
	采用普通材料（普通木地板、地砖等）					2	
	墙面装饰			6			
3.2	采用高档花岗岩、大理石或其他高档材料（材质高档、色泽均匀、拼接整齐、工艺精致、装饰性强，与整体氛围相协调）					6	
	采用优质木材或高档墙纸（布）（立面有线条变化，高档墙纸包括丝质及其他天然原料墙纸）					4	
	采用普通花岗岩、大理石或木材					2	
	采用墙纸或喷涂材料					1	
	天花			5			
3.3	工艺精致、造型别致，与整体氛围相协调					5	
	工艺较好，格调一般					3	
	有一定装饰					1	
	艺术装饰			2			
3.4	有壁画或浮雕或其他艺术品装饰					2	
	有简单艺术装饰					1	
	家具（梳妆台，沙发等）			5			
3.5	设计专业、材质高档、工艺精致，摆设合理，使用方便、舒适					5	
	材质较好，工艺较好					3	
	材质普通，工艺一般					1	

续表

序号	设施设备评分表	各大项总分	各分项总分	各次分项总分	各小项总分	计分	记分栏
3.6	灯具与照明		5				
	照明设计有专业性,采用高档定制灯具,功能照明、重点照明、氛围照明和谐统一					5	
3.6	采用高档灯具,照明整体效果较好					3	
	采用普通灯具,照明效果一般					1	
3.7	整体装饰效果		4				
	色调协调,氛围浓郁,有中心艺术品,感观效果突出					4	
	有艺术品装饰,工艺较好,氛围一般					2	
	有一定的装饰品					1	
3.8	公共卫生间		9				
3.8.1	位置合理(大堂应设置公共卫生间,且与大堂在同一楼层)			2			
	材料、装修和洁具(对所有公共卫生间分别打分,取算术平均值的整数部分)			3			
3.8.2	设计专业(洁具、灯光、冷热水、照明、通风、空调等),采用高档装修材料,装修工艺精致,采用高级洁具					3	
	采用较高档装修材料,装修工艺较好,采用较好洁具					2	
	采用普通装修材料,装修工艺一般,采用普通洁具					1	
3.8.3	残疾人卫生间			2			
	有残疾人专用卫生间					2	
	有残疾人专用厕位					1	
3.8.4	公共卫生间设施(少一项,扣1分)						
	抽水马桶						
	卫生纸						
	污物桶						

续表

序号	设施设备评分表	各大项总分	各分项总分	各次分项总分	各小项总分	计分	记分栏
3.8.4	半身镜						
	洗手盆						
	洗手液或香皂						
3.84	烘手机或擦手纸						
3.8.5	每个抽水马桶都有单独的隔间，隔间的门有插销，所有隔间都配置衣帽钩				1		
3.8.6	每两个男用小便器中间有隔板，使用自动冲水装置				1		
3.9	客用电梯		10				
	数量			2			
3.9.1	不少于平均每70间客房一部客用电梯					2	
	不少于平均每100间客房一部客用电梯					1	
3.9.2	性能优良、运行平稳、梯速合理			2			
3.9.3	内饰与设备			4			
3.9.3.1	有一定装饰、照明充足				0.5		
3.9.3.2	有饭店主要设施楼层指示				0.5		
3.9.3.3	有扶手杆				0.5		
3.9.3.4	有通风系统				0.5		
3.9.3.5	与外界联系的对讲功能				0.5		
3.9.3.6	有残疾人专用按键				0.5		
3.9.3.7	轿厢两侧均有按键				0.5		
3.9.3.8	有抵达行政楼层或豪华套房楼层的专用控制措施				0.5		
3.9.4	有观光电梯			1			
3.9.5	有自动扶梯			1			
3.10	贵重物品保险箱		2				
3.10.1	数量不少于客房数量的8%，不少于两种规格			1			

续表

序号	设施设备评分表	各大项总分	各分项总分	各次分项总分	各小项总分	计分	记分栏
3.10.2	位置隐蔽、安全，能保护宾客隐私				1		
3.11	前厅整体舒适度			6			
3.11.1	绿色植物、花卉摆放得体，插花有艺术感，令宾客感到自然舒适				2		
3.11.2	光线、温度适宜				2		
3.11.3	背景音乐曲目适宜、音质良好、音量适中，与前厅整体氛围协调				2		
3.11.4	异味，烟尘，噪音，强风（扣分，每项扣1分）				-4		
3.11.5	置于前厅明显位置的商店、摊点影响整体氛围				-4		
4	客房	191					
4.1	普通客房（4.1—4.10均针对普通客房打分）		26				
	70%客房的净面积（不包括卫生间和门廊）			16			
4.1.1	不小于36m^2					16	
	不小于30m^2					12	
	不小于24m^2					8	
	不小于20m^2					6	
	不小于16m^2					4	
	不小于14m^2					2	
4.1.2	净高度			4			
	不低于3m					4	
	不低于2.7m					2	
4.1.3	软床垫（长度不小于1.9m），宽度			6			
4.1.3.1	单人床				3		
	不小于1.35m					3	

续表

序号	设施设备评分表	各大项总分	各分项总分	各次分项总分	各小项总分	计分	记分栏
4.1.3.1	不小于1.2m					2	
	不小于1.1m					1	
4.1.3.2	双人床				3		
	不小于2.2m					3	
	不小于2.0m					2	
	不小于1.8m					1	
4.2	装修与装饰		11				
4.2.1	地面				3		
	采用优质地毯或木地板,工艺精致					3	
	采用高档地砖、普通地毯或木地板,工艺较好					2	
	采用普通地砖或水磨石地面,工艺一般					1	
4.2.2	墙面				2		
	采用高级墙纸或其他优质材料,有艺术品装饰					2	
	采用普通涂料或墙纸					1	
4.2.3	天花有装饰				2		
4.2.4	整体装饰效果				4		
	工艺精致、色调协调,格调高雅					4	
	工艺较好、格调统一					2	
	工艺一般					1	
4.3	家具		7				
4.3.1	档次				4		
	设计专业、材质高档、工艺精致,摆设合理、使用方便、舒适					4	
	材质较好,工艺较好					2	
	材质普通,工艺一般					1	

续表

序号	设施设备评分表	各大项总分	各分项总分	各次分项总分	各小项总分	计分	记分栏
4.3.2	衣橱			3			
	步入式衣物储藏间				3		
4.3.2	进深不小于55cm，宽度不小于110cm				2		
	进深不小于45cm，宽度不小于90cm				1		
4.4	灯具和照明		11				
4.4.1	灯具配备			9			
4.4.1.1	主光源（顶灯或槽灯）				1		
4.4.1.2	门廊照明灯				1		
4.4.1.3	床头照明灯				1		
4.4.1.4	写字台照明灯				1		
4.4.1.5	衣柜照明灯				1		
4.4.1.6	行李柜照明灯				1		
4.4.1.7	小酒吧照明灯				1		
4.4.1.8	装饰物照明灯				1		
4.4.1.9	夜灯				1		
4.4.2	灯光控制			2			
	各灯具开关位置合理，床头有房间灯光"一键式"总控制开关，标识清晰，方便使用				2		
	各灯具开关位置合理，方便使用				1		
4.5	彩色电视机		6				
4.5.1	类型与尺寸			3			
	平板电视，不小于25英寸				3		
	普通电视，不小于25英寸				2		
	普通电视，不小于21英寸				1		
4.5.2	频道和节目			2			
	卫星、有线闭路电视节目不少于30套				1		
	外语频道或外语节目不少于3套				1		

续表

序号	设施设备评分表	各大项总分	各分项总分	各次分项总分	各小项总分	计分	记分栏
4.5.3	有电视频道指示说明及电视节目单			1			
4.6	客房电话		5				
4.6.1	程控电话机，有直拨国际、国内长途功能			1			
4.6.2	有语音信箱及留言指示灯			1			
4.6.3	电话机上有饭店常用电话号码和使用说明			1			
4.6.4	附设写字台电话（双线制）			1			
4.6.5	配备本地电话簿			1			
4.7	微型酒吧（包括小冰箱）		5				
4.7.1	数量			3			
	100%的客房有微型酒吧（包括小冰箱）					3	
	不少于50%的客房有微型酒吧（包括小冰箱）					1	
4.7.2	提供适量饮品和食品，并配备相应的饮具			1			
4.7.3	100%以上客房配备静音、节能、环保型小冰箱			1			
4.8	客房便利设施及用品		12				
4.8.1	电热水壶			1			
4.8.2	熨斗和熨衣板			1			
4.8.3	西装衣撑			1			
4.8.4	每房不少于4个西服衣架、2个裤架和2个裙架			1			
4.8.5	不间断电源插座（国际通用制式）不少于两处，并有明确标识，方便使用			1			
4.8.6	吹风机			1			
4.8.7	浴衣（每客1件）			1			
4.8.8	备用被毯（每床1条）			1			

续表

序号	设施设备评分表	各大项总分	各分项总分	各次分项总分	各小项总分	计分	记分栏
4.8.9	咖啡（含伴侣、糖），配相应杯具			1			
4.8.10	环保或纸制礼品袋（每房2个）			1			
4.8.11	针线包			1			
4.8.12	文具（含铅笔、橡皮、曲别针等）			1			
4.9	客房必备物品（少一项，扣1分）						
	服务指南（含欢迎词、饭店各项服务简介）						
	笔						
	信封（每房不少于2个）						
	信纸（每房不少于4张）						
	免费茶叶						
	暖水瓶（有电热水壶可不备）						
	凉水瓶（或免费矿泉水）						
	擦鞋用具（每房2份）						
	"请勿打扰""请清理房间"挂牌或指示灯						
	垃圾桶						
	根据不同床型配备相应数量的枕芯、枕套、床单、毛毯或棉被						
4.10	客房卫生间		50				
4.10.1	70%的客房卫生间面积			8			
	不小于8m²				8		
	不小于6m²				6		
	不小于5m²				4		
	不小于4m²				2		
	小于4m²				1		

续表

序号	设施设备评分表	各大项总分	各分项总分	各次分项总分	各小项总分	计分	记分栏
4.10.2	卫生间装修			6			
	专业设计，全部采用高档材料装修（优质大理石、花岗岩等），工艺精致，采用统一风格的高级品牌卫浴设施					6	
	采用高档材料装修，工艺较好					4	
	采用普通材料装修，工艺一般					2	
4.10.3	卫生间设施布局			4			
	不少于50%的客房卫生间淋浴、浴缸、马桶分隔					4	
	不少于50%的客房卫生间淋浴和浴缸分隔					3	
	不少于50%的客房卫生间有浴缸					1	
4.10.4	面盆及五金件			2			
	高档面盆及配套五金件					2	
	普通面盆及五金件					1	
4.10.5	浴缸及淋浴			12			
4.10.5.1	浴缸和淋浴间均有单独照明，分区域照明充足				1		
4.10.5.2	完全打开热水龙头，水温在15s内上升到46℃—51℃，水温稳定				1		
4.10.5.3	水流充足（水压为0.2 MPa—0.35MPa）、水质良好				1		
4.10.5.4	淋浴间下水保持通畅，不外溢				1		
4.10.5.5	浴缸				3		
	高档浴缸（配带淋浴喷头）及配套五金件					3	
	普通浴缸（配带淋浴喷头）或只有淋浴间					1	
4.10.5.6	所有浴缸上方安装扶手，符合安全规定				1		

续表

序号	设施设备评分表	各大项总分	各分项总分	各次分项总分	各小项总分	计分	记分栏
4.10.5.7	淋浴喷头的水流可以调节				1		
4.10.5.8	淋浴有水流定温功能				1		
4.10.5.9	配备热带雨林喷头				1		
4.10.5.10	浴缸及淋浴间配有防滑设施（或有防滑功能）				1		
4.10.6	马桶			3			
	高档节水马桶					3	
	普通节水马桶					1	
4.10.7	其他			15			
4.10.7.1	饮用水系统				2		
4.10.7.2	梳妆镜				2		
	防雾梳妆镜					2	
	普通梳妆镜					1	
4.10.7.3	化妆放大镜				1		
4.10.7.4	面巾纸				1		
4.10.7.5	110V/220V 不间断电源插座（低电流）				1		
4.10.7.6	晾衣绳				1		
4.10.7.7	呼救按钮或有呼救功能的电话				1		
4.10.7.8	连接客房电视的音响装置				1		
4.10.7.9	体重秤				1		
4.10.7.10	电话副机（方便宾客取用）				1		
4.10.7.11	浴室里挂钩不少于1处，方便使用				1		
4.10.7.12	浴帘或其他防溅设施				1		
4.10.7.13	浴巾架				1		
4.10.8	卫生间客用必备品（少一项扣一分）						
4.10.8.1	漱口杯（每房2个）						
4.10.8.2	浴巾（每房2条）						

续表

序号	设施设备评分表	各大项总分	各分项总分	各次分项总分	各小项总分	计分	记分栏
4.10.8.3	地巾						
4.10.8.4	面巾（每房2条）						
4.10.8.5	卫生袋						
4.10.8.6	卫生纸						
4.10.8.7	垃圾桶						
4.11	套房		14				
	数量			3			
4.11.1	不少于客房总数的20%（不包括连通房）				3		
	不少于客房总数的10%（不包括连通房）				2		
	不少于客房总数的5%（不包括连通房）				1		
4.11.2	规格			6			
4.11.2.1	至少有三种规格的套房				2		
	有豪华套房				4		
4.11.2.2	至少有卧室2间、会客室、餐厅、书房各1间（卫生间3间）				4		
	至少有卧室2间、会客室1间、餐厅或书房各1间（卫生间3间）				2		
4.11.3	套房卫生间			5			
4.11.3.1	有供主人和来访宾客分别使用的卫生间				2		
4.11.3.2	有由卧室和客厅分别直接进入的卫生间（双门卫生间）				1		
4.11.3.3	有音响装置				1		
4.11.3.4	配有电视机				1		
4.12	有残疾人客房，配备相应的残障设施		2				
4.13	设无烟楼层		2				
4.14	客房舒适度		35				
4.14.1	布草			15			

续表

序号	设施设备评分表	各大项总分	各分项总分	各次分项总分	各小项总分	计分	记分栏
4.14.1.1	床单、被套、枕套的纱支规格				6		
	不低于 80×60 支纱					6	
	不低于 60×40 支纱					3	
	不低于 40×40 支纱					1	
4.14.1.2	床单、被套、枕套的含棉量为 100%				1		
4.14.1.3	毛巾（含浴巾、面巾、地巾、方巾等）的纱支规格				2		
	32 支纱（或螺旋 16 支），含棉量为 100%					2	
	不低于 16 支纱					1	
4.14.1.4	毛巾（含浴巾、面巾、地巾、方巾等）规格（一个规格不达标扣 0.5 分，扣满 2 分以上，降低一档）				6		
	浴巾：不小于 1400mm×800mm，重量不低于 750g；面巾：不小于 750mm×350mm，重量不低于 180g；地巾：不小于 800mm×500mm，重量不低于 450g；方巾：不小于 320mm×320mm，重量不低于 55g					6	
	浴巾：不小于 1300mm×700mm，重量不低于 500g；面巾：不小于 600mm×300mm，重量不低于 120g；地巾：不小于 700mm×400mm，重量不低于 320g；方巾：不小于 300mm×300mm，重量不低于 45g					3	
	浴巾：不小于 1200mm×600mm，重量不低于 400g；面巾：不小于 550mm×300mm，重量不低于 110g；地巾：不小于 650mm×350mm，重量不低于 280g					1	
4.14.2	床垫硬度适中、无变形，可提供 3 种以上不同类型的枕头				2		
4.14.3	温度				3		
4.14.3.1	室内温度可调节				2		

续表

序号	设施设备评分表	各大项总分	各分项总分	各次分项总分	各小项总分	计分	记分栏
4.14.3.2	公共区域与客房区域温差不超过5℃				1		
4.14.4	相对湿度:冬季为50%～55%,夏季为45%～50%				2		
4.14.5	客房门、墙、窗、天花、卫生间采取隔音措施,效果良好				2		
	客房隔音效果差,或部分客房靠近高噪音设施(如歌舞厅、保龄球场、洗衣房等),影响宾客休息					−4	
4.14.6	窗帘与客房整体设计匹配,有纱帘,方便开闭,密闭遮光效果良好				2		
4.14.7	照明效果				3		
	专业设计,功能照明、重点照明、氛围照明和谐统一					3	
	有目的物照明光源,满足不同区域的照明需求					2	
	照明效果一般					1	
4.14.8	客用品方便取用,插座、开关位置合理,方便使用				2		
4.14.9	艺术品、装饰品搭配协调,布置雅致;家具、电器、灯饰档次匹配,色调和谐				2		
4.14.10	电视机和背景音乐系统的音、画质良好,节目及音量调节方便有效				2		
4.15	客房走廊及电梯厅		5				
4.15.1	走廊宽度不少于1.8m,高度不低于2.3m				1		
4.15.2	光线适宜				1		
4.15.3	通风良好,温度适宜				1		
4.15.4	客房门牌标识醒目,制作精良				1		
4.15.5	管道井、消防设施的装饰与周边氛围协调				1		

续表

序号	设施设备评分表	各大项总分	各分项总分	各次分项总分	各小项总分	计分	记分栏
5	餐饮	59					
5.1	餐厅 5.1—5.2 对各个餐厅（不包括食街和快餐厅）分别打分，然后根据餐厅数量取算术平均值的整数部分		32				
5.1.1	布局			8			
5.1.1.1	接待区装饰风格（接待台、预订台）与整体氛围协调				1		
5.1.1.2	有宴会单间或小宴会厅				3		
5.1.1.3	靠近厨房，传菜线路不与非餐饮公共区域交叉				2		
5.1.1.4	有酒水台				1		
5.1.1.5	有分区设计，有绿色植物或一定装饰品				1		
5.1.2	装饰			14			
	地面装饰				4		
5.1.2.1	采用优质花岗岩、大理石、地毯、木地板或其他与整体装饰风格相协调的高档材料（材质高档、色泽均匀、拼接整齐、装饰性强，与整体氛围相协调）					4	
	采用普通大理石、地毯、木地板或其他材料（材质一般，有色差，拼接整齐，装饰性较强）					2	
	采用普通材料（普通木地板、地砖等）					1	
5.1.2.2	墙面装饰				4		
	采用优质花岗岩、大理石或其他与整体装饰风格相协调的高档材料（材质高档、色泽均匀、拼接整齐、装饰性强，与整体氛围相协调）					4	
	采用优质木材或高档墙纸（布）（立面有线条变化，高档墙纸包括丝质及其他天然原料墙纸）					3	

续表

序号	设施设备评分表	各大项总分	各分项总分	各次分项总分	各小项总分	计分	记分栏
5.1.2.2	采用普通花岗岩、大理石、木材					2	
	采用普通墙纸或喷涂材料					1	
5.1.2.3	天花				3		
	工艺精致，造型别致，格调高雅					3	
	工艺较好，格调一般					2	
	有一定装饰					1	
5.1.3	家具				3		
	设计专业、材质高档、工艺精致，摆设合理、使用方便、舒适					3	
	材质较好，工艺较好					2	
	材质普通，工艺一般					1	
5.1.4	灯具与照明			3			
	照明设计有专业性，采用高档定制灯具，功能照明、重点照明、氛围照明和谐统一					3	
	采用高档灯具，照明整体效果较好					2	
	采用普通灯具，照明效果一般					1	
5.1.5	餐具			3			
	高档材质，工艺精致，有一定的艺术性，与整体氛围协调					3	
	较好材质与工艺					2	
	一般材质与工艺					1	
5.1.6	菜单及酒水单			3			
	用中文、英文及相应外文印制，有独立酒水单，装帧精美，出菜率不低于90%					3	
	用中英文印刷，装帧较好，出菜率不低于90%					2	
	有中文菜单，保持完整、清洁					1	

续表

序号	设施设备评分表	各大项总分	各分项总分	各次分项总分	各小项总分	计分	记分栏
5.1.7	不使用一次性筷子和一次性湿毛巾，不使用塑料桌布			1			
5.2	厨房			12			
5.2.1	应有与餐厅经营面积和菜式相适应的厨房区域（含粗细加工间、面点间、冷菜间、冻库等）			2			
5.2.2	为某特定类型餐厅配有专门厨房（每个1分，最多2分）			2			
5.2.3	位置合理、布局科学，传菜路线不与非餐饮公共区域交叉			2			
5.2.4	冷、热制作间分隔			1			
5.2.5	配备与厨房相适应的保鲜和冷冻设施，生熟分开			1			
5.2.6	粗细加工间分隔			1			
5.2.7	洗碗间位置合理			1			
5.2.8	厨房与餐厅间采用有效的隔音、隔热、隔味措施			1			
5.2.9	厨房内、灶台上采取有效的通风、排烟措施			1			
5.3	酒吧、茶室及其他吧室			7			
	装修与装饰（包含台、家具、餐具、饮具等）			4			
5.3.1	专业设计，材质高档、工艺精致，氛围协调，呈现一定主题					4	
	较好材质与工艺					2	
	普通材质与工艺					1	
	氛围			3			
5.3.2	环境高雅、独特，装饰及灯光设计有专业性					3	
	氛围较好					2	
	氛围一般					1	

续表

序号	设施设备评分表	各大项总分	各分项总分	各次分项总分	各小项总分	计分	记分栏
5.4	餐饮区域整体舒适度			8			
5.4.1	整体设计有专业性，格调高雅，色调协调、有艺术感				2		
5.4.2	温湿度适宜，通风良好，无炊烟及烟酒异味				2		
5.4.3	专业设计照明，环境舒适，无噪音。背景音乐曲目、音量适宜，音质良好				2		
5.4.4	餐具按各菜式习惯配套齐全，无破损，无水迹				2		
5.4.5	任一餐厅（包括宴会厅）与其厨房不在同一楼层				-2		
6	安全设施	16					
6.1	客房安全设施		8				
6.1.1	电子卡门锁或其他高级门锁				2		
6.1.2	客房门有自动闭合功能				1		
6.1.3	贵重物品保险箱				3		
6.1.3.1	位置隐蔽，照明良好，方便使用					1	
	数量					2	
6.1.3.2	100%的客房配备					2	
	不少于50%的客房配备					1	
6.1.4	客房配备逃生电筒，使用有效				1		
6.1.5	客房配备与宾客人数相等的防毒面具				1		
6.2	公共区域		6				
6.2.1	有安保人员24h值班、巡逻				2		
	闭路电视监控				2		
6.2.2	覆盖饭店所有公共区域。画面清晰，定期保存监控资料（以当地有关部门规定为准）					2	
	电梯、大堂、走廊、停车场出入口等主要公共区域有闭路电视监控					1	

续表

序号	设施设备评分表	各大项总分	各分项总分	各次分项总分	各小项总分	计分	记分栏
6.2.3	通往后台区域有明显提示,有安全可靠的钥匙管理制度			1			
6.2.4	各通道显著位置设有紧急出口标志			1			
6.3	食品安全			2			
	设食品留样化验室,并有相应管理制度				2		
	设食品留样柜				1		
7	员工设施	7					
7.1	有独立的员工食堂		1				
7.2	有独立的更衣间		1				
7.3	有员工浴室		1				
7.4	有倒班宿舍		1				
7.5	有员工专用培训教室,配置必要的教学仪器和设备		1				
7.6	有员工活动室		1				
7.7	有员工电梯(或服务电梯)		1				
8	特色类别	183					
8.1	商务会议型旅游饭店设施		70				
8.1.1	行政楼层			14			
8.1.1.1	专设接待台,可办理入住、离店手续,并提供问讯、留言等服务				1		
8.1.1.2	提供电脑上网、复印、传真等服务				1		
8.1.1.3	有小会议室或洽谈室				1		
8.1.1.4	有餐饮区域(行政酒廊,提供早餐、欢乐时光、下午茶),面积与行政楼层客房数相匹配,应设置备餐间				4		
8.1.1.5	设阅览、休息区域				1		
8.1.1.6	可提供管家式服务				2		
8.1.1.7	设公共卫生间				1		

续表

序号	设施设备评分表	各大项总分	各分项总分	各次分项总分	各小项总分	计分	记分栏
8.1.1.8	行政楼层的客房				3		
8.1.1.8.1	客用品配置高于普通楼层客房					2	
8.1.1.8.2	附设写字台电话，且有一键式呼叫管家服务按钮					1	
8.1.2	大宴会厅或多功能厅（应配有与服务面积相匹配的厨房）			23			
	面积（面积计算以固定隔断为准，序厅面积达不到要求，减1分）				6		
8.1.2.1	无柱，不小于800m² 且序厅不小于250m²					6	
	不小于500m² 且序厅不小于150m²					4	
	不小于240m² 且序厅不小于70m²					2	
	净高度				3		
8.1.2.2	不低于6m					3	
	不低于5m					2	
	不低于3.5m					1	
8.1.2.3	设专用入口				1		
8.1.2.4	设专用通道（楼梯、自动扶梯等）				1		
	装修与装饰				4		
8.1.2.5	专业设计、材质高档、工艺精致，氛围协调					4	
	材质高档、工艺较好					2	
	材质一般，工艺一般					1	
8.1.2.6	音响效果良好，隔音效果良好				1		
8.1.2.7	通风良好，温度适宜				1		
8.1.2.8	配设衣帽间				1		
8.1.2.9	灯光				3		
	专业设计，可营造不同氛围					3	

续表

序号	设施设备评分表	各大项总分	各分项总分	各次分项总分	各小项总分	计分	记分栏
8.1.2.9	灯光分区控制，亮度可调节					2	
	灯光分区控制					1	
8.1.2.10	设贵宾休息室，位置合理，并有专用通道进入大宴会厅				2		
8.1.3	会议厅			12			
8.1.3.1	面积（如有多个会议厅，可以累计得分，但总分不超过8分）				4		
	不小于400m²					4	
	不小于300m²					3	
	不小于200m²					2	
8.1.3.2	有座席固定的会议厅				2		
	小会议室（至少容纳8人开会）				3		
8.1.3.3	不少于4个					3	
	不少于2个					1	
8.1.3.4	通风良好，温度适宜				1		
8.1.3.5	灯光分区控制，亮度可调节，遮光效果良好				1		
8.1.3.6	隔音效果良好				1		
8.1.4	会议设施			4			
8.1.4.1	同声传译功能设置（设备可租借）				1		
8.1.4.2	电视电话会议功能设置（设备可租借）				1		
8.1.4.3	多媒体演讲系统（电脑、即席发言麦克风、投影仪、屏幕等）				1		
8.1.4.4	各会议室音响效果良好				1		
8.1.5	展览厅（布展面积）			8			
	至少5000m²，层高不低于10m					8	
	至少2000m²，层高不低于7m					4	
8.1.6	商务中心			9			

续表

序号	设施设备评分表	各大项总分	各分项总分	各次分项总分	各小项总分	计分	记分栏
8.1.6.1	位置合理、方便宾客使用				1		
8.1.6.2	配备完整的办公设施（包括复印机、打印机、传真机、装订机、手机充电器等），提供秘书服务，报纸杂志				2		
8.1.6.3	装修与装饰				3		
	专业设计，材质高档，工艺精致，与整体氛围协调，与饭店规模与档次匹配					3	
	材质较好，工艺较好					2	
	材质一般，工艺一般					1	
8.1.6.4	有洽谈室（或出租式办公室）				2		
8.1.6.5	有相对独立区域，提供可连接互联网的电脑				1		
8.2	休闲度假型旅游饭店设施		65				
8.2.1	温泉浴场			5			
	自用温泉浴场（饭店同一业主投资经营）					5	
	邻近温泉浴场（1km以内）					2	
8.2.2	海滨浴场			5			
	自用海滨浴场或有租用5年以上合同（饭店同一业主投资经营）					5	
	邻近海滨浴场（1km以内）					2	
8.2.3	滑雪场			5			
	自用滑雪场（饭店同一业主投资经营）					5	
	邻近滑雪场（5km以内）					2	
8.2.4	高尔夫球场			5			
	18洞以上的自用高尔夫球场（饭店同一业主投资经营）					5	
	邻近18洞以上的高尔夫球场（5km以内）					2	

续表

序号	设施设备评分表	各大项总分	各分项总分	各次分项总分	各小项总分	计分	记分栏
8.2.5	客房阳台			2			
	不少于50%的客房有阳台					2	
	不少于30%的客房有阳台					1	
8.2.6	除必备要求外,有多种风味餐厅			5			
	风味餐厅数量不少于3个					5	
	风味餐厅数量不少于2个					3	
8.2.7	游泳池			10			
8.2.7.1	室内游泳池面积				3		
	不小于250m²					3	
	不小于150m²					2	
	不小于80m²					1	
8.2.7.2	室外游泳池面积				2		
	不小于300m²					2	
	不小于150m²					1	
8.2.7.3	有池水循环过滤系统					1	
8.2.7.4	有消毒池					1	
8.2.7.5	有戏水池					1	
8.2.7.6	有水深、水温和水质的明显指示标志(立式或墙上)					1	
8.2.7.7	有扶手杆,在明显位置悬挂救生设备,有安全说明,并有专人负责现场安全与指导,有应急照明设施					1	
8.2.8	桑拿浴			2			
8.2.8.1	男女分设					1	
8.2.8.2	有呼叫按钮和安全提示					1	
8.2.9	蒸汽浴			2			
8.2.9.1	男女分设					1	

续表

序号	设施设备评分表	各大项总分	各分项总分	各次分项总分	各小项总分	计分	记分栏
8.2.9.2	有呼叫按钮和安全提示				1		
8.2.10	专业保健理疗			1			
8.2.11	水疗			7			
8.2.11.1	装修装饰				3		
	专业灯光、音响设计，装修材质高档、工艺精致，氛围浓郁					3	
	装修材料普通，装修工艺一般					1	
8.2.11.2	配有专业水疗技师				2		
8.2.11.3	专业水疗用品商店				1		
8.2.11.4	有室外水疗设施				1		
8.2.12	壁球室（每个1分，最多2分）				2		
8.2.13	室内网球场（每个2分，最多4分）				4		
8.2.14	室外网球场（每个1分，最多2分）				2		
8.2.15	室外高尔夫练习场				2		
8.2.16	室内电子模拟高尔夫				1		
8.2.17	有儿童活动场所和设施，并有专人看护				1		
8.2.18	其他运动娱乐休闲项目（每类1分，最多4分）				4		
8.3	其他		48				
8.3.1	健身房			18			
8.3.1.1	布局合理，通风良好，照明良好（与客房区域相对隔离）				2		
8.3.1.2	自然采光，光线充足				2		
8.3.1.3	装修装饰				3		
	专业设计，装修材质高档，工艺精致，氛围营造突出					3	
	装修材质较好，工艺较好					2	
	装修材料普通，工艺一般					1	

续表

序号	设施设备评分表	各大项总分	各分项总分	各次分项总分	各小项总分	计分	记分栏
8.3.1.4	面积				4		
	不小于 200m²					4	
	不小于 100m²					2	
	不小于 50m²					1	
8.3.1.5	器械				2		
	专业健身器械，不少于 10 种					2	
	不少于 5 种					1	
8.3.1.6	有音像设施和器械使用说明				1		
8.3.1.7	有专用形体房，并开设一定形体课程				2		
8.3.1.8	配备专业健身教练，提供专业指导				2		
8.3.2	更衣室			7			
8.3.2.1	面积和数量				2		
	面积宽敞，更衣箱数量不少于客房总数的 15%，门锁可靠					2	
	面积宽敞，更衣箱数量不少于客房总数的 10%，门锁可靠					1	
8.3.2.2	配备数量适当的座椅				1		
8.3.2.3	有淋浴设施，并有洗浴、洗发用品				2		
8.3.2.4	有化妆台，并备有吹风机和护肤、美发用品				1		
8.3.2.5	有太阳浴设备				1		
8.3.3	专用团队宾客接待台			1			
8.3.4	团队宾客专用出入口			1			
8.3.5	美容美发室			1			
8.3.6	歌舞厅或演艺厅或 KTV			2			
8.3.7	影剧场，舞台设施和舞台照明系统能满足一般演出需要			2			

续表

序号	设施设备评分表	各大项总分	各分项总分	各次分项总分	各小项总分	计分	记分栏
8.3.8	定期歌舞表演			1			
8.3.9	专卖店或商场（对于度假型饭店，应提供当地特色产品或食品）			2			
8.3.10	旅游信息电子查询系统			1			
8.3.11	品牌化、集团化程度			2			
	委托专业饭店管理公司管理					2	
	品牌特许经营方式，国内同一品牌加盟店 20 家以上					1	
8.3.12	饭店总经理资质			2			
8.3.12.1	总经理连续 5 年以上担任同星级饭店高级管理职位				1		
8.3.12.2	总经理接受过全国或省级旅游岗位培训指导机构开展的饭店管理专业教育或培训，取得《全国旅游行业岗位职务培训证书》				1		
8.3.13	员工中通过"饭店职业英语等级测试"的人数比率			2			
	通过率 20% 以上					2	
	通过率 15% 以上					1	
8.3.14	饭店在前期设计或改造工程的决策中			3			
	采纳相应星级评定机构的意见					3	
	征询相应星级评定机构的意见					1	
8.3.15	在商务会议、度假特色类别中集中选项，得分率超过 70%			3			
总分				600			

附录 C

（规范性附录）

饭店运营质量评价表

表 C.1 给出了饭店运营质量评价表

表 C.1　饭店运营质量评价表

序号	标准	评价			
\multicolumn{6}{c}{1. 总体要求}					
1.1	管理制度与规范	优	良	中	差
1.1.1	有完备的规章制度	6	4	2	1
1.1.2	有完备的操作程序	6	4	2	1
1.1.3	有完备的服务规范	6	4	2	1
1.1.4	有完备的岗位安全责任制与各类突发事件应急预案，有培训、演练计划和实施记录	6	4	2	1
1.1.5	制订饭店人力资源规划，有明确的考核、激励机制。有系统的员工培训制度和实施记录。企业文化特色鲜明	6	4	2	1
1.1.6	建立能源管理与考核制度。有完备的设备设施运行、巡检与维护记录	6	4	2	1
1.1.7	建立宾客意见收集、反馈和持续改进机制	6	4	2	1
1.2	员工素养	优	良	中	差
1.2.1	仪容仪表得体，着装统一，体现岗位特色；工服整洁、熨烫平整，鞋袜整洁一致；佩戴名牌，着装效果好	6	4	2	1
1.2.2	训练有素、业务熟练，应变能力较强，及时满足宾客合理需求	6	4	2	1
1.2.3	各部门组织严密、沟通有效，富有团队精神	6	4	2	1
		小计	60		
		实际得分：			
		得分率：（实际得分）/ 该项总分 ×100%=			
\multicolumn{6}{c}{2. 前厅}					
2.1	前厅服务质量				
2.1.1	总机	优	良	中	差

续表

序号	标准	评价			
2.1.1.1	在正常情况下,电话铃响 10s 内应答	3	2	1	0
2.1.1.2	接电话时正确问候宾客,同时报出饭店名称,语音清晰,态度亲切	3	2	1	0
2.1.1.3	转接电话准确、及时、无差错(无人接听时,15s 后转回总机)	3	2	1	0
2.1.1.4	熟练掌握岗位英语或岗位专业用语	3	2	1	0
2.1.2	预订	优	良	中	差
2.1.2.1	及时接听电话,确认宾客抵离时间,语音清晰,态度亲切	3	2	1	0
2.1.2.2	熟悉饭店各项产品,正确描述房型差异,说明房价及所含内容	3	2	1	0
2.1.2.3	提供预订号码或预订姓名,询问宾客联系方式	3	2	1	0
2.1.2.4	说明饭店入住的有关规定,通话结束前重复确认预订的所有细节,并向宾客致谢	3	2	1	0
2.1.2.5	实时网络预订,界面友好,及时确认	3	2	1	0
2.1.3	入住登记	优	良	中	差
2.1.3.1	主动、友好地问候宾客,热情接待	3	2	1	0
2.1.3.2	与宾客确认离店日期,对话中用姓氏称呼宾客	3	2	1	0
2.1.3.3	询问宾客是否需要贵重物品寄存服务,并解释相关规定	3	2	1	0
2.1.3.4	登记验证、信息上传效率高、准确无差错	3	2	1	0
2.1.3.5	指示客房或电梯方向,或招呼行李员为宾客服务,祝愿宾客入住愉快	3	2	1	0
2.1.4	*行李服务	优	良	中	差
2.1.4.1	正常情况下,有行李服务人员在门口热情友好地问候宾客	3	2	1	0
2.1.4.2	为宾客拉开车门或指引宾客进入饭店	3	2	1	0
2.1.4.3	帮助宾客搬运行李,确认行李件数,轻拿轻放,勤快主动	3	2	1	0
2.1.4.4	及时将行李送入房间,礼貌友好地问候宾客,将行李放在行李架或行李柜上,并向宾客致意	3	2	1	0
2.1.4.5	离店时及时收取行李,协助宾客将行李放入车辆中,并与宾客确认行李件数	3	2	1	0
2.1.5	礼宾、问讯服务	优	良	中	差

续表

序号	标准	评价			
2.1.5.1	热情友好，乐于助人，及时响应宾客合理需求	3	2	1	0
2.1.5.2	熟悉饭店各项产品，包括客房、餐饮、娱乐等信息	3	2	1	0
2.1.5.3	熟悉饭店周边环境，包括当地特色商品、旅游景点、购物中心、文化设施、餐饮设施等信息；协助安排出租车	3	2	1	0
2.1.5.4	委托代办业务效率高，准确无差错	3	2	1	0
2.1.6	*叫醒服务	优	良	中	差
2.1.6.1	重复宾客的要求，确保信息准确	3	2	1	0
2.1.6.2	有第二遍叫醒，准确、有效地叫醒宾客，人工叫醒电话正确问候宾客	3	2	1	0
2.1.7	结账	优	良	中	差
2.1.7.1	确认宾客的所有消费，提供总账单，条目清晰、正确完整	3	2	1	0
2.1.7.2	效率高，准确无差错	3	2	1	0
2.1.7.3	征求宾客意见，向宾客致谢并邀请宾客再次光临	3	2	1	0
2.2	前厅维护保养与清洁卫生	优	良	中	差
2.2.1	地面：完整、无破损、无变色、无变形、无污渍、无异味、清洁、光亮	3	2	1	0
2.2.2	门窗：无破损、无变形、无划痕、无灰尘	3	2	1	0
2.2.3	天花（包括空调排风口）：无破损、无裂痕、无脱落、无灰尘、无水迹、无蛛网、无污渍	3	2	1	0
2.2.4	墙面（柱）：平整、无破损、无开裂、无脱落、无污渍、无蛛网	3	2	1	0
2.2.5	电梯：平稳、有效、无障碍、无划痕、无脱落、无灰尘、无污渍	3	2	1	0
2.2.6	家具：稳固、完好，与整体装饰风格相匹配。无变形、无破损、无烫痕、无脱漆、无灰尘、无污渍	3	2	1	0
2.2.7	灯具：完好、有效，与整体装饰风格相匹配。无灰尘、无污渍	3	2	1	0
2.2.8	盆景、花木、艺术品：无枯枝败叶、修剪效果好，无灰尘、无异味、无昆虫，与整体装饰风格相匹配	3	2	1	0

续表

序号	标准	评价			
2.2.9	总台及各种设备（贵重物品保险箱、电话、宣传册及册架、垃圾桶、伞架、行李车、指示标志等）：有效、无破损、无污渍、无灰尘	3	2	1	0
	小计	111			
	实际得分：				
	得分率：（实际得分）/ 该项总分 ×100%=				
	3. 客房				
3.1	客房服务质量				
3.1.1	整理客房服务	优	良	中	差
3.1.1.1	正常情况下，每天14时前清扫客房完毕。如遇"请勿打扰"标志，按相关程序进行处理	3	2	1	0
3.1.1.2	客房与卫生间清扫整洁、无毛发、无灰尘、无污渍	3	2	1	0
3.1.1.3	所有物品已放回原处，所有客用品补充齐全	3	2	1	0
3.1.1.4	应宾客要求更换床单、被套、毛巾、浴巾等	3	2	1	0
3.1.2	*开夜床服务	优	良	中	差
3.1.2.1	正常情况下，每天17时到21时提供开夜床服务；如遇"请勿打扰"标志，按相关程序进行处理	3	2	1	0
3.1.2.2	客房与卫生间清扫整洁、无毛发、无灰尘、无污渍	3	2	1	0
3.1.2.3	所有物品已整理整齐，所有客用品补充齐全	3	2	1	0
3.1.2.4	床头灯处于打开状态，遮光窗帘已充分闭合	3	2	1	0
3.1.2.5	床边垫巾和拖鞋放置到位，电视遥控器、洗衣袋等放置方便宾客取用	3	2	1	0
3.1.2.6	床头放置晚安卡或致意品	3	2	1	0
3.1.3	*洗衣服务	优	良	中	差
3.1.3.1	洗衣单上明确相关信息（服务时间、价格、服务电话、送回方式等），配备饭店专用环保洗衣袋	3	2	1	0
3.1.3.2	应宾客要求，及时收集待洗衣物，并仔细检查	3	2	1	0
3.1.3.3	在规定时间内送还衣物，包装、悬挂整齐	3	2	1	0
3.1.3.4	所有的衣物已被正确洗涤、熨烫，如果污渍不能被清除，书面告知宾客	3	2	1	0

续表

序号	标准	评价			
3.1.4	*微型酒吧	优	良	中	差
3.1.4.1	小冰箱运行状态良好,无明显噪音,清洁无异味	3	2	1	0
3.1.4.2	提供微型酒吧价目表,价目表上的食品、酒水与实际提供的相一致	3	2	1	0
3.1.4.3	食品、酒水摆放整齐,且标签朝外,均在保质期之内	3	2	1	0
3.1.4.4	及时补充微型酒吧上被耗用的物品,应要求及时供应冰块和饮用水	3	2	1	0
3.2	客房维护保养与清洁卫生	优	良	中	差
3.2.1	房门:完好、有效、自动闭合,无破损、无灰尘、无污渍	3	2	1	0
3.2.2	地面:完整、无破损、无变色、无变形、无污渍、无异味	3	2	1	0
3.2.3	窗户、窗帘:玻璃明亮、无破损、无污渍、无脱落、无灰尘	3	2	1	0
3.2.4	墙面:无破损、无裂痕、无脱落、无灰尘、无水迹、无蛛网	3	2	1	0
3.2.5	天花(包括空调排风口):无破损、无裂痕、无脱落、无灰尘、无水迹、无蛛网、无污渍	3	2	1	0
3.2.6	家具:稳固、完好、无变形、无破损、无烫痕、无脱漆、无灰尘、无污渍	3	2	1	0
3.2.7	灯具:完好、有效;无灰尘、无污渍	3	2	1	0
3.2.8	布草(床单、枕头、被子、毛毯、浴衣等):配置规范、清洁,无灰尘、无毛发、无污渍	3	2	1	0
3.2.9	电器及插座(电视、电话、冰箱等):完好、有效、安全,无灰尘、无污渍	3	2	1	0
3.2.10	客房内印刷品(服务指南、电视节目单、安全出口指示图等):规范、完好、方便取用,字迹图案清晰、无皱褶、无涂抹、无灰尘、无污渍	3	2	1	0
3.2.11	绿色植物、艺术品:与整体氛围相协调、完整、无褪色、无脱落、无灰尘、无污渍	3	2	1	0
3.2.12	床头(控制)柜:完好、有效、安全、无灰尘、无污渍	3	2	1	0
3.2.13	贵重物品保险箱:方便使用,完好有效、无灰尘、无污渍	3	2	1	0
3.2.14	客房电话机:完好、有效、无灰尘、无污渍,旁边有便笺和笔	3	2	1	0

续表

序号	标准	评价			
3.2.15	卫生间门、锁：安全、有效、无破损、无灰尘、无污渍	3	2	1	0
3.2.16	卫生间地面：平坦、无破损、无灰尘、无污渍、排水畅通	3	2	1	0
3.2.17	卫生间墙壁：平整、无破损、无脱落、无灰尘、无污渍	3	2	1	0
3.2.18	卫生间天花：无破损、无裂痕、无脱落、无灰尘、无水迹、无蛛网、无污渍	3	2	1	0
3.2.19	面盆、浴缸、淋浴区：洁净、无毛发、无灰尘、无污渍	3	2	1	0
3.2.20	水龙头、淋浴喷头等五金件：无污渍、无滴漏、擦拭光亮	3	2	1	0
3.2.21	马桶：洁净、无堵塞、噪音低	3	2	1	0
3.2.22	下水：通畅、无明显噪音	3	2	1	0
3.2.23	排风系统：完好，运行时无明显噪音	3	2	1	0
3.2.24	客用品（毛巾、口杯等）：摆放规范、方便使用、完好、无灰尘、无污渍	3	2	1	0
	小计	126			
	实际得分：				
	得分率：（实际得分）/ 该项总分 ×100%=				
	4. 餐饮				
4.1	餐饮服务质量				
4.1.1	自助早餐服务	优	良	中	差
4.1.1.1	在宾客抵达餐厅后，及时接待并引座。正常情况下，宾客就座的餐桌已经布置完毕	3	2	1	0
4.1.1.2	在宾客入座后及时提供咖啡或茶	3	2	1	0
4.1.1.3	所有自助餐食及时补充，适温、适量	3	2	1	0
4.1.1.4	食品和饮品均正确标记说明。标记牌洁净统一	3	2	1	0
4.1.1.5	提供加热过的盘子取用热食。厨师能够提供即时加工服务	3	2	1	0
4.1.1.6	咖啡或茶应宾客要求及时添加，适时更换烟灰缸	3	2	1	0
4.1.1.7	宾客用餐结束后，及时收拾餐具，结账效率高、准确无差错。宾客离开餐厅时，向宾客致谢	3	2	1	0
4.1.1.8	自助早餐食品质量评价	3	2	1	0
4.1.2	*正餐服务	优	良	中	差

续表

序号	标准	评价			
4.1.2.1	在营业时间，及时接听电话，重复并确认所有预订细节	3	2	1	0
4.1.2.2	在宾客抵达餐厅后，及时接待并引座。正常情况下，宾客就座的餐桌已经布置完毕	3	2	1	0
4.1.2.3	提供菜单和酒水单，熟悉菜品知识，主动推荐特色菜肴，点单时与宾客保持目光交流	3	2	1	0
4.1.2.4	点菜单信息完整（如烹调方法、搭配等），点单完毕后与宾客确认点单内容	3	2	1	0
4.1.2.5	点单完成后，及时上酒水及冷盘（头盘），根据需要适时上热菜（主菜），上菜时主动介绍菜名	3	2	1	0
4.1.2.6	根据不同菜式要求及时更换、调整餐具，确认宾客需要的各种调料，提醒宾客小心餐盘烫手，西餐时，主动提供面包、黄油	3	2	1	0
4.1.2.7	向宾客展示酒瓶，在宾客面前打开酒瓶，西餐时，倒少量酒让主人鉴酒	3	2	1	0
4.1.2.8	红葡萄酒应是常温，白葡萄酒应是冰镇。操作玻璃器皿时，应握杯颈或杯底	3	2	1	0
4.1.2.9	宾客用餐结束后，结账效率高、准确无差错，主动征询宾客意见并致谢	3	2	1	0
4.1.2.10	正餐食品质量评价	3	2	1	0
4.1.3	*酒吧服务（大堂吧，茶室）	优	良	中	差
4.1.3.1	宾客到达后，及时接待，热情友好。提供酒水单，熟悉酒水知识，主动推荐，点单时与宾客保持目光交流	3	2	1	0
4.1.3.2	点单后，使用托盘及时上齐酒水，使用杯垫，主动提供佐酒小吃	3	2	1	0
4.1.3.3	提供的酒水与点单一致，玻璃器皿与饮料合理搭配，各种酒具光亮、洁净、无裂痕、无破损，饮品温度合理	3	2	1	0
4.1.3.4	结账效率高、准确无差错；向宾客致谢	3	2	1	0
4.1.4	*送餐服务	优	良	中	差
4.1.4.1	正常情况下，及时接听订餐电话，熟悉送餐菜单内容，重复和确认预订的所有细节，主动告知预计送餐时间	3	2	1	0
4.1.4.2	正常情况下，送餐的标准时间为：事先填写好的早餐卡：预订时间5min内；临时订早餐：25min内；小吃：25min内；中餐或晚餐：40min内	3	2	1	0

续表

序号	标准	评价			
4.1.4.3	送餐时按门铃或轻轻敲门（未经宾客许可，不得进入客房）；礼貌友好地问候宾客；征询宾客托盘或手推车放于何处，为宾客摆台、倒酒水、介绍各种调料	3	2	1	0
4.1.4.4	送餐推车保持清洁，保养良好。推车上桌布清洁、熨烫平整。饮料、食品均盖有防护用具	3	2	1	0
4.1.4.5	送餐推车上摆放鲜花瓶。口布清洁、熨烫平整、无污渍。盐瓶、胡椒瓶及其他调味品盛器洁净，装满	3	2	1	0
4.1.4.6	送餐完毕，告知餐具回收程序（如果提供回收卡，视同已告知），向宾客致意，祝愿宾客用餐愉快	3	2	1	0
4.1.4.7	送餐服务食品质量评价	3	2	1	0
4.2	餐饮区域维护保养与清洁卫生	优	良	中	差
4.2.1	餐台（包括自助餐台）：稳固、美观、整洁	3	2	1	0
4.2.2	地面：完整、无破损、无变色、无变形、无污渍、无异味	3	2	1	0
4.2.3	门窗及窗帘：玻璃明亮、无破损、无变形、无划痕、无灰尘	3	2	1	0
4.2.4	墙面：平整、无破损、无裂痕、无脱落、无灰尘、无水迹、无蛛网	3	2	1	0
4.2.5	天花（包括空调排风口）：平整、无破损、无裂痕、无脱落、无灰尘、无水迹、无蛛网	3	2	1	0
4.2.6	家具：稳固、完好、无变形、无破损、无烫痕、无脱漆、无灰尘、无污染	3	2	1	0
4.2.7	灯具：完好、有效、无灰尘、无污渍	3	2	1	0
4.2.8	盆景、花木：无枯枝败叶、修剪效果好、无灰尘、无异味、无昆虫	3	2	1	0
4.2.9	艺术品：有品位、完整、无褪色、无灰尘、无污渍	3	2	1	0
4.2.10	客用品（包括台布、餐巾、面巾、餐具、烟灰缸等）：方便使用、完好、无破损、无灰尘、无污渍	3	2	1	0
	小计	117			
	实际得分：				
	得分率：（实际得分）/ 该项总分 ×100%=				

续表

序号	标准	评价			
\multicolumn{6}{c}{5. 其他服务项目}					
5.1	*会议、宴会	优	良	中	差
5.1.1	提供多种厅房布置方案，并有详细文字说明	3	2	1	0
5.1.2	各种厅房的名称标牌位于厅房显著位置，到厅房的方向指示标识内容清晰，易于理解	3	2	1	0
5.1.3	各厅房的灯光、空调可独立调控	3	2	1	0
5.1.4	有窗户的厅房配备窗帘，遮光效果好	3	2	1	0
5.1.5	厅房之间有良好的隔音效果，互不干扰	3	2	1	0
5.1.6	台布、台呢整洁平整、完好、无灰尘、无污渍	3	2	1	0
5.1.7	音响、照明、投影等设施提前调试好，功能正常	3	2	1	0
5.1.8	会议期间，及时续水，响应宾客需求	3	2	1	0
5.1.9	会议休息期间，摆正椅子，整理台面，清理垃圾	3	2	1	0
5.2	*健身房	优	良	中	差
5.2.1	营业时间不少于12h，热情问候、接待	3	2	1	0
5.2.2	提供毛巾及更衣柜钥匙。有安全提示，提醒宾客保管贵重物品	3	2	1	0
5.2.3	温度合理、清洁卫生、感觉舒适、无异味	3	2	1	0
5.2.4	健身器械保养良好、易于操作，并配有注意事项，必要时向宾客讲解器械操作指南	3	2	1	0
5.2.5	照明、音像设施运行正常，照明充足、音质良好。备有饮水机与水杯	3	2	1	0
5.3	*游泳池	优	良	中	差
5.3.1	水深标记及安全提示清晰、醒目（在显眼处张贴当地安全法规，要在游泳池边上能清楚地看见游泳池深度标志）	3	2	1	0
5.3.2	游泳池周边保持清洁卫生、照明充足	3	2	1	0
5.3.3	水温适当，室内游泳池水温不低于25℃，水质洁净、无浑浊	3	2	1	0
5.3.4	配备专职救生人员及相应救生设施	3	2	1	0
5.3.5	提供数量充足的躺椅，且位置摆放合理，保养良好。室外游泳池提供数量充足的遮阳伞，且保养良好	3	2	1	0

续表

序号	标准	评价			
5.3.6	提供毛巾，并及时更换宾客用过的毛巾。应宾客要求提供饮品	3	2	1	0
5.4	*更衣室	优	良	中	差
5.4.1	天花、墙面、地面保养良好、保持清洁、无破损、无脱落、无开裂、无污渍	3	2	1	0
5.4.2	通风良好、照明合理，更衣柜保持清洁，保养良好	3	2	1	0
5.4.3	淋浴间保持洁净，布置合理，方便使用，沐浴用品保持充足	3	2	1	0
5.4.4	提供洁净的毛巾，洗涤篮保持在未满状态	3	2	1	0
5.5	*商务中心、商店、休闲娱乐项目	优	良	中	差
5.5.1	商务中心应明示各项服务收费规定，员工业务熟练、效率高、质量好	3	2	1	0
5.5.2	商品部商品陈列美观、明码标价、质量可靠，包装精美，与饭店整体氛围相协调，结账效率高，准确无差错	3	2	1	0
5.5.3	休闲娱乐设施完好、有效、安全，无灰尘、无污渍、无异味	3	2	1	0
5.5.4	休闲娱乐项目热情接待、服务周到，外包项目管理规范	3	2	1	0
小计		84			
实际得分：					分
得分率：（实际得分）/ 该项总分 ×100%=					%
6.公共、后台区域					
6.1	周围环境	优	良	中	差
6.1.1	庭院（花园）完好，花木修剪整齐，保持清洁	3	2	1	0
6.1.2	停车场、回车线标线清晰，车道保持畅通	3	2	1	0
6.1.3	店标（旗帜）、艺术品等保养良好、无破损、无污渍	3	2	1	0
6.2	楼梯、走廊、电梯厅	优	良	中	差
6.2.1	地面：完整、无破损、无变色、无变形、无污渍、无异味	3	2	1	0
6.2.2	墙面：平整、无破损、无裂痕、无脱落、无污渍、无水迹、无蛛网	3	2	1	0
6.2.3	天花（包括空调排风口）：平整、无破损、无裂痕、无脱落、无灰尘、无水迹、无蛛网	3	2	1	0

续表

序号	标准	评价			
6.2.4	灯具、装饰物：保养良好、无灰尘、无破损	3	2	1	0
6.2.5	家具：洁净、保养良好、无灰尘、无污渍	3	2	1	0
6.2.6	紧急出口与消防设施：标识清晰，安全通道保持畅通	3	2	1	0
6.2.7	公用电话机：完好、有效、清洁	3	2	1	0
6.2.8	垃圾桶：完好、清洁	3	2	1	0
6.3	公共卫生间	优	良	中	差
6.3.1	地面：完整、无破损、无变色、无变形、无污渍、无异味、光亮	3	2	1	0
6.3.2	墙面：平整、无破损、无裂痕、无脱落、无灰尘、无水迹、无蛛网	3	2	1	0
6.3.3	天花（包括空调排风口）：平整、无破损、无裂痕、无脱落、无灰尘、无水迹、无蛛网	3	2	1	0
6.3.4	照明充足、温湿度适宜、通风良好	3	2	1	0
6.3.5	洗手台、马桶、小便池保持洁净、保养良好、无堵塞、无滴漏	3	2	1	0
6.3.6	梳妆镜完好、无磨损、玻璃明亮、无灰尘、无污渍	3	2	1	0
6.3.7	洗手液、擦手纸充足，干手器完好、有效，方便使用，厕位门锁、挂钩完好、有效	3	2	1	0
6.3.8	残疾人厕位（或专用卫生间）：位置合理，空间适宜，方便使用	3	2	1	0
6.4	后台区域	优	良	中	差
6.4.1	通往后台区域的标识清晰、规范，各区域有完备的门锁管理制度	3	2	1	0
6.4.2	后台区域各通道保持畅通，无杂物堆积	3	2	1	0
6.4.3	地面：无油污、无积水、无杂物、整洁	3	2	1	0
6.4.4	天花（包括空调排风口）：无破损、无裂痕、无脱落、无灰尘、无水迹、无蛛网	3	2	1	0
6.4.5	墙面：平整、无破损、无开裂、无脱落、无污渍、无蛛网	3	2	1	0
6.4.6	各项设备维护保养良好，运行正常，无"跑、冒、滴、漏"现象	3	2	1	0
6.4.7	在醒目位置张贴有关安全、卫生的须知	3	2	1	0

续表

序号	标准	评价			
6.4.8	餐具的清洗、消毒、存放符合卫生标准要求,无灰尘、无水渍	3	2	1	0
6.4.9	食品的加工与贮藏严格做到生、熟分开,操作规范	3	2	1	0
6.4.10	有防鼠、蟑螂、蝇类、蚊虫的装置与措施,完好有效	3	2	1	0
6.4.11	各类库房温度、湿度适宜,照明、通风设施完备有效,整洁卫生	3	2	1	0
6.4.12	下水道无堵塞、无油污,保持畅通无阻	3	2	1	0
6.4.13	排烟与通风设备无油污、无灰尘,定期清理	3	2	1	0
6.4.14	垃圾分类收集,日产日清,垃圾房周围保持整洁,无保洁死角	3	2	1	0
6.4.15	员工设施(宿舍、食堂、浴室、更衣室、培训室等)管理规范,设施设备保养良好、整洁卫生	3	2	1	0
小计		102			
实际得分:					分
得分率:(实际得分)/ 该项总分 ×100%=					%
总分		600			
实际总得分					分
总得分率					%